马克思恩格斯对资本主义自由贸易本质批判的当代价值研究

刘顺 ⊙ 著

中国社会科学出版社

图书在版编目（CIP）数据

马克思恩格斯对资本主义自由贸易本质批判的当代价值研究/刘顺著 . —北京：中国社会科学出版社，2024.6
ISBN 978 - 7 - 5227 - 3348 - 7

Ⅰ.①马… Ⅱ.①刘… Ⅲ.①资本主义经济—自由贸易—马恩著作研究 Ⅳ.①A811.66

中国国家版本馆 CIP 数据核字（2024）第 066052 号

出 版 人	赵剑英
责任编辑	杨晓芳
责任校对	王　龙
责任印制	张雪娇

出　版	中国社会科学出版社
社　址	北京鼓楼西大街甲 158 号
邮　编	100720
网　址	http://www.csspw.cn
发 行 部	010 - 84083685
门 市 部	010 - 84029450
经　销	新华书店及其他书店
印　刷	北京君升印刷有限公司
装　订	廊坊市广阳区广增装订厂
版　次	2024 年 6 月第 1 版
印　次	2024 年 6 月第 1 次印刷
开　本	710×1000　1/16
印　张	25.75
插　页	2
字　数	358 千字
定　价	158.00 元

凡购买中国社会科学出版社图书，如有质量问题请与本社营销中心联系调换
电话：010 - 84083683
版权所有　侵权必究

目 录

导 论 ·· 1

第一章 马克思恩格斯资本主义自由贸易本质批判的核心要义 ·· 20

　第一节　经济批判：资本主义自由贸易的利己本质 ············ 20

　第二节　道德批判：资本主义自由贸易的伪善特质 ············ 32

　第三节　哲学批判：资本主义自由贸易的历史二重性 ········ 45

第二章 马克思恩格斯资本主义自由贸易本质批判的历史性与时代性 ·· 55

　第一节　资本主义自由贸易本质批判的历史性 ··················· 56

　第二节　资本主义自由贸易本质批判的时代性 ··················· 89

　第三节　资本主义自由贸易本质批判历史性与时代性的辩证统一 ··· 103

第三章 马克思恩格斯资本主义自由贸易本质批判对揭露西方话语陷阱的当代价值 ·· 114

　第一节　西方所谓"自由贸易"的事实真相 ······················ 114

第二节　"自由贸易"仍是内含资本霸权的经济政治话语……… 135
　　第三节　"自由贸易"成为西方"劫贫济富"的霸凌手段……… 151

第四章　马克思恩格斯资本主义自由贸易本质批判对维护国家经济安全的当代价值……………………………………… 166
　　第一节　贸易主导权博弈成为百年变局的重要因子…………… 166
　　第二节　自由贸易话语权之争实质是经济实力的比拼………… 183
　　第三节　雄厚的工业基础和科技实力是掌握贸易主动权的基石…………………………………………………………… 190
　　第四节　"大循环"耦合"双循环"契合自由贸易题中之义…… 202

第五章　马克思恩格斯资本主义自由贸易本质批判对认识资本主义新特点的当代价值……………………………… 212
　　第一节　"自由贸易"隐遁着资本主义经济危机新样态………… 213
　　第二节　"自由贸易"隐含着资本主义基本矛盾新表现………… 221
　　第三节　"自由贸易"透射着资本主义制度新困境……………… 227
　　第四节　"自由贸易"蕴含着资本主义演进新趋势……………… 234

第六章　马克思恩格斯资本主义自由贸易本质批判对把握经济全球化走向的当代价值……………………………… 246
　　第一节　自由贸易始终是经济全球化的重要媒介……………… 247
　　第二节　虚假的"自由贸易"正阻滞经济全球化进程…………… 257
　　第三节　真正的自由贸易必将助推经济全球化进阶升华……… 266

第七章　马克思恩格斯资本主义自由贸易本质批判对完善全球经济治理的当代价值……………………………… 281
　　第一节　资本主义自由贸易映射双标的全球经济旧秩序……… 282

第二节 互联互通的自由贸易呼唤全球经济秩序新变革 …………… 294
第三节 互利共赢的自由贸易增益更加公正合理的全球
　　　　经济治理 …………………………………………………… 312

第八章　马克思恩格斯资本主义自由贸易本质批判当代
　　　　价值的"中国回响" ……………………………………… 327
第一节 直面世界经济格局深刻调整新阶段新境遇 ………………… 328
第二节 凝聚更加开放包容普惠平衡的经济全球化共识 …………… 344
第三节 践行基于人类共同利益的真正的多边主义 ………………… 358
第四节 共商共建共享面向未来的新型经济全球化 ………………… 379

参考文献 ……………………………………………………………… 396

导　　论

　　对资本主义自由贸易的本质批判，既是一个政治经济学议题，也是一个经济哲学论题。它背后一方面关涉商品流通和生产要素流动，另一方面映射生产关系和交往关系。事实上，自由贸易和与之相对的贸易保护主义都并非新事物，而是一个历史上周期性出现但形态又不断迭代演进的经济政治现象。

　　2008年国际金融危机爆发后，特别是近几年，随着世界经济进入"U"形平台期，即"触底未反弹"的后危机时代，以狭隘的国家利益为核心诉求的贸易保护主义在全球范围内明显抬头、煽风点火、肆虐发威，而作为推动商品或生产要素在世界范围内无障碍流动和高效率配置的自由贸易，则受到较为罕见的严峻挑战，甚至可以说在一定程度上或一定范围内回潮逆转。

　　著名的全球贸易预警组织（GTA）于2022年12月发布的《第30期全球贸易预警报告》明确显示，G20成员政府在2008年国际金融危机之后，普遍制定了偏向本国企业和产业的保护性政策或方针，其中又以美国最为典型，2009年该国制定歧视性干预贸易措施达665项，然而2022年却跃增到8428项，增长幅度高达惊人的1167%。[①] 包含歧视

[①] Simon J. Evenett and Johannes Fritz, *The 30rd Global Trade Alert Report Must Do Better: Trade & Industrial Policy and the SDGs*, London: CEPR Press, 2022, pp. 97–171.

他国产品、滥用投资安全审查、扭曲市场自然竞争、割裂全球产业（供应）链、企图人为制造经济"脱钩"等在内的贸易保护主义措施，正高歌猛进、愈演愈烈，严重悖逆了符合国际社会公共利益"最优最大"的多边贸易原则和合作共赢精神。

尽管自由贸易问题在国际金融危机后引发全球政界、商界、学界、产业界的空前关注，但事实上，马克思恩格斯从19世纪中期开始，就撰写了一系列文章关注这一重要问题，诸如《保护关税派、自由贸易派和工人阶级》《关于自由贸易问题的演说》《保护关税制度和自由贸易》等。他们立足于资本主义追逐利润最大化的经济政治底层逻辑，对其追求自由贸易的动机和本质进行了犀利而深邃的系统性剖析和批判。

这对今天看待单边主义抬头、贸易保护主义泛起、孤立主义肆虐、新冷战思维登台、民粹主义再现，仍有着不可或缺的鲜明价值。虽然相比于马克思和恩格斯生活的时代，如今具体的时空境遇和贸易形态一直在变，但变的只是外在，不变的却是内核。

近年来，随着全球经济复苏乏力，特别是增速普遍放缓，不少国家主要是西方发达资本主义国家开始逐渐表现出"内顾倾向""关门主义""阵营对抗思维"，试图以通过人为化、议程化设置的关税壁垒和非关税壁垒，来限制他国竞争，庇护国内市场，保障短期的一国私利。可以说，贸易保护主义愈发成为以美国为首的一些西方资本主义大国的国家价值观底色，欲把整个世界带入无序、失范，特别是分裂的内卷、内耗和博弈之中，正成为助推世界经济体系深刻调整和国际政治格局深度演进的显著变量，甚至也愈发成为推动百年未有之大变局加速演进和世界进入新的动荡变革期的关键因子。

那么，就有几个深刻且重要的问题不妨去追问和思考。

再次泛起和肆虐的贸易保护主义等逆全球化思潮，跳出马克思恩格斯在19世纪对资本主义自由贸易的深邃剖析和本质批判了吗？

如果没有，那么他们对资本主义自由贸易本质的批判的生成境遇和核心要义是什么？这种批判的历史性与时代性是如何辩证统一的？

进言之，马克思和恩格斯对资本主义自由贸易本质批判的当代价值是什么？就国内而言，二者的本质批判对于维护和保障国家经济安全的理论镜鉴和实践启迪是什么？对国际来说，他们对资本主义自由贸易本质批判的全球经济治理意蕴是什么？

总而言之，这些问题林林总总、环环相扣，最终却汇聚成一个核心问题：马克思恩格斯对资本主义自由贸易本质批判的当代价值如何体现及怎样运用？

对此，不妨从追问和思索四个基本议题开始，进而循序渐进地展开叙事铺陈、逻辑解剖和旨要探究。

第一，马克思恩格斯为什么从19世纪中期开始，高度关注资本主义自由贸易问题？他们批判资本主义自由贸易本质的核心要义是什么？

马克思恩格斯对资本主义自由贸易的关注，并非心血来潮，而是蕴含透视和观照资本主义演进特点的鲜明问题意识和浓厚问题导向。资本主义制度本身在嬗变和发展，其集中涌现的问题和动向也在渐变和演进，相应的问题剖析视角和本质批判理路也要与时俱进。这也是马克思恩格斯从事政治经济学研究的一贯作风和优良传统。

首先来看马克思。

1859年1月，马克思于伦敦在《〈政治经济学批判〉序言》一文中回顾了自己研究政治经济学的总体历程，"我学的专业本来是法律，但我只是把它排在哲学和历史之次当做辅助学科来研究"[1]，他并没有就法律而谈法律、专于纯粹法律问题的研究，而是有着更高的思想追求和长远考量。他自己明确说道，在作为《莱茵报》编辑与莱茵省总督就摩泽尔农民盗窃林木一事展开激烈的官方论战后，"关于自由贸易和保护关税的辩论，是促使我去研究经济问题的最初动因"[2]。这是马克思

---

[1] 《马克思恩格斯文集》第2卷，人民出版社2009年版，第588页。
[2] 《马克思恩格斯文集》第2卷，人民出版社2009年版，第588页。

第一次就物质利益分配难题，公开发表基本看法。至此不难看出，自由贸易和与之相对的保护关税制度议题，正是马克思关注和研究经济社会发展问题，进而对资本主义制度展开政治经济学剖析和批判的重要始点。

按照马克思本人对研究资本主义经济制度最初的设想和理论框架，先研究导致现代资产阶级社会催生三大阶级的经济因素，即"资本、土地所有制和雇佣劳动"；再研究资本主义横向扩张的世界向度，即"国家、对外贸易和世界市场"。也就是说，在他刚开始关注和计划研究资本主义经济运行体系的理论提纲时，就已经注意到了资本主义国家会随着商品或服务产能的剩余以及追逐更丰厚利润动机的加持，而主动去进行对外贸易并开拓世界市场的总体趋势。应该说，马克思不愧为千年思想家，站位高远、思想深邃、洞悉趋势，此时40余岁的他在公开出版"工人阶级的圣经"《资本论》之前，就已经颇具未来视野地洞见到了资本主义随着第一次工业革命的初步完成和第二次工业革命的渐次开启，必然在当时的强国诸如英国、德国和法国等国的大肆推动下，开展在产业链供应链和消费链上自身占绝对优势的跨境"自由贸易"，为资产阶级在更大时空范围内捕获利润、攫取财富保驾护航并提供经济政治层面的多重支持。

这种贸易是资本运动和资本扩张的必然逻辑，也是资本在长期趋势上安身立命之所在，正可谓"资本的合乎目的的活动只能是发财致富，也就是使自身变大或增大"[1]，"发展社会劳动的生产力，是资本的历史任务和存在理由"[2]。至此不难看出，肇始于资本主义生产关系下的资本，很难确切说具有"主权属性"或国别之分，哪里能让其实现增值和扩张，哪里就是它安然存在的"故乡"。在马克思看来，源源不断地生成并通过流通来实现最大化的剩余价值，才是资本主义生产方式存立

---

[1] 《马克思恩格斯全集》第30卷，人民出版社1995年版，第228页。
[2] 《马克思恩格斯文集》第7卷，人民出版社2009年版，第288页。

于世的不二定律。资本主义自由贸易正是为资本所有者创造原料来源和终端市场的基本方式,因为资本只有不断打破国别界限,才能在更广阔的范围内实现丰厚诱人的剩余价值。这正是马克思对资本主义自由贸易展开深刻批判,进而把焦点瞄向以资本为中心的社会制度的缘由。

也就是说,从长远来看,资本主义国家之间以及它们对落后民族国家的掠夺和剥削,正是通过所谓的"自由贸易"这一渠道来实现的。正如英国自由贸易派所拥护的核心经济学家亚当·斯密所言,"自由贸易无需政府注意,也总会给我们提供我们所需要的葡萄酒;我们可以同样有把握地相信,自由贸易总会按照我们所能购入或所能使用的程度,给我们提供用以流通商品或用于其他用途的全部金银"[①]。在斯密古典自由主义看来,资本主义自由贸易克服了重商主义的诸种弊病和缺陷,生产要素的竞争性流动将带来不同民族间公共利益的最大化、平衡化。我们先不对斯密的自由贸易观点做出正确与否的置评(后面章节会有相关研究和回应),客观地说,他在这里简明扼要地点出了更广范围的自由贸易之于资本主义国家财富(金银)积累的无可替代的作用。

这一点,马克思本人当然也看到了,而且看得非常透彻、深入机理。"我考察资产阶级经济制度是按照以下的顺序:资本、土地所有制、雇佣劳动;国家、对外贸易、世界市场。"[②] 如果说前三个方面主要讲的是资本主义国家内部的经济政治问题,那么后三项论及的则显然是以"自由贸易"体系为中轴的国际流通问题。

此时,马克思为何在系统深入地批判资本主义制度之前,而有意甚至"刻意"关注自由贸易和与之相对应的保护关税制度问题,便可管窥其中的微妙端倪了。

尽管马克思本人此时已经对于资本主义经济社会发展的研究有了初

[①] [英] 亚当·斯密:《国富论》下卷,郭大力、王亚南译,商务印书馆2014年版,第9—10页。

[②] 《马克思恩格斯文集》第2卷,人民出版社2009年版,第588页。

步的理论框架，但是他并没有急于动墨撰写，而是"沉淀沉淀再说"，"我面前的全部材料形式上都是专题论文，它们是在相隔很久的几个时期内写成的，目的不是为了付印，而是为了自己弄清问题，至于能否按照上述计划对它们进行系统整理，就要看环境如何了"①。可见，他本人是非常严谨和务实的，并没有急于对自身思考尚不成熟的论题展开全面的剖析。当时马克思本人的愿景是，对于资本主义进行系统深刻的政治经济学批判，不应该也绝不能"结论先行""先入为主"，而应该"抽丝剥茧""循序渐进"。所以他毫不犹豫、毫不吝啬地把先前写好的一篇政治经济学批判的导言直接"雪藏"了起来，并没有公布于世。因为在其看来，"我觉得预先说出正要证明的结论总是有妨害的，读者如果真想跟着我走，就要下定决心，从个别上升到一般。不过在这里倒不妨谈一下我自己研究政治经济学的经过"②。

这位伟人当初研究政治经济学的经历，恰恰与19世纪中期已上升为显学的资本主义自由贸易问题直接相关。马克思18岁时本来学的是柏林大学法律专业，但他本人却仿佛"辜负"了律师世家的期望，对哲学和历史产生了"令人惊诧"的浓厚兴趣，只是把法律专业排在它们之后，当作辅助学科来学习。后来他在做《莱茵报》主编时围绕"林木盗窃问题"与莱茵省当局展开了激烈辩论。尽管这次辩论发生在马克思的世界观真正转变之前（仍属于黑格尔理性主义），而且他只是从政治法律层面为家乡贫苦农民打抱不平、犀利抨击当局的不合理政策，但是他已处在走向"问题深处"的正确大道上，为后来对资本主义的政治批判、意识形态批判、经济批判、哲学批判、道德批判等埋下了"第一粒种子"。正如他一生的挚友恩格斯所言："正是他对林木盗窃法和摩泽尔河沿岸地区农民状况的研究，推动他由纯政治转向经济关

---

① 《马克思恩格斯文集》第2卷，人民出版社2009年版，第588页。
② 《马克思恩格斯文集》第2卷，人民出版社2009年版，第588页。

系，并从而走向社会主义。"① 前文已述，正是在这种背景下以及后来由此衍生出的自由贸易和保护关税的辩论，才是激发和促使马克思去关注并研究政治经济学系列问题的初始原因，或言问题的逻辑始点。

在马克思看来，当恩格斯公开发表《国民经济学批判大纲》和《英国工人阶级状况》这两本重要著作后，二人愈发志同道合、同频共振，准备共同清理和清算德国哲学的旧意识形态时，"两厚册八开本的原稿"（即《德意志意识形态》手稿）早已送到威斯特伐利亚的出版所，后来却被出版社告知因当局介入而不能付梓。但是他们并没有陷入悲观的泥淖，因为其主要目的已基本达到，"自己弄清问题，我们就情愿让原稿留给老鼠的牙齿去批判了"②。可见，马克思在这里，既有对当局的鲜明愤懑和不满情绪，也有超脱和超然的审慎乐观，其高明之处显而易见、令人钦佩。这种情况下，"在我们当时从这方面或那方面向公众表达我们见解的各种著作中，我只提出恩格斯与我合著的《共产党宣言》和我自己发表的《关于自由贸易的演说》"③。此言背后的深刻意涵呼之欲出，有着马克思自身充满批判特质的思想逻辑。

在这里，马克思把于1848年1月9日在布鲁塞尔民主协会召开的公众大会上发表的《关于自由贸易的演说》视作和《共产党宣言》同等重要、都很关键的代表性著作。不难看出，无论是自由贸易还是与其密切相关的保护关税制度议题，都激起了马克思极大的关注热情和研究动力。在其看来，以《谷物法》为代表的保护关税制度的废除，正是工业资产阶级和封建地主贵族利益博弈的直接结果，甚至可言是资本主义自由贸易派在那个时期所取得的最为关键、最为显著的重大胜利。

尔后，再看恩格斯。

从19世纪中期开始，恩格斯在《国民经济学批判大纲》《英国工

---

① 《马克思恩格斯文集》第10卷，人民出版社2009年版，第701页。
② 《马克思恩格斯文集》第2卷，人民出版社2009年版，第593页。
③ 《马克思恩格斯文集》第2卷，人民出版社2009年版，第593页。

人阶级状况》等著作中开始关注资本主义自由贸易问题。在恩格斯看来，资本主义自由贸易充斥着压迫、剥削甚至暴力，为资本家带来的是利润、利益和荣誉，却为工人们带来了普遍的贫困、不平等和悲剧。同时，这种自由贸易并没有改善人与人之间的互助关系，而是加剧了相互之间的竞争甚至对抗关系。"新的经济学，即以亚当·斯密的《国富论》为基础的自由贸易体系，也同样是伪善、前后不一贯和不道德的。这种伪善、前后不一贯和不道德目前在一切领域中与自由的人性处于对立的地位。"[①] 以亚当·斯密社会分工理论为底色的资本主义自由贸易体系，尽管看起来十分美好，似乎在理性意义上能够促进商品和服务的优化配置，但这是一种伪善的表象。资本主义自由贸易只是资本逻辑在流通形态上的铺陈和展开，它是以资本的利润增值为核心而非以真正的互通有无、满足彼此需要为中心。应该说，恩格斯站在普通工人阶级福祉基础上揭露了资本主义自由贸易的真实面目。

那么，一个值得思考和省察的问题是，为什么恩格斯在19世纪中期与马克思共同去关注资本主义自由贸易这一政治经济学议题呢？

在所谓的自由贸易派看来，资本家以廉价买进东西而以高价卖出商品，是正常的贸易循环，也是自由贸易的题中应有之义，尽管这种贸易蕴含着外在形式和内在实质的双重不平等。资本家也深谙，若要获得如期的丰厚利润，就必须确保诸种贸易的进行和达成，无论是对于供应商还是对于消费者，都应该以善意和正义的意识形态说辞来驯服他们，他们越容易信守和支持自由贸易的格言，也就越容易为资本家创造最大化、最优化的诱人利润。"这就是商业的人道，而滥用道德以实现不道德的意图的伪善方式就是自由贸易体系引以自豪的东西。"[②] 他们以自由贸易之名，打着自愿平等、互通有无的口号，不仅在一国范围内凭借"低买高卖"的方式来实现高额利润，而且随着资本逻辑在更大范围内

---

① 《马克思恩格斯文集》第1卷，人民出版社2009年版，第58页。
② 《马克思恩格斯文集》第1卷，人民出版社2009年版，第62页。

延展，走出国门，在国与国之间推进原料、商品或服务的交换。他们试图站在促进文明交流、推动落后民族开化的道义制高点上，来大肆传播资本主义的生产生活方式和价值观念，试图以资产阶级文明来重塑或同化落后民族的发展状态。这些人以文明优越甚至种族优等的傲娇姿态，大肆叫嚣道："难道我们没有打倒垄断的野蛮吗？难道我们没有把文明带往世界上遥远的地方吗？难道我们没有使各民族建立起兄弟般的关系并减少了战争次数吗？"①

对此，恩格斯直言不讳地反击道：没错，你们似乎是这么做了，通过所谓自由贸易的方式输出资产阶级文明，把世界上不少落后的地区囊括入资本主义生产网络，也同时通过资本要素流动的方式强化了不同地区民族国家的横向联系，但这些只是具有较强蒙蔽和欺骗性的假象幻象，质言之，就是蓄意以庞杂现象遮蔽了内核本质。事实上，资本主义自由贸易看似消灭了所谓地方性的资源或商品垄断，而在实质上则制造了新的更大的独占和垄断，因为这种贸易形式不仅在于促成不同区域资源和商品的交换，而且在于致力实现资本生产的本地化。这本质上就是企图在世界更大范围内实现资本所有权，把一切资源纳入资本扩张和增值的闭环链条。一方面，资产阶级在一定程度上的确把资本主义文明输出和扩散到世界各地特别是落后地区，但另一方面他们的根本目的和初心，却无涉友善而在于满足其贪欲；一方面，资产阶级通过贸易互联互通的方式，把各个国家连接起来，建立所谓"兄弟般的关系"，但另一方面这只是套路和话术，实则为了以盗贼的方式到处掠夺和抢劫；一方面资产阶级处处炫耀自由贸易驱使和推动全球利益共建共享、高度交融进而减少了利益冲突甚至战争的频率，但另一方面资本主义自由贸易竞争和博弈的方式却唯利是图，倒逼商业竞争，比真实战争更加残酷、更加登峰造极。对此，恩格斯表达了一系列诘问和批判："你们什么时候做事情是从纯粹的人道出发，是从普遍利益和个人利益之间的对立毫

---

① 《马克思恩格斯文集》第1卷，人民出版社2009年版，第62页。

无意义这种意识出发的呢？你们什么时候讲过道德，而不图谋私利，不在心底隐藏一些不道德的、利己的动机呢？"①

从恩格斯的这一灵魂拷问可知，他并不是"为了批判而批判"，19世纪中期第一次工业革命在主要资本主义国家已基本完成之时，资本主义制度随着生产力水平的显著提升而发生了深刻嬗变和演进。对资本主义自由贸易进行本质剖析和深刻揭橥，恰恰是马克思和恩格斯观察资本主义制度演进的一个重要坐标和窗口。

至此，既然从马克思和恩格斯自身的论述中，我们可以判断出自由贸易问题是他们开始关注和研究政治经济学的直接兴趣点，那么这与后来其对资本主义制度逐步深入的多维批判是什么关系，或言深度的内在逻辑勾连是什么；基于资本逐利和剥削工人的空间化逻辑，资本主义自由贸易与资产阶级不同利益集团全球生产调节之间，又是什么关系？至此，就有必要追寻一个更深层次的重要议题：马克思恩格斯为什么在19世纪中叶工业革命在主要资本主义国家基本完成之时高度关注自由贸易问题？他们对资本主义自由贸易本质批判的核心要义是什么？这些问题的追问和回答，并非无中生有、无病呻吟，后文会有相应的阐释和辨析。

第二，如今肆虐的贸易保护主义和单边主义，为什么与马克思恩格斯生活的时代"异曲同工"？他们对资本主义自由贸易本质批判的历史性与时代性是什么？历史性与时代性之间的辩证理路在哪里？

历史事件本身不会复刻，但其中蕴含的历史规律却总会周期性再现，这是人类社会绵延至今的深刻历史辩证法。客观地说，如果纯粹从生产力发展水平、生产生活形态和广阔现实境遇上看，越来越数字化、智能化、网联化、互联互通化的今天与马克思恩格斯时代相比，的确不在同一个"比较象限"，甚至可言业已发生了翻天覆地的历史场景变化。但当下全球特别是西方发达资本主义国家此起彼伏、波谲云诡、暗

---

① 《马克思恩格斯文集》第1卷，人民出版社2009年版，第62页。

流涌动的诸种贸易保护主义行径和举措,在"灵魂深处"迥异于远没有今天复杂的那个时代吗?这个问题恐怕不容回避,当然也无须回避,它在一定程度上关系到马克思和恩格斯对资本主义制度的总体定性和评价问题。

如今,西方某些资本主义国家特别是美国在国际上公然扯开"自由贸易"的遮羞布而大肆奉行保护主义、单边主义、霸凌主义和孤立主义。在它们的狭隘思维视域下,奉行本国利益第一甚至唯一并没有什么不妥,也不违背世界通行规则,国际社会也就应该奉行优胜劣汰的社会达尔文主义。这种思维映射的是你输我赢、你上我下的零和博弈思维或21世纪新冷战"国家心理",与现代人类文明应有的"你中有我、我中有你、良性竞争、包容共享"的利益共同体、责任共同体和命运共同体,完全不在一个行驶轨道上,可谓格格不入、背道而驰。美国特朗普政府与如今的拜登政府,在这方面表现得最为典型,甚至突破了国际社会业已形成的经贸底线。

例如,为了短期自私的一国之利,特朗普政府在2017年组阁以后就试图千方百计地强力刺激制造业回流本土,叫嚣着为美利坚蓝领和中产阶级重新夺回饭碗、回到过去辉煌的"黄金时代"。他们蓄意把较为具体清晰的经贸问题泛政治化和复杂化,滥用国家安全审查、贸易救济手段和诸种科技壁垒,以国内法"长臂管辖"来恣意要挟、恫吓或制裁其他主权国家,企图使这些国家在国际竞争中失去独立的话语权,以致成为紧跟其后的经济附庸并唯其马首是瞻。毫不讳言,这就是曾长期作为全球领导者的超级大国美国的战略预期。在特朗普就任美国总统伊始,2017年全球新出837项贸易保护主义举措,其中美国自身就囊括了143项,在全球占比高达17.1%;2018年1—7月仅仅半年有余,美国在这方面的全球占比就已高达33%。[①] 就近几年具体事件而言,"华

---

① 参见中华人民共和国国务院新闻办公室《关于中美经贸摩擦的事实与中方立场》,《人民日报》2018年9月25日第10版。

为高管无理被拘并企图引渡""中国监控巨头海康威视被列入'黑名单'""中国无人机巨头大疆科技被禁入市场""中国的知名大学被列入实体名单"等诸多实例，均较为典型，引起全球巨大关注。这些实例，说穿了就是美国保护主义势力集团为了自身单边利益最大化，来全力政治追杀中国自主成长起来的高科技企业，企图通过国家力量来精准扼杀或强势遏制对其可能构成有力竞争的中国企业或相关产业。说到底，就是为了遏制中国的正常发展壮大。

2021年接踵而至的拜登政府，并没有在自由贸易问题上带来世界上很多有识之士所急切期盼的明显改变，反而变本加厉，对外政策特别是对待中国的贸易政策依然采取"封锁""筑墙""断链""打压"的方式，试图以"新冷战"的零和博弈方式来孤立排斥中国，进而阻止中国正常的强国建设步伐和民族复兴进程。美国国内的一些清醒声音甚至认为，全球各界不要对拜登抱有什么期望，拜登政府不会出台自由贸易议程，因为拜登总统本人就是彻头彻尾、成色十足的贸易保护主义者，他没有动机更没有勇气取消导致物价持续上涨的特朗普政府时期对中国商品加征的不合理关税。

不仅针对中国，拜登政府对包括传统盟国英国在内的很多国家都采取保护主义政策，企图打压英国的钢铁和铝等产业，而且通过《通胀消减法案》来极力使用产业补贴政策，试图吸引包括德国宝马汽车公司和化工巨头巴斯夫公司搬迁至美国本土。就连西方国家的不少主流媒体都对美国的这一损人利己的狭隘做法提出了广泛批评，并明确推断拜登政府尚没有试图与任何国家谈判和磋商任何自由贸易协定的打算。英国《经济学人》周刊认为，拜登政府的贸易保护主义是一副"杀敌一千，自损八百"的毒药，这种主义改变不了美国的严峻通胀形势，反而会肢解和摧毁粉墨登场的"拜登经济学"。

美国的这些狭隘做法表明，贸易保护主义正在进入完全置"二战"后国际社会约定俗成的"游戏规则"而不顾、简单粗暴"无礼无理无节"的新阶段，已显现出从宏观政策取向转为精准猎杀某个企（行）业的恶劣苗头。可见，在全球生产力空前发展和人类文明程度极大提升的今天，资本主义自由贸易仍未真正跳出马克思和恩格斯在19世纪生活的那个时代，仍是一种隐遁着资本霸权和国家强权的经济政治话语。

在"二战"后经济全球化和区域经济一体化总体态势属于上行的宏观背景下，尽管贸易自由和投资便利化是大势所趋、人心所向，但是贸易保护主义总会出现阶段性反弹和周期性回潮。可以说，这是一条很重要的全球经济发展曲线。美国贸易保护主义在历史上也并不属于什么新事物，而是一种周期性很强的历史现象。当其处在全球商品和服务贸易竞争有利地位时，就傲慢地高喊自由贸易；相反，当其处在全球商品和服务贸易竞争弱势地位时，就掉转枪口，通过各种壁垒和技术手段来排挤国外产品，阻止它们进入本土市场。这种主义看起来似乎是平衡国家间竞争的一种关税或非关税工具，但根子却在美国国内，根源于其国内一系列无法消解的经济社会结构问题和亘古未断的重商主义传统，总能成为美国多届政府因为自身"内生动能不足""本领恐慌"所滋生的深层民生问题的"替罪羊"。也就是说，贸易保护主义往往成为美国政府转嫁矛盾、及时甩锅的一种惯用工具。

当前，尽管中美第一阶段经贸协议文本达成一致，第二阶段文本也在磋商之中，但是美国对中国大范围加征关税、进行严重的贸易歧视和人为中断高科技行业供应链的诸多事实都已存在，而且对我们采取的保护主义措施目前仍大部分存在。美国针对输美中国商品已经或准备加征高额关税的保护主义行径，事实上根本算不上什么新招数、新手段，只是重新包装、故技重施、变本加厉而已。美国现在拿起这些手段，对付正在发展壮大的中国，当年也曾残酷无情地猎杀过其口中所谓的亲密盟友日本。20世纪70—90年代，因汽车、彩电、半导体等领域存在大额的贸易逆差，美国就曾毫不留情地针对盟友日本开刀，利用无可反击的经济政治霸权强势推行单边性保护主义，逼迫日本就范并签订明显不对等的"广场协议"。当然,今天美国也没有放过与其仅一条大西洋之隔、同属资本主义阵营的欧盟。2019年10月起,美方对欧盟大型民用飞机加征10%的关税,对欧盟农产品和其他产品加征25%的关税,初步总额高达75亿美元。可以说,无论是历史上还是当下,美国的这种贸易保护主义做法,都暴露了其自身竞争力的衰退和战略焦虑,毕竟保护主义做法本身就是一种制度不自信和发展道路不自信的典型表现。

如今美国的诸多行径,与马克思恩格斯曾经批判的英国在自由贸易和保护关税制度之间来回切换的做法,并不存在本质区别。

历史上,尽管19世纪40年代后"自由放任"似乎成了英国自由贸易派经济学家笃信的格言和条款,但后来的历史事实却恰恰相反,它们并没有真正地践行广为宣传美化的自由贸易精神。无论它们选择自由贸易还是转向保护关税,都是围绕着本国的阶段性利益诉求在做权宜性调整。

当前,以美国为首的某些西方发达资本主义国家总是在"自由贸易"和保护关税之间不失时机地做出技术性切换:当自身在国际产业链中相对于新兴市场国家和发展中国家具有明显优势时就高喊"自由贸易"口号、强推贸易投资自由化便利化;反之就会掉转腔调、高筑壁垒、大搞保护主义,毫不吝啬地戳破国际关系准则,公然违背国际法精神,极力主张本国优先、他国让步。这与19世纪下半叶的英国、德国、法国以及当时美国所谓"庇护国内市场以建立民族工业"的做法如出一辙。无论是资本主义自由贸易还是保护关税制度,都是一种"恃强凌弱""劫贫济富"的权宜性手段,实质上是"合则用,不合则弃"的双重标准。

"尽管我们所处的时代同马克思所处的时代相比发生了巨大而深刻的变化,但从世界社会主义500年的大视野来看,我们依然处在马克思主义所指明的历史时代。"① 历史现象千变万变,但历史规律却难以改变。

---

① 《习近平谈治国理政》第2卷,外文出版社2017年版,第66页。

那么，如今刮起的贸易保护主义邪风歪风与马克思恩格斯生活的时代相比，哪些形式上变了？哪些内核上始终未变？也即，他们对资本主义自由贸易本质批判的历史性与时代性是什么？历史性与时代性之间的辩证理路在哪里？两个时代"异曲同工"的深层原因是什么？其背后映射出自马克思恩格斯时代以来，资本主义如何以资本为中心而展开制度逻辑和运行机制？这些问题，我们努力在后文中通过梳理和凝练马克思恩格斯对资本主义自由贸易的经济批判、道德批判和哲学批判来一一回应和积极解决。

第三，马克思恩格斯对资本主义自由贸易的本质批判，对揭露西方话语陷阱、维护国家经济安全的当代价值如何体现？

经典思想的价值，往往首先能从现实境遇中发现端倪，其源于时代而又能跳出时代，超越时代，引领时代。

"马克思的思想理论源于那个时代又超越了那个时代，既是那个时代精神的精华又是整个人类精神的精华。"① 资本主义自由贸易批判理论，作为马克思恩格斯关注并研究政治经济学问题的最初动因和关键始点，在社会状况发生显著且深刻变化的今天，并没有过时，也不会过时，反而穿越时空、历久弥新。当今世界各地特别是西方发达国家此起彼伏、沉渣泛起的贸易保护主义行径，在本质内核上已经证明并将继续证明他们的这一理论依然在场，仍然有效，总体适用，虽然贸易形态、贸易结构、贸易媒介和贸易方式的确已经发生无可否认的巨大变化。

进言之，研究马克思恩格斯对资本主义自由贸易的本质批判，并不是仅仅为了把本质批判的历史境遇、脉络主线、核心内容、理论逻辑等问题梳理出来和阐释清楚，更重要的是深挖并凝练本质批判的当代价值。那么首当其冲的是，马克思恩格斯对资本主义自由贸易本质批判之于维护国家经济安全的时代价值究竟是什么？如何在百年未有之大变局

---

① 习近平：《在纪念马克思诞辰200周年大会上的讲话》，人民出版社2018年版，第7页。

的历史境遇下体现出来？

事实上，马克思恩格斯对资本主义自由贸易的本质批判，既是历史的，更是现实的。一些资本主义国家对待自由贸易并不忠诚，是典型的投机性双标主义态度，当其处于产业链、供应链有利竞争地位时，就高喊清除任何障碍的自由贸易；反之，当其被其他国家迎头赶上而处于弱势地位时，就要掉转枪口、"关闭城门"，而以各种理由和手段来推行贸易保护主义。

这警醒我们，一定要认清资本主义自由贸易的历史真相和本真面目，切不可被其颇具迷惑性的假象幻象所干扰。那么，若做进一步深入思考，从马克思恩格斯对资本主义自由贸易的深刻批判来看，究竟该如何揭露西方所谓自由贸易的话语陷阱？什么是一个国家在国际贸易链中的核心竞争力？自由贸易的竞争归根结底是哪些经济要素和技术环节的博弈？特别是在保护主义和单边主义肆虐的当前境遇下，我们该如何既实现加强与各国的经贸自由往来，又切切实实保障国家经济安全？换言之，在全面建设社会主义现代化国家新时代新征程的关键阶段，如何处理好与国内国际"双循环"之间的动态平衡关系？

针对这些现实议题和学理问题，我们不妨从马克思恩格斯对资本主义自由贸易的本质批判中，努力寻求一些深刻阐释、分析框架和有益镜鉴。

第四，马克思恩格斯资本主义自由贸易的本质批判，对认识资本主义新特点、把握经济全球化走向、完善全球经济治理的当代价值如何体现？

马克思恩格斯对资本主义自由贸易本质批判的当代价值，除了体现在揭露西方自由贸易话语陷阱、维护国家经济安全的维度上，还表征在位阶更高的认识资本主义新特点、把握经济全球化走向、完善全球经济治理层面上。

马克思在《资本论》中，曾鞭辟入里地剖析了美国贸易保护主义派经济学家凯里关于贸易认识的局限性:"破坏资本主义生产方式天生的优美与和谐的,归根到底是贸易。再前进一步,他也许会发现,资本主义生产的唯一祸害就是资本本身。只有一个如此惊人地缺乏批判能力和如此假装博学的人——尽管他持有保护关税的异端邪说——,才配成为一位名叫巴师夏的人和现代自由贸易派其他一切乐观主义者的和谐智慧的秘密源泉。"[①] 无论凯里对自由贸易支持与否,贸易终究会成为资本主义制度瓦解自身的因子和变量。进言之,马克思恩格斯对资本主义自由贸易本质批判的当代价值,从来都不局限于贸易问题本身,反而对认识资本主义的演进规律特别是资本主义发展新动向、新特点,具有不容忽视的借鉴意义。

同时,自由贸易,不是一国或几国之间的事情,而是关涉普遍利益的全球性议题,是国际"大家庭"的公共事项。在一定程度上,全球贸易和投资自由化便利化的实现程度,就决定了全球经济治理的底色和格调,毕竟自由贸易关涉的是不同主权国家的利益交换和交融问题。如果世界各国能够在这一问题上相互达成默契、彼此遵守规则、做到互通有无、实现互利共赢,以推动全球形成一个命运与共的利益共同体,那么现实或潜在的很多经济政治纷争、分歧和博弈,都能有效化解,甚至在根源上就不会滋生。

对此,我们不妨先看看当今全球经济增长的宏观态势及其深层动因。作为世界经济治理三大主要机构之一的国际货币基金组织(IMF)于 2023 年 4 月更新的最新一期《世界经济展望》(*World Economic Outlook*)中做出预计,世界经济增长率将从 2022 年的 3.4% 降至 2023 年的 2.8%,全球增长预期将持续疲软,而且随着世界地缘政治紧张局势的加剧,某种形式的国际贸易碎片化——更高的贸易壁垒和制裁等——的风险,也在日益加剧。国际贸易的不断减少,将拉低全球经济产出和

[①] 《马克思恩格斯文集》第 5 卷,人民出版社 2009 年版,第 649 页。

降低投资预期。① 可以说,在全球宏观政策明显变动不居和协调不足的背景下,经济增长继续萦绕着不稳定性、不确定性,面临着较大下行风险,包括美国各类关税和非关税壁垒在内的贸易保护主义正在从"纸面"转为"地面",各种人为高筑的贸易壁垒正在侵蚀和损伤全球产业链供应链价值链。显然,基于规则和合作精神的多边贸易体制,正在遭到严峻的人为破坏,这也成为当前全球经济发展面临的重要威胁和关键变量。

此时,一个颇为重要的议题跃然纸上、引人深思,自由主义经济学家"美好描述"的资本主义制度,帮助人类实现贸易自由和投资便捷了吗?

马克思一个多世纪前的重要论断,犹在耳畔。他曾在《关于自由贸易问题的演说》中直戳资本主义自由贸易的"神话":"在当今社会条件下,到底什么是自由贸易呢?这就是资本的自由。排除一些仍然阻碍着资本自由发展的民族障碍,只不过是让资本能充分地自由活动罢了。"② 事实上,蕴含其中的奥秘和深意不难理解。

资本主义自由贸易首先追求的是如何确保资本在更大范围内增值和扩张,以期攫取更加丰厚的利润,凭借的手段正是利用自身的经济政治先发优势,尤其是工商业强项,来跨越国家进行资源掠夺、商品倾销和废物排放,最终企图使他国永远无法建立自主可控、与其可能构成竞争的工业经济体系,"安静地"处在外围,永远依附并听命于自己。正如恩格斯在《保护关税制度和自由贸易》一文中所说:"当时英国工厂主及其代言人即政治经济学家的下一个任务是,使所有其他国家都改奉自由贸易的教义,从而建立一个以英国为大工业中心的世界,所有其他国家都成为依附于它的农业区。"③

---

① 《世界经济展望》(*World Economic Outlook*),国际货币基金组织(IMF)官网,https://www.imf.org/en/Publications/WEO/Issues/2023/04/11/world-economic-outlook-april-2023,第 xvi、56 页。
② 《马克思恩格斯文集》第 1 卷,人民出版社 2009 年版,第 756 页。
③ 《马克思恩格斯文集》第 4 卷,人民出版社 2009 年版,第 335 页。

在那个信息和知识相对封闭、主要被资本精英垄断的时代，针对资本主义自由贸易背后隐遁着的资本空间化扩张逻辑，马克思恩格斯就已看得很透彻，可以说是深入骨髓、直指灵魂。

他们有关资本主义自由贸易本质批判的深刻论断，迄今为止已近两个世纪，尽管饱经岁月洗礼，但思想内核却一点也不过时，而是超越时代、永葆深邃理论伟力。就像马克思恩格斯当初批判以《谷物法》为代表的贸易保护主义行径终将不能庇佑英国持久强大一样，当下美国政府处心积虑推动的以"美国第一"甚至"美国唯一""美国优先"而"世界忧先"为战略目标的保护主义措施，仍然难以盾护"美国再次伟大"，反而可能使其逐步走上歧途，成为阻碍人类现代文明发展进步的最大变数和消极变量。

那么，在当前经济全球化遭遇严峻挑战，保护主义和单边主义抬头，特别是美国甚至声称要独建"贸易统一战线"的新形势、新变局下，马克思恩格斯对资本主义自由贸易的本质批判，将如何彰显出深邃的历史穿透力、现实解释力和实践指导力？进言之，马克思恩格斯对资本主义自由贸易的本质批判，对认识资本主义新特点、把握经济全球化走向、完善全球经济治理的当代价值如何体现？

诸如以上四个方面，正是我们试图有效回应和努力解决的重点议题，也即本书问题提出的基本缘由。

第一章

马克思恩格斯资本主义自由贸易
本质批判的核心要义

　　19世纪中期，随着包括英国、法国和美国在内的主要资本主义国家相继完成第一次工业革命，资本主义的贸易形态发生了显著变化，但这些国家总体上权宜性地在自由贸易和保护关税之间做出转换。马克思恩格斯正是在此背景下对资本主义自由贸易的本质进行了深刻剖析和深邃批判。这种剖析和批判，分别从经济维度、道德维度和哲学维度进行具体铺陈。

第一节　经济批判：资本主义自由贸易的利己本质

　　马克思恩格斯首先从经济维度对资本主义自由贸易进行了本质批判。在他们看来，资本主义制度裹挟下的自由贸易，只是资本逻辑在贸易问题上的释放和演绎。这种贸易在经济本质上只是便于资本追逐利润最大化的自由，质言之，是一种损人利己、以邻为壑的狭隘的利益实现方式。只不过，此种利益的实现，以"自由"之名，采取了形式上"合法"、逻辑上"自洽"、价值上"无涉"的经贸往来方式，以期掩盖或遮蔽其利己本质。

一 资本主义自由贸易只具有资本逐利的自由

资本主义自由贸易只是一种虚假的宣传口号和自我标榜,在形式上是根据市场需求而展开的商品和服务的自由流动,但在内核上只是服从和服务于资本追逐利润最大化根本目的的手段。马克思讲得很彻底:"在当今社会条件下,到底什么是自由贸易呢?这就是资本的自由。排除一些仍然阻碍着资本自由发展的民族障碍,只不过是让资本能充分地自由活动罢了。"① 显然,资本主义生产条件下的自由贸易,只是为资本的流动和复制,扫除民族国家之间的关税壁垒和其他行政障碍,以期实现在更广阔时空范围内不断扩张和增值之目的。可以说,资本主义自由贸易只具有资本逐利的自由,而不具有其他方面的自由。

第一,资本主义自由贸易背后的资本变量。恩格斯说:"自由贸易成了风行一时的口号。"② 在英国实施了31年的谷物法的废除,被资产阶级大肆美化为自由贸易在19世纪最显著、最重要的胜利之一。谷物法又称玉米法案,是一道在1815—1846年由托利党内阁强制实施的进口关税管制法律,旨在护佑英国国内地主贵族的物质利益,帮助他们免遭外国价格更为低廉的谷物的直接竞争和冲击。它以国家法令的方式强制做出规定,产自英国本土的谷物平均价格达到或超过某种限度即每夸脱80先令时,才能从他国进口限量的谷物。这种法令的经济政治意图很明显,就是要赤裸裸地保护地主贵族的利益,试图通过法律的强制途径把来自外国的价格竞争或商品优势直接挡在门外。显然,在谷物法的保护下,英国本土的地主贵族对国内谷物市场形成了排他性独占,结果在缺乏有效竞争的环境下,谷物价格普遍上涨。工人阶级的生活成本也骤然上升,人民怨声载道。受此影响,他们纷纷要求资本家或工厂主大幅度提高劳动工资以维持基本的生活成本,而且当时的大陆国家也普遍

---

① 《马克思恩格斯文集》第1卷,人民出版社2009年版,第756页。
② 《马克思恩格斯文集》第4卷,人民出版社2009年版,第335页。

反响强烈，倡导联起手来对英国工业品采取报复性的诸如提高进口关税之类的反制政策。"英国谷物法的废除是自由贸易在19世纪取得的最伟大的胜利。在厂主们谈论自由贸易的所有国家里，他们主要指的是谷物和一切原料的自由贸易。对外国谷物征收保护关税，这是卑劣的行为，这是利用人民的饥饿进行投机。"① 显然，无论是工人阶级的激烈反抗还是外国资本家所采取的反制政策，都悖逆英国工业资产阶级的利益：工人阶级生活成本的普遍上涨必然要求他们提高工资，而外国供应商或产业伙伴一旦提高进口关税，就会大大影响和制约英国工商业的出口能力。

这些都是英国资产阶级不愿甚至不能长期忍受的。1838年，曼彻斯特的两个纺织厂主理理·科布顿和约·布莱特创立了声势浩大的反谷物法同盟，都是打着为降低工人阶级的生活成本而必须实行自由贸易的正义旗号而进行的。最终，这场斗争引发了诸多"共情"，获得了巨大支持，形成了"星星之火，可以燎原"的"一边倒"的发展态势。1846年6月26日英国议会通过了《关于修改进口谷物法的法令》和《关于调整某些关税的法令》，明确废除了谷物法。可见，废除谷物法进而实行自由贸易的背后，是资产阶级与封建主之间利益的博弈，毕竟这种法律威胁和侵蚀的是资产阶级的物质利益，从来都不是他们所高调宣称的"为了改善工人阶级的民生福祉而推行自由贸易"的那种情况。

第二，资本主义自由贸易与资本逻辑相契合。资本主义自由贸易尽管冠以"自由"之名，但马克思恩格斯讲得很清楚，它充其量只体现了资本逐利的自由。资本主义生产条件下的自由贸易，是一种追求利益最大化的权宜之计或机会主义。19世纪中期，英国已经率先完成工业革命，工业供应链和产业链均处于绝对的优势地位，它傲慢地站在国际交往的道义制高点上，极力主张各国经贸自由往来、生产要素无障碍流通。这样做，不仅有利于英国工业资产阶级在本国国内获得垄断利润，

---

① 《马克思恩格斯文集》第1卷，人民出版社2009年版，第744页。

而且有助于他们走出国门到工业基础相对薄弱的其他国家特别是殖民地攫取更加丰厚的超额利润。在这里，不难看出，资产阶级所主张的自由贸易在本质上只不过是为了突破时空的限制或障碍，在世界更大的范围攫取利润。这恰恰与资本的基本逻辑完全契合。资本就是追求剩余价值，"资本的合乎目的的活动只能是发财致富，也就是使自身变大或增大"①。可见，资本逻辑就是追逐利润最大化的逻辑，而资本主义自由贸易的"初心"并不是推动各种生产要素无障碍地自由流动和高效配置，而是通过自身已有的商品垄断优势来实现利润最大化。这种贸易形态不仅是单边狭隘的，而且是极其自私自利的，对互联互通和互通有无的真正的自由贸易充斥着忌惮和抵制，当自己处于有利竞争地位时就积极支持所谓的贸易自由，反之则随时捡起保护关税制度的撒手锏，核心目的只有一个，即最大限度生成并实现利润。由此可见，资本主义自由贸易恰恰契合了资本逻辑的价值取向和核心要旨。

第三，资本主义自由贸易是助推资本时空扩张的重要媒介。资本主义自由贸易不仅与追逐利润最大化的资本逻辑"不谋而合"，而且是进一步助推资本在更广阔时空扩张的重要媒介。在19世纪中期，很多由资产阶级豢养的自由主义经济学家从推进社会分工的角度，大肆赞扬和肯定资本主义条件下的自由贸易。从形式上看，资本主义自由贸易的确有助于强化斯密一再推崇的社会分工特别是国际分工，因为这种贸易形式打破了传统的一国之内的有限市场范围，有助于在世界市场范围内依托各自的比较优势特别是自然禀赋来组织生产。但在实质上，真相并非如此。在一般人的思维定式中，西印度群岛具有盛产咖啡和砂糖的天然自然禀赋。但实际情形却是，在17世纪以前，这一广阔地区并没有一棵咖啡树，更没有一株甘蔗。此处铁一般的自然和历史事实足以表明，资本主义自由贸易固然可以促进和提升国际分工，但是并不能保证每个国家都实现与本国自然资源禀赋相契合的社会生产，反而刺激和助推了

---

① 《马克思恩格斯全集》第30卷，人民出版社1995年版，第228页。

资本疯狂的时空扩张。西印度群岛的咖啡和砂糖,正是资本在异地进行复制和扩张的直接结果。"创造世界市场的趋势已经直接包含在资本的概念本身中"①,时空扩张是资本的常态运动,也是资本安身立命之所在。在这个意义上,资本主义自由贸易并不必然带来与地区自然条件同频共振的社会分工,反而把资本追逐利润最大化的固有意志输出到世界各地特别是落后地区,助力资本在新的地域达成新的扩张目标。马克思曾说:"也许不出50年,那里连一点咖啡、一点砂糖也找不到了,因为东印度正以其更廉价的生产得心应手地跟西印度虚假的自然禀赋竞争。"② 综上可知,资本主义自由贸易带来的所谓国际分工,最终很可能被资本逐利方向的改变而改变,毕竟在新的更大时空内助推资本实现扩张和增值,才是这种贸易形态的真实目的。

第四,资本主义自由贸易嬗变为执行资本意志的管道。尽管资本主义自由贸易打着"自由"的旗号,但这只是资产阶级的一种自我标榜,在实质内核上不是为了推动生产要素在不同地区和不同行业之间互通有无、优化配置,而是为了达成价值增值之根本目的。这意味着资本主义自由贸易已经游离于贸易本身,蜕变为执行资本意志的工具和手段。马克思仍然以上文提到的西印度群岛的咖啡和砂糖为例进行了深刻剖析,"自然禀赋异常富庶的西印度,对英国人说来,正如有史以来就有手工织布天赋的达卡地区的织工一样,已是同样沉重的负担"③。何出此言呢?这是因为,在历史上这两种商品都是被资本家从其他地方移植过来的,西印度地区并不具有本土化的资源禀赋,也就是马克思口中"虚假"的自然禀赋。这种禀赋效应不会长久,毕竟后来东印度地区有着更为便捷且十分廉价的生产要素,西印度的生产和资源优势必将很快消失殆尽,嬗变为资本家获利的障碍和负担。毕竟,对于唯利是图的资本家

---

① 《马克思恩格斯文集》第8卷,人民出版社2009年版,第88页。
② 《马克思恩格斯文集》第1卷,人民出版社2009年版,第758页。
③ 《马克思恩格斯文集》第1卷,人民出版社2009年版,第758页。

而言，他们并不真正偏爱哪个地区生产的咖啡和砂糖，而是追求利润的最大化。这意味着咖啡和砂糖的生产特别是贸易销售，已经从贸易本身异化为资本增值的变相"武器"。

恩格斯同样认为，资本主义所谓的自由贸易只是一个任由其恣意"打扮"和功利化运用的口号化工具，根本的目的还是服务于资本的增值意志。他以德国为例进行了详细阐释。1874 年前后，德国在世界市场的贸易额仅次于英国而居于世界第二位，特别是在工业和交通方面对蒸汽发动机的大规模采用，比欧洲任何大陆国家都要多。事实上，为了发展国内工业，德国尽管有一些保护关税制度的做法，但是自从 1815 年之后，总体上实行关税较为宽松的自由贸易制度，这在很大程度上造就了德国在世界贸易份额中的领先地位。但 1874 年是一个十分重要的转折点，这一年德国开始抛弃自由贸易体制而转向保护关税制度，"形势突然发生了变化：正当自由贸易看来对德国比任何时候都更为必要的时候，德国却转而实行了保护关税制度"[①]。这看似荒唐甚至不可理喻，却蕴藏着"可以理解"的显性资本逻辑。

原因在于，1874 年之前，德国一直都是欧洲乃至世界前列的重要谷物输出国，由大资本支撑的国内农业集团极力主张自由贸易，但这一年之后，德国不仅不能出口谷物，反而需要进口大量的谷物以支撑快速发展起来的工农业生产需求；而且就在此时，大量物美价廉的美国谷物开始染指和涉足德国市场，大大降低了德国本土的农业货币收入。这时，由各路资本加持的德国农业集团开始改旗易帜、转变态度，在各种场合强力呼吁实行所谓保障本国国家利益的保护关税制度。由此可见，资本主义自由贸易只是一种随时可弃的外在形式，具有典型的双标主义格调和投机主义色彩，在内核上无非"忠诚"执行资本意志的手段和工具。这一点对理解"为什么说资本主义自由贸易只具有资本逐利的自由"至关重要，可谓一针见血、直指内核。

[①] 《马克思恩格斯文集》第 4 卷，人民出版社 2009 年版，第 343 页。

二 资本主义自由贸易只便于资产阶级对全球生产进行操控

马克思直截了当地说:"如果说自由贸易在世界各国之间也能促成什么友爱,那么,这种友爱也未必更具有友爱的特色;把世界范围的剥削美其名曰普遍的友爱,这种观念只有资产阶级才想得出来。"① 那么,资本主义自由贸易的真实动机是什么呢? 马克思接着说:"如果说自由贸易的信徒弄不懂一国如何牺牲别国而致富,那么我们对此不应该感到意外,因为这些先生们同样不想懂得,在每一个国家内,一个阶级是如何牺牲另一个阶级而致富的。"② 受资本逻辑统摄的自由贸易,在原始动机上并不是为了传播友善和友爱,而是为了实现资产阶级对全球生产的操控和垄断,进而实现更多的超额国际利润。

第一,资本主义自由贸易传播了资产阶级的生产方式。资本主义自由贸易充斥着迷惑性和欺骗性,它不是一个就贸易而谈贸易的纯粹经济问题,而是一个关涉所有制性质和价值意识形态的经济政治议题。这种贸易形式,是以资本为中心、唯资本独尊的对外经济交往。资本家不但通过贸易的方式来实现丰厚利润,而且通过"合法"贸易的途径来对外大肆传播和宣介资产阶级生产方式。恩格斯就曾指出:"当时英国工厂主及其代言人即政治经济学家的下一个任务是,使所有其他国家都改奉自由贸易的教义。"③ 显然,英国的工厂主不但希望对外售卖大量商品,而且希望其他国家都奉行由其定义和操控的自由贸易。

当然,此时的英国率先发起并完成第一次工业革命,在工业和科技竞争力上具有暂时的绝对优势。在英国所统摄的自由贸易语境下,该国由于工业基础雄厚和产业链、价值链完整,从国际分工意义上自认为应该成为世界大工业的引领高地和辐射中心,而其他国家就应该沦为原材

---

① 《马克思恩格斯文集》第1卷,人民出版社2009年版,第757页。
② 《马克思恩格斯文集》第1卷,人民出版社2009年版,第758页。
③ 《马克思恩格斯文集》第4卷,人民出版社2009年版,第335页。

料供应地或商品倾销市场。由此而言，资本主义自由贸易根本就不是互联互通的对等经济交往，而是旨在驱使其他国家特别是落后国家被迫接受资本主义的生产方式和价值准则，本质上是为了"推广以资本为基础的生产或与资本相适应的生产方式"①，进言之，"它迫使一切民族——如果它们不想灭亡的话——采用资产阶级的生产方式；它迫使它们在自己那里推行所谓的文明，即变成资产者。一句话，它按照自己的面貌为自己创造出一个世界"②。

第二，资本主义自由贸易"人为"地制造国际分工。"有人对我们说，自由贸易会引起国际分工，这种分工将规定与每个国家优越的自然条件相适宜的生产。"③ 在追逐利润最大化的资本逻辑下，自由贸易事实上并没有在自由竞争意义上催生国际分工、引领每个国家或地区充分发挥出比较优势，而是基于利润最大化生成角度，人为地制造了国际分工。例如，英国、法国、美国这些资本主义国家在率先完成工业革命后，就大肆对他国特别是落后国家及殖民地输出工业品。这些国家都希望自身能作为世界工业中心傲视他国，尽管对落后国家大肆出口工业品，但它们颇为狭隘地希望落后国家永远成为保持工业落后的国家，永远依附于工业强国而"卑微"地生存。

在这个意义上，资本主义自由贸易只是贸易形式逻辑上的"自由"，在内核上仍是由工业强国所操纵和把控的，它们希望落后国家永恒地处在供应原材料的初级发展阶段，并作为买入商品的消费进口国。因此，资本家时常遵循所谓的斯密社会分工理论，把世界划分为工业国家和农业国家，无非就是为了永恒地掌握工业话语权，通过"人为"地制造国际分工，来强化不平等的国际经济政治秩序。

第三，资本主义自由贸易强化了对全球生产的垄断。1848—1866

---

① 《马克思恩格斯文集》第8卷，人民出版社2009年版，第88页。
② 《马克思恩格斯文集》第2卷，人民出版社2009年版，第35—36页。
③ 《马克思恩格斯文集》第1卷，人民出版社2009年版，第757页。

年，英国凭借率先完成工业革命的先发优势，无论是在工业产值方面还是贸易数额方面都获得了空前的发展。恩格斯说："无论如何，紧接着自由贸易在英国获胜以后的那些年代，看来是证实了对于建立在这个胜利基础上的繁荣所抱的最大希望。英国的贸易达到了神话般的规模；英国在世界市场上的工业垄断地位显得比过去任何时候都更加巩固；新的炼铁厂和新的纺织厂大批出现，到处都在建立新的工业部门。"[1] 英国在完成工业革命后的历史窗口内，积极放大和释放几乎由自身主导的自由贸易效应，对外贸易规模空前提高，在欧洲乃至世界上的话语权也前所未有地加强，尽管在1857年前后也曾遭遇短暂的经济危机。一方面，这是废除谷物法等保护关税制度、积极推行自由贸易的利好结果；另一方面，也是大规模开采加利福尼亚和澳大利亚金矿、铁路快速发展、以蒸汽为动力的运输工具大规模应用、轮船全面取代帆船等合力作用的结果。在恩格斯看来，无论如何，"在如此有利的条件下，利用蒸汽进行生产的英国工业，依靠损害以手工劳动为基础的外国家庭工业而扩大自己的统治地位也就不足为怪了"[2]。

这无不深刻地说明，资本主义自由贸易不仅是在竞争博弈环境下后端进行销售商品的基本环节，而且在前端意义上蕴含着更大的战略目标，即在生产源头上形成排他性垄断，进而在生产、分配、流通、消费各个环节形成闭环化的垄断链条。由此可见，资本主义自由贸易绝非一般的贸易交往形态，而是在资本增值和资本效用的双重逻辑下，通过形式上自由平等的贸易渠道来逐步实现对全球生产格局的操控。那些在产业链和供应链已经占据有利地位的资本主义国家，狭隘地希望其他国家都沦为为其服务的农业区或原料国，别国的经济命脉永远地处于它们的操控和摆布之中。

---

[1] 《马克思恩格斯文集》第4卷，人民出版社2009年版，第336页。
[2] 《马克思恩格斯文集》第4卷，人民出版社2009年版，第337页。

三 资本主义自由贸易只是为了强化"中心—外围"的等级秩序

在马克思恩格斯看来,资本主义自由贸易不仅不是真正互联互通、互通有无的贸易方式,而且是不平等的、充斥着等级秩序的国际经济霸凌主义。例如,当初英国比较流行的"自由贸易论是建立在英国应当成为农业世界唯一的伟大工业中心这样一个假设上的"①。尽管后来的历史事实证明,英国并没有这样的综合实力来实现这一所谓的"雄心壮志",但是从工业革命后的世界经济形势来看,受资本逻辑统摄的自由贸易方式,毋庸置疑强化了"中心—外围"的全球等级秩序。

第一,资本主义自由贸易与资本建构的世界贸易"中心"。在19世纪中期前后,谷物税和诸多原料税都被大规模废除了,这就为工商业的迅速发展扫清了流通障碍,英国的工业资本家取得了"绝对的胜利",所以当时到处弥漫着由他们大力支持进行自由贸易的氛围。按照自由贸易派在当初的设想,英国处在现代工业价值链的上游和上端,主张建立一个以英国为中心的世界贸易中心,"建立一个以英国为大工业中心的世界,所有其他国家都成为依附于它的农业区"②;按照他们的构想,进言之:"英国应当成为'世界工厂';对于英国来说,其他一切国家都应当同爱尔兰一样,成为英国工业品的销售市场,同时又是其原料和粮食的供应地。英国是农业世界的伟大的工业中心,是工业太阳,日益增多的生产谷物和棉花的卫星都围绕着它运转。多么灿烂的前景啊!"③ 不难看出,表面察之,自由贸易成为风靡一时的口号和潮流,但工业资本家所倡导的自由贸易,只是以自我逐利为中心的不对等贸易形式,最终目的还是建立由英国主导和操控的世界贸易体系。这种自由

---

① 《马克思恩格斯文集》第1卷,人民出版社2009年版,第376页。
② 《马克思恩格斯文集》第4卷,人民出版社2009年版,第335页。
③ 《马克思恩格斯文集》第1卷,人民出版社2009年版,第372—373页。

贸易显然是打着道义的幌子来干非平等、非道义的龌龊事情，试图使其他国家沦为难以与英国工业优势进行直接竞争的落后农业区。这是典型的"升维打击"，企图使自身永远处在贸易链的主导位置，成为世界贸易的中心和枢纽，其他国家都是为其服务、任其摆布的边缘或配角国家。

第二，资本主义自由贸易与资本逻辑统摄下落后民族国家"外围"。在资本主义自由贸易话语体系下，具有良好工业基础的国家应该成为世界贸易的中心和节点，而生产力落后的国家和地区则应在自由市场原则下成为服务和支撑"中心国家"的外围国家。对于资本主义制度而言，"生产剩余价值或赚钱，是这个生产方式的绝对规律"①。这种制度下的自由贸易是自私和狭隘的，总是以自我利益最大化为核心追求，他们试图倒逼其他落后国家放弃发展工业的动机和努力，忌惮这些落后国家一旦工业大规模发展起来，就可能与他们进行直接竞争。显然，这种做法就是为了把传统的垄断优势永恒固化。自由贸易派的傲慢想法是，落后国家因生产力水平较低，工业基础和产业禀赋缺乏，就应该成为资本主义工业国家的原料供应商，通过所谓自由贸易的方式，完全可以把工业国家的商品输入落后国家以满足其市场需求。在他们的霸权思维逻辑下，自由贸易是推动国际分工的重要手段，资本主义工业国家的"中心"与落后国家的"外围"，都是市场竞争和资源禀赋自动发挥作用的结果，因而具有合规律性，也具有自然的合理性。

对此，马克思诘问道："如果我们不是慷慨地献出自己的资本和劳动，用来耕种不毛之地，而是撤掉农业，专门来搞工业，那么，整个欧洲就得把工厂都关掉，那时英国也就成了唯一的、庞大的工厂城市，而欧洲的其他部分就都变成英国的农业区了。"② 英国的自由贸易派非常自私和狭隘，他们只想自身发展和壮大，永远保持自身在国际经贸往来

---

① 《马克思恩格斯文集》第5卷，人民出版社2009年版，第714页。
② 《马克思恩格斯文集》第1卷，人民出版社2009年版，第745—746页。

中的垄断性工业优势，臆想把生产力欠发达的国家定格为永远为其服务、受其操控的外围和配角。但是，恩格斯进一步质疑和反问道："难道其他各国就应该坐视不动，温顺地听任这一变化使自己沦为英国这个'世界工厂'的简单的农业附庸吗？"① 这一发问，直指问题的核心。

第三，资本主义自由贸易与失衡的世界经济交往。资本主义自由贸易不仅没有带来真正基于资源禀赋和分工需要的贸易自由，反而人为制造了"中心—外围"的显性等级秩序。当时，处于不同发展阶段的国家对待自由贸易也存在着迥异的立场和态度。其中，英国和法国体现得最为典型。英国作为工业革命的策源地和成果转化地，工业基础较为完整雄厚，先发优势明显，他国难以企及，占据了贸易链的制高点，积极主张对外大量输出商品的自由贸易。而法国则恰恰相反，尽管它也总体上处于工业革命的第一梯队，但毕竟相比英国发生较晚，工业基础并不完整，仍处于深刻调整和发展进阶阶段，农业仍是占据半壁江山的支柱产业，特别是具有竞争壁垒的民族工业尚未真正成长和建立起来。因此，它对自由贸易的态度是颇为复杂的，既需要及时引进英国的产品和技术，又担心冲击甚至吞噬处于培育状态的国内民族工业。"在英国占统治地位的是工业，而在法国占统治地位的是农业。在英国，工业需要自由贸易，而在法国，工业则需要保护关税，除需要其他各种垄断外还需要国家垄断。"② 可见，在究竟是推行自由贸易还是奉行保护关税制度这一二元问题上，不同的国家具有差异很大的利益取向和价值倾向。

恩格斯又以法国、德国、美国、俄国与英国之间的贸易竞争为例进行了阐释，这些国家认为蒸汽动力和机器并不是英国独有的资源，它们"并不认为，仅仅为了让英国资本家获得更多的财富和光荣而使自己沦为饥饿的爱尔兰佃农有什么好处。于是他们就动手来进行制造，不仅是

---

① 《马克思恩格斯文集》第4卷，人民出版社2009年版，第337页。
② 《马克思恩格斯文集》第2卷，人民出版社2009年版，第154页。

为了自己，而且也是为了世界的其他部分；结果，英国保持了将近一个世纪的工业垄断，现在无可挽回地被打破了"①。这恰恰说明，企图以虚假和伪善的自由贸易来维系垄断格局的做法，不仅是极其狭隘的，而且是难以持续的，只能是昙花一现。这种试图凭借"损人利己""以邻为壑"的贸易手段来推进国家之间经济交往的思维和做法，只能带来混乱和无序，而不会真正催生和平与发展。毕竟它在本质上源于对"中心—外围"等级秩序的偏执与滥用，而不是取长补短式的互通有无、调剂余缺。

第二节　道德批判：资本主义自由贸易的伪善特质

马克思恩格斯认为，资本主义自由贸易不仅蕴含着狭隘的经济利己主义，而且镶嵌着虚假伪善的道德本质。"耶稣基督是自由贸易，自由贸易是耶稣基督！"② 显然，这些话语充斥着虚假的意识形态说辞和价值观欺骗。马克思振聋发聩地提醒工人们，一定要透过表面现象去观察事物的本质。"先生们，不要一听到自由这个抽象字眼就深受感动！这是谁的自由呢？这不是一个人在另一个人面前享有的自由。这是资本所享有的压榨工人的自由。"③ 资本主义自由贸易服从和服务于资本增值这一核心诉求，初始动机上并不是改善工人阶级的生存福祉。

一　资本主义自由贸易损害了工人阶级的物质利益

"自由贸易！为了工人阶级的利益；保护关税！为了工人阶级的利益；单人牢房！为了工人阶级的利益。"④ 这是资产阶级自由贸易派漏洞百出、经不起推敲的最大谎言，资本主义自由贸易并没有保障工人阶

---

① 《马克思恩格斯文集》第1卷，人民出版社2009年版，第376页。
② 《马克思恩格斯文集》第1卷，人民出版社2009年版，第748页。
③ 《马克思恩格斯文集》第1卷，人民出版社2009年版，第757页。
④ 《马克思恩格斯文集》第2卷，人民出版社2009年版，第61页。

级的物质利益,而恰恰以形式上"合法"的方式侵害和牺牲了广大工人阶级现实的物质利益。

第一,资本主义自由贸易与"廉价面包的诱惑"。英国自由贸易派和受资本豢养的自由主义经济学家,把以谷物法和原料税为代表的保护关税制度的废除,作为19世纪经贸变革的最显著胜利。如果说是为了限制外国廉价的谷物进入国内市场而实施关税保护制度,这简直就是利欲熏心的卑劣行为,是利用人民的基本粮食生存需要在进行投机、投资和谋利,也就是"借饥饿当谋利的工具"。但是在谷物法废除之后,工人阶级仍然处于贫困和饥饿的状态,并没有等来真正的廉价面包。"廉价的面包,高额的工资(cheap food,high wages),这就是英国的自由贸易派不惜耗资百万力求达到的唯一目的,他们的热情已经感染了他们在大陆上的同伙。总之,人们要求自由贸易,是为了改善工人阶级的处境。"① 显然,这是"廉价面包的诱惑",英国工人阶级包括面包等在内的食品价格,并没有因为自由贸易的到来而明显降低,甚至在同等程度上明显攀升了。深层的原因就在于,资本主义自由贸易在动机和出发点上,并不是真正为了降低商品流通的关税或非关税壁垒,而是通过在前期比较竞争优势的基础上获得垄断利润。所以,在英国就出现了颇为吊诡和荒唐的场面,自由贸易派"想尽办法让人民得到廉价的面包,而人民却毫不领情。现在英国的廉价面包,如同法国的廉价政府一样,都信誉扫地"②。英国的工人阶级已经看透资本逻辑主导下自由贸易的狰狞面目和历史真相。他们逐渐认识到,自由贸易只是一种试图占据道义制高点的意识形态说辞甚至价值观陷阱,并不会也并不能切实改善他们自身本已十分凄惨的生活境遇。英国自由贸易派作为资产阶级利益的代言人却是最无耻的伪君子,带来的只是廉价面包的"诱惑"及更加严峻刻薄的压榨剥削,而非实实在在的民生福祉改善,"工人将会看到,摆

---

① 《马克思恩格斯文集》第1卷,人民出版社2009年版,第744页。
② 《马克思恩格斯文集》第1卷,人民出版社2009年版,第744页。

脱羁绊的资本对他的奴役并不亚于受关税束缚的资本对他的奴役"①，只要追逐利润最大化的资本逻辑始终在场发威，所谓的"廉价面包"也只能是"诱惑"。

　　第二，资本主义自由贸易与相应走低的工人工资。在资本主义自由贸易语境下，"有些慈善家力图使工人相信，只要能够改善工人的命运，他们可以付出巨额金钱。这些厂主就正是这样的慈善家"②。显然，这也只是一种颇具迷惑性的话语陷阱。资本主义自由贸易没有带来廉价的面包，却带来了低廉的工人工资。在英国历史上，自由贸易派又被称为自由派，宪章派则被叫作民主派，无论二者之间的斗争和博弈多么激烈，都是为了自身所在集团的狭隘利益，而无关工人阶级的民生福祉。后来，显然，英国自由贸易派占了上风，取得了胜利，但工人们的工资相比废除谷物法之前，不但没有提高和上行，反而遭到了反向降低和缩减。在自由贸易派的蛊惑话语里，工人阶级的贫困是因地主贵族或大地主所缴纳的谷物税所致，这一税收直接抬升了生活资料的实际价格。但事实真相却是，自由贸易并没有带来普遍的工资利好，反而大大降低了工人工资。典型的事实是，"在最近30年中，我们的工业获得巨大发展，而我们的工资的下降率却大大超过了谷物价格的上涨率，这又是什么原因呢"③？工人工资的下降率，明显超过谷物价格的上涨率，已经驳斥资本主义自由贸易将有助于提升工人工资的荒谬说法。对一般的工人来说，每周向地主缴税约3便士（6苏），但在1815—1843年实行谷物法这一历史窗口内，手工织工的工资从每周28先令降到5先令（从35法郎降到7.25法郎），而在1823—1843年，机器织工的工资从每周20先令降到8先令（从25法郎降到10法郎）。④这说明，资本主义自由贸易不但没有带来工人工资的普遍增加，反而极大降低了本已十分低

---

①《马克思恩格斯文集》第1卷，人民出版社2009年版，第757页。
②《马克思恩格斯文集》第1卷，人民出版社2009年版，第749页。
③《马克思恩格斯文集》第1卷，人民出版社2009年版，第745页。
④《马克思恩格斯文集》第1卷，人民出版社2009年版，第745页。

廉的工人工资。面对工人们的质疑和反问，资产阶级自由贸易派却悻悻地搪塞：一方面，是由于工人们生育和养育的孩子太多，导致生活成本高企；另一方面，是工人之间的彼此激烈竞争，导致工人之间的工资竞争加剧，收入越来越不够用。事实上，这种辩解甚至诡辩是站不住脚的，从长期来看，也难以欺骗和蒙蔽具有朴素正义的工人。毕竟，在资本主义自由贸易制度环境下，资产阶级只关注自身经济利益的最大化、最优化，而工人工资的普遍下降，已经成为无须证明、司空见惯、熟视无睹的真切社会现实。

二　资本主义自由贸易蹂躏了工人阶级的精神世界

马克思恩格斯认为，资本主义自由贸易不但损害了工人阶级的物质利益，而且蹂躏了工人阶级的精神世界。这种由资本逻辑主导的贸易形态，给资产阶级带来的是财富和自由，但带给工人阶级的却是贫困和枷锁。

其一，资本主义自由贸易与充满精神控制的"新济贫法"和"习艺所"。当时的英国自由贸易派在回应工人们关于废除谷物法之后"工资不升反降"的质问时，讲了两条似是而非的理由：一是工人阶级的生育能力太强，过多的孩子加重了家庭负担；二是工人阶级应该感到欣慰和满足，因为资产阶级建立了主要包括新济贫法和习艺所在内的慈善基础设施。在资产阶级的话语逻辑里，资本逻辑下的世界是公平公正的，虽然说在自由贸易进程中，也会产生不同程度的贫富差距，但这只是社会发展和进步的正常代价。在其逻辑里，由他们慷慨解囊所支持的新济贫法和习艺所，恰恰为生活困难的工人提供了基本保障，进行了兜底式的帮扶和救助。马克思却一针见血地说："你们还制定了新的济贫法，设立了习艺所这种无产者的巴士底狱。"[①] 新济贫法是指 1834 年英国议会通过的《关于修改和更好地实施英格兰与威尔士济贫法的法令》，这

---

① 《马克思恩格斯文集》第 1 卷，人民出版社 2009 年版，第 745 页。

个法令禁止采取其他方式帮扶贫困人口，而只有把他们安置到习艺所从事强制性体力劳动，才是合法合规的。习艺所里生产条件恶劣，生活环境糟糕，而且工作强度大大超过人的生理极限。马克思恩格斯在《共产党宣言》中说："实际上习艺所也就是监狱。不做完分内的工作不能吃饭；想外出须事先请假，准与不准要看他的表现或者监管人对他的意见；抽烟是禁止的；也不准接受所外亲戚朋友馈送的东西。这些穷人穿着习艺所的制服，完全听从监管人的摆布。"① 至此不难理解，资本主义自由贸易并不会真正地互通有无、调剂余缺，进而给工人阶级带来自由和解放，反而会通过由资本主导的新济贫法和习艺所等所谓的慈善机构，进行缜密的精神操控。

其二，资本主义自由贸易与蓄意制造出来的失业焦虑。在马克思看来，资本主义自由贸易并没有像资产阶级所许诺的"生产要素或商品服务的自由流动将大量增加就业岗位"，反而是"人为地"导致了大量工人失业和失能。自由贸易派经济学家坚持认为，工人失业是自由市场竞争的正常现象，即使资本主义自由贸易加剧了工人阶级的暂时失业程度。马克思在《关于自由贸易问题的演说》中以曼彻斯特的工厂为例，对比了工人的失业数据："1829 年在曼彻斯特 36 个工厂中有 1088 个纺纱工人。到 1841 年纺纱工人总共只有 448 人，可是他们所照管的纱锭却比 1829 年的 1088 个工人所照管的还要多 53353 个。假定采用手工劳动的数量随着生产能力的发展而相应增长的话，则工人的数量应达 1848 人；也就是说，机械的改进使 1100 个工人失去了工作。"② 固然，失业与再就业是社会经济社会发展中的常态现象，但是资本家为了强化对工人的管控，消解工人的抗争意识，驱使他们心甘情愿地出卖自己的劳动力商品，就故意采取了投机手段，即不断提升工作岗位的人力竞争程度，让工人阶级在失业焦虑和生存恐慌中疲于奔命，进而听命于资本

---

① 《马克思恩格斯文集》第 1 卷，人民出版社 2009 年版，第 487—488 页。
② 《马克思恩格斯文集》第 1 卷，人民出版社 2009 年版，第 753 页。

家。自由贸易派不仅人为地制造失业焦虑,而且受他们资助的经济学家到处布道和渲染,一本正经地说自由贸易所带来的失业只是一种更新和替代,"这些失去工作的人会找到别的职业"①。而社会发展的大量事实真相是,就连自由贸易派的经济学家包令博士,也不得不在英国议会下院当着伦敦 5 万名织布工人的面被迫坦言,大量长期挨饿受冻、生活凄惨的失业工人,并没有如期如愿找到自由贸易派所曾经高调承诺的新工作。

其三,资本主义自由贸易与"在自在和自为之间徘徊"的工人阶级。资本主义自由贸易所渲染和鼓吹的商品和服务自由流通的诱人图景,很容易模糊这种以资本为中心的贸易形态的意识形态性。这对工人们自身有关阶级地位的认识,也是一种负向的消解和冲击。无论资本主义自由贸易蕴含着怎样的贸易霸权和经济不平等,这种贸易形态都以追逐利润最大化为中心,具有很强劲的动机和动力,大大推动了商品和服务在更大时空范围内的高效流动,无疑在一定程度上也强化了不同国家和地区在世界贸易链和价值链中的角色和定位。换言之,资本主义自由贸易依赖于国际分工,同时在贸易展开过程中又反过来进一步强化了国际分工。

这种分工,当然也包括国内社会分工。资本逻辑下的社会分工所奉行的效能至上,无疑加剧了工人阶级内部的激烈竞争;同时为了维持基本的生存,工人阶级有时又不得不接受资本家极其苛刻的劳动条款和生产环境。在自由贸易推动的强大需求下,生产资本越来越大,也越来越集中,"生产资本越扩大,工人之间的竞争就越加剧,而且其激烈的程度大大超过以前。大家的劳动报酬都减少了,而一些人的劳动负担也增加了"②。这导致随着资本生产的不断扩大,工人阶级生产劳动的强度也愈发增加和内卷,他们的抗争性、革命性就会随之愈发强烈。然而,

---

① 《马克思恩格斯文集》第 1 卷,人民出版社 2009 年版,第 753 页。
② 《马克思恩格斯文集》第 1 卷,人民出版社 2009 年版,第 752—753 页。

工人们限于生存生活的基本需要，在很多工作场景下又被迫妥协和退让。因此，尽管庸俗的自由贸易论者高调美化资本和雇佣劳动之间的共生共存关系，但真实的社会图景却是，"原来的货币占有者作为资本家，昂首前行；劳动力占有者作为他的工人，尾随于后"①。在这个意义上，资本主义自由贸易尽管在生产力发展维度上有其客观的正向作用，却同时加剧了工人阶级"在自在和自为之间徘徊"的生产生活现实，阻滞了他们自我解放和发展进阶的总体进程。

三 资本主义自由贸易侵害了工人阶级的身体权益

对于英国自由贸易派大肆渲染的给工人阶级带来诸多民生福祉，马克思直接反讽道："肺病率的这种增长，一定会使最乐观的进步党人和最善于像孚赫那样撒谎的德国自由贸易论贩子感到满意的。"② 事实上，资本主义自由贸易是以资本追逐利润最大化为核心的，从来都不会真正顾及工人阶级的身体健康，甚至在大多数时候以牺牲工人阶级的身体健康为直接代价。

第一，资本主义自由贸易与工人阶级职业病的增长。资本主义自由贸易加速了生产要素在更大时空范围内流通的速度，也推动了社会生产力的量质齐增，正可谓"自由贸易扩大了生产力"③。前文已述，资本主义自由贸易不但没有提高工人阶级的工资水平，反而损害了他们作为劳动力商品的唯一本源即脆弱的身躯。在自由贸易问题上，当初英国的自由贸易派最起劲，经常虚伪地带起节奏、调门很高，但在伦敦地区，正如恩格斯所言，"城市中条件最差的地区的工人住宅，和这个阶级的其他生活条件结合起来，成了百病丛生的根源，这一点我们从各个方面得到了证明"④。这一地区，在19世纪废除谷物法、推行伪善的自由贸

---

① 《马克思恩格斯文集》第5卷，人民出版社2009年版，第205页。
② 《马克思恩格斯文集》第5卷，人民出版社2009年版，第536—537页。
③ 《马克思恩格斯文集》第1卷，人民出版社2009年版，第752页。
④ 《马克思恩格斯文集》第1卷，人民出版社2009年版，第411页。

易之后，作为典型职业病的肺病在工人当中经常发生，甚至表现出明显的增加态势，"伦敦的特别是工人区的污浊空气，最能助长肺结核的发展，我们在街上可以遇到许多面带病态潮红的人，就说明了这一点。当清晨大家去上工的时候，如果你在街上稍微转一下，就会惊讶地发现有那么多人看上去或轻或重地患有肺结核"①。除了严重威胁工人阶级身体健康的肺病之外，其他多种与生产场所的废气、污水、环境、工作强度等直接关联的慢性疾病也到处都是。但包括尤尔博士在内的诸多资本主义自由贸易的忠实信徒，却视而不见或选择性失明，甚至颇为冷血地说道："这些工人的不幸是和工业的进步不可分割地联系着的，而且是民族的福祉所必要的。"② 显然，他们把工人阶级最基本的生存权利都惨遭侵蚀的苦难，理所当然地视作推动社会进步甚至保障资产阶级福祉的必要条件。

第二，资本主义自由贸易与女工、童工被严重损伤的身体。在马克思看来，资本主义自由贸易明显助推了生产力的快速发展，但也带来了资本垄断即资本集中，资本越来越聚集在大资本家手中。"资本集中的结果是分工的扩大和机器的更广泛的使用。"③ 社会分工的扩大，在一般意义上有助于进一步推动经贸往来，双方或多方在互通有无中协同增益和联动发展。同时，资本主义自由贸易所导致的机器的更广泛使用，也带来女工和童工的大量非法使用。机器发展的终极目的，就是最终取代人的劳动，抑或"用女工、童工的劳动代替成年男工的劳动"④，旨在不断降低劳动力的价格进而提高投资回报率和生产利润率。在英国高调废除谷物法、实行自由贸易制度之后，该国的很多纺纱厂为了最大限度地降低工资成本、提升单位利润率，开始大规模使用16岁及以下的女童工，大量成熟的、有经验的成年工人却被无端解雇，毕竟后者的工

---

① 《马克思恩格斯文集》第1卷，人民出版社2009年版，第411页。
② 《马克思恩格斯文集》第1卷，人民出版社2009年版，第755页。
③ 《马克思恩格斯文集》第1卷，人民出版社2009年版，第752页。
④ 《马克思恩格斯文集》第1卷，人民出版社2009年版，第754页。

资成本更高。

事实上，资本主义自由贸易不仅带来商品在更大范围内的流动，而且加剧了不同区域或不同经济体之间生产价格的博弈和竞争。博弈和竞争的炽热化，又进一步驱使资本家纷纷"用不熟练的工人代替熟练工人，用女工代替男工，用童工代替成年工"①。结果是大批工人失业，被迫沦落街头。不难理解，资本主义自由贸易的背后，是以利润最大化为导向的资本逻辑，至于包括工人失业在内的其他诸多事情，都很难成为这种贸易形态的考量因素。"为资本家进行的强制劳动，不仅夺去了儿童游戏的时间，而且夺去了家庭本身惯常需要的、在家庭范围内从事的自由劳动的时间。"② 这正是资本主义自由贸易，对包括童工和女工在内的工人们身体权益的恶意侵害。

第三，资本主义自由贸易与工人阶级的人口再生产困境。资本主义自由贸易不仅带来工人阶级的失业窘境，而且肇始和加剧他们的人口再生产困境。自由贸易派似乎从不担心工人劳动力的可持续供给，他们居高临下地认为"成千上万的奄奄待毙的工人们，你们不应灰心失望。你们可以非常平静地死去。你们的阶级是不会绝种的"③。在自由贸易派的思维视域下，随着"机器换人"情景下生产效能的愈发提高，工商业生产所需工人的绝对数量必然越来越少，所以工人阶级劳动力本身的再生产已经变得不再重要甚至无关紧要，反正工人阶级将长期处于供过于求的弱势地位，最终只能听任资本恣意操控和宰割。包括包令博士在内的自由贸易派经济学家都是虚假和伪善的，根本不关心工人阶级的死活，直接"把工人描写成应该以更廉价的生产资料来代替的生产资料"④。这是何等的荒谬和无耻，仅仅把为资产阶级创造了巨大剩余价值的工人阶级降格为可以替代的生产资料，完全罔顾工人阶级生活的可

---

① 《马克思恩格斯文集》第1卷，人民出版社2009年版，第740页。
② 《马克思恩格斯文集》第5卷，人民出版社2009年版，第454页。
③ 转引《马克思恩格斯文集》第1卷，人民出版社2009年版，第755页。
④ 《马克思恩格斯文集》第1卷，人民出版社2009年版，第754页。

持续性，更遑论这一巨大群体的安全感和幸福感。

为此，马克思提出这样一个堪称灵魂拷问的问题："为什么还要把实现自由贸易会对工人阶级状况产生什么影响作为未解决的问题来谈呢？"① 事实上，从魁奈到李嘉图，自由贸易派的经济学家都十分傲慢地认为，资本逻辑下的自由贸易已经完全充分地实现，但作为劳动力源泉的工人阶级的绝对数量已经冗余甚至广为剩余，倘若要保证经济社会发展最低的生产费用，那么就要推动最低工资基本规律的加快实现。在他们看来，最低工资就是基于市场竞争规律的工人劳动的自然价格，显然，这种自然价格实质上就是确保工人能够勉强养活自己、维持生存所必需的最低工资。这就意味着，工人阶级的工资始终游走或徘徊在生存基线上。由此可见，资本主义自由贸易所导致的工人阶级人口再生产困境，正在这里。

四 资本主义自由贸易加剧了工人阶级的内部竞争

毋庸置疑，对于资产阶级而言，资本主义自由贸易大大便利了生产要素的流动和配置，助推了社会生产力的快速发展；但对于广大工人阶级来说，却加剧了他们内部特别是不同国家工人阶级之间的工资竞争。正可谓，"自由贸易扩大了生产力。如果工业发展，如果财富、生产能力，总而言之，生产资本增加了对劳动的需求，那么，劳动价格便提高了，因而工资也就提高了。资本的扩大是对工人最有利不过的事。这一点必须同意。如果资本停滞不动，工业就不仅会停滞不前，而且会走向衰落，在这种情况下，工人将会成为第一个牺牲品。工人将先于资本家而死亡。而在资本扩大时，就像上面所说的，在对工人最有利的情况下，工人的命运又将如何呢？他同样会死亡。生产资本的扩大也就意味着资本的积累和积聚。资本集中的结果是分工的扩大和机器的更广泛的

---

① 《马克思恩格斯文集》第1卷，人民出版社2009年版，第755页。

使用。分工的扩大使工人的专门技能变得一文不值，从前需要这种专门技能的工作，现在任何人都能做，从而工人之间的竞争也就加剧了"①。资本主义自由贸易促使不同地区的工人阶级，在扁平化赛道上竞争有限的岗位和工资。这也正是全球资产阶级联起手来操控和规训工人阶级的重要手段。

一方面，资本主义自由贸易加剧了工人阶级之间的岗位竞争。马克思说："随着经济学家设定的前提即自由贸易得到实现，变为事实，劳动商品的这一规律即最低工资的规律也就得到了证实。"② 资本主义自由贸易下最低工资机制的建立，则预示着工人阶级劳动力的供应是充裕的，而工作岗位又是稀缺资源，呈现出明显的资方市场，工人阶级在劳动力市场上处于缺乏话语权的弱势地位。恩格斯说："自由贸易意味着改革英国全部对内对外的贸易和财政政策，以适应工业资本家即现在代表着国家的阶级的利益。于是这个阶级就努力地行动起来。"③ 随着资本主义自由贸易的逐步实现，如何实现资本利益的最大化，就变成了资本家最为关心的现实性问题。资本家为了节约劳动成本，倾向于通过岗位竞争来压低工人们的工资预期。资本家为什么能够做到呢？

这是因为，资本主义自由贸易机制事实上打破了生产和消费的时空性，即生产和消费的民族国家边界，可以把社会生产从工资高企的发达地区，策略性转移至劳动力廉价且充足的落后地区，同样，消费环节也打破了民族国家的一般界限，一切生产和消费活动都变成世界性的了。在这样的现实境遇下，资产阶级越来越具有强势操控生产和消费的话语权及主导权，而工人阶级只能处于任由资本家命令和摆布的从属地位，"在自由贸易的情况下工人势必要受到经济规律严酷无情的打击"④。放

---

① 《马克思恩格斯文集》第 1 卷，人民出版社 2009 年版，第 752 页。
② 《马克思恩格斯文集》第 1 卷，人民出版社 2009 年版，第 756 页。
③ 《马克思恩格斯文集》第 1 卷，人民出版社 2009 年版，第 372 页。
④ 《马克思恩格斯文集》第 1 卷，人民出版社 2009 年版，第 756 页。

置到全球背景下，资本家就可以在更大时空范围内恣意寻找生产和销售的"最佳理想地"，而工人阶级为了维系最基本的生理需求，只能在不同区域的岗位激烈竞争中，努力实现基础化、保命化的生存。因此，自由贸易派的工厂主说得没错："决定工资的不仅是谷物的价格，而且还有求职者之间的竞争。"① 这就是岗位竞争的无奈现实。

另一方面，资本主义自由贸易加剧了工人阶级同质化的工资竞争。工资竞争本来是一种常态现象，然而，由于工人阶级自身不占有任何生产资料，没有任何议价权，所以他们之间彼此的工资竞争，事实上就是最低工资的直接比拼。"一个笑容满面，雄心勃勃；一个战战兢兢，畏缩不前，像在市场上出卖了自己的皮一样，只有一个前途——让人家来鞣。"② 在资本主义自由贸易下，工人阶级的岗位竞争不但异常激烈，而且工资竞争更加残酷无情。工资是剩余价值机制下工人阶级存活的重要前提。在这种自由贸易条件下，当商品生产可以在异地特别是在世界上殖民地或其他落后地区进行时，资本家就必然倾向于寻找工资成本的洼地。为了维持基本的生存，不同地区的工人只能被迫陷入本阶级内部的工资"内卷"。这是资本主义自由贸易所带来的直接后果。"劳动的产物以工资的形式与劳动相对立，它与劳动分开，并且通常又由竞争决定。"③ 资本主义自由贸易显然驱使这种竞争更加显性、更加激烈。世界不同地区的工人阶级本来是同病相怜、同频共振的阶级内兄弟，但是在资本主义自由贸易机制下，却变成了相互竞价和压低工资的"敌人"。

在纯粹的生存意义上，这是可以理解的，毕竟工人们穷困潦倒、不占有任何生存资源，从本能意义上出发只能被迫接受越来越低的工资待遇，根本顾不上其他地区同阶级的苦难兄弟。但是，显然这又是极度悲

---

① 《马克思恩格斯文集》第1卷，人民出版社2009年版，第745页。
② 《马克思恩格斯文集》第5卷，人民出版社2009年版，第205页。
③ 《马克思恩格斯文集》第1卷，人民出版社2009年版，第72页。

哀的。"本是同根生，相煎何太急"，工人工资没有最低，只有更低，赤裸裸的工资竞争最后只能侵蚀和侵害整个工人阶级的根本物质利益，迫使这个阶级难以翻身进阶，进而安于现状。由此可见，资本主义自由贸易在实质上是把全球工人阶级当成一个总体性群体进行盘剥，旨在以最小的工资成本来实现最大化的剩余价值。这就是资本主义自由贸易语境下，工人阶级工资竞争所导致的必然图景。

事实上，无论是资本主义自由贸易所导致的岗位竞争还是工资竞争，最终都可能带来工人阶级对自身阶级地位的模糊甚至疏远。在物化的生存面前，岗位竞争和工资竞争也时常容易蒙蔽工人们的眼睛。工人们大都是纯朴的，很容易在阶级内被迫陷入"你存我亡"的零和博弈。再加上自由贸易派的花言巧语和意识形态说教，工人阶级很容易暂时坠入似是而非的认知陷阱。"各民族的联合和兄弟联盟，这是目前一切派别，尤其是资产阶级自由贸易派的一句口头禅。"[①] 这种兄弟联盟只是资产阶级自身的兄弟联盟，与工人阶级没有什么直接关系。

在马克思看来，这个兄弟联盟，在本质上只是压迫者、剥削者压迫和剥削被压迫者、被剥削者的单向度利益集团，"一个国家里在资产阶级各个成员之间虽然存在着竞争和冲突，但资产阶级却总是联合起来并且建立兄弟联盟以反对本国的无产者；同样，各国的资产者虽然在世界市场上互相冲突和竞争，但总是联合起来并且建立兄弟联盟以反对各国的无产者"[②]。资产阶级内部以及不同国家的资产阶级之间，尽管存在着这样或那样的利益矛盾或其他纠纷，但在面对共同的阶级"敌人"即无产阶级这一问题上，他们总能达成共识，进而实现"枪口"一致对外。所以，资本主义自由贸易所导致的工人阶级的内部竞争，在私有制被瓦解之前的很长历史时期内都将是难以避免的，这也是他们联合起来规训和操控工人的权谋之策。

---

① 《马克思恩格斯文集》第1卷，人民出版社2009年版，第694页。
② 《马克思恩格斯文集》第1卷，人民出版社2009年版，第694页。

第三节 哲学批判：资本主义自由贸易的历史二重性

马克思和恩格斯分别在《关于自由贸易问题的演说》和《保护关税制度和自由贸易》等著作中，深刻揭示了资本主义自由贸易在哲学维度上的二重性。一方面，资本主义自由贸易只是在资本逻辑内"兜圈子""打转转"，实质上属于物质财富在资本主义生产体系中的自循环，特别是这种所谓的自由贸易，只具有资本逐利的自由和压榨剩余价值的自由。正如马克思指出："保护关税制度在现今是保守的，而自由贸易制度却起着破坏的作用。自由贸易制度正在瓦解迄今为止的各个民族，使无产阶级和资产阶级间的对立达到了顶点。"① 至此，资本主义自由贸易的历史消极作用，便可管窥一斑。另一方面，资本主义自由贸易又打破了各个民族之间的封锁和孤立状态，大大助推了社会生产力的发展，正如恩格斯所言，"自由贸易是现代资本主义生产的正常条件。只有实行自由贸易，蒸汽、电力、机器的巨大生产力才能够获得充分的发展"②。由此可见，马克思恩格斯并没有简单笼统、不分青红皂白地否定资本主义自由贸易，而是站在辩证统一的哲学高度上，科学理性地剖析它的深刻二重性。这正是两位经典作家的高明和深邃之处。

一 资本主义自由贸易历史作用的负面效应

在马克思恩格斯看来，蕴含着强大逐利逻辑的资本主义自由贸易，其负效应是显而易见的。无论是对于工人阶级的生产生活还是对于落后国家的经济自主性，都外溢出显性的消极因素。这是他们基于社会历史发展的深刻辩证法，所做出的饱含深度和洞见的科学判断。

第一，资本主义自由贸易与工人阶级的绝对贫困。恩格斯说："工

---

① 《马克思恩格斯文集》第1卷，人民出版社2009年版，第759页。
② 《马克思恩格斯文集》第4卷，人民出版社2009年版，第336页。

人根本不愿过问有关自由竞争、贸易自由、废除谷物法的事情；他们对废除谷物法至少是抱着极端冷漠的态度，而对废除谷物法的拥护者却极端愤恨。"① 这里面蕴含着颇为吊诡的事实。自由贸易从形式上看，促进和提振了商品和服务的自由流通，进而有利于实现基于市场竞争的资源优化配置，本来应该是一件多赢共赢的好事，问题是，工人阶级为什么无感甚至强烈反对呢？受资本逻辑驱动的自由贸易，的确给资本家带来了丰厚的利润，但带给工人阶级的却是极端的绝对贫困。当时包括英国在内的资本主义国家发展的现实是，自由竞争特别是自由贸易并没有带来食品价格的普遍下降，反而在同比意义上强化了横向的不同国家工人阶级之间的岗位竞争，进而在供过于求的境况下压低了他们的工资。

因此，在这个意义上，工人阶级极大地痛恨自由贸易。当时，工人们提出的"10小时工作日法案""废除新济贫法""提高工资和地位"等诸多诉求，都是与资本主义自由贸易的基本要旨相对立或冲突的。尽管资本主义自由贸易并不是造成工人阶级绝对贫困的全部原因，但随着资本有机构成的提高以及资本间竞争的加剧，它却是一个显性且关键的重要推力。事实上，资本主义自由贸易不仅加剧了一国或一个区域工人阶级的贫困，而且随着资本主义生产和流通的时空拓展，这种绝对贫困也自然输入全球，向世界范围蔓延扩散。"现代英国工人阶级的贫困和穷苦却具有全国性意义，甚至具有世界历史意义。"② 正是在这个意义上，资本主义自由贸易并没有缓解而是加剧了工人阶级的绝对贫困境况。

第二，资本主义自由贸易与日趋扩大的产业后备军。产业后备军，换言之就是一种劳动力冗余，它是资本主义生产方式的必然产物，而由资本逻辑主宰的自由贸易则是推动产业后备军队伍迅速壮大的重要变量。这种自由贸易尽管冠以"自由"之名，却只是一种道义的伪装，

---

① 《马克思恩格斯文集》第1卷，人民出版社2009年版，第470页。
② 《马克思恩格斯文集》第1卷，人民出版社2009年版，第93页。

事实上只是资本扩大逐利时空的单向自由。资本主义自由贸易的展开，正是基于不同地区工业优势、资源禀赋和劳动力富裕程度，而实现资本积累的过程。可以说，自由贸易看起来是互通有无、调剂余缺的经贸往来，事实上它只是把资本在不同地区特别是在落后地区的优势，更加明显地体现出来，实现资本在异地的复刻和拓展，最终达到资本的集聚和积累。在这个意义上，资本主义自由贸易的背后，实则是资本的积累。

然而，在马克思看来，"资本的积累就是无产阶级的增加"①。产业后备军既是资本主义自由贸易的产物，也是推动资本主义自由贸易持续进行的一个重要条件，毕竟产业后备军的存在，就直接意味着不同区域劳动力成本的高低竞争，进而造成商品生产成本的地区差异，当然也正是这种劳动力成本差异，进一步提升了不同地区经贸往来的必要性。"社会的财富越大……相对过剩人口（多余人口）或产业后备军也就越大。但是同现役（经常在业的）劳动军相比，这种后备军越大，常备的（经常的）过剩人口，或者说，其贫困与其所受的劳动折磨成反比的工人阶层也就越大。最后，工人阶级中贫苦阶层和产业后备军越大，官方认为需要救济的贫民也就越多。这就是资本主义积累的绝对的、一般的规律。"② 正如过剩的工人人口是资本积累的必然产物，同时又成为资本积累的杠杆一样，由过剩人口组成的产业后备军，不仅是资本主义自由贸易的必然产物，而且又是进一步推动资本主义自由贸易高歌猛进的有力杠杆。这两者非常相似："过剩的工人人口形成一支可供支配的产业后备军，它绝对地从属于资本，就好像它是由资本出钱养大的一样。"③ 因此，资本主义自由贸易和产业后备军之间，存在着同频同构的互推关系。

第三，资本主义自由贸易与两大阶级的对立。马克思说："那些自

---

① 《马克思恩格斯文集》第5卷，人民出版社2009年版，第709页。
② 《马克思恩格斯文集》第3卷，人民出版社2009年版，第87页。
③ 《马克思恩格斯文集》第5卷，人民出版社2009年版，第728—729页。

由贸易的信徒认为，只要更有效地运用资本，就可以消除工业资本家和雇佣劳动者之间的对立，他们这种妄想，真是令人难以理解。恰恰相反，这只能使这两个阶级的对立更为显著。"①资本逻辑主导下的自由贸易，尽管有利于资产阶级在更大时空范围内进行资源配置和利润集聚，却造成"富者愈富""贫者欲贫"的历史现象。事实上，只要资本逻辑始终在场，工业资本家就始终是掌握主导话语权的强势群体，而雇佣劳动者只能是任人宰割的弱势群体，二者之间存在着根本利益对立。尽管造成资产阶级和无产阶级两大阶级对立的根本因素是以私有制为中心的生产关系，但是以资本为中心的自由贸易毋庸置疑加剧了这种对立关系。

例如，英国当时凭借率先完成工业革命、具有排他性工业基础优势的有利条件，不仅在国内大肆剥削本国工人阶级，而且为了以更加廉价的劳动力来生成更多剩余价值，就往往把落后地区作为原料产地和倾销市场。这不仅把资本主义国家资产阶级与工人阶级的对立日益强化，而且又倾向于把两大阶级的对立传导和复制到生产力欠发达的地区。按照资本主义自由贸易理论的重要创立者亚当·斯密的看法，自由贸易虽然加剧了贫富差距、阶级对立甚至社会动荡，却在生产力发展维度上推动了社会根本性进步。

但事实上，资本主义自由贸易只是给既得利益者即资本家带来了巨量财富和荣耀，但带给无产阶级的却是贫困和灾难。正如恩格斯所说："只有实行自由贸易，蒸汽、电力、机器的巨大生产力才能够获得充分的发展；这种发展的速度越快，也就会越快、越充分地实现其不可避免的后果：社会分裂为两个阶级——一面是资本家，一面是雇佣工人；一边是世袭的富有，另一边是世袭的贫困。"②资本主义自由贸易所带来的生存图景对比，无疑是鲜明的。最终是"同资本积累相适应的贫困集

---

① 《马克思恩格斯文集》第1卷，人民出版社2009年版，第756—757页。
② 《马克思恩格斯文集》第4卷，人民出版社2009年版，第336页。

第一章 马克思恩格斯资本主义自由贸易本质批判的核心要义

累。因此,在一极是财富的积累,同时在另一极,即在把自己的产品作为资本来生产的阶级方面,是贫困、劳动折磨、受奴役、无知、粗野和道德堕落的积累"①,两大阶级的对立只能愈发严峻,而不会真正地消解。

第四,资本主义自由贸易与落后地区的经济自主性遭到瓦解。在恩格斯看来,"贸易和掠夺一样,是以强权为基础的;人们只要认为哪些条约最有利,他们就甚至会昧着良心使用诡计或暴力强行订立这些条约"②。资本主义自由贸易只是资本在更广阔时空范围内逐利的自由,这种贸易形态在根本意义上,是发达国家凭借产业链价值链优势对落后地区展开的强制性经济交往,并不是在等平等意义上的互通有无、资源互济。综观19世纪中期的欧洲地区,最先主张废除谷物法、实行自由贸易的是英国,而该国最先发端和完成工业革命,工业基础较好,经济水平较高,其国内市场并不能充分满足大量工商业产品的自销,因而对他国市场觊觎已久,就连对法国、德国和美国等他国市场也具有明显的竞争优势,源自英国的海量商品大肆进入这些国家。这种自由贸易,显然冲击了相较于英国的后发国家的民族工业,对他们的国家经济自主性甚至国家经济安全带来严重威胁。

显然,诸如法国、德国、美国这些国家并不会任由英国的工业资本家操纵和摆布,不会甘心沦为英国纯粹的商品出口市场。例如,"法国在将近200年中在自己的工业的周围筑起了一道保护性和禁止性关税的真正的万里长城,并且在一切奢侈品和工艺品的生产方面获得英国也完全难以与之争胜的优势地位"③;瑞士、德国、美国在面对英国强大的商品出口能力时,也都没有坐以待毙,而是积极进行反击,在自由贸易和保护关税制度的反复切换中逐步建立起自己的民族工业护城河。尽管

---

① 《马克思恩格斯文集》第9卷,人民出版社2009年版,第291—292页。
② 《马克思恩格斯文集》第1卷,人民出版社2009年版,第57页。
③ 《马克思恩格斯文集》第4卷,人民出版社2009年版,第337页。

这些国家的经济自主性在单向度的自由贸易体系下，也难免受到明显冲击，但都没有被瓦解和重构，它们毕竟在工业革命成果的浸润下逐步建立了自身的工业壁垒。

然而，落后的亚洲、非洲、拉丁美洲地区，则远没有那么幸运。这些国家不仅在政治主权上彻底沦为殖民地半殖民地，而且在经济上的国家主权几乎丧失殆尽，在强大的资本力量面前，被迫降格为资本主义大国强国的原料产地和商品倾销市场。正是在此境遇下，一个民族国家的经济自主性和安全性荡然无存，降格蜕化为资本主义世界体系的附庸和奴隶。

二 资本主义自由贸易历史作用的"正向效应"

前文已述，资本主义自由贸易的历史作用，具有辩证且鲜明的二重性。马克思恩格斯站在哲学批判维度上，既看到资本主义自由贸易造成工人阶级绝对贫困的消极效应，也科学理性地剖析了"自由贸易制度加速了社会革命"[①] 进而走向未来新社会的正向效应。资本主义自由贸易的这种"正向效应"，主要体现在三个方面。

第一，资本主义自由贸易与人类社会生产力的总体增长。在这一问题上，马克思恩格斯的态度是十分一致的，都认为资本主义自由贸易尽管加剧了地区发展的不平衡不均衡，也强化了工人阶级的绝对贫困程度，但是在推动历史进程的生产力维度上，却有其正向意义。在资本逻辑驱动的自由贸易下，工人阶级之间的竞争在更大的时空范围内进行，呈现出异常激烈内卷的态势，这不仅带来工资的普遍下降，而且导致商品价格下降。这时候，工资的下降和商品价格的下行，总体上是一致的。经济社会发展的一般现实是，商品价格的普遍下降，就会带来广大工人阶级的消费冲动和具体行动，消费量就会不断增加到新的量级和规模；反过来，大量的消费需求和消费增量，也会刺激大量的社会生产。显

---

① 《马克思恩格斯文集》第1卷，人民出版社2009年版，第759页。

然，大量的社会生产又会要求相应规模的劳动力来满足要求。此时，工人需求量的增加，则刺激劳动力的价格上涨即工人工资的提高。正是在这个意义上，马克思做出了理性的判断："全部论据可以归结如下：自由贸易扩大了生产力。"① 可见，站在经济活动"生产—分配—流通—消费"的基本逻辑环节上，资本主义自由贸易无疑推动了生产力的发展。

恩格斯也十分赞同马克思在这一问题上的基本看法，"自由贸易并不是能够消除工人阶级所遭受的一切祸害的万应灵药，甚至还可能加重这些祸害，但是，他归根结底在原则上还是表示赞成自由贸易"②。自由贸易是资本主义组织社会大生产的基本条件，没有商品或服务的大范围流动和流通，资本主义的生产体系就会遇到危机、难以循环下去。恩格斯进一步指出："只有实行自由贸易，蒸汽、电力、机器的巨大生产力才能够获得充分的发展。"③ 可见，尽管马克思和恩格斯在多重维度上深刻剖析了资本主义自由贸易的伪善本质，但站在人类社会发展的总体性进阶视野上，仍然客观看待了这种贸易形态对生产力发展的正向提振作用。这就是他们一以贯之的一分为二的辩证唯物主义思维方式。

第二，资本主义自由贸易与私有制的消灭。恩格斯说："正如神学不回到迷信，就得前进到自由哲学一样，贸易自由必定一方面造成垄断的恢复，另一方面造成私有制的消灭。"④ 在这里，恩格斯基于唯物史观立场，深刻阐明了资本主义自由贸易与私有制之间的动态辩证关系。私有制既是资本主义生产体系的物质基石，也是资本主义自由贸易展开的制度前提。回顾19世纪中期的历史不难发现，英国自由贸易派之所以强烈要求废除谷物法，正是因为这个时候，实力强劲的工业资本家逐步走向了前台。他们的经济政治力量相比于封建地主，已经强大到拥有绝对的话语主导权，对开拓更广阔市场、把海量工业品销售出去的诉求

---

① 《马克思恩格斯文集》第 1 卷，人民出版社 2009 年版，第 752 页。
② 《马克思恩格斯文集》第 4 卷，人民出版社 2009 年版，第 336 页。
③ 《马克思恩格斯文集》第 4 卷，人民出版社 2009 年版，第 336 页。
④ 《马克思恩格斯文集》第 1 卷，人民出版社 2009 年版，第 59 页。

空前强烈。显然，最终自由贸易派取得了胜利，旨在限制从国外进口粮食和原料的保护关税制度得以废除终止。

但是，若做更深层次的思考，这只是表面的重要现象。资本主义自由贸易，为什么最终能确立并盛行起来呢？事实上，最为深层的原因仍然在于私有制的确立。私有制是资本主义制度的基座，只要私有制存在，追求个人利润最大化的动机就会一直存在，而且在资本有机构成日益提高进而导致资本竞争加剧的图景下，这种动机不但存在，而且会持续地强化下去。固然，私有制是资本主义自由贸易大厦的地基，但同时它又是摧毁这个大厦的"炸药"。这也是私有制条件下的资本悖论。在马克思看来，随着资本逻辑在世界范围内的复制和展开，主要由这种逻辑驱动的自由贸易，日益把世界各国普遍卷入由资本主义主导的世界市场网络。

这一卷入过程，带来了两个方面的后果。一方面，资本的兼并和垄断愈发明显，形成更大的资本利益集团；另一方面，资本垄断的强化，又会导致对工人阶级的压迫、奴役和剥削的程度不断加深，毕竟他们不占有任何生产资料，处于被动的宰制境地。当然这时，工人阶级的斗争意识和抗争能力，就会随之愈发增加。结果是，形式上自由的资本主义自由贸易既强化了资本垄断，又推动了资本垄断成为这个生产方式本身的桎梏和障碍。矛盾就此产生，但矛盾的解决，也就此开始。资本主义自由贸易，同时带来生产资料的垄断和劳动力在更大时空范围内的调节。正如马克思所言："生产资料的集中和劳动的社会化，达到了同它们的资本主义外壳不能相容的地步。这个外壳就要炸毁了。资本主义私有制的丧钟就要响了。剥夺者就要被剥夺了。"[①] 在这个意义上，资本主义自由贸易既源于生产资料私有制的制度前提，又必将循序渐进地培植和塑造瓦解私有制的变量和因子。

第三，资本主义自由贸易与新社会的"经济培养基"。恩格斯曾

---

① 《马克思恩格斯文集》第5卷，人民出版社2009年版，第874页。

说:"我们乐于承认,只有通过对贸易自由的论证和阐述,我们才有可能超越私有制的经济学,然而我们同时也应该有权指出,这种贸易自由并没有任何理论价值和实践价值。"① 在这里,恩格斯重点讲的是,如何有效地超越资本主义自由贸易理论进而完成对私有制经济学的超越问题。事实上,作为经济交往基本形态的贸易,绝非仅仅是一个经济术语,其中蕴含着丰富的经济政治因素。马克思说:"破坏资本主义生产方式天生的优美与和谐的,归根到底是贸易。"② 在这里,马克思已经深刻认识到自由贸易背后的经济政治因素,把贸易同资本主义生产方式的结构性问题联合起来深入考量。正如前文所述,马克思恩格斯都认为资本主义自由贸易的确扩大了社会生产力,是推动生产力发展的重要方式。尽管资本主义自由贸易方式是在发达地区和落后地区之间非对称交往的环境下进行的,而且不但不能减轻工人阶级的生产生活负担,反而加剧了绝对贫困程度,但马克思恩格斯都在"原则意义"上赞成此种贸易形态。这并非意味着马克思恩格斯只关注社会生产力发展的客观维度,而直接放弃了代表工人阶级利益的意识形态立场。

真实情形是,他们站位高远、格局宏大、视野广袤,是立足于生产力发展基础上的社会制度进阶即加速社会变革的"长焦距"来看问题的。受资本逻辑驱动的自由贸易,毋庸置疑推动了生产力获得史无前例的大发展,但同时这种大发展越充分,速度越快,社会就越不可避免地分裂为两大对立阶级。同时,资本主义自由贸易越往前发展,就越会出现供过于求的工业品冗余现象。在马克思恩格斯看来,这种现象不是短期的,而是周期性的,繁荣—生产过剩—危机—萧条—贸易复苏,是一个周而复始的嬗变过程,但是"这种复苏并不是持续好转的先兆,而是新的生产过剩和危机的先兆"③。这时,资本主义制度自身与其生产力

---

① 《马克思恩格斯文集》第 1 卷,人民出版社 2009 年版,第 58 页。
② 《马克思恩格斯文集》第 5 卷,人民出版社 2009 年版,第 649 页。
③ 《马克思恩格斯文集》第 4 卷,人民出版社 2009 年版,第 336 页。

水平便会难以兼容,这种制度反而成了生产力若要继续向前发展就必须摧毁的枷锁和障碍。

  对此,出路就在于进行广泛而又彻底的社会革命,把工人阶级从被统治和被奴役状态中解放出来,而"由于自由贸易是这种历史演进的自然的、正常的环境,是最迅速地使不可避免的社会革命所必需的条件得以造成的经济培养基——由于这个原因,而且只是由于这个原因,马克思才宣布赞成自由贸易"①。这是恩格斯对其战友马克思"赞成"资本主义自由贸易真正原因的深刻洞悉。当然,恩格斯本人,对该重要问题的看法,整体上也是如此。两位经典作家都是从助推生产力跃增、加速社会革命、催生未来新社会"经济培养基"这一充斥着发展性思维的总体视野,来剖析和审视资本主义自由贸易所客观蕴含着的"正向效应"。

---

① 《马克思恩格斯文集》第4卷,人民出版社2009年版,第336页。

第二章

马克思恩格斯资本主义自由贸易
本质批判的历史性与时代性

马克思主义是历史性与时代性的内在辩证统一。时代在持续演进，社会在不断发展，尽管马克思恩格斯对资本主义自由贸易的本质批判生成于19世纪，但在生产力水平获得指数级跃增的21世纪，它仍蕴含着穿越时空的当代价值和实践镜鉴。资本主义自由贸易的形式和媒介，的确一直在发生嬗变，但其主题和内核却始终未变，也不会改变，依然是帮助资本在更大时空范围内实现价值增值的管道和手段。正因如此，马克思恩格斯对资本主义自由贸易的本质批判，绝非仅仅适用于特定历史窗口的一般理论工具，而是能够深刻观照和透视当今全球经贸交往新形势新动向的理论利器。正可谓："尽管我们所处的时代同马克思所处的时代相比发生了巨大而深刻的变化，但从世界社会主义500年的大视野来看，我们依然处在马克思主义所指明的历史时代。"[①] 马克思恩格斯对资本主义自由贸易的质批判，蕴含着历史性和时代性辩证耦合且二元一体的宝贵理论品质、现实解释力。

---

① 《习近平谈治国理政》第2卷，外文出版社2017年版，第66页。

第一节 资本主义自由贸易本质批判的历史性

19世纪中期前后，以自由竞争为主要市场特征的自由资本主义，逐步达到高潮和顶点。这种资本主义形态主张自由放任和自由贸易的国家政策。1846年英国谷物法的废除，正式掀起了资本主义自由贸易的高潮。马克思恩格斯正是在这种背景下对资本主义自由贸易展开了深刻剖析和批判。

一 资本主义自由贸易本质批判的历史境遇

问题是时代的呼声。马克思恩格斯具有强烈的问题意识，他们对资本主义自由贸易的批判，绝不是为了批判而批判，也绝非仅仅从价值立场和意识形态倾向出发的笼统批判，而是基于资本主义发展和演进的历史阶段，特别是结合这种受资本驱动的贸易形态历史作用的深刻二重性，而进行的直击问题深处的多维度剖析。这意味着，他们对资本主义自由贸易的本质批判，首先是构筑在资本主义演进发展的历史境遇之下，而不是"言之无物"的纯粹理性说教。毋庸置疑，这种本质批判是遵循事实判断和价值判断，历史分析与实践洞见相统一的生动典范。

第一，当时自由资本主义即将达到发展顶峰，正处在走向垄断资本主义的阶段，对实现自由贸易的要求异常强烈。恩格斯说："资本家阶级大声疾呼，要求实行谷物自由贸易，并且威胁说，为了实现这一点，他们要把城市的饥民送回原来居住的农业地区去。"[1] 不难看出，资产阶级对实现自由贸易的愿望是极其强烈的。原因就在于他们正处于自由资本主义的顶峰。19世纪中期前后，主要资本主义国家诸如英国、法国、美国等相继完成工业革命，已经具备对外自由竞争的物质基础。

---

[1] 《马克思恩格斯文集》第1卷，人民出版社2009年版，第372页。

资本家特别是工业资本家之所以极力提倡废除谷物法,根本原因就在于希望通过该法的废除来扫清从国外进口工业发展所急需原材料的障碍,当然还有对外输出丰裕商品的强大诉求。这时,资本主义发展到自由放任和自由竞争的高潮阶段,任何可能阻碍商品、原料、服务自由流通的政策,都是资本主义制度在当时所不能容忍的,一定要去打破和重构。

资本主义制度本身也是一种嬗变的制度,一直在进化和进阶,"资本主义生产越发展,它就越不能采用作为它早期阶段的特征的那些小的哄骗和欺诈手段"①,而且诸如早期那些暴力掠夺、黑奴贸易、殖民侵略的显性粗暴谋利方式,也已不太适用。贸易显然是一种"合法"合理手段。资本主义自由贸易无疑有助于提升主要资本主义国家的原始积累水平,所以恰恰契合了自由资本主义阶段的主要特点。自由资本主义对社会生产的要求是旺盛的,但资本主义生产的命运只有一个,要么是增长,要么是灭亡,"资本主义生产是不可能稳定不变的,它必须增长和扩大,否则必定死亡"②。马克思恩格斯都看到了资本主义自由贸易生发和登场的特定历史环境,但也透析和看清了这种由资本逻辑主导的自由贸易的本质。

第二,以亚当·斯密《国富论》为基础的自由贸易体系充斥着"伪善"。恩格斯说:"新的经济学,即以亚当·斯密的《国富论》为基础的自由贸易体系,也同样是伪善、前后不一贯和不道德的。这种伪善、前后不一贯和不道德目前在一切领域中与自由的人性处于对立的地位。"③ 基于利益考量的资本主义自由贸易,显然不是真正的自由贸易。真正的自由贸易有助于推动生产要素的自由流通,特别是资源禀赋和商品服务在不同地区的互通互济、取长补短。然而资本主义自由贸易却以

---

① 《马克思恩格斯文集》第1卷,人民出版社2009年版,第366页。
② 《马克思恩格斯文集》第1卷,人民出版社2009年版,第377页。
③ 《马克思恩格斯文集》第1卷,人民出版社2009年版,第58页。

实现利润最大化为根本目的，虽然它也主张自主经营和自由竞争，毕竟都是在资本主义生产体系内"兜圈子"，但本质上是以斯密《国富论》中的劳动分工和自由贸易理论体系为基础的。

在恩格斯看来，这种理论体系说到底是以资本为中心的，充斥着伪善和不道德。首次出版于1776年的《国富论》，是英国古典经济学家斯密耗时大约10年所创作的重要经济学著作，其中的一个重要主题便是其大力倡导的社会分工理论。他认为，分工是经济社会发展的重大进步，也是推动经济社会不断发展的重要力量。在其理论闭环逻辑里，分工本身就是一种资源匹配，是一种"适者生存""优胜劣汰"自由竞争的必然结果，它最终通过提高劳动者技能和促进技术进步来提升劳动生产效率，进而使社会的生产力水平和社会成员的富裕程度得以提升。

斯密认为，社会分工所带来的正是迥异于自然经济的市场经济。在其看来，市场经济在形式上就是参与主体平等交换的经济，资本家组织生产大量琳琅满目的商品，工人阶级通过出卖劳动力来置换和消费各种各样的商品，这是对等的自愿互惠行为。斯密认为，利己是人之本性，追求个人利益最大化是社会成员积极从事经济活动的唯一驱动力，可以说利己心是市场经济生发和可持续的基石，同时人又是遵守契约和规则的理性人，即人是"经济人"和"理性人"的统一体。在"看不见手"的价格机制下，通过贸易似乎既可以实现个人利益的最大化，也能同时推进公共利益和集体福祉的提升。"斯密证明，人道也是由商业的本质产生的，商业不应当是'纠纷和敌视的最丰产的源泉'，而应当是'各民族、各个人之间的团结和友谊的纽带'；理所当然的是，商业总的说来对它的一切参加者都是有利的。"[①] 在这里，斯密的商业理论成为资本主义自由理论体系的"拱顶石"。无论是自由贸易派还是古典自由主义经济学家，都认为肇始于社会分工底层逻辑的自由贸易理论，是合理且公平的经济交换范式。

---

① 参见《马克思恩格斯文集》第1卷，人民出版社2009年版，第61—62页。

第二章 马克思恩格斯资本主义自由贸易本质批判的历史性与时代性

于是,"古典政治经济学——法国重农学派及其英国继承者亚当·斯密和李嘉图——的自由贸易学说,就在约翰牛的国家里流行起来"①。当时,主要资本主义国家英国的情况是,广大发展势头正盛的工厂主是强烈反对保护关税制度的,因为他们相对于外国竞争者具有绝对的优势,更丰厚的利润来自对他国出口份额的持续扩大,尽管在其国内而言,保护关税制度仍然有利于农业经营者和原料生产者。自由贸易派占据了上风,重要的原因就是斯密的自由贸易商业论已逐步深入人心。固然,在一定层面上商业是讲人道的,但只是利益既得者主导和操控的人道,当商业规则遇上主张出口大于进口的重商主义时,哪里有什么人道可言?而且,当"商人为了自己的利益必须与廉价卖给他货物的人们和高价买他的货物的人们保持良好的关系。因此,一个民族要是引起它的供应者和顾客的敌对情绪,就太不明智了。它表现得越友好,对它就越有利。这就是商业的人道,而滥用道德以实现不道德的意图的伪善方式就是自由贸易体系引以自豪的东西"②。由此可见,资本主义自由贸易的本质批判的重要历史境遇之一,便是充斥着虚假和伪善的这种贸易形态大行其道、蛊惑人心,影响了人们对其本质内核的准确认知和清醒预判。

被称为"国民经济学的马丁·路德"的斯密认为,无约束、高效率的自由贸易具有提升广大工人阶级生活福祉的价值,"对于工人大众,这一切贸易自由,总是有利的"③。然而,以社会分工名义为内核的斯密自由贸易思想,其中镶嵌着的虚假性、伪善性以及阶级利益的鲜明性,正是马克思恩格斯资本主义自由贸易批判理论生成的重要境遇。

表面察之,资产阶级极力主张的自由贸易,一方面有助于工人阶级所生产的产品或商品迈出国门在更广阔的市场达成交易,另一方面也能

---

① 《马克思恩格斯文集》第4卷,人民出版社2009年版,第335页。
② 《马克思恩格斯文集》第1卷,人民出版社2009年版,第62页。
③ [英]亚当·斯密:《国富论》下卷,郭大力、王亚南译,商务印书馆2014年版,第67页。

使工人自身多方面受益和增益,通过勤勉劳动以赚取理想的个人工资来保障家庭生活。当时自由贸易派的经济学家甚至把英国《谷物法》的废除描绘成工人们在19世纪合法斗争的最大胜利。在他们的话语叙事逻辑下,1815—1846年实行了30多年的有关谷物的保护关税制度的废除,既有利于资本家从国外更加多元的市场进口包括粮食在内的工业原材料,也能有力推动粮食价格和食品价格的普遍下降,极大地助推工人阶级降低生活成本、丰富个人消费形式、提升劳动获得感、幸福感。

但真实情境未必如此。正如马克思所言:"自由贸易实质上是假货贸易,或者用英国人的俏皮说法,是'诡辩品'贸易。事实上,这种'诡辩'比普罗塔哥拉更会颠倒黑白,比埃利亚派更能当面证明一切真实都只不过是假象。"①

显然,这里的"假货贸易"和"'诡辩品'贸易"都是精辟犀利而又深入骨髓的一语双关。一方面,它们意指资本家通过所谓的自由贸易为工人们换来的面包质量参差不齐,存在令人难以置信的掺假问题,而且当时的"防止饮食品掺假法"对法理上"赚正当钱"的自由贸易论者几乎是十分纵容的;另一方面,还有更深层次的言外之意,就是说这种以资本为中心,以私人利润最大化为核心导向的贸易制度,并非互通有无和有序竞争的真正自由贸易,而是充满了虚假、欺骗和伪善。当其自身某些行业占据竞争优势时,就企图要求他国放开管控、大搞所谓的自由贸易;反之,则为了保护国内市场和竞争力尚不强劲的产业,而以国家经济安全之名高筑贸易壁垒,实行保护关税制度。

所以在马克思恩格斯看来,这种自由贸易制度能够在国际经济交往上颠倒黑白、搬弄是非。所谓的贸易自由只是单向利己、充满双标主义的狭隘自由,一切都不过是被粉饰过的假象、幻象和乱象罢了。资本主义自由贸易,为什么会有如此"损人利己""以邻为壑"的不平等结果?

---

① 《马克思恩格斯文集》第5卷,人民出版社2009年版,第288页。

第二章 马克思恩格斯资本主义自由贸易本质批判的历史性与时代性

这似乎难以理解，但也容易做出阐释。资本主义自由贸易蕴含着深刻的生产关系因素或社会制度原因。对此，马克思窥透和审视得非常深刻。他在《哲学的贫困》中明确写道："亚当·斯密和李嘉图这样的经济学家是这一时代的历史学家，他们的使命只是表明在资产阶级生产关系下如何获得财富，只是将这些关系表述为范畴、规律并证明这些规律、范畴比封建社会的规律和范畴更有利于财富的生产。在他们看来，贫困只不过是每一次分娩时的阵痛，无论是自然界还是工业都要经历这种情况。"[1] 亚当·斯密及其思想继承者大卫·李嘉图都是英国古典政治经济学的代表人物，积极主张自由市场、自由贸易和社会分工，堪称现代资本主义经济制度的主要"架构师"和"设计师"。他们二位之于现代经济学发展特别是政治经济学方面的成就，无疑是巨大的，可圈可点、精彩纷呈，开创性地提出了社会分工、自由竞争、国民财富、财政税收等诸多重要范畴和经济规律。

对于这一点，具有海纳百川式思想包容性的马克思并没有做出任何否认，甚至直言赞扬了他们。"在亚·斯密那里，政治经济学已发展为某种整体，它所包括的范围在一定程度上已经形成，因此，萨伊能够肤浅而系统地把它概述在一本教科书里。在斯密和李嘉图之间的这段时期，仅仅对生产劳动和非生产劳动、货币制度、人口论、土地所有权以及税收等个别问题作了一些研究。斯密本人非常天真地活动于不断的矛盾之中。一方面，他探索各种经济范畴的内在联系，或者说，资产阶级经济制度的隐蔽结构。另一方面，他又把在竞争现象中表面上所表现的那种联系，也就是在非科学的观察者眼中，同样在那些被实际卷入资产阶级生产过程并同这一过程有实际利害关系的人们眼中所表现的那种联系，与上述内在联系并列地提出来。这是两种理解方式，一种是深入研究资产阶级制度的内在联系，可以说是深入研究资产阶级制度的生理学，另一种则只是把生活过程中外部表现出来的东西，按照它表现出来

---

[1]《马克思恩格斯文集》第1卷，人民出版社2009年版，第615页。

的样子加以描写、分类、叙述并归入图式化的概念规定之中。这两种理解方式在斯密那里不仅安然并存，而且相互交错，不断自相矛盾。"①可见，马克思作为一位跨越时代的经典作家，并没有被"立场不同"而冲昏头脑、做出非理性判断，仍是秉持科学的实事求是精神，对资产阶级经济学家的观点做出了批判性借鉴和合理性吸纳。

然而，亚当·斯密和大卫·李嘉图所提出的有关国民财富积累的概念、范畴和规律，看似很深刻，形式上也很系统，但从根子上都是为资产阶级的私人财富增值而服务的。马克思则站在全人类共同利益的战略高度和思想深度，精准抓住了问题的根本、事情的本源。

按照英国自由贸易派的理论逻辑，自由贸易是自主生产、自由竞争和自由市场的横向延伸，有利于商品在更大时空范围内互通有无、调剂余缺，也能让各国劳动者实现"最合适的人办最擅长的事"。他们认为，资本主义自由贸易主观上是为资本家自己，客观上却"为他人"，所谓"我为人人，人人为我"的共建共享图景。但实际情形却是，工人们并没有获得所谓的自由贸易红利，而是愈加贫困、愈加受制于压榨剥削他们的"伪君子"资本家。工人们在废除谷物法后，并没有获得所谓的"面包自由、牛奶自主"，"他们的穷困和生活无保障的情况现在至少和过去一样严重"②，包括尘肺病在内的多种职业病出现了显著增长。当时的伦敦是被无穷无尽的贫困、乞讨、绝望和饥饿包围着，甚至大有被这种凄惨景象吞噬之势，只有少数工人成为幸运的例外。其他很多城市以及农业地区也都是类似不堪景象，工人们的工资和其他生活待遇在所谓的自由贸易背景下，并没有明显提升。

这是因为在资本主义的内在运行机制下，无论如何变通、妥协和协调，有两条规律始终不变，一是劳动力价格要高于生活资料的价格，二是劳动力的平均价格要维持在保障工人肉体正常存在的最低限度上。

---

① 《马克思恩格斯全集》第34卷，人民出版社2008年版，第182—183页。
② 《马克思恩格斯文集》第1卷，人民出版社2009年版，第375页。

"这两条规律像自动机器一样以不可抗拒的力量对工人起着作用,用它们的轮子碾压着工人。"① 所以,资本主义自由贸易不管蕴含着何种程度的促进生产力增长和总体意义上国民财富扩充的积极作用,但是对于鲜活工人群体而言,都是看得见却远远摸不着的"镜中花""水中月",并不能解决他们的实际生活问题,毕竟实实在在的获得感和安全感根本谈不上。正是在这个意义上,资本主义自由贸易只是便于资本家在更大市场空间膨胀自身财富的单向度交易方式,工人们只是财富的生产者、财富的"搬运工",而资本家才是诱人财富的持有者、享用者。

马克思恩格斯看得很明白,斯密有关自由贸易的精妙词语或专业术语,在根本意义上只是赋能给资本家忽悠工人的障眼法和权宜性话术。当然,斯密本人也并没有完全回避关于自由贸易的负面效应和可能的消极后果,特别是给一些劳动能力较弱的工人和农民所带来的弱势叠加效应以及相互之间潜在的残酷竞争现实。但他反过来又说,包括自由贸易等在内的新力量在推动经济社会进步和人类文明提升的进程中,必须有人付出适当的成本或代价,否则就会导致集体贫穷,因为国民经济学是兼顾绝大多数人物质利益的政治经济学。

那么,正如马克思犀利批判的,"既然按照斯密的意见,大多数人遭受痛苦的社会是不幸福的,社会的最富裕状态会造成大多数人遭受这种痛苦,而且国民经济学(总之,私人利益的社会)是要导致这种最富裕状态,那么国民经济学的目的也就是社会的不幸"②。在这里,马克思既点出了资本主义国民经济学的虚伪、虚假和悖论,也直接揭露了他们的自由贸易理论算不上新东西,只不过便于资产阶级在更大范围内获得原料、占领市场和攫取财富罢了,一切都在资本主义制度范围内兜圈子和自循环,无论如何开展自由贸易,终极目的都是最大化地增加资产阶级的私人财富,与工人阶级的利益诉求南辕北辙。

---

① 《马克思恩格斯文集》第1卷,人民出版社2009年版,第375页。
② 《马克思恩格斯文集》第1卷,人民出版社2009年版,第122页。

毋庸置疑，资本主义自由贸易仍然是资本逐利逻辑的展开和铺陈。"资本不仅像亚·斯密所说的那样，是对劳动的支配权。按其本质来说，它是对无酬劳动的支配权。一切剩余价值，不论它后来在利润、利息、地租等哪种特殊形态上结晶起来，实质上都是无酬劳动时间的化身。资本自行增殖的秘密归结为资本对别人的一定数量的无酬劳动的支配权。"① 不管斯密如何辩解和美化，构筑在资本逻辑基石上的自由贸易形态都充斥着虚假和伪善。所以，马克思恩格斯对以亚当·斯密《国富论》为支撑的自由贸易制度虚假和伪善本质的深刻揭示，构成他们资本主义自由贸易批判理论生成的重要背景。也即是马克思恩格斯在揭露、剖析、对比、沉淀中逐步形成了自己的资本主义自由贸易批判理论。

第三，工业革命后工人生产生活条件在"自由贸易"话语下愈加恶化。马克思恩格斯之所以对资本主义自由贸易"耿耿于怀"，正是因为工人阶级的生产生活条件在这种自由贸易语境下，不但没有明显变好，反而变得更为糟糕。

"廉价的面包，高额的工资（cheap food, high wages），这就是英国的自由贸易派不惜耗资百万力求达到的唯一目的，他们的热情已经感染了他们在大陆上的同伙。"② 不难看出，英国自由贸易派对实现自由贸易有着多么强烈的期盼和支持，"自由贸易"成为19世纪40年代工业革命基本完成以后，资产阶级以及为其服务的自由主义经济学家的重要话语。在他们的视域下，自由贸易不仅是"言必称"的口头禅，而且能切实改变工人阶级的生产生活处境。但实际的情况却是，工人们仿佛"并不领情"，在各种场合直言批评那些鼓噪和推动自由贸易的人是最无耻和双重标准的伪君子。原因在哪里呢？作为资产阶级口中"好东西"的自由贸易，为什么成为广大一线工人最为憎恶甚至抵制的"敌人"呢？根本原因就在于，工人阶级的生产生活条件在资本主义自由贸

---

① 《马克思恩格斯文集》第5卷，人民出版社2009年版，第611页。
② 《马克思恩格斯文集》第1卷，人民出版社2009年版，第744页。

易境遇下并没有得到切实改善，反而愈加恶化、愈加难以保障生存。

在马克思恩格斯看来，资本主义自由贸易之所以无法真正改善工人阶级的生产生活条件，就是因为这种所谓的自由贸易是以资本为中心而非以人民为中心，开展跨越国界的更大范围内的商品或服务交易，只是为了助推资本家私人财富的增值和扩充，工人的生产生活条件只是在其贸易过程中的工具手段而非主观目的。在与资本家的对垒和博弈中，广大工人总是处于弱势和被动的地位。"工资决定于资本家和工人之间的敌对的斗争。胜利必定属于资本家。资本家没有工人能比工人没有资本家活得长久。资本家的联合是常见的和有效的，工人的联合则遭到禁止并会给他们招来恶果。"① 此外，土地所有者和资本家可以把产业收益加进自己的收入，而工人除了劳动所得，既无地租也无资本利息。因此，工人之间的竞争是很激烈的。这样，资本、地产和劳动的分离，只有对工人来说才是必然的、本质的和有害的分离。资本和地产无须停留于这种分离，可是，工人的劳动则必须如此。② 资本家和地主贵族可以离开工人而存在，因为他们有源源不断的诸多产业收益和地租，但工人或农民却仿佛难以离开资本家和封建土地主而独立地存活，因为他们除了可供出售的劳动力之外不占有任何生产资料，再也无其他选择。资本主义自由贸易更是进一步强化了资本的强势主导地位，但同时弱化了工人阶级应然的主体地位。正可谓："现代工业的发展本身一定会越来越有利于资本家而有害于工人，所以资本主义生产的总趋势不是提高而是降低工资的平均水平，在或大或小的程度上使劳动的价值降到它的最低限度。"③

在资本主义自由贸易话语宣传下，好像只要肯付出足够量的劳动，工人们的个人生存和家庭生活就能得到持续保障和改善。在资产阶级建

---

① 《马克思恩格斯文集》第1卷，人民出版社2009年版，第115页。
② 《马克思恩格斯文集》第1卷，人民出版社2009年版，第115页。
③ 《马克思恩格斯文集》第3卷，人民出版社2009年版，第77页。

构的理论逻辑下，跨越国界在更大范围内的自由贸易有助于商品市场的扩容和交易方式的多元，在市场机制下充分发挥协同分工、互利共赢、取长补短的重大积极作用，在创造总体丰厚的财富中实现不同群体基于贡献的应有共享。这种说法，看起来既科学正确又充满人道主义精神，但他们故意绕开或回避了一个关键性问题，即资本主义自由贸易是建立在私人所有制基础上的经济交往方式。工人们在任何时候都是外在于贸易本身的边缘力量，不可能真正成为支配贸易方式和贸易利益分配的主体力量，尽管支持自由主义和自由贸易的国民经济学越来越提倡摆脱诸种限制和羁绊的自由贸易。

  对此，马克思看得相当清楚："国民经济学家对我们说，一切东西都可用劳动来购买，而资本无非是积累的劳动；但是，他同时又对我们说，工人不但远不能购买一切东西，而且不得不出卖自己和自己的人性"，然而"懒惰的土地占有者的地租大都占土地产品的三分之一，忙碌的资本家的利润甚至两倍于货币利息，而剩余的那一部分，即工人在最好的情况下所挣得的部分就只有这么多：如果他有四个孩子，其中两个必定要饿死"。[①] 工人们在资本主义生产关系和价值体系下，只能处在产品和价值分配的"最后一公里"，即分配末端。"自由贸易"只要冠上资本之名，它的性质就彻底改变了，所谓"自由"只是噱头和幌子，本质上只不过是在更广阔的市场上垄断压榨工人的自由和扩充私人财富的自由。这就不难理解马克思恩格斯所发出的灵魂拷问：为什么辛劳的工人们在"最好的情况下"所挣得的工资收入，却只能养活四个孩子中的两个？蕴含其中的严重不平等和人道主义危机，可见一斑。

  这种惨绝人寰的贸易现实和未来图景，让马克思恩格斯对资本主义自由贸易产生了空前的"悲观情绪"和"愤怒之情"，激发他们从生产关系根子上以及当时复杂问题的本源上，去尝试做出分析和批判。

  更让马克思恩格斯感到愤怒的是，资本主义自由贸易不但加剧了一

[①] 《马克思恩格斯文集》第1卷，人民出版社2009年版，第122页。

国之内工人们出于生存本能的无辜竞争和内卷,而且倒逼国际范围内的工人阶级由本来应然的命运联合体异化成被迫竞争、充满无奈的利益博弈群体。"各民族的联合和兄弟联盟,这是目前一切派别,尤其是资产阶级自由贸易派的一句口头禅。的确,现在存在着一种各民族资产阶级的兄弟联盟。这就是压迫者对付被压迫者的兄弟联盟、剥削者对付被剥削者的兄弟联盟。一个国家里在资产阶级各个成员之间虽然存在着竞争和冲突,但资产阶级却总是联合起来并且建立兄弟联盟以反对本国的无产者;同样,各国的资产者虽然在世界市场上互相冲突和竞争,但总是联合起来并且建立兄弟联盟以反对各国的无产者。"① 资产阶级自由贸易派习惯大打道义牌、情感牌,把各国和各地区的工人们美称曰互帮互助、互利共进的"兄弟联盟"。

他们的用意十分明显,就是淡化和弱化工人们对自由贸易所致后果的质疑和不满,企图用富有迷惑性的生活化意识形态说辞来"合法化""合理化"自由贸易的大规模展开。但在事实层面,工人们很难得到真正的实惠和民生福祉,因为这种"兄弟联盟"只是资产阶级蓄意蒙蔽善良工人的障眼法,只是换个"精妙合理"的说法来实现压迫者继续支配被压迫者、剥削者继续剥削被剥削者的目的而已。对于他们的真实意图,马克思讲得很清楚,不管一国的资产阶级内部存在着怎样复杂的利益冲突和竞争,但当他们论及共同的敌人即无产阶级时总能出人意料地不计前嫌、联起手来;"国际是国内的延伸",国际上同样如此,尽管世界市场也存在着基于本位主义的激烈利益争夺,但他们却很容易达成共识,把枪口一致对向可能发生利益抗争的广大工人阶级。这个时候,各国资产阶级本身就可能组成对抗和管制世界无产者的"兄弟联盟"。所以在这个意义上,资本主义自由贸易并不能使工人们的"议价能力"得到综合提升,反而很容易成为世界范围内资本主义利益共同体打击和防范的对象。

---

① 《马克思恩格斯文集》第 1 卷,人民出版社 2009 年版,第 694 页。

马克思在《关于自由贸易问题的演说》中讲得很直白:"总之,人们要求自由贸易,是为了改善工人阶级的处境",可是,"奇怪得很!想尽办法让人民得到廉价的面包,而人民却毫不领情。现在英国的廉价面包,如同法国的廉价政府一样,都信誉扫地。人民把那些充满献身精神的人们,包令、布莱特一类人及其同伙,当做自己最大的敌人和最无耻的伪君子"。① 工人们本来设想的自由贸易,是能够通过放松进口管制、调剂余缺、优化配置来得到物美价廉的粮食和食品,但是在资本逐利逻辑的操纵下,却"种瓜得豆""南辕北辙",并没有换来自身生产生活处境的改善,廉价的面包和牛奶并没有触达工人们的家庭之中。在马克思看来,这样一来,资产阶级政府本来就摇摇欲坠的信誉,就更加荡然无存、危机四伏。

所以,尽管"现行谷物法即将寿终正寝。人民对'谷物定价'非常愤怒,尽管托利党人做他们想做的事,却抵挡不住激愤的群众的汹涌声势"②,但所谓的自由贸易并不能使一线工人们真正受益,反而加剧了各种食品和工资在更大范围内的非良性竞争甚至博弈对抗。这正构成马克思恩格斯资本主义自由贸易批判理论的重要形成背景。

第四,资本主义国家总在自由贸易和保护关税制度之间做出权宜性切换。除了上述"自由资本主义进入发展顶峰阶段""亚当·斯密自由贸易体系充斥着虚假"和"工人阶级在自由贸易语境下生产生活更加糟糕"三大背景之外,马克思恩格斯资本主义自由贸易批判理论生成的另一重要境遇是,当时的主要西欧国家和美国总是基于自身工业体系发展的狭隘利益来决定实行自由贸易制度还是保护关税制度。在马克思恩格斯看来,资本主义自由贸易在很多时候只是用于市场竞争和实现资源占有的权宜之举,当他们在对外综合博弈中处于不利地位时,就马上"掉转船头"转向"损人利己"的保护关税制度。这表明资本主义自由

---

① 《马克思恩格斯文集》第1卷,人民出版社2009年版,第744页。
② 《马克思恩格斯全集》第3卷,人民出版社2002年版,第420页。

贸易体系充斥着虚假性和伪善性。马克思恩格斯的资本主义自由贸易批判理论，正是在对这种贸易形态的本质和内核进行深刻批判的基础上得以最终形成的。

首先，马克思恩格斯在对资本主义自由贸易体系进行本质批判时，首先关注了与其紧密相关的保护关税制度之于资本主义国家建立工业壁垒和竞争优势的重要意义，从中便可管窥资产阶级为何热衷于在自由贸易和保护关税制度之间做出适时切换。

在宣称实行所谓的自由贸易之前，保护关税制度成为资本主义国家发展民族工业的制度壁垒。在马克思看来，实质上"保护关税制度不过是在某个国家建立大工业的手段"①，为资本主义国家在建立发达的工业体系和国际博弈中实现对其他民族国家的工业垄断和经济操控，提供了特殊的安全屏障。

保护关税制度导致不少个体劳动者相继破产，为资本主义国家建立民族工业提供了大量必要的自由劳动力。就拿当时的英国而言，保护关税制度阻碍了外国谷物的自由输入，直接导致本地谷物价格明显上扬，更多的个体劳动者逐渐因生活成本骤升而破产，沦为廉价的自由劳动力。对此，马克思认为这一制度简直就是拿人民的饭碗来"开玩笑"，明确表示该制度得以废除是工人阶级斗争的重要成果。同时，保护关税制度进一步强化了工业资本家对潜在自由劳动力的奴役和控制。如果纯粹从前端生产成本和后端商品价格的角度而言，尽管"对于工厂主，这种保护关税制度是有害的"，甚至由于原料税和食品税的普遍存在，"使英国工厂主在这两方面同他们的外国竞争者相比都处于不利的地位"②，但这种旨在限制国外商品或服务进入国内、冲击本土产业的人为做法，却进一步刺激和放纵了资本家对本国劳动者实施更加密集的压榨和剥削，毕竟他们此时不再有外国竞争之虞。

---

① 《马克思恩格斯文集》第 1 卷，人民出版社 2009 年版，第 758 页。
② 《马克思恩格斯文集》第 4 卷，人民出版社 2009 年版，第 335 页。

此时,"实施剥削"和"承受剥削"成为一种似是而非的"自然规律"。当然,无论是在宗主国还是在殖民地,资本家的手法都如出一辙,他们试图在殖民地通过保护关税制度和韦克菲尔德的殖民理论,"力图在殖民地制造出雇佣工人"①。可见,保护关税制度尽管后来因资本主义贸易结构和贸易环境变化,而愈发不受资本家欢迎和支持,但事实上却为资本主义的发展和壮大供给了丰裕的自由劳动力。

保护关税制度作为直接"规避外来竞争"的政策工具,为资本主义现代工业体系的建立提供了颇为关键的制度保护。除了瑞士等小国之外,保护关税制度在当时的西欧非常盛行甚至成为主流制度,不少国家"随即在保护关税之下兴办大工业"②。核心原因就在于,它为这些国家规避或延缓外来竞争提供了暂时的安全环境。恩格斯看得非常清楚,以蒸汽动力为核心的机器工业体系"就是在保护关税制度的卵翼之下于18世纪最后30多年中在英国孵化和发育起来的"③。当初英国为了巩固自身工业优势地位,大力实行具有明显排外(他)性的保护关税制度,到1815年它已成为世界贸易链条中大多数重要工业品的实际垄断者。这种往往打着维护国家利益幌子的制度,曾一度显著提高资本家组织生产的集约能力和发展动力。

尽管从长期来看,它并不利于现代工业在更广阔范围内发展,但对于19世纪中期之前的英国和19世纪末期之前的德、法、美而言,它却颇为本国高效率生产提供了保护性"盔甲"。可以说,保护关税制度在一定时期内具备赋能资本家提高生产能力的特殊作用。它在成为资本主义发展的桎梏和藩篱之前,也曾反向地为这些国家现代工业体系的建立提供有效规避外来竞争的政治屏障、政策壁垒。

同时,保护关税制度大大缩短了新旧生产方式的过渡时间,为资本

---

① 《马克思恩格斯文集》第5卷,人民出版社2009年版,第877页。
② 《马克思恩格斯文集》第1卷,人民出版社2009年版,第566页。
③ 《马克思恩格斯文集》第4卷,人民出版社2009年版,第334页。

主义工业国家提供了丰厚的结构性套利。该制度在19世纪中叶以前甚至后来的某些特定时期，被西欧国家普遍策略性采用，成为"强行缩短从旧生产方式向现代生产方式的过渡的一种人为手段"①。不少工业资本家在当时之所以能接受这种长远来看并不利于以自由著称的资本主义经济制度，原因就在于它有助于实现工业发展的结构性套利。

一方面，保护关税制度成为控制和垄断国内市场的重要手段。这一点在19世纪中叶以后的德国表现得最为明显。相较于英国，德国是实施工业革命较晚的国家，长期奉行李斯特国家经济主义政策，限制国外商品特别是优势工业品进入本国。后来随着自身民族工业体系的建立，一部分工业资本家就敏锐地要求打开国门、参与国际竞争，但政府当局则主张进一步推行保护关税制度。"正当自由贸易看来对德国比任何时候都更为必要的时候，德国却转而实行了保护关税制度。"② 这与德国自身的产业优势和贸易结构直接相关。当它稳居谷物输出国前列的时候，就大肆主张所谓的贸易自由化；当美国的廉价谷物以及英国商品大量涌入欧洲大陆时，包括德国在内的整个欧洲农业集团和工业资本家就变换腔调，极力主张高额关税。此时，德国资本家已把保护关税政策视为垄断国内市场的制度法宝。

另一方面，该制度也是拓展世界市场进而攫取巨额利润的一种过渡性策略。当时欧美国家的通常做法是，"在国内市场上实行保护关税，在殖民地市场上实行垄断"③。19世纪70年代主要国家都相继完成了工业革命，本身已具备展开自由贸易的工业基础，但德、法、美甚至奥地利突然转向阶段性的保护关税制度，旨在阻击英国对外贸易的倾销性价格优势和工业品竞争态势。可以说，正是保护关税制度为资本主义国家不断拓展世界市场进而实现结构性套利，提供了屡试不爽的政治手段和

---

① 《马克思恩格斯文集》第4卷，人民出版社2009年版，第334页。
② 《马克思恩格斯文集》第4卷，人民出版社2009年版，第343页。
③ 《马克思恩格斯文集》第1卷，人民出版社2009年版，第564页。

政策工具。

其次，保护关税制度成为资本主义国家实现垄断的经济政治屏障。在马克思恩格斯看来，历史学派李斯特所宣扬的国家经济学，表面上看是为了捍卫国家正当利益，实则是为了隐藏其资本扩张和资本垄断的深层意图。

保护关税制度为资产阶级以民族之名来推行单边主义之实，提供了"合法"借口甚至依据。不仅重商主义的民族性成为资产阶级代言人的"口头禅"，而且与此相关的保护关税制度也被冠以"民族之名"来大力推行。事实上，无论是保护关税还是自由贸易制度，都是资本主义生产价值体系内自我调节的一种方式，不同阶段就会做出不同的选择。"在英国，工业需要自由贸易，而在法国，工业则需要保护关税。"①尽管19世纪40年代以后英国大肆叫嚣自由贸易，但其目的是"以我为中心"，把自身打造成世界工厂，而欲把其他国家塑造为供其支配的原料产地和商品倾销市场。显然，这是当时其他资本主义国家所不能容忍的。在这种情况下，本是极端自由贸易派代表人物的凯里，却破天荒地主张实行保护关税制度。

正如恩格斯所言，那些在四十年前曾经热衷高喊自由贸易口号的伪君子，"现在却如此狂热地呼吁实行用'互惠贸易'和报复性关税拙劣地掩盖起来的保护关税制度"②。该制度实质上成为国际资本斗争的一种武器，更是一些强国以民族之名来进行战略博弈的冠冕堂皇说辞。在马克思看来，尽管那些掌握德国经济学话语权的投机家、商人、学者和官僚所给出的理由比较肤浅、乏味和空洞，但正是在他们当中率先形成了自私狭隘的保护关税派。再如，英国直到19世纪中期占据世界工业链、产业链和价值链"执牛耳"地位后，才开始积极主张实行所谓的自由贸易。此时他们对保护关税制度的择机废止，只是以国家之名来维

---

① 《马克思恩格斯文集》第2卷，人民出版社2009年版，第154页。
② 《马克思恩格斯文集》第4卷，人民出版社2009年版，第348页。

护资产阶级利益罢了。

具体而言，保护关税制度为资本主义国家优势产业形成地区垄断，提供了制度"防火墙"。"至于工业家，他们受益于广泛实行的保护关税制度，这一制度在大多数场合甚至无异于完全排除了外国的竞争。"① 保护关税制度在商品流通意义上限制了外来竞争，为资本主义国家地区垄断的形成提供了保护阀。这可从英、法、德、美四国工业垄断地位建立的历史进程中得到印证。英国的工业垄断地位，一定程度上正是在实行保护关税制度后才形成的，它不仅通过保护关税制度和出口补助金两种手段压榨操控自己的人民，"而且还要用暴力摧毁其附属邻国的一切工业"②，譬如，英格兰凭借关税制度和产业优势彻底打垮了爱尔兰的毛纺织业。可以说，该制度为英国充分利用工业革命先发优势和建立产业壁垒赢得了关键机遇。同时，德国和法国工业垄断地位的建立，在历史上都与保护关税制度存在着内在关联。

恩格斯认为，法国在两个世纪中紧紧围绕自己的工业体系构建了一条保护性甚至禁止性关税的制度围栏，而且构筑了奢侈品和工艺品方面就连英国也难以争锋的绝对霸主地位。事实上，该制度从17世纪末期开始，就为法国民族工业发展铸就了免遭英国冲击的牢固城墙。再如美国，它远离欧洲大陆，于18世纪末才酝酿工业革命，但南北战争也使拥有3500万人口的美国意识到，凭借保护关税制度来建立自主的工业体系十分必要，"有'天定命运'要在主要消费品方面不论是平时还是战时都不依赖外国工业"③。正是在该制度的庇护下，美国才得以在19世纪末一跃成为世界工业强国。

但是，保护关税制度最终因地区垄断而缺乏长远竞争力，成为资本主义国家走向"自我限制"的制度动因。"你可以轻而易举地实行保护

---

① 《马克思恩格斯文集》第2卷，人民出版社2009年版，第377页。
② 《马克思恩格斯文集》第5卷，人民出版社2009年版，第867页。
③ 《马克思恩格斯文集》第4卷，人民出版社2009年版，第338页。

关税制度，不过你要再摆脱它就不那么容易了。"① 对于资本主义国家而言，这种制度也并非总是有利，在实现工业垄断后反而成为阻碍其扩张的绊脚石，废除它反而有利于工业和贸易的发展。例如，英国国内工业和对外贸易，在19世纪40年代末到60年代中期的空前发展，在很大程度上与取消原料和食品的保护性关税直接相关。相反，法国在实行200年这种制度后，却付出了沉重代价，导致生产工艺愈发陈旧，难以改进。

原因就在于，高额的关税严重增加了法国纺织业的生产成本甚至完全抵销了出口退税补贴，这些工厂开始向德国克雷费尔德自发转移。但法国的邻国德国也难逃相应厄运。此时，保护关税制度已变为资本主义国家在更大范围内扩张的直接障碍。保护关税制度一旦实行起来，利益集团就会对此产生难以割断的路径依赖，毕竟它能提供规避或延缓他国竞争的温室环境。无论是对于英国、法国、德国还是美国，该制度都在19世纪中期以后逐步成为各自国内危机的一个诱发因素。英国蚕丝业的兴衰沉浮就足以说明这一问题，"保护关税制度对于任何一个有望成功地争取自立于世界市场的国家都会变成不能忍受的镣铐"②。以此而言，这种制度终究会在一国范围内加剧经济危机，成为他们走向"自我限制"的制度动因。

最后，保护关税制度成为资本主义国家操纵利润的重要工具。保护关税派总是站在所谓民族利益和国民福祉的道义制高点上，来宣称保护关税制度具有现实的合理性、合法性和合道德性，"保护关税的观点主张，由国家把工业等作为大多数人的生活来源加以保护，以免遭受外来的竞争等等"③。马克思恩格斯并没有被这种似是而非的话术所迷惑，他们站在未来理想社会"人的解放"的原则高度，从问题要

---

① 《马克思恩格斯文集》第4卷，人民出版社2009年版，第348页。
② 《马克思恩格斯文集》第4卷，人民出版社2009年版，第350页。
③ 《马克思恩格斯文集》第8卷，人民出版社2009年版，第533页。

害处揭露了其道德伪善性。用马克思的话说，包括对外国谷物等外国商品征收高额关税的做法，"这是卑劣的行为，这是利用人民的饥饿进行投机"①，该制度已异化为资本主义国家操纵利润分配的重要工具。

保护关税制度成为资本主义国家变相提高工人生活成本，进而助力资本家操控利润的一种重要方式。该制度在很长的历史时期内，对工业资本家和大土地占有者明显有利，制度藩篱助力他们独占国内市场并攫取高额利润。然而，它通过经济手段限制某些工业品和消费品入境，却人为地变相推高了国内日用品的市场价格，加重了本已很贫困的工人们的生活成本和家庭负担。令工人们感到困惑的是，在英国决定废除保护关税制度之前的30年，一方面机器大工业获得飞速发展，另一方面工人工资却大幅下降。正如马克思所说，从1823—1843年，"机器织工的工资从每周20先令降到8先令"②。

德国工人同样窘迫，也只能维持在半饥半饱的水平，工时颇长但工资却极低。③ 在保护关税制度下，他们的命运只能被操纵，工资待遇并无多大的谈判空间。限制国外农产品进口的谷物法，是资本主义保护关税制度体系的一个关键组成部分。谷物法成为绑架工人日常生活的一把魔杖，具有绝对话语权的农业集团可以恣意调高终端价格、攫取丰厚利润。在此条件下，无论资本家赢利空间多大，工人们的生活都是最糟糕的，"当资本家赢利时工人不一定有利可得，而当资本家亏损时工人就一定跟着吃亏"④。可见，保护关税制度变成了工业资本家手中操控工人的"无形武器"，也是资本主义国家变相提高工人生活成本，进而帮助资本家实现利润操纵的一种重要方式。

---

① 《马克思恩格斯文集》第1卷，人民出版社2009年版，第744页。
② 《马克思恩格斯文集》第1卷，人民出版社2009年版，第745页。
③ [法]托马斯·皮凯蒂：《21世纪资本论》，巴曙松等译，中信出版社2014年版，第8页。
④ 《马克思恩格斯文集》第1卷，人民出版社2009年版，第116页。

同时，保护关税制度成为资本主义国家利用食品供给，来操控工人劳动强度进而控制利润分配的一种有效手段。马克思曾一针见血地指出，保护关税制度只是利用"人民的饥饿"来帮助资本家获取垄断利润。该制度不但限制了国外工业竞品的自由流入，而且阻碍了他国农产品进入国内市场。在排除国外竞争的情况下，工人对资本家和地主贵族几乎没什么议价能力，只能任其宰割，"使得束缚于一定劳动部门的工人失去面包，或者不得不屈服于这个资本家的一切要求"①。事实上，一旦广大劳苦工人的日常生活受控于精明算计的资本家，他们自主拥有的东西就只剩下仅供出售的劳动力了。保护关税制度推动了工人阶级由生活退化不断走向精神异化。这一制度不但增加了雇佣工人的生活成本，而且极度蹂躏了他们本已落寂的精神世界，颠倒了"人之为人"的存在本质。保护关税制度与殖民制度、国债制度、现代税收制度等一起在长达200年的时间里，成为资本主义原始积累和实现新旧生产方式过渡的重要手段。

它促使工业资本家与大地产者结盟，利用粮食供应机制来蹂躏工人。不难理解的是，为了扭转法国海量商品涌入以及英国1866年危机后对德国过度出口的被动局面，德国工业资本家"已经开始把保护关税制度看做保证自己独占国内市场的手段了"②。到1878年，迫于工厂主和地主贵族的双重压力，德国开始对他国农产品和工业品加征高额关税。可以说，保护关税制度通过人为设置贸易壁垒，以期帮助资本主义国家实现预期的利润。

以上从三个方面阐释了资本主义国家在某个阶段，特别是为了建立具有较强竞争力的民族工业阶段，倾向于选择保护关税制度的内在原因。这里需要说明的是，纵观资本主义迄今的发展进程，可以发现旨在限制外来竞争的保护关税制度，一直都没有中断过，总是在经济发展下

---

① 《马克思恩格斯文集》第1卷，人民出版社2009年版，第116页。
② 《马克思恩格斯文集》第4卷，人民出版社2009年版，第344页。

行的某个历史时期抬头和登台。

资本主义自由贸易和保护关税制度的策略性轮番出现,都是基于自私狭隘的国家利益,更确切地说是资本家集团的私人利益。这也是马克思恩格斯对资本主义自由贸易展开本质批判的一个重要背景。

保护关税制度在很长时期内,都与自由贸易政策交替性出现,因为二者作为资本主义国家趋利避害、调节对外经贸关系的常规工具,从来都不可能只存其一,虽然资本主义自由贸易将成为历史发展的整体走向。从1823年哈斯基森斗争到1842年皮尔税则被艰难通过,保护关税制度一直在英国对外经贸政策中若隐若现、周期性登场。在大张旗鼓废除谷物法、宣布实行自由贸易后,英国丝纺织业仍然实行关税壁垒制度,因为它在当时害怕外来竞争,尚不具备压倒别国的核心实力。伪善的自由贸易派为了在国际贸易中不失道义合法性,蓄意以一种"十分不光彩的形式"在纺织业继续"明修栈道,暗渡陈仓"。这种方式就是,"伪善的自由贸易派在外国竞争者面前放弃了垄断地位,但是他们又用损害英国儿童健康和生命的办法恢复了它"[①]。

德国也总是在保护关税和自由贸易之间反复做出权宜性切换。1815年以后德国废除众小邦之间林林总总的关税壁垒和各自为政的财政立法,以期统一国内市场,进而快速建立民族工业体系。它在德意志内部即各邦之间广泛推行自由关税制度,成为当时自由贸易立法的典范,虽然自1830年以来不少工业资本家仍极力支持关税保护制度。在这种较为自由的制度下,1874年前后德国在工业、交通甚至农业方面所采用的现代化动力装置即蒸汽式发动机,位居欧洲大陆首屈一指的地位,对外贸易额也非常惊艳,虽屈居英国之后却傲居世界第二。德国的发展历程表明,在自由市场上只要结合资源禀赋充分利用工业技术外溢的难得机遇,同样能够找到适合自身的有利位置。

---

① 《马克思恩格斯文集》第4卷,人民出版社2009年版,第341页。

然而，"正当自由贸易看来对德国比任何时候都更为必要的时候，德国却转而实行了保护关税制度"①。这一历史节点的转变，表面上看不可思议，然而在利益逻辑上却是可以解释通的。1874年是一个分水岭，在此之前整个德国农业集团大量出口谷物，也极力支持自由贸易，但此后它不仅不具备持续出口的能力，而且还要从美国进口大量的谷物，这时被触动利益的农业集团就要求恢复保护关税制度。1878年无论是农产品还是工业品都被政府课以高额关税。在此背景下，自由贸易派与保护关税派之间长期存在着激烈博弈，不得不实行这样或那样的妥协，"这些妥协虽然绝不是重大的，但也是朝着自由贸易方向的缓慢进步"②。这告诉我们，西欧主要资本主义国家所实行的自由贸易制度或保护关税制度，总是基于自身的利益和外界经济走势来适时做出切换。对他们而言，没有永恒和常态的经贸往来制度，唯有不变的利益追求。

至此，不难看出，在资本主宰的生产机制和利润逻辑下，保护关税制度和自由贸易政策二者之间并没有一条不可逾越的沟壑，往往会在"最利己"原则下做出选择，进行取舍，尽管后者注定是历史发展的总体基线和宏观走势。

恩格斯看得很清楚："英国是国民经济学的故乡，但是在教授和实践政治家中间这门科学的水平又如何呢？亚当·斯密的'自由贸易'竟被卷入马尔萨斯人口论的荒谬结论。'自由贸易'只是为旧的垄断制度制造了一个新的、更文明的形式。"③ 以亚当·斯密和大卫·李嘉图为主要代表人物的国民经济学，极力鼓吹采用所谓自由竞争和自由市场的自由贸易制度，但是这种"美好"的理论却与马尔萨斯的人口论即"人口明显快于生存资料的增长"纠缠在一块，旨在掩盖资本主义生产关系内在的剥削性和不平等。

---

① 《马克思恩格斯文集》第4卷，人民出版社2009年版，第343页。
② 《马克思恩格斯文集》第4卷，人民出版社2009年版，第342页。
③ 《马克思恩格斯全集》第3卷，人民出版社2002年版，第424页。

第二章 马克思恩格斯资本主义自由贸易本质批判的历史性与时代性

在马克思看来,"自由贸易已经无计可施了;甚至曼彻斯特对自己这个昔日的经济福音也发生了怀疑。迅速发展的外国工业,到处直接威胁着英国的生产,不仅在受关税保护的市场上,而且在中立市场上,甚至在英吉利海峡的此岸都是这样。生产力按几何级数增长,而市场最多也只是按算术级数扩大"①。当外国工业的迅速发展使英国处于不利甚至被动的竞争地位时,它再也不叫嚣"广阔的市场"的吸引力,而是又慢慢地转向保护主义,想尽办法阻止外国竞品进入国内,防止可能带来的经济社会冲击。对于这种"自由贸易"的虚假性、随机性和伪善性,马克思看得非常清楚,可以说是深入和直切问题的骨髓即资本主义制度的自私本质。

总之,对于西欧主要资本主义工业国家总是在自由贸易和保护关税制度之间做出"利我"和"双标"的权宜性切换之事实,也是马克思恩格斯资本主义自由贸易批判理论得以形成的一个实践观照场域。因为这种权宜式切换,已经把资本主义制度的本质充分地暴露出来,给马克思恩格斯后来从多维度审视和批判资本主义提供了一个十分重要而又非常关键的靶子或切入点。

二 资本主义自由贸易本质批判的历史动因

一般而言,任何一种理论的登场,都不会是"万丈高楼平地起",而有着深厚的实践土壤或内在的思想渊源。马克思恩格斯的资本主义自由贸易批判理论同样如此。它生成于19世纪中期,此时英国、法国和美国等率先完成工业革命的主要资本主义国家,随着自身工业体系和产业竞争优势的逐步建立,在本国资产阶级的倡导和支持下开始转向以废除谷物法为代表的自由贸易制度。

尽管这种贸易制度被自由主义经济学家描绘得"十分美好",但是马克思却异常冷静理性,对其本质看得非常清楚。他认为该制度充斥着

---

① 《马克思恩格斯文集》第5卷,人民出版社2009年版,第34页。

虚假和伪善，自由贸易只体现了资本逐利的自由，工人阶级并没有得到自由贸易派所许诺的充裕面包和廉价牛奶。而且，资本家所主张的自由贸易并没有为落后地区带来曙光和希望，反而进一步加剧了殖民地对西方宗主国的生存依赖。正是在此背景下，马克思基于广大穷苦弱势群体特别是工人阶级基本福祉的公正立场，对资本主义经济学家引以为豪的自由贸易制度展开了多维度犀利批判，以期揭露它的真实面目，为工人运动拨云见日、找到正途。马克思恩格斯的自由贸易批判理论思想深邃、内容丰富，但同时并非"到处开花""四面出击"，而是核心内容指向明确、靶心聚焦，从牺牲别国利益来聚敛财富、在更大范围内压榨工人、历史作用"二重性"三个维度来集中阐发。

马克思恩格斯具有鲜明的问题意识和实践导向，他们对任何社会现实问题的剖析和批判，都有明确的"靶点"，从来都不是为了批判而批判。对资本主义自由贸易本质的批判，亦是如此。马克思恩格斯的这种多维性、系统性、多面性的深刻批判，并没有局限或止步于贸易领域，而是深挖和洞悉"自由贸易"背后的资本逻辑驱动力，把自由贸易批判进阶和升华到对整个资本主义制度的总体性批判。这意味着马克思恩格斯对资本主义自由贸易批判的历史动因，是借此深刻批判来从包括经济政治在内的更多维度和面向揭示资本主义制度不合理性及诸种制度缺陷。可见，资本主义自由贸易本质批判的历史动因，并不仅仅是历史情境本身，而是放眼于更加广袤的历史特别是人类的解放历程，而做出的进程性、动态性批判。

第一，资本主义自由贸易背后的经济政治问题。自由贸易在形式上只是一种经济交往的通道，也是推动要素禀赋在更广阔地理空间内自由化、便捷化流动的基础媒介。显然，这是贸易的一般理想愿景。贸易的背后往往镶嵌着经济政治主线。资本主义自由贸易并非双方或多方对等意义上的互通有无，各种商品或要素在畅通无阻的自由市场上驰骋，它受到资本力量和资本逻辑的羁绊与约束。这也是马克思恩格斯致力于批

第二章 马克思恩格斯资本主义自由贸易本质批判的历史性与时代性

判这种贸易形态的根本原因。

用马克思自己的话说,他对当初自由贸易和保护关税制度的关注,是其本人研究政治经济学的最初动因。"关于自由贸易和保护关税的辩论,是促使我去研究经济问题的最初动因。"① 按照马克思自己研究政治经济学的计划,他要从资本、土地所有制、雇佣劳动、国家、对外贸易和世界市场六个方面来剖析资产阶级经济制度。这里的"对外贸易"显然就包括自由贸易问题。

马克思为什么如此重视贸易问题呢?这就要从资本主义自由贸易中所蕴含的资本逻辑来深度探究。资本逻辑,质言之,就是资本的逻辑,而资本从来就不是一个静态物,它是一个动态的历史性过程,"资本决不是简单的关系,而是一种过程"②。这种过程,在资本最终走向解体之前,从来就不会有终点,不仅是一个无止境的进程,而且是追求自我膨胀和增值的过程。正可谓,资本"是一种不断要超出自己的量的界限的欲望:是无止境的过程。它自己的生命力只在于此;它只有不断地自行倍增,才能保持自己成为不同于使用价值的自为的交换价值"③。可见,资本本身就是一个流动的过程,而且追求自行增加的价值。

由资本驱动的自由贸易,显然不是为了贸易而贸易那么纯粹或简单,而是变相代行资本意志和执行资本职能的一种工具。事实上,资本和劳动的关系是"全部现代社会体系所围绕旋转的轴心",马克思"把现代社会关系的全部领域看得明白而清楚,就像一个观察者站在高山之巅俯视下面的山景一样"④。这说明资本逻辑是资本主义社会运行的中轴线,马克思对资本主义社会生产关系图景的认识,思想深刻、站位高远。至此不难看出,马克思恩格斯对资本主义自由贸易本质的批判,只是揭露了资本逻辑在社会上大行其道的"冰山一角"。众所周

---

① 《马克思恩格斯文集》第 2 卷,人民出版社 2009 年版,第 588 页。
② 《马克思恩格斯全集》第 30 卷,人民出版社 1995 年版,第 214 页。
③ 《马克思恩格斯全集》第 30 卷,人民出版社 1995 年版,第 228 页。
④ 《马克思恩格斯文集》第 3 卷,人民出版社 2009 年版,第 79 页。

知,他们的政治经济学研究秉持的是逻辑方法和历史方法有机统一的科学方法论,精准认识到政治经济学研究的对象不是物,而是人与人背后的阶级与阶级之间的利益关系。自由贸易的本质批判更是如此,不同的阶级在自由贸易问题上的态度是迥异的,根本原因不在于各自的喜爱偏好,而在于深层的利益结构。基于自由贸易这一切口而放眼整个资本主义,自由贸易仍是支撑资本主义大厦的重要一环甚至关键环节,19世纪中期自由资本主义即将发展到顶峰,这种支撑效应就更为凸显。

马克思恩格斯此时对资本主义自由贸易的系统性批判,正是出于深刻揭露这种制度最大化逐利的本性,而逐步唤醒工人阶级的斗争意识以致变革资本主义社会的更深层思考。这意味着,他们对包括资本主义自由贸易本质批判在内的所有批判,都不仅仅是为了批判,更是为了暴露其背后的深层经济政治问题,进而为变革旧制度、迎来新制度奠定思想和理论基础。

第二,资本主义自由贸易与资本主义制度的进阶过程。恩格斯说:"从斯密起的整个自由贸易派,甚至马克思以前的全部经济学,都认为他们所理解的经济规律是'自然规律',并且断言,这些规律的作用被国家、被'国家设施和社会设施的作用'歪曲了!"[1] 自由贸易派所主张的自由放任的经济政治策略,认为国家政策不应该在任何意义上干涉生产要素的自由流动。他们的自由贸易理论认为,经济本身是一个能够自循环、自更新、自完善的和谐系统,其他外部政策的任何干涉或介入都会破坏这种天生和谐的系统,并诟病任何有这种想法的人,都是试图回到计划经济社会主义时代。

这看似站在了为全社会谋福祉的自由竞争道义制高点,但事实上却只是为狭隘逐利的资本主义制度自身强做意识形态辩护。以英国为例,如果没有持续稳定的市场扩大,这个国家的工业体系的运转就会遇到困

---

[1] 《马克思恩格斯文集》第9卷,人民出版社2009年版,第367页。

难,"自由贸易已经无计可施了;甚至曼彻斯特对自己这个昔日的经济福音也发生了怀疑"①。一贯高调推崇自由贸易的他们,为什么此时也调转姿态、表达质疑呢?根源就在于,对于资本主义制度来说,没有什么是永恒的,但唯有利益永恒。资产阶级无论是对于自由贸易还是保护关税制度都是不忠诚的,秉持的是"合则用,不合则弃"的权宜性、双标化态度。19世纪60年代之后,德国和法国也已经充分吸纳工业革命的成果,工业体系和工业门类日益健全,已经能对英国的整个工业生产格局构成直接的竞争。

这个时候,英国资产阶级特别是工业资产阶级就开始主张采取"关门主义",重拾保护关税制度。在自由贸易和保护关税制度之间的机会主义式切换,带来了英国生产力的快速发展,但是生产力的大发展也蕴藏着资本主义制度本身的周期性危机。"生产力按几何级数增长,而市场最多也只是按算术级数扩大。1825年至1867年每十年反复一次的停滞、繁荣、生产过剩和危机的周期。"②尽管资本主义的周期性危机是由以私有制为前提的社会基本矛盾决定的,然而资本主义自由贸易却加剧了这种危机的烈度、程度和强度。毕竟这种贸易形态并非真正平等的互通有无、协同互济,而只是一种损人利己的零和博弈。

它是一种异化和扭曲的贸易形态,并不能准确映射不同国家或地区之间的资源禀赋差异,而只是利用短暂的产业链优势,来对他国进行贸易霸凌和推行经济霸权。这种由资本驱动的自由贸易,很容易把资本本身所蕴含的矛盾带到更加广阔的世界其他区域,当然只不过通过各种经济政治手段,在更广阔的时空区域内,努力把这些矛盾暂时稀释或掩盖掉了,仅此而已。回顾资本主义的贸易发展史,可以进一步发现,每当一些国家处于产业链、价值链的有利竞争位置时,它们就高喊自由贸易。然而在实行一定时期的自由贸易之后,其优势就会转弱甚至消失,

---

① 《马克思恩格斯文集》第5卷,人民出版社2009年版,第34页。
② 《马克思恩格斯文集》第5卷,人民出版社2009年版,第34—35页。

这个时候资本主义制度自身的很多矛盾就会规模化涌现甚至集中爆发。可以说，在自由贸易问题上，资本主义从来都只是秉持功利主义和短视主义态度的，它只不过试图通过颇具迷惑性和吸引力的贸易手段来攫取资源、倾销商品和转嫁自身矛盾。

在这个意义上，所谓的自由贸易，只是资本主义自身在遇到内源性制度危机时的一种"自救"之计，也只是企图把自身难以化解的矛盾和问题转嫁给其他地区的一种"甩锅转责"手段，在本质上属于资本主义进阶过程中的一种"损人利己"的制度性反映。

第三，资本主义自由贸易与国际经济政治格局的不断调整。马克思恩格斯对资本主义自由贸易本质批判的历史动因，还体现着更加广阔的横向国际视野。自由贸易这一问题本身，事实上就关涉到生产要素在全球时空范围内的联通和畅通。马克思说，资本主义"对外贸易一方面使不变资本的要素变得便宜，一方面使可变资本转变成的必要生活资料变得便宜，就这一点说，它具有提高利润率的作用，因为它使剩余价值率提高，使不变资本价值降低"①。由资本逻辑主导的所谓自由贸易，显然是以在更广阔的地理范围内获得最大化剩余价值为核心目标的。若做站位更高的深层考量，资本主义自由贸易除了给资本家带来丰厚的利润以及给资本主义强国带来巨大的国家财富之外，它对国与国之间的关系特别是对落后国家意味着什么呢？这就有必要去深思马克思和恩格斯时常谈到的资本全球化以及世界市场的形成论断。

资本从来都不是地域资本，其概念中就蕴含着世界市场的"动机"，它只有一种宿命或方向，那就是增值和扩张，资本最终都要走向世界各地，实现全球范围内的落地扎根。"不断扩大产品销路的需要，驱使资产阶级奔走于全球各地。它必须到处落户，到处开发，到处建立联系。"②资本的全球化，既是世界市场形成的基本推力，也是推

---

① 《马克思恩格斯文集》第7卷，人民出版社2009年版，第264页。
② 《马克思恩格斯文集》第2卷，人民出版社2009年版，第35页。

动人类历史不断演进、从地域史和民族史走向世界历史的重要媒介。马克思恩格斯在《德意志意识形态》中指出："各个相互影响的活动范围在这个发展进程中越是扩大，各民族的原始封闭状态由于日益完善的生产方式、交往以及因交往而自然形成的不同民族之间的分工消灭得越是彻底，历史也就越是成为世界历史。"① 至此不难理解，社会分工既是世界经贸交往的重要条件，又是经贸交往进一步发展和演进的必然结果。

在此过程中，世界各民族国家的利益交融程度更深，当然也导致了不同地区经济政治发展的不平衡，甚至是国际力量的严重失衡。自由贸易主要是由资本主义大国强国主导的，直接目的在于实现具有绝对比较优势的垄断利润，深层目的是对外输出资产阶级文明和资本主义生产方式，使落后国家永远从属和依附于资本主义国家。资本主义大工业是展开所谓自由贸易的基础和前提，它"首次开创了世界历史，因为它使每个文明国家以及这些国家中的每一个人的需要的满足都依赖于整个世界，因为它消灭了各国以往自然形成的闭关自守的状态"②。资本主义自由贸易无疑成为这种大工业在全世界复制和占领市场的关键方式，虽然本质上它是以自由贸易之名来推广以资本为中心的生产方式和生活范式，正可谓本质上是"推广以资本为基础的生产或与资本相适应的生产方式"③。

由此可见，资本主义自由贸易不仅是贸易本身，它还承担着传播资本文明的使命和功能。这种贸易形态从来就不希望在相对静止的一国范围内进行，而是通过各种经济、技术或其他强权霸权手段，力求"摧毁交往即交换的一切地方限制，征服整个地球作为它的市场，另一方面，它又力求用时间去消灭空间"④。这是资本主义自由贸易的现实图景。

---

① 《马克思恩格斯文集》第 1 卷，人民出版社 2009 年版，第 540—541 页。
② 《马克思恩格斯文集》第 1 卷，人民出版社 2009 年版，第 566 页。
③ 《马克思恩格斯文集》第 8 卷，人民出版社 2009 年版，第 88 页。
④ 《马克思恩格斯文集》第 8 卷，人民出版社 2009 年版，第 169 页。

资本主义条件下的经贸往来，从来都不可能是对等和公平的，它在国内不仅要征服农村、使农村从属于城市，而且还"使很大一部分居民脱离了农村生活的愚昧状态。正像它使农村从属于城市一样，它使未开化和半开化的国家从属于文明的国家，使农民的民族从属于资产阶级的民族，使东方从属于西方"①。资本主义自由贸易起源于贸易，但已经超脱于贸易本身，它试图通过在世界各地特别是落后地区攫取原料和倾销商品，彻底奠定资本霸权的永恒地位。

而自由贸易派正是凭借生产工具改进特别是产业链供应链的绝对话语权，用"廉价"的商品打破了世界上落后地区的自然经济形态，攻破了试图抵御外来经济的"一切万里长城"，从而"迫使一切民族——如果它们不想灭亡的话——采用资产阶级的生产方式；它迫使它们在自己那里推行所谓的文明，即变成资产者。一句话，它按照自己的面貌为自己创造出一个世界"②。由此可见，资本主义自由贸易绝不仅仅是为了商品利润本身，更是为了彻底建立并铸牢以资本为中心的世界体系，迫使其他国家永远定格于为其服务、受其支配的边缘地位。在这个意义上，资本主义自由贸易助推并加剧了国际经济政治格局的持续调整。正可谓，"资产阶级，由于开拓了世界市场，使一切国家的生产和消费都成为世界性的了"③。

第四，资本主义自由贸易与人类的解放。在终极意义上追求人类的解放，也是马克思恩格斯对资本主义自由贸易本质批判的重要历史动因。前文已述，资本主义自由贸易带给资产阶级的是巨量财富，而传递给工人阶级的却是赤裸裸的贫困。贫困一方面给工人阶级的生产生活带来巨大的包括饥饿在内的人道主义灾难，把他们推向死亡的边缘；但另一方面，愈演愈烈的绝对贫困地位，反过来有助于锻造工人阶级的斗争精

---

① 《马克思恩格斯文集》第2卷，人民出版社2009年版，第36页。
② 《马克思恩格斯文集》第2卷，人民出版社2009年版，第35—36页。
③ 《马克思恩格斯文集》第2卷，人民出版社2009年版，第35页。

神和革命情怀，最终把其塑造为推动社会变革和人类文明进步的中坚力量。马克思曾经发出这样的诘问："为什么还要把实现自由贸易会对工人阶级状况产生什么影响作为未解决的问题来谈呢？"① 事实上，从魁奈到李嘉图，这些古典主义经济学家自信地做出前提性假定：建立在自主经营和自由竞争基础上的自由贸易已经彻底实现，任何羁绊自由贸易的外部条件都已经荡然无存，工人阶级的贫困是市场竞争的一般产物，更是社会进步必然要坦诚面对的正常成本和代价。尽管历史真相显然未必如此，但这却暴露出一个真问题：资本主义自由贸易除了加剧工人阶级的普遍贫困，会不会反过来也同时推动工人阶级的解放乃至人类的解放，即增益他们"自在"和"自为"的觉醒程度？

在恩格斯看来，"工人阶级处境悲惨的原因不应当到这些小的弊病中去寻找，而应当到资本主义制度本身中去寻找"②。无疑这种观点和认知是十分深刻、鞭辟入里的。对待资本主义的任何问题，都要回溯到以私有制为内核的社会制度中去探究。在这种制度下，自由贸易派时常使用的一些伪善话术和伎俩，并不能真正欺骗住工人们。工人们愿意和他们联合起来对抗地主，最终作为"回报"，他们不得不使工人们提出的10小时工作日法案获得原则性通过。在这个过程中，工人们愈加明白资产阶级无论如何巧舌如簧都是靠不住的，毕竟所在的阶级不同，终极利益指向迥异。自由贸易派大肆渲染和宣扬的廉价的面包、便宜的食物、诱人的高薪，都是华而不实的政治操弄和意识形态话术，并不能落地成为客观现实。

在资产阶级那里，自由贸易只是助推自身利益最大化，在更广阔的时空范围内攫取最大化剩余价值。工人阶级在经济的繁荣、过剩、停滞和危机等各个阶段，全部所得只在保证生存和劳动力持续供给的最低限度。换言之，在资产阶级那里"工人阶级只有经历一切苦难和贫困，在

---

① 《马克思恩格斯文集》第1卷，人民出版社2009年版，第755页。
② 《马克思恩格斯文集》第1卷，人民出版社2009年版，第368页。

工业战场上抛下许多尸体，才能作为一个阶级保存下来。但是这又有什么关系呢？这个阶级还是继续存在下去，而且它的数量还在增长"①。事实上，资本主义自由贸易不但不能转移和缓解资本主义制度的内源性危机，反而会把这种危机在世界各地进行复制和传导。世界上每一次大范围的经济萧条或经济危机，基本上都是由无序扩张和异化增值的资本所引发的。2008年国际金融危机席卷全球，就是最好的诠释和明证。当资本主义在世界一地遇到危机，它为了尽快摆脱危机、实现利润叠加，就倾向于在其他地方重组生产和提振消费。在此过程中，危机并没有消除，而只是暂时被掩盖或减缓，而每一次危机又会强化资本的集中和垄断，"扩大了无产阶级的队伍"②。

对此，恩格斯认为，无论是资本主义自由贸易还是与之相对的保护关税制度，未来的结果都是一样的，因为只要以私有制为根基的社会剥削制度存在，那么工人阶级数量的增长和其革命思想的觉醒，就是无人能挡的。正如恩格斯所说："命运是无法逃避的，换句话说，自己行动的必然后果是无法逃避的。以剥削雇佣劳动为基础的生产制度，使财富同受雇的、受剥削的工人人数成比例地增长的制度，不可避免地使雇佣工人阶级增长起来，也就是说，使注定有朝一日要摧毁这一制度本身的这个阶级增长起来。而且，也没有任何解救之策，因为你总要继续发展资本主义制度，总要加速资本主义财富的生产、积累和集中，同时也就要加速生产革命的工人阶级。无论是实行保护关税制度还是实行自由贸易，最终都没有差别，而在最终结局到来以前的延缓时期也未必会有什么不同。"③ 工人阶级的增长，必然导致社会革命的持续发生，人类也将循序渐进地奔向解放，走向每个人全面发展的自由王国。

---

① 《马克思恩格斯文集》第1卷，人民出版社2009年版，第756页。
② 《马克思恩格斯文集》第1卷，人民出版社2009年版，第752页。
③ 《马克思恩格斯文集》第4卷，人民出版社2009年版，第350页。

第二节　资本主义自由贸易本质批判的时代性

除了基于特定环境而剖析特定问题的深刻历史性，马克思恩格斯对资本主义自由贸易的本质批判，还蕴含着穿越时空的鲜明时代性。当然，这也是马克思主义一以贯之的宝贵理论品质。恩格斯说："只要进一步发挥我们的唯物主义论点，并且把它应用于现时代，一个强大的、一切时代中最强大的革命远景就会立即展现在我们面前。"① 他们对资本主义自由贸易的本质批判，尽管已历经长达一个半世纪，但是不管现时代资本主义自由贸易的具体形态如何改变和演进，支撑其存在和发展的主题内核并未改变，也不会改变，对解释国际经济政治格局大调整特别是经济全球化大变局依然有效、长期有效，仍然是指导我们处理对外经贸关系和维护国家经济安全的重要理论利器。

一　资本主义自由贸易的形态演进

从马克思恩格斯生活的19世纪开始，资本主义自由贸易的具体形态一直在嬗变和演进。这种嬗变和演进，随着资本主义制度自身的进阶，在机会主义式生发。它并不是为了在演进和更新中真正实现不同范围内生产要素的联动和畅通，而是为了维系和循环下去，以助力资产阶级获得源源不断的剩余价值。

第一，以废除谷物法为代表的资本主义自由贸易形态。谷物法在英国实行长达30年，主要代表了英国地主贵族和地主阶级的利益诉求，保护他们免遭外国廉价谷物的直接竞争。在资产阶级特别是工业资产阶级以及反谷物法同盟的强烈要求下，1846年英国在立法层面正式废除了谷物法。马克思说："英国谷物法的废除是自由贸易在19世纪取得的最伟大的胜利。在厂主们谈论自由贸易的所有国家里，他们主要指的是

---

① 《马克思恩格斯文集》第2卷，人民出版社2009年版，第597—598页。

谷物和一切原料的自由贸易。对外国谷物征收保护关税，这是卑劣的行为，这是利用人民的饥饿进行投机。"① 尽管马克思对资本主义自由贸易的本质内核秉持鲜明的批判态度，但是他站在历史发展阶段上，认为这种贸易形态无论如何毕竟允许包括外国谷物在内的原材料和其他商品自由入境，在一定程度上暂时降低了食品价格，对推动生产要素的自由流动和互通有无具有积极的意义。

在恩格斯看来，尽管英国工人阶级十分贫困，甚至很多都是文盲半文盲，但他们并非是非不分、没有立场，而是头脑十分清楚。他们能够深刻领悟什么是本阶级的长远利益，哪些是全民族的共同民生福祉，也深谙废除包括谷物法在内的保护关税制度，符合资产阶级的特殊利益。"虽然他们不会写，但是他们会说，并且会在大庭广众之中说。虽然他们不会算，可是他们对国民经济学概念的理解足以使他们看穿主张废除谷物法的资产者，并且驳倒他们。"② 可以说，尽管囿于科学文化水平和理论认知，他们未必在短时间内就对资产阶级和由其豢养的自由主义经济学家所讲的"天国的问题"听得懂、厘得清，但是他们能从在生产生活中被剥削和抽象统治的现实中，深刻体认到废除谷物法背后复杂的政治和社会问题。

废除谷物法、实行所谓的自由贸易，的确是资产阶级长期努力和博弈的结果，他们在曼彻斯特成立了反谷物法协会，打着降低工人们食品成本的道义旗号，试图争取工人阶级的大力支持，实质上只不过企图把工人阶级变成实现自身狭隘经济政治目的的"马前卒"。"工人很快就明白，废除谷物法对他们好处很少，而对资产阶级却很有利，所以资产阶级的这一计划没有得到工人的支持。"③ 尽管如此，资产阶级并不死心，也不甘心，他们很善于见风使舵、借力打力。他们时常在社会上大

---

① 《马克思恩格斯文集》第1卷，人民出版社2009年版，第744页。
② 《马克思恩格斯文集》第1卷，人民出版社2009年版，第427页。
③ 《马克思恩格斯文集》第1卷，人民出版社2009年版，第465页。

第二章　马克思恩格斯资本主义自由贸易本质批判的历史性与时代性

肆宣扬经济危机、工人阶级普遍贫困，不是别的原因，而是由早该淘汰的谷物法所肇始和导致的，他们决心通过激化矛盾来引发社会焦虑，进而实现废除谷物法的目的。

当时英国执政的是托利党人，资产阶级索性就抛弃了一贯标榜的"合法"斗争的方式，反而变相鼓动工人走上街头闹革命，"资产阶级要让工人为他们火中取栗，让工人为他们的利益而烧坏自己的手指。各方面的人士重新谈起以前（1839年）就已经由宪章派提出的'神圣月'，即工人总罢工的想法；但是，这一次不是工人要罢工，而是厂主想关闭自己的工厂，把工人送到乡下，送到贵族的领地上去，他们想用这种方法迫使托利党的议会和政府取消谷物税"[①]。由此不难理解，以废除谷物法为代表的资本主义自由贸易，并不是把工人阶级本身的利益诉求作为原始动机，而是资产阶级为了自身的现实核心利益而采取的"借刀杀人"的权宜之策。他们主张贸易自由，根本目的并不是降低国内谷物的价格，进而缩减工人们的普遍生活成本，而是借此降低工人的劳动工资以期提高资本的利润率。当然这里面也蕴含着借助工人阶级的抗争力量，来打压其阶级外的地主贵族的目的。由此可见，以废除谷物法为代表的资本主义自由贸易形态，只是由资本意志单向主导的经贸手段，并不是真正的自由贸易，充斥着欺骗性和伪善性。

第二，在自由贸易和保护关税制度之间策略性切换的资本主义自由贸易形态。如果说以废除谷物法这种保护关税制度为代表的资本主义自由贸易，是最初的形态，那么根据需要在自由贸易和保护关税制度之间权宜性切换，则是资本主义自由贸易的常态。资本主义制度是最讲究利益为大的投机性社会制度。在这种制度下，资本主义自由贸易从来只是一种"合则用，不合则弃"的道义幌子和工具，当其身处产业链、价值链有利竞争位置时，就堂而皇之地高擎自由贸易的大旗，来到处收割超额利润；反之则筑起壁垒，大搞关门主义政策，简单粗暴地通过关税

---

① 《马克思恩格斯文集》第1卷，人民出版社2009年版，第466页。

或非关税手段排斥他国商品或原料入境，试图以保护主义之策，来护佑所谓国内民族工业的生存和发展。可以说，从资本主义发展历史上来看，名义上的自由贸易而实质上的保护关税制度，是资本主义所谓自由贸易的一般形态。保护关税制度之所以受到重视，是存在着深刻的利益根源的。

保护关税制度是"制造工厂主、剥夺独立劳动者、使国民的生产资料和生活资料资本化、强行缩短从旧生产方式向现代生产方式的过渡的一种人为手段"①。这种制度具有很强的内顾倾向，是资本主义国家在达成资本原始积累后，试图建立民族工业的重要手段。当然，在建立民族工业的过程中，保护关税制度首先助力于资本家由工业作坊向现代化工厂转变。当时的一些欧洲国家甚至把保护关税制度视作自己的"发明专利"，它们不但间接通过保护关税制度来建立自己的工业护城河或竞争壁垒，而且试图通过工业的先发优势来摧毁邻国的工业基础，例如，在历史上英格兰利用工业革命的先发优势，就霸道地促使爱尔兰的毛纺织工场手工业破产了。

事实上，对于资本主义国家而言，保护关税制度不仅是建立本国民族工业的基础，而且是排挤他国工业产品进而取得贸易优势的重要手段。"保护关税制度在17世纪产生的时候是这样，在进入19世纪的时候仍然是这样。保护关税制度当时被认为是西欧一切文明国家的正常政策。"② 不过，在当时也有例外，德国和瑞士在很长的历史时期内并没有采取保护关税制度，倒不是因为这两个国家排斥或不喜欢这种制度，而是由于这两个国家国内资源相对匮乏，无法建立独立的工业门类和经济体系，而不得不对国外开展经贸往来，以期置换所需的各种工商业资源。同期的法国和美国为了建立国内的民族工业，也反复在自由贸易和保护关税制度之间做出利己性转换。法国在两个世纪里，实行保护性和

---

① 《马克思恩格斯文集》第5卷，人民出版社2009年版，第867页。
② 《马克思恩格斯文集》第4卷，人民出版社2009年版，第334页。

第二章 马克思恩格斯资本主义自由贸易本质批判的历史性与时代性

禁止性的严格关税制度，旨在建立自己的工业壁垒，以对冲英国商品在本国市场上的大量倾销和统治。美国1861年内战之后也从短暂的自由贸易转向保护关税制度，也力争建立自己的民族工业。

对此，恩格斯说："如果美国要成为一个工业国，如果它有各种机会不仅赶上而且超过自己的竞争者，那么在它面前就有两条可行的道路：或者是实行自由贸易，进行比如说50年费用极大的竞争战来对抗领先近100年的英国工业；或者是利用保护关税在比如说25年中把英国工业品挡在门外，从而几乎有绝对把握在25年以后自己就能够在自由的世界市场上占有一席之地。"① 美国从自己的利益出发，也不会秉持真正的自由贸易原则，无非在自由贸易和保护关税制度之间做出机会主义式的切换。

第三，从宗主国到殖民地的资本主义自由贸易形态。在历史上，资本主义自由贸易是由宗主国主导和统摄的自由贸易，殖民地被迫沦为所谓的自由贸易的牺牲品或附属品。从宗主国到殖民地的自由贸易是虚假的，是"单向度的输出"和"被迫的接受"图景下的不平等关系。前者输出的是利润率高、垄断性强的工业品，而后者被迫输出甚至惨遭掠夺的，则是没有议价能力的农产品或原材料。恩格斯认为，在英国率先完成工业革命、占据新工业方法的垄断优势后，"英国的战舰割断英国在工业上的竞争者同他们各自的殖民市场之间的联系达20多年之久，同时又用武力为英国贸易打开了这些市场。南美各殖民地脱离了它们的欧洲宗主国，英国侵占了法国和荷兰的所有重要的殖民地，印度被逐渐征服——这就把所有这些广大地区的居民变成了英国商品的消费者。于是，英国在国内市场上实行的保护关税制度，又有了在国外强加给其商品的可能消费者的自由贸易作为补充"②。法国和荷兰的大量海外殖民地以及印度，都迅速成了英国商品的倾销地，被迫卷入了由英国主导的

---

① 《马克思恩格斯文集》第4卷，人民出版社2009年版，第338页。
② 《马克思恩格斯文集》第4卷，人民出版社2009年版，第334页。

贸易版图。

由于英国在海外殖民地采取保护关税制度和自由贸易制度相结合的政策，1815年英法战争之后，英国事实上已经取得几乎所有重工业部门的世界垄断权。当然，此时英国谷物法之类的保护关税制度也刚刚确立。30余年之后，1846年谷物法的废除，则标志着英国新一波工业发展时代的开端。这是因为谷物法的废除以及由此带动的财政税收改革，给英国工商业的发展特别是对殖民地的经济贸易操控带来更多的便利。"殖民地市场吸收英国工业品的能力一天天增长起来。兰开夏郡的机械织机使千百万印度手工织工陷于彻底的灭亡。中国的门户日益被打开。"[①] 可见，殖民地不仅成为英国的原料产地，而且彻底沦为它的商品输出地。就连当时已经获得独立地位的美国，在一定程度上也只是英国的重要海外殖民地市场，毕竟此时它能够与英国抗衡的工业基础，尚未真正系统地建立起来，被迫沦为英国输出工业品和输入原材料的最大殖民地市场。

马克思恩格斯在《德意志意识形态》中以工场手工业发展为例，分析了以英国等主要资本主义国家为代表的宗主国大搞贸易霸凌的做法。他们在国内市场上采取保护关税制度，限制国外工商业品的自由进入，而又对殖民地的原料输出和商品消费采取垄断政策。诸如英国的羊毛和亚麻、法国的丝在其国内加工，则受到特别的保护和鼓励；英国对殖民地的棉花加工，则采取打压或歧视性的管制政策。可见，宗主国和殖民地之间的所谓自由贸易，也只是单向度或单边的自由，属于前者对后者的一面而非双向自由。

马克思在《资本论》中也着重关注了宗主国与殖民地之间非对等的自由贸易境况。他以英国棉花产业的发展为例，做了进一步阐释。轧棉机技术的发展，成为英国占领并操控殖民地市场棉花原料的重要手段，"机器生产摧毁国外市场的手工业产品，迫使这些市场变成它的原

---

① 《马克思恩格斯文集》第1卷，人民出版社2009年版，第366页。

料产地。例如东印度就被迫为大不列颠生产棉花、羊毛、大麻、黄麻、靛蓝等。大工业国工人的不断'过剩',大大促进了国外移民和外国的殖民地化,而这些外国变成宗主国的原料产地,例如澳大利亚就变成羊毛产地"①。殖民地沦为宗主国纯粹的原料产地,而无法建立和发展自己的民族工业体系,当然,宗主国也绝不允许他们发展自己的工业,旨在试图牢牢主宰其经济社会发展的"刀把子"和"枪杆子"。显然,这里完全由宗主国主导、殖民地单向度依附的资本主义自由贸易,并不是真正资源和产品的互通有无、各取所需,尽管事实上这已经成为资本主义制度甚至直到今天都在试图推行并维护的贸易形态和贸易方式。

第四,作为经济政治博弈武器的资本主义自由贸易形态。正如前文所述,资本主义自由贸易表现为三种常见形态,但事实上其形态又是变动不居的,且不是泾渭分明的,一直在变化和演进。然而,不管形态如何演进和变化,有一点却是始终不变的,就是它的实质内核和基本逻辑。事实上,在21世纪时空外延已经且继续发生巨变的今天,资本主义自由贸易的说辞和意识形态话术也在持续嬗变。在某种意义上,资本主义制度本身就是一种机会主义制度,资本主义国家在与别国进行经济交往的过程中,为了实现并保障自身利益最大化,很容易把经贸问题政治化、工具化和武器化。当其处于工业门类和经济体系的优势竞争位置时,就大搞自由贸易阵仗,呼唤自由放任和自由竞争;相反,当其竞争优势转弱或正在瓦解时,就会相机采取单向度地排斥他国商品进入国内市场的关门主义政策。

这是资本主义自由贸易的典型做法。在历史上,马克思恩格斯在谈到英国利用工业先发优势对他国进行贸易霸凌时,已经着重阐释过资本主义自由贸易的异化和滥用,这种所谓的自由贸易被那些强权国家拿来,对他国产业政策和民族工业进行围堵打压。从19世纪中期到19世纪70年代,英国的对外贸易总额获得史无前例的大发展、大跃增,主

---

① 《马克思恩格斯文集》第5卷,人民出版社2009年版,第519页。

要是因为工业革命所带来的交通工具的极大改善,在海洋上,运力更加强大的轮船取代帆船;在陆地上,铁路在资本主义国家中占据运输量的第一位,不仅运输速度是以往的4—5倍,而且运输费用只相当于过去的1/4。在英国占据工业链、价值链和贸易链绝对优势的情况下,"利用蒸汽进行生产的英国工业,依靠损害以手工劳动为基础的外国家庭工业而扩大自己的统治地位也就不足为怪了"①。这是生产力相对发达的英国蓄意把经贸问题的工具化武器化的典型行径做法。它企图通过贸易围堵和遏制的强权手段,来把自身打造为位阶更高的"世界工厂",而其他国家永远定格在为其提供原料的农业附庸国之地位。

时至今日,尽管世界生产力的发展阶段进入更高水平,即更为复杂高级的历史时期,而且各国物流、资金流、信息流、人流等方式,也已在形式上发生巨大变化,但是发达资本主义国家凭借经济科技优势对他国恣意进行贸易霸凌的本质,并没有根本性改变。他们大肆推行单边主义、保护主义、孤立主义甚至新冷战主义,利用产业链特别是高科技产业链的领先甚至一些环节的垄断优势,恣意对他国进行脱钩断链、围堵打压,试图构筑排斥他国的"小院高墙""平行体系"。近年来,以美国为代表的部分西方国家对我们所悍然采取的逆全球化行径,就是这方面的典型。它们已经背离经济全球化互联互通和互利共赢的真谛要义,大打意识形态牌,推行新冷战思维,试图在把经贸问题政治化、武器化和工具化的过程中,阻断新兴市场国家和发展中国家正常发展壮大的步伐以及和平崛起的历史性进程。

二 资本主义自由贸易的内核主线

资本主义自由贸易并不是真正具有互联互通和互通有无的贸易自由,在内核主线上只具有资本追逐利润最大化的自由,并不能带来贸易和投资的自由化便利化,甚至只有牺牲一国财富而实现另一国财富最大

---

① 《马克思恩格斯文集》第4卷,人民出版社2009年版,第337页。

化的自由。从马克思恩格斯生活的19世纪，直到21世纪的今天，不管国际经济政治环境发生了何种程度的复杂深刻变化，资本主义自由贸易的内核主线都始终镶嵌在国际经济交往之中，在根本意义上一脉相承，并未改变。这也是马克思恩格斯对资本主义自由贸易本质的批判，在百年变局下的今天，仍具有鲜明的时代价值的根源之所在。

第一，资本逻辑。资本逻辑就是资本追逐利润最大化的固有逻辑。资本逻辑既是资本主义制度的基本内核，也是镶嵌于资本主义条件下自由贸易中的一条主线。"在当今社会条件下，到底什么是自由贸易呢？这就是资本的自由。排除一些仍然阻碍着资本自由发展的民族障碍，只不过是让资本能充分地自由活动罢了。"① 马克思一针见血地阐明了资本主义自由贸易的真实动机和现实图景。资本主义自由贸易的具体形态不管如何演进，这种以资本为中心的基本逻辑不会改变。贸易的真谛，本来就是一种能够契合彼此需求预期的交易或交换，也是社会分工的自然结果，以及推动经济社会发展和人类文明进步的基本经济方式。无论是国内贸易还是国与国之间的跨境贸易，本质上都是一种要素禀赋基于市场规律的正常交易和优化配置。

在这个意义上，贸易或直言自由贸易，应该是互通有无、推动社会生产力发展的重要变量。但是，资本主义自由贸易却受资本逻辑的统摄甚至主导，它首先要服从和服务于资本的增值需要。当有利于自身的产业链供应链和价值链发展需要时，就高喊自由贸易；反之，当妨碍自身的利益获取和产业竞争优势时，就马上转向内顾倾向的贸易保护主义政策，也就是一切以自身的需求和利益最大化为要旨。无论是历史上英国自由贸易派的做法，还是当今以美国为代表的一些西方国家的逆全球化行径，都能找到类似的踪迹。在历史上，英国自由贸易派对保护关税派所取得的胜利，事实上并不预示着真正的自由贸易原则已经成为资产阶级的操守，而是生产要素流动所带来的利润预期成为他们的指挥棒。

---

① 《马克思恩格斯文集》第1卷，人民出版社2009年版，第756页。

这种自由贸易形态只是丰裕了资本家的私人财富，却不会提升或改善工人阶级的民生福祉，否则他们就不会对资本家所谓"高额的工资"和"廉价的食品"等诱人口号，一点也不"感冒"、难以产生共鸣。资产阶级所追求的自由贸易，显然是以资本利益最大化为基本旨归的。到现时代同样如此，以美国为代表的一些西方发达资本主义国家，打着所谓自由贸易的旗号到处对他国制裁打压、断供限供。在他们的战略逻辑里，凡是有违由其制定的经贸规则或经贸标准的国家，就被定义为非市场经济体制的经济体，这也是典型的资本逻辑思维和双重标准态度，他们只允许自身获利，而不乐见甚至强烈反对其他经济体在发展壮大中改变由其制定的狭隘规则。他们所谓基于规则的多边主义和自由贸易，本质上只是为本国资本集团的利益代言。

第二，利我原则。贸易本身应该是一种双边而非单边性的互利共赢，在本质上它是基于市场需求规律的生产要素或资源禀赋的交换互动。在这个意义上，真正的自由贸易是一种平等的经贸往来，在互相满足需求中实现利己与利他的有机统一。但是资本主义又属于典型的利己制度，它追求的是资本集团的利益最大化，罔顾工人阶级和其他群体的物质利益。资本主义自由贸易无非资本逻辑对贸易方式和贸易渠道起着决定性统摄作用。在深层目的上，这种贸易形态并不是为了满足双方的实际需求，而是为了实现资本在更大时空范围内的扩张和增值，驱使剩余价值在突破时空限制下实现最大化。它的自私性和狭隘性是明显的。无论是历史上英国试图把自身打造为"世界工厂"而把其他地区定义成为其服务的农业区，还是当下美国企图逆潮流而动，对他国恣意使用关税大棒和非关税壁垒，都是资本主义自由贸易狭隘甚至极端利我原则的典型体现。例如在英国自由贸易派的思维视域下，"英国应当成为'世界工厂'；对于英国来说，其他一切国家都应当同爱尔兰一样，成为英国工业品的销售市场，同时又是其原料和粮食的供应地"[1]。这

---

① 《马克思恩格斯文集》第1卷，人民出版社2009年版，第372页。

是再明显不过的自私利我原则，难道除了率先完成工业革命的英国有资格发展工业、建立齐全的经济体系，其他生产力发展暂时落后的国家和地区就没有权利发展本民族的工业，只能被迫沦为原料产地和倾销市场吗？

这里面蕴含着资本主义自由贸易体系的单边利我原则。当下以美国为代表的部分西方资本主义国家同样如此，它们利用先发的经济政治特别是高科技优势，恣意任性对他国进行单边主义的打压和制裁，时常拿起国内法来对他国经贸事务甚至内政进行无理滋扰和干涉，滥用"长臂管辖"。近年来，从特朗普政府到拜登当局，大肆推行逆经济全球化行径，通过歧视性的产业补贴政策和其他竞争壁垒来人为扭曲正常的市场竞争、强力胁迫他国产业和资本回流到美国本土。这些狭隘的举措尽管肥了美国、富了美国，却损害了其他国家的合法、正当利益，正是典型的贸易利我原则的鲜明体现。正如习近平警示道："不能由个别国家的单边主义给整个世界'带节奏'"①，否则世界上就会此起彼伏地出现"劣币驱逐良币"的消极经贸行径；"在国际上搞'小圈子''新冷战'，排斥、威胁、恐吓他人，动不动就搞脱钩、断供、制裁，人为造成相互隔离甚至隔绝，只能把世界推向分裂甚至对抗。一个分裂的世界无法应对人类面临的共同挑战，对抗将把人类引入死胡同"。② 这些无不表明，资本主义自由贸易的利我原则，将把全球愈发带向单边主义泛滥的危险泥潭，严重破坏世界的团结稳定和共同繁荣。

第三，霸凌主义。资本主义自由贸易不仅内嵌着资本逻辑和利我原则，而且具有鲜明的霸凌主义色彩。贸易本来是双方自愿的经济交往行为，这恰恰是自由贸易的真谛所在和题中应有之义。但是，资本主义自由贸易主要由资本的逐利动机来驱动，它的核心要旨并不是满足资源禀

---

① 习近平：《同舟共济克时艰，命运与共创未来：在博鳌亚洲论坛2021年年会开幕式上的视频主旨演讲》，人民出版社2021年版，第4页。
② 习近平：《让多边主义的火炬照亮人类前行之路——在世界经济论坛"达沃斯议程"对话会上的特别致辞》，人民出版社2021年版，第5页。

赋的调剂余缺，而是在工业和技术欠发达的地区取得贸易的比较优势，进而能在经济交往中获得垄断利润。马克思恩格斯在《共产党宣言》里说："在现今的资产阶级生产关系的范围内，所谓自由就是自由贸易、自由买卖。"① 显然，资产阶级所炫耀的自由贸易，并非真正能实现互联互通、相互契合彼此需要的自由买卖。在大多数由他们所主导的贸易场景下，贸易自由是亵渎了自由本义的伪自由，充斥着以大欺小、恃强凌弱的贸易霸凌主义。

马克思曾以英国政府对中国的鸦片贸易为例，阐释了所谓自由贸易的霸权逻辑。在其看来，英国侵略者统治印度的重要财政支撑，就是对中国强买强卖的鸦片贸易所带来的巨额利润，而且它也不希望鸦片在中国真正实现合法化种植，否则中国民间就会去大量种植，这就必然会消解英国对中国鸦片贸易的排他性竞争优势。"英国政府公开宣传毒品的自由贸易，暗中却保持自己对毒品生产的垄断。任何时候只要我们仔细地研究一下英国的自由贸易的性质，我们大都会发现：它的'自由'说到底就是垄断。"② 说到底，英国对中国所谓鸦片自由贸易的行径，就是一种霸权思维，只不过它的根本目的，是彻底操控中国的毒品市场。一个在当时较为发达的资本主义国家，试图把在全世界都具有严重危害的鸦片贸易"合法地"在中国开展，而且以国际条约的方式强制执行，是典型的贸易霸凌。

如今，世界范围内的贸易形式并没有因为人类文明已经演进21世纪，而真正摆脱贸易霸凌主义的羁绊。在2008年国际金融危机后，一些西方发达资本主义国家凭借自身先发的经济科技优势和长期把控国际规则制定的话语权而到处煽风点火、挥舞制裁大棒，甚至对包括中国在内的新兴市场国家和发展中国家进行胁迫式的"强买强卖"，稍有不从就会以脱钩断链和围堵打压等手段来做出霸权式威胁。这说明，尽

---

① 《马克思恩格斯文集》第2卷，人民出版社2009年版，第47页。
② 《马克思恩格斯文集》第2卷，人民出版社2009年版，第636页。

管资本主义自由贸易的形式在一直演变，但其霸凌主义色彩却始终存在，不仅没有弱化和淡化，反而逐步强化，变得愈发肆无忌惮、粗暴蛮横。

第四，狭隘的民族主义。狭隘的民族主义，也构成资本主义自由贸易的内核主线。众所周知，资本主义自由贸易并不是为了真正满足贸易双方互通有无、扬长避短，而是为了实现资本集团利益的最大化，在更大的时空范围内获得垄断利润或超额剩余价值。一些资本主义大国强国特别期望主导国际贸易话语权，把整个世界都纳入由其主导和操控的资本主义自由贸易体系，试图永远占据国际贸易链和价值链的"执牛耳"位置，目的就是把自己的国家利益凌驾于其他民族国家利益之上。19世纪中期，英国自由贸易派的做法就是如此，希望其他国家都沦为受其支配的农业区或原料地，试图以本民族的狭隘利益来僭越和遮蔽其他民族的正当发展权益。在自由贸易派的意识形态话语里，这并不是一种恃强凌弱的狭隘民族主义，而是为了把不发达地区纳入国际价值链的环节，共建共享全球经济协同发展的红利，甚至是先富帮后富、先富带后富，最终实现世界"兄弟"国家的共同富裕。正如马克思批评道："自由贸易派也说，它的努力所产生的结果是'各民族的国际的兄弟联合'。"[①] 显然，这是一种欺骗性和迷惑性很强的话语陷阱。

资本主义自由贸易是以资本追逐利润最大化为中轴的贸易形式，并不是真正为了互通有无、相互发挥要素禀赋的比较优势，而是把处在产业链供应链高位的经济强国的获利，构筑在弱国小国失利失能的零和博弈基石之上。马克思直接戳破了自由贸易派的谎言，自由贸易不但在一国之内无法改善工人阶级的生活福祉、无法促成资产阶级口中的仁爱友爱，而且在国与国之间也无法促成任何友爱，只能把资产阶级在一国之内的剥削惯性复制并输送到全球，其中蕴含的一些负面效应也在更大的世界市场上表征出来。他至此认为，自由贸易派所谓贸易将改善和提升

[①] 《马克思恩格斯文集》第3卷，人民出版社2009年版，第439页。

世界各民族的普遍利益的说法，简直就是不值得一驳的鬼话。恩格斯也认为，自由贸易派很善于以伪善的方式，来达到自身狭隘的目的。在其看来，以资本逐利为中心的贸易在主观上并没有把先进文明带向世界各地，也没有"使各民族建立起兄弟般的关系"①，而是刻意传播了资产阶级的生产生活方式，以贸易战争的"合法"方式进一步操控了世界市场。

由此不难看出，资本主义自由贸易的倡导者，从来就没有从各个民族国家的共同利益出发来考量问题，而只是以使本民族本国家的利益优先、利益最大化为目的来开展对外贸易。时至今日，资本主义自由贸易依然蕴含着狭隘的民族主义底色。以美国为首的一些发达资本主义国家，本来最先从经济全球化进程中获利增益，现在却反而扯起贸易保护主义的大旗，大搞单边主义和孤立主义行径，推行"美国第一"甚至"美国唯一"的极端的民族保护主义原则，逆时代潮流而动，大开历史倒车，给全球和平与发展的时代大势带来诸多不确定性和消极变量。

这种在自由贸易话语陷阱下的保护主义，事实上并不能护佑其永远强大和安全，反而给自身以及整个世界带来长期性的损伤。正如习近平指出："搞保护主义如同把自己关进黑屋子，看似躲过了风吹雨打，但也隔绝了阳光和空气"②，"保护主义政策如饮鸩止渴，看似短期内能缓解一国内部压力，但从长期看将给自身和世界经济造成难以弥补的伤害"③。资本主义自由贸易如果不祛除狭隘和极端的民族主义色彩，总是在自由贸易问题上秉持双标原则、大搞例外主义，那么不仅对整个世界的和平与发展，而且对自身的长期利益，都将是贻害无穷的。这一点，已经被大量的历史与现实明确佐证、反复证明。

---

① 《马克思恩格斯文集》第1卷，人民出版社2009年版，第62页。
② 《习近平谈治国理政》第2卷，外文出版社2017年版，第481页。
③ 《习近平谈治国理政》第2卷，外文出版社2017年版，第473页。

第三节 资本主义自由贸易本质批判历史性与时代性的辩证统一

马克思恩格斯对资本主义自由贸易本质的批判,既具有直击生发境遇的历史性,又有穿越历史隧道的鲜明时代性。这种批判具有深刻的辩证逻辑。一方面,随着资本形态的发展演进和资本逻辑的不断强化,资本主义自由贸易必然发生形式的具象变化甚至是明显改变;另一方面,只要资本主义制度的内核未曾改变,这种制度裹挟下的自由贸易,就仍是资本利益的代言工具和在更大时空范围内助力资本增值的通道。它的狭隘逐利本质并不会改变。这是资本主义自由贸易本质批判所蕴含的深刻而又辩证的基本理路。

一 资本主义自由贸易的形式在变

从马克思恩格斯生活的 19 世纪到如今的 21 世纪,资本主义自由贸易的形式并非亘古不变的,而是变动不居的,总体呈现出从商品输出、技术输出到绿色壁垒再到地缘政治等诸多形式。当然,这些形式也不是完全孤立的,而是交织耦合的。

第一,以商品为主要操控形式的资本主义自由贸易。在马克思恩格斯生活的年代,特别是 19 世纪中期,工业革命在主要资本主义国家相继完成以后,以商品为主要形式或基本载体的自由贸易开始大行其道。英国作为工业革命的策源地和首发地,工业基础较好并率先完成工业革命,在 19 世纪中期以后成为世界商品的中心,所谓自由贸易的规则在很大程度上是由英国制定和主宰的。工业革命之后,包括铁路和海船等在内的新的动力交通工具的大规模投入使用,已经把落后地区特别是殖民地纳入世界市场体系,"这个世界市场当时还是由一些以农业为主或纯粹从事农业的国家组成的,这些国家都围绕着一个大的工业中心——

英国"①。可以说，英国成为世界商品流动的操控枢纽。英国一方面从落后地区进口或强制掠夺大量的原材料和初级产品，另一方面又凭借工业先发优势向这些落后地区输出了海量的工业品。

正是这种低价输入原材料、高价输出工业商品的"剪刀差"，驱使英国工业和国民经济在很短时间内便获得了史无前例的空前大发展。在恩格斯看来，在资本主义自由贸易最初以商品为主的阶段，工业品的多寡及品质竞争优势，是决定自由贸易规则和话语权的主要因素。例如，1861—1865年美国内战时期，其国内的新兴资产阶级就大力主张采用保护关税制度的国策，以期阻挡英国商品的大肆进入。毕竟这个阶段对于美国而言，由英国主宰和操控的自由贸易并不能真正有利于国内民族工业的培育和发展。当然，对于英国而言，它们高喊自由贸易是附加前提条件的，此时它正处于工业发展和经贸往来的优势地位阶段。同样，对于具有悠久重商主义传统的法国而言，在英国的大量工业品尝试进入法国市场时，该国并没有主动就范、"缴枪投降"，而是对英国主导的资本主义自由贸易采取了防御性甚至禁止性的保护关税政策。

由此可见，无论是对于美国还是对于法国而言，在以商品为主要形式的资本主义自由贸易阶段，当国内民族工业与英国相比处于明显劣势时，它们就必然会强烈抵制所谓的自由贸易。而短期内处于产业链供应链优势地位的英国，就肆无忌惮地主导和把控了自由贸易的规则和程序。在一定程度上可以说，在以商品为主要形式的资本主义自由贸易阶段，博弈和竞争的主要是工业品产业链优势。一旦这一优势消失或消解，所谓自由贸易的规则就要改写和重塑。当然，以商品为主要形式的自由贸易，作为最原始的阶段，它还主要取决于商品贸易的数量、规模和结构本身。随着各利益攸关方综合实力和经济结构的变化，资本主义自由贸易的话语权，也面临着调整。总的来讲，从19世纪到"二

---

① 《马克思恩格斯文集》第1卷，人民出版社2009年版，第367页。

战"结束以前,以商品为主要载体的自由贸易,是资本主义自由贸易的主要呈现样态。

第二,以技术为主要操控形式的资本主义自由贸易。资本主义自由贸易的方式不会一成不变,它总是试图寻找达成利益最大化的贸易操纵机制和实现方式。事实上,在"二战"以后,尽管商品仍然是经贸往来的惯用形态,但是此后的资本主义自由贸易,愈发体现为以富有技术元素的商品往来为主的经贸形态。这就是说,谁掌握着技术话语权,谁就自然主导着贸易话语权。不难理解,"二战"以后的世界经济政治格局特别是经贸体系主要由美国主导设计,就连许多欧洲曾经的发达国家,也只是供其操控的经济依附国,无论是国际货币基金组织还是世界银行甚至关税及贸易总协定(世界贸易组织前身)都有着很重的美国"印记",美国有其他国家或国际组织难以匹敌的主导话语权。以美国为代表的发达资本主义国家,凭借"二战"后特别是在第三次科技革命中的技术先发优势,历史性地主导着世界各国经济交往的主要规则和话语权。这个阶段,资本主义自由贸易蕴含着明显的单边性和非对等性,并不是贸易双方的互通有无、调剂余缺,而是发达资本主义国家利用技术垄断地位,对欠发达国家蓄意并恣意收割的一种贸易强制机制。

它们一方面从欠发达国家进口大量的廉价原材料,也包括压榨和剥削发展中国家的劳动力,但另一方面又向这些国家倾销大量的利润附加值较高的工业成品或技术服务方案。尽管表面察之,发达国家与发展中国家之间是"一个愿打一个愿挨"的自由贸易关系,但实质上却是发达国家对发展中国家的技术霸权和贸易霸凌。发达国家试图通过技术的先发优势和垄断地位,来扼制住发展中国家的经济命脉和政治咽喉。这些发展中国家,若想在国际上获得一定的主要由发达国家主导的经济、政治或外交活动空间,就不得不妥协退让,以得到发达国家的认可。牺牲自身的经济自主性甚至国家安全,对西方大国强国采取绥靖政策,就是常态。鉴于此,发达资本主义国家凭借技术优势和绝对话语权所构建起来的自由贸易体系，蕴含着森严的等级性，即"中心—外围"的经济政治格局。由此可见，资本主义自由贸易只是单边自由，而非对发展中国家一视同仁。这才是该阶段自由贸易问题的本质。

第三，以绿色壁垒和技术规制为主要形式的资本主义自由贸易。20世纪60年代以后，世界经济获得"二战"后明显的恢复性增长。此时，主张拯救自然界和倡导生态文明建设的环保运动与绿色左翼运动，成为欧美发达国家颇具影响力和号召力的重要社会思潮。在价值层面，这种社会思潮符合时代潮流和历史大势，契合了关乎全人类的共同利益。但是，企图站在道义制高点的所谓环保标准和绿色壁垒，则异化和嬗变为发达资本主义国家借以大搞贸易霸权的"合法"说辞和工具手段。这个时期的资本主义自由贸易以绿色发展和生态环境保护为借口，蓄意围堵打压甚至扼杀广大发展中国家培育和发展本国民族工业的机会与努力。问题的根源就在这里，20世纪60年代以后，广大亚非拉国家普遍进入民族独立以后的快速甚至黄金发展期，在和平与发展成为时代主题的利好背景下，它们中的不少国家都抓住了发达国家产业向生产力落后国家梯度转移的重要窗口期。无论是它们的本国民族工业还是经济社会发展结构，都获得了空前的规模优势，在一些领域与环节与发达国家构成了可能的直接竞争。回顾资本主义国家对外经贸史可以发现，每当自身处在技术或产业链的相对竞争优势时，它们就会高喊自由贸易，采取相对宽松的对外经贸政策；反之，则会采取各种理由"关闭城门"，进而转向以加征关税为代表的各种保护关税政策。

因此，在20世纪60年代广大发展中国家纷纷要求建立起一定民族工业"护城河"之后，不同程度地对曾经的宗主国反向输出了劳动密集型甚至具有一定技术含量的工业品，开始撼动发达资本主义国家在国际经贸往来中的绝对主导地位。这是把自身视作"灯塔之国"的发达资本主义国家最不能容忍的情形和局面，因为它们最忌惮部分后发国家来解构其在国际产业链、价值链中的绝对优势地位。显然，以环境保护或绿色发展之名,来试图阻滞后发国家的商品进入国内市场,进而趁机打压后发国家,正是资本主义大国强国的惯用做法。它们所谓的自由贸易是虚假和双标的,当自身面临着强劲竞争时,会以包括绿色壁垒和技术规制在内的各种"合法"说辞,来打压甚至阻断与不同经济水平和发展阶段国家的正常经贸往来。因此,这个阶段的资本主义自由贸易,只是在绿色壁垒和技术规制的幌子下完全由发达国家说了算的单边单向贸易,并非真正互通有无、彼此满足、相互成就的正常经济交往。

第四,以狭隘的地缘政治博弈为主要形式的资本主义自由贸易。资本主义自由贸易并不是真正的基于多边主义的贸易自由,质言之,不是生产要素和商品服务基于市场需求的无障碍有序流通,而是在每个阶段基于自身利益最大化的狭隘考量。从历史上看,资本主义自由贸易只是一种"合则用,不合则弃"的经济政治工具,其所依托的方式从商品到技术再到绿色壁垒等,但这些并不是最终的贸易形式。它会随着国际竞争阶段的变化而作出深刻调整。2008年国际金融危机以后,世界主要经济体特别是发达资本主义国家受到的经济冲击巨大,总体呈现出衰退的下行趋势,经济发展承压严重,欧美发达国家经济并未如预期那样实现"V"形触底反弹,普遍陷入了供给韧性脆弱、产业链不稳定和有效需求不足的长时段衰退期。发展是解决全球所有问题的"总钥匙"。正如习近平一针见血地指出:"当今世界面临的很多问题,归根结底都和发展问题相关。"① 世界上林林总总的问题那么多,归根结底还是由经济社会发展的动能匮乏或结构失衡所致。

国际金融危机之后,以美国为首的欧美发达国家为了实现所谓的率先复苏,纷纷"甩锅卸责",蓄意把责任转嫁给"二战"后迅速发展起来的新兴市场国家,直接把主要源于自身"脱实向虚"的经济结构失

---

① 习近平:《登高望远,牢牢把握世界经济正确方向——在二十国集团领导人峰会第一阶段会议上的发言》,《人民日报》2018年12月1日第02版。

衡问题，归咎为经济全球化。它们把新兴市场国家定义为经济全球化的主要受益者，而把自身定位为经济全球化的主要贡献者及重点受害者。此时，为了摆脱自身的危机，一些欧美发达国家不约而同地假借"自由贸易"之名，来搞圈子化、阵营化的所谓自由贸易统一战线。在这方面，美国作为世界上头号的超级大国和经济大国，起到了很坏的负面"破窗效应"，动辄就利用国内的贸易条款对他国进行"长臂管辖"，打着匡正经济全球化的旗号，大行自私狭隘的保护主义和单边主义之实，恣意对可能与其构成竞争且不在同盟之内的经济体发动贸易战、科技战、金融战、舆论战、信息战。这个阶段，资本主义自由贸易大打所谓"市场经济体"对抗"威权经济体"的价值观外交牌，利用自身的产业链供应链特别是科技发展优势，大肆把全球人为地分割成若干个利益集团化的"小院高墙""经济孤岛"。

这个时候，贸易已经偏离贸易问题的本质，扭曲异化为一些西方大国趁机搞地缘政治和阵营对抗的工具。国际金融危机后的全球贸易形式，在以美国为代表的一些发达资本主义国家的裹挟和撺掇下，在一定程度上已经偏离了正轨，走上了歧路，蓄意把经济问题政治化、泛安全化，恣意并滥用意识形态工具，人为介入业已形成国际分工、贸易格局和竞争体系，把那些试图追求经济发展自主、不愿受其摆布的经济体，围堵和隔离在集团化的贸易战线之外，以期用孤立主义的做法大搞地缘政治博弈，促使贸易成为实现狭隘国家利益的一种重要手段。由此可见，资本主义自由贸易成为资本集团的利益代言方式，它把基于市场竞争和互利共赢规则的正常贸易活动，定义为大搞地缘政治、阵营对垒进而实现狭隘国家利益的"人为操控"手段。

二 资本主义自由贸易的本质未变

资本主义自由贸易的形式一直在变，不断向着宰制贸易规则的方向深度演进，但"以我为大""唯我独尊"的逐利本质，并未发生根本性

第二章 马克思恩格斯资本主义自由贸易本质批判的历史性与时代性

改变。这种所谓的自由贸易，由于受到资本逻辑的主导和钳制，在本质上呈现出武器化、泛政治化和霸凌化的主要特征。

第一，资本主义自由贸易的武器化。马克思曾在《关于自由贸易问题的演说》中剖析了资本主义自由贸易的伪善本质和真实目的。他认为，在资本主义国家内部，自由贸易并不会为工人阶级和农民阶级带来民生福祉，反而会导致剥削和压迫程度的加剧，绝不会产生资产阶级所谓的阶级之间的"友爱"，在国际交往中更是如此，只是把国内的普遍剥削延展至更广阔的国际空间，"把世界范围的剥削美其名曰普遍的友爱，这种观念只有资产阶级才想得出来"①。恩格斯在《保护关税制度和自由贸易》中，也分析了作为工业革命策源地的英国站在国际道义制高点上对美国、法国、德国甚至小国瑞士的贸易双标态度，此时英国已经把自由贸易进行扭曲和异化，偏离了贸易本质，变成了阻碍他国发展本国民族工业的经济政治武器。此时，资本主义自由贸易武器化的趋势已经显现。

时至今日，以美国为代表的一些欧美发达国家，时常大打自由贸易牌，蓄意制定一些由自身主导的贸易规则和贸易话语权，来围堵或打压处在其贸易体系外的国家。凡是顺从遵从其强制规则的国家，都是它团结或联盟的对象，否则就会通过人为的"脱钩断链""限供制裁"等方式，对其发动各式各样的围堵打压。这是典型的党同伐异、排除异己的狭隘做法。事实上，每个国家都有权自主决定本国的贸易政策，而且国与国之间本应该是不分大小强弱，都是世界贸易链上独特的"一环"，任何国家在互通有无和互惠互利意义上都不应该凭借本国的经济优势，对他国恣意采取歧视性甚至打压性的贸易政策。

但在现实层面，如今的一些欧美主要国家已经把国际贸易作为与他国进行战略博弈的棋子和工具，凡是遵循和顺应其利益，它就展开所谓同盟战线化的彼此自由贸易，否则就"撤梯子""掀桌子""砸场子"，

---

① 《马克思恩格斯文集》第1卷，人民出版社2009年版，第757页。

通过滥用国家安全审查、投资限制、贸易救济措施、产业补贴、加征关税或技术壁垒等手段，阻碍彼此之间正常的经贸往来。不难理解，自由贸易本来是基于规则的市场自由竞争的结果，但资本主义自由贸易却嬗变为围堵打压他国、实现狭隘国家目的的一种博弈武器。

第二，资本主义自由贸易的泛政治化。贸易在应然维度上，本是价值无涉的经济问题，它是一种基于通用规则的商品或服务以满足彼此需要的自由流通。在这个意义上，正常的贸易中就蕴含着"自由"的真谛，是一种由市场调节和助推实现的双方的互通有无。然而，在现实的世界交往中，贸易往往受政治因素的裹挟和操控，而偏离了贸易的轨道。无论资本主义自由贸易的形式如何演进，这一往往受到政治因素操弄的本质始终在场、一直未变。恩格斯在《国民经济学批判大纲》中就专门剖析和批判过这一现象。在其看来，自由贸易作为所谓商业的人道，事实上并不"人道"，只是商业追逐利润最大化的进路，而非真正满足彼此需要的逻辑。

自由贸易派时常高调美化自由贸易给各方带来的利好。他们的核心话语是，自由贸易打破了地域化的商品垄断，把资产阶级工业文明和先进文化输出到了世界上的落后地区，通过贸易密切了各民族的联系并在利益交融中减少了战争。这些话语充斥着意识形态陷阱。事实上，资本主义自由贸易完全是由资本逻辑主导的贸易形态，追逐利润最大化是其唯一的核心动力，它的确瓦解了地域性的垄断，却造就了资本主义在更大范围内的垄断，商品的输出和资本的扩张则变得更为便捷，已经把自由贸易作为扩大市场占有率和干涉他国经济主权的重要手段。

这种自由贸易显然是不平等的，异化成了执行资本意志的政治化工具。若违反资本主义自由贸易的规则，强势的发达资本主义国家就会通过政治手段发动制裁甚至战争来逼迫落后国家乖乖就范。对此，恩格斯发出这样的灵魂诘问："你们什么时候做事情是从纯粹的人道出发，是从普遍利益和个人利益之间的对立毫无意义这种意识出发的呢？你们什么时候讲过道德，而不图谋私利，不在心底隐藏一些不道德的、利己的动机呢?"① 马克思也深刻指出："各民族的联合和兄弟联盟，这是目前一切派别，尤其是资产阶级自由贸易派的一句口头禅。"② 显然，所谓的"兄弟联盟"只是假象和幻象，自由贸易只是实现自我利益最大化的工具，当自身处于经济竞争主导的地位时，就大搞所谓的商品大流通；反之则以各种冠冕堂皇的说辞和理由，来搞变通性和权宜性的贸易壁垒政策。说到底，资本主义自由贸易成为一个可随时拿来用，又可随时弃之不用的政治工具，当符合我方政治需要时就把自由贸易搬上台面，否则就丢到一旁"置之不理"。

进入 21 世纪第三个十年的当下，资本主义自由贸易体系的政治化趋势，不但没有减弱，反而愈加强化。当前，以美国为典型代表的一些发达资本主义国家为了转移国内矛盾，企图把国内产业结构失衡问题外溢，进而实现国内问题的国际化埋单，大肆无视多边主义的自由贸易规则，大搞政治操弄和议程设置，以所谓的民主和自由来对抗威权和专制的价值观，划分世界阵营。它们滥用国家安全概念、预设进口配额、抬高环保技术门槛、制定歧视性政策、强化进出口行政壁垒。显然这些做法已经偏离了贸易问题的本质。贸易摩擦和分歧，应该说本是国际经济交往中的常见现象，也理应在经贸层面来化解。

但是，无论是特朗普政府还是继任的拜登政府都刻意把中美之间的正常贸易结构差异、经济发展阶段不同和其他贸易领域的分歧政治化、炒作化，悍然对中国发动具有 21 世纪强烈新冷战色彩的"贸易战"，试图全方位、全过程、全领域遏制打压中国的正常发展壮大。对此，习近平讲得很明确，"中美经贸关系本质是互利双赢，在商言商，不要把中美经贸问题政治化"③。把经贸问题政治化是一种找错病因的错误

---

① 《马克思恩格斯文集》第 1 卷，人民出版社 2009 年版，第 62 页。
② 《马克思恩格斯文集》第 1 卷，人民出版社 2009 年版，第 694 页。
③ 《习近平同美国总统拜登举行视频会晤》，《人民日报》2021 年 11 月 17 日第 01 版。

"药方",更是一种打破国际规则的经济胁迫外交行为,偏离了国际化、市场化、法治化的真正的自由贸易政策取向,最终除了带来阵营对抗,还会加剧世界的动荡和不确定性,侵蚀国际关系的民主化,撕裂全球合作协作的信任关系。这些做法,事实上无益于任何真正问题的解决。由此可见,资本主义自由贸易中的泛政治化,是促使世界变乱交织的重要消极因素。

第三,资本主义自由贸易的霸凌化。资本主义自由贸易有其特殊的"前缀",是受资本逻辑宰制的单边主义贸易形态,并不是真正对等的互通有无、彼此互济。随着贸易结构的调整和外部竞争环境的变化,主导产业链供应链和价值链的发达资本主义国家越来越把贸易作为一种对他国进行霸凌的重要手段。从马克思恩格斯生活的时代,到现实条件发生巨大变化的21世纪当下,资本主义自由贸易的霸凌本质始终没有改变,反而随着国际经济政治博弈的展开而更加强化。

马克思曾在《鸦片贸易史》中以鸦片贸易为例,阐释了英国贸易的霸凌行径。"英国政府在印度的财政,实际上不仅要依靠对中国的鸦片贸易,而且还要依靠这种贸易的不合法性。如果中国政府使鸦片贸易合法化,同时允许在中国种植罂粟,英印政府的国库会遭到严重灾难。英国政府公开宣传毒品的自由贸易,暗中却保持自己对毒品生产的垄断。任何时候只要我们仔细地研究一下英国的自由贸易的性质,我们大都会发现:它的'自由'说到底就是垄断。"[①] 马克思在这里一针见血地点出了贸易的"不合法性",如果鸦片贸易在中国国内合法化了,那么就会直接对英国在华的鸦片销售产生重大影响。英国之所以这么做,就是要永远保持对鸦片贸易权的独占和垄断,进而获得垄断性利润或超额剩余价值。

从英国所谓鸦片自由贸易的历史事实中,便可管窥资本主义自由贸易的霸道性、无理性和狭隘性。时至今日,尽管国际关系民主化取得了

---

① 《马克思恩格斯文集》第2卷,人民出版社2009年版,第636页。

明显进步，一大批新兴市场国家和发展中国家集体性快速崛起，完全由发达国家单方面主宰国际经济政治格局的时代一去不复返，但以美国为代表的一些发达大国强国并不愿意"改邪归正"，仍妄想继续主宰国际经贸秩序，仍在通过人为制造关税壁垒和非关税壁垒等胁迫手段，来阻止他国产业发展壮大。2008年国际金融危机后，美国在对外贸易霸凌方面表现得极为鲜明和典型。美国作为当今世界上唯一的超级大国，在"二战"后也曾是国际经济秩序和多边经贸体制的主要建立者、重要参与者，理应在遵守多边主义经贸规则方面做出带头、表率和示范，但是近年来却极端固执地大打美国利益牌，到处叫嚣"美国第一"甚至"美国唯一"，在世界各地甚至作为其传统盟友的欧洲和日本地区，也大肆推行单边主义和霸权主义，到处煽风点火，恣意制造和挑起国际贸易摩擦，严重侵蚀了以世贸组织为核心的国际贸易体系，给本来就增长基础相当脆弱的全球经济复苏带来了消极因素。从美国特朗普政府到拜登当局，利用自身的超级大国地位和经济政治长项特别是技术先发优势，恣意依据其国内法对他国单方面挑起贸易纷争，无端无理指责他国产业发展政策，用国内法"长臂管辖"恶意制裁打压他国。可以说，当前美国经贸活动的发展动向，就是企图把国内问题国际化，经贸问题政治化、工具化。显然，这已成为资本主义自由贸易霸凌化的现实图景和确证事实。

第三章

马克思恩格斯资本主义自由贸易本质批判对揭露西方话语陷阱的当代价值

马克思恩格斯对资本主义自由贸易的本质批判，不仅具有直切和映射19世纪中期资本主义世界经贸问题的历史性，而且蕴含着观照和洞悉21世纪全球经贸交往新形态的时代性。他们有关资本主义自由贸易深受资本逻辑统摄、内嵌追逐利润最大化内核的本质剖析，对于揭露当下一些欧美大国企图站上国际道义制高点的伪善贸易话语和经济交往逻辑陷阱，具有釜底抽薪、直击问题、戳破幻象的当代价值。这种深邃的本质批判，不仅有助于揭露西方主张"自由贸易"的事实真相，而且有利于进一步廓清和阐明西方资本主义大国视域下的自由贸易仍是内蕴着资本霸权的经济政治话语。进言之，所谓的"自由贸易"成为资本主义在21世纪继续施展霸权、"劫贫济富"进而企图操控国际关系的地缘政治博弈工具。

第一节 西方所谓"自由贸易"的事实真相

在运用马克思恩格斯对资本主义自由贸易本质批判的思想资源和理论框架分析当今世界经贸形势之前，我们有必要梳理和澄清以美国为主要代表的一些西方国家大力主张所谓"自由贸易"的事实真相。唯有如此，我们才能够把现时代与马克思恩格斯生活的 19 世纪中期的经贸问题做出深刻而又立体化的对比，进而在历史真相窥探和事实确证中明晰他们的资本主义自由贸易本质批判理论，对揭露和戳破西方话语陷阱具有"正本清源"的价值和认知范式意义。

一 事实真相（Ⅰ）：长臂管辖

事实上，马克思恩格斯剖析过 19 世纪中期工业和商业均较为强大的英国，试图把荷兰、法国、德国、俄国、美国变成为其提供原材料的农业区的霸权思维。尽管这还算不上完整意义上对他国进行长臂管辖的行为，但是英国却有以国内废除谷物法为缘由强制他国配合其工业商业发展需要的动机和行径。历史发展至今日，尽管历史时空和贸易形态发生了巨大调整和深刻变化，但一些欧美国家企图对他国进行长臂管辖、干涉别国经济发展自主权的霸道行径却并没有改变，反而越来越粗暴化、显性化。

第一，长臂管辖释义。一般而言，长臂管辖不完全等同于长臂管辖权，但确实又是其核心要素；长臂管辖是一种行为，而长臂管辖权正是这种行为在法律上所表征出来的权力形态。最初，长臂管辖权（Long Arm Jurisdiction）只是美国国内法体系中民事诉讼领域的一个条块，意指一州法律对其他州的公民行为具有法律管辖权。后来，随着美国国际地位的持续增强以及其在海外利益的广泛分布，长臂管辖权不仅在美国国内普遍适用，而且在国际上也被大量使用，包括对他国公民、机构或组织实施诉讼或制裁。尽管在普遍意义上，不同的国家为了保护本国公民或机构的利益，均不同程度地存在着一定的长臂管辖倾向或动机，但是大部分国家因自身实力或基于遵守国际规则的压力，所实施的长臂管辖行为是温和且有限的。

然而，作为世界上唯一的超级大国，美国是"二战"后恣意对他国实施长臂管辖行为最多的国家,当然也是恶意对他国进行长臂管辖最为明目张胆和肆无忌惮的国家。长臂管辖具有消极带头示范和劣币驱逐良币的"破窗效应",一旦一些大国强国带头实施和滥用,其他国家为了维护本国的经济安全和发展利益,也会倾向于实施"以牙还牙"的报复性对抗性政策。事实上,长臂管辖集中体现在国际经贸领域,美国在这方面表现得最为鲜明和典型。一旦他国的经济、科技、文化产业与其构成直接的强势竞争时,它就会擅自动用国内的诸多所谓"301条款"、国家安全法律对他国发动制裁、围堵、限供断供,甚至大打贸易战、科技战、金融战、舆论战、信息战。长臂管辖从形式上看是一种关于经贸国内法在国际场域上适用与否的问题,但其核心要义是一种经贸领域的霸凌,试图以本国利益优先化、最大化为主要旨趣,恣意干涉他国经济主权和贸易政策,以期建立以己为中心的国际经济政治格局,迫使和倒逼他国沦为马克思恩格斯所深刻批判的服务于先进工业区的"落后农业区"或"城市工厂"。

第二,长臂管辖的惯常做法。在马克思恩格斯生活的时代,世界上主要资本主义国家的经济结构和贸易形态,相对简单和常态。就连当时率先完成工业革命、对外具有较大贸易优势的英国,试图对他国进行长臂管辖的实质性能力和相关举措也远远不够,毕竟当时的世界格局仍处于变革调整时期,尚未真正形成"一国独大"的经贸格局和政治体系。进入21世纪的今天,在经历过多次国际经济政治格局变化特别是战后世界秩序"重建"之后,美国无疑成为全球唯一的超级大国,无论是综合国力、经济实力、科技水平、文化主宰权还是对国际经济政治规则的塑造力,都具强势地位。这样的一个西方大国强国,也自然形成了"自己说了算""本国利益第一甚至唯一""不允许他国挑战自身规则"的惯性。

一旦一些新兴市场国家和发展中国家甚至作为其传统盟友的发达资本主义国家,在科技或产业层面对其构成竞争威胁,美国就会"掀桌子""砸场子",滥用国内经贸法律或条款对他国进行惩罚、制裁甚至限供断供,旨在逼其就范,使他国被迫接受完全由它主宰的经贸规则和体系。美国特朗普政府以及后来继任的拜登政府在滥用长臂管辖上最为娴熟。近年来,美国政府打着维护"自由贸易"秩序和规则的旗号,向所谓的"威权体制"和非市场经济做法宣战,长臂管辖的做法已经由传统的以反腐败、反洗钱为名义向维护人权、知识产权、数据信息安全、国家经济安全和环境保护等领域大肆扩展。美国政府对法国能源巨头阿尔斯通公司、中国通信巨头华为公司,采取巨额罚款和逮捕拘禁高管等长臂管辖做法,违背了世界贸易组织的多边主义精神和自由竞争的市场原则,试图以所谓基于自身法律体系的国家力量来打压甚至肢解扼杀别国的高科技企业。

当前,以美国为代表的一些西方大国在经贸领域不断翻新长臂管辖的花样和手段,试图以软渗透的隐性方式来强制推进其国内法的域外适用,以便在打压和侵蚀其他国家的正当经济利益中固化自身的狭隘利益。2018年以来,美国政府反复利用关税措施和多种非关税壁垒,以所谓的国家安全为名,对中美之间正常的经贸往来合作进行不合理的限制和管辖,严重损害了中国的核心利益。这不但不利于中美两国人民,而且影响整个世界的经济复苏和贸易发展大局。当然,近年来美国的长臂管辖并不仅仅针对中国,就连美国所谓的"亲密"盟友欧洲、日本和韩国,也深受这种试图维系霸权的司法滥用手段之苦。无论是正如火如荼推行的《通胀削减法案》,还是《芯片与科学法案》,在对外贸易、经济交往、产业投资和科技发展等方面,都有美国"长臂管辖"的踪影。

第三,长臂管辖的实质。在当今保护主义、单边主义、孤立主义等逆全球化行径的大肆蔓延下,一些欧美强国凭借自身在金融体系、网络技术、高端供应链、关键产业链等层面的优势加持,以所谓的"自由贸易"之名,任性地对他国进行长臂管辖、施压制裁,严重地破坏了世界经济的正常市场竞争和基于竞争所形成的合理分工体系。事实上，分析美国近些年在国际经贸领域对他国无理无端实施的长臂管辖行为可以发现，长臂管辖由司法中的民事诉讼领域已经拓展至本不直接属于法律范畴的经贸问题领域。长臂管辖的实质，正在发生显著而又深刻的变化，演进并嬗变为以美国为代表的一些西方大国挥舞制裁大棒、恶意实施贸易霸权的工具手段。

在这个意义上，长臂管辖实质上就是企图把本国利益最大化，对世界经贸规则秉持"合则用，不合则弃"的投机主义态度，以自身利益第一甚至唯一的狭隘目的，来裹挟和干扰他国的正常经贸往来。显然，这会破坏多边主义规则，侵蚀世界贸易和投资自由化便利化原则，影响全球基于共同的利益而团结互助的信心，最终必然助推走向滥用国内法而代替国际规则和世界秩序的大混乱、大动荡。例如，在美国对外交往中，无论是对于新兴市场国家还是在其传统盟友体系内的发达资本主义国家，它在包括经贸问题的诸多领域都"一视同仁"地进行过长臂管辖，擅自用其国内的一些霸道经贸法律或规制，对中国的一些高科技企业进行绞杀式打压、扼杀式围堵。20世纪80年代，美国也曾强推单边的"广场协议"，严重打击日本国内经济增长的强劲势头；2008年国际金融危机后，美国对欧洲能源、航空和钢铁等重要领域进行限制围堵，这些都是典型的滥用自由贸易规则、以本国狭隘规则干涉他国经贸主权的单边主义甚至极端的民族主义行为。

由此可见，在当今世界经贸格局中，长臂管辖的实质，就是一些西方大国强国唯利是图，企图使国内负面问题外溢和转嫁，实现国内问题的国际化稀释和埋单。进言之，长臂管辖就是要打破国际经贸往来互通有无、互利共赢的基本准则，以单边主义思维来处理对外经济政治关系，企图把自身的利益巩固和强化建立在别国利益的侵蚀和损耗基础之上。

第四,长臂管辖的后果。国际金融危机之后,世界经济长期处于"有反弹迹象但无真正复苏动能"的胶着徘徊局面,以美国为首的几个资本主义强国为了狭隘的一国之利,特别是尽快实现自身的好转复苏,大肆运用长臂管辖的手段对他国特别是新兴市场国家进行恶意打压围堵,试图维护自身在产业链供应链和价值链上的长期优势和绝对话语权。

一方面,长臂管辖在世界经贸格局中具有典型的消极带头效应。长臂管辖尽管源于美国,是其对外滥用制裁大棒的法律"马甲",但是实施长臂管辖权并不是美国的专利,欧美其他一些国家为了及时转嫁国内经济政治矛盾,也正在效仿并寻求"内病外治""甩锅推责"。这种管辖权是鲜明的损人利己手段,把本国经贸增益构筑在他国经贸减损基石之上,看起来简单粗暴但实施起来却"直接有效",具有很强的"劣币驱逐良币"的负面示范效应。国际金融危机之后,无论是发达国家还是发展中国家,没有哪国能真正置身事外,都不同程度地受到明显冲击和影响。显然,囿于发达国家长期"脱实向虚"的产业结构,实体经济不振、虚拟经济过度膨胀,它们受到的冲击和影响往往最大。这些国家为了尽快摆脱危机泥淖、加快实现自身复苏,利用本国的经济优势特别是科技和金融强项,对他国恣意发动所谓的反垄断、反补贴、保护知识产权等名义的指控和调查。

这些指控和调查,很容易被政治化、泛安全化、工具化甚至武器化。一旦一国实施,其他国家为了捍卫本国的核心利益,就很容易效仿、报复甚至反制。也就是说,你能对我以国内法实施长臂管辖,我也能在某些领域对你进行针对性反制。如果一来二去,任凭这种行为发展下去,整个世界的长臂管辖只会强化、更加复杂化,最终在相互制裁和对抗中陷入更严重的停滞。

另一方面,长臂管辖尽管实施起来能够带来一些眼前"看得见"的现实利益,但长期来看并不能真正带来本国的经济科技强大,实质上只是发展乏力甚至落后的象征。毋庸置疑,在国际经济政治交往中,一些欧美大国时常打着维护基于规则的自由贸易秩序的口号,利用国内所谓公平的市场经济规制来引导甚至带动其他国家进行经贸体制改革,但事实上,长臂管辖对本国所带来的立竿见影的收益,只是短期的,并不能长期维系。譬如,2015年当美国政府以反腐败为名在法国阿尔斯通公司遭遇财政危机时对其进行"收购战",看似是促成了本国通用电气公司对阿尔斯通公司的完全操控,实现了对世界能源基础设施的垄断,实际上从近些年国际能源市场体系和技术发展格局来看,这场利用长臂管辖的"收购战"并不能永葆美国在相关领域技术的强大,反而刺激了其他国家为了自身经济安全纷纷分散风险,通过各种技术路径来发展自身可控的能源市场体系。结果是,美国自身也必然越来越受到诸多的内外部挑战,因为从世界经济发展史来看,经济科技只有互通有无、互学互鉴才能实现协同进步,没有一个国家能在自我封闭中永葆先进地位。

这是历史发展反复证明的铁律。譬如,近年来美国两届政府对中国发动的贸易战、科技战、金融战甚至信息舆论战,也都采用了诸多长臂管辖的手段和伎俩,无理无端地拿美国国内法律或政策条款来挟制和打压中国正常的发展。其中最为典型的是,对中国芯片和光刻机等核心信息技术领域的扼杀围堵,并没有取得他们预期的成效。从华为自有芯片技术替代和鸿蒙系统快速崛起的大量事实来看,美国的围堵打压只能加快中国"壮士断腕""滚石上山",走自主创新道路、实现高水平科技自立自强的前进步伐。

因此,从这个意义上,以"自由贸易"之名行长臂管辖之实,在长周期意义上,并不能真正护佑和维系一国产业的永远强大,充其量只能催生出华而不实的"温室之花"。由此可见,资本主义自由贸易体系滥用长臂管辖的诸多行径,具有严峻而复杂的后果,不仅不能带来一国产业的持续强大和竞争优势,反而会把世界带向四分五裂、冲突对抗、零和博弈的危险境地。

二 事实真相（Ⅱ）：单边主义

在马克思恩格斯对资本主义自由贸易进行深刻批判的19世纪中期，已经发生了诸如英国利用先发工业优势和强势经济地位对他国奉行单边主义的先例。如今，西方国家仍然位于世界舞台的中央，以基于规则和秩序的世界自由贸易之名，大行单边主义之实。所谓以自由贸易来对冲和消解非市场经济的做法，只不过是一种企图占据国际经贸制高点和话语权的外交策略，本质上仍是损人利己、追求利我最大的单边主义。

第一，西方所谓自由贸易中的单边主义行径。国际金融危机之后特别是近些年，以美国为主要代表的西方大国在国际经贸往来中打着基于规则的"自由贸易"的虚假口号，大肆推行狭隘的单边主义行径。双边或多边主义本是自由贸易的题中应有之义，贸易的真谛就是你来我往的互通有无，从来都不是仅仅满足一边的利益。然而，在一定程度上由西方主导的世界贸易格局越来越呈现出单边主义倾向。世界经济贸易中的单边主义，主要是由在国际经济政治格局中具有举足轻重地位的特定守成大国，忽略甚至罔顾大多数国家和民众的愿望，单独或带头退出多边经贸往来体制，抑或率先破坏国际社会普遍达成长期共识的多边主义原则，对全球和平与发展、世界人民普惠福祉带来严峻挑战的行为和倾向。单边主义的底色是欧美大国传统流行的孤立主义，就是打造自己的小圈子、小联盟，进而维系狭隘封闭的国际经济政治旧体系、旧格局。

回顾"二战"后的世界经贸史可以发现，尽管美国长期是世界多边经贸体制的倡导者甚至领导者，但是它所倡导的经贸体制仍然是以美国利益最大化为核心的，在其逻辑里，符合美国利益的多边经贸体制才能得到认可和支持，否则即便符合世界人民的普遍利益，也很难得到支持甚至会遭到百般阻止和破坏。它们在所谓的基于市场规则的自由贸易中"夹带私货",大行唯我独尊的单边主义行径,主要通过以下几种途径来实现。其一是任意退出经贸多边组织,如美国政府在 2017 年 1 月宣布退出 12 国参加的跨太平洋贸易伙伴关系(TPP),使经历 14 年多轮艰苦谈判并经各成员国国内审批即可生效的重要经贸体制胎死腹中,美国的这种"想干就干,不想干就退"的典型单边主义行径,严重动摇了"二战"后世界主要经济体对维护世界多边主义经贸体制的信心。其二是利用极限施压的战略思维打压其他大国,企图永恒化自身的贸易霸权,例如,美国针对中国这样的贸易伙伴,既不可或缺又心生焦虑忌惮,多次进行极限施压,如发出贸易通牒、恫吓、制裁,目的只有一个,就是在世界经济政治格局中,避免在产业链、价值链和供应链上出现与之竞争抗衡的国家,永远维护自身在世界经贸领域制定规则或修改规则的绝对话语权,一旦自身的霸权目标遇到挑战,他们就会习惯性地使用蕴含着鲜明单边主义色彩的"301 调查"等狭隘举措。其三是利用大国强国地位、经济科技优势,对弱小经济体的经贸甚至产业政策进行强烈干预,诸如美国对美韩自贸协定的强势主导、对美加墨三国自贸协定新一轮谈判的霸道无理,无不体现着美国对其他弱小经济体的"薅羊毛""割韭菜"式欺负,其他国家在经贸问题上只是"美国优先"的垫脚石或铺路石。

由此不难看出,以美国为代表的一些西方大国高喊的"自由贸易",事实上只不过是实现其狭隘经济政治目的的工具,向外界释放出来的只是单边主义破坏世界稳定、增添全球不稳定性的消极负面因素。①

第二,西方所谓自由贸易中的单边主义实质。当今世界,百年变局叠加疫情,世界主要经济体普遍陷入恢复性增长动能匮乏的艰难境地。其中,以美国为代表的一些欧美国家为了创造有利于自身尽快摆

---

① 袁征:《美国单边主义行为冲击国际秩序》,《人民论坛》2019 年第 1 期。

脱困境的外部环境，在世界上以所谓基于规则和秩序的自由贸易为幌子，大行非对称和不平等的单边主义行径。问题的关键在于，基于什么样的"规则"和"秩序"？如果国际经贸交往中大家普遍遵守的是约定俗成的国际惯例和长期实践特别是世界贸易组织的基本原则和规制，那么显然符合经贸交往多边主义的核心要义和最大公约数的共同利益；否则，如果遵循的"规则"和"秩序"是由某个欧美大国出于自身国内利益考虑，而别有用心地打造和定制出来的，恐怕就难以代表世界其他国家的共同利益，将成为打压竞争对手的地缘博弈工具。

如果做一个简单的梳理，那么美国则是世界上高喊贸易自由、市场经济和自由竞争口号最多的国家，同时也是以自由贸易为"合法"说辞对别国进行打压和遏制最多的国家。例如，1988年出台的《综合贸易和竞争法》，在总体利益上就明确"提醒"美国总统对外国的"不公平贸易"展开单方面的制裁和报复，确保维护美国国内的经贸利益。具有鲜明单边主义色彩、近年来被美国当局反复投机使用的臭名昭著的依据"301条款"所进行的"301调查"，正是源于上述《综合贸易和竞争法》中的第1301—1310节的全部内容。这一条款具有典型的美国处理国际关系的风格色彩，甚至是超越单边主义的霸权主义做法，只要美国在国际贸易中认为自身吃亏了、其他国家存在可能干涉或影响公平贸易的做法，美国政府就能根据这一国内的法律条款对他国恣意进行调查或制裁，最终由总统做出提高关税抑或限制进口甚至限供断供的诸多"组合拳"化的贸易报复措施。

过去几年，美国政府对中国经贸和综合实力正常发展壮大的单边围堵打压，就是这方面的典型。2017年以来，在"美国优先"的口号下，无论是特朗普政府还是拜登政府，立场本质上是一致的，均抛弃相互尊重、平等协商等国际交往基本准则，实行单边主义、保护主义和经济霸权主义，对许多国家和地区特别是中国做出一系列不实指责，利用不断加征关税等手段进行经济恫吓,试图采取极限施压方法将自身利益诉求强加于中国。① 这还只是单边主义的直接层面。如果说单边主义只是一个国家处理对外交往的政策取向或价值倾向,那么单边主义显然只是一种看得见的打压方式,实施单边主义的国家在本质上只是企图把国内问题国际化、以国内法来辖制国际经贸领域的正常分歧,借机把自身的一国私利凌驾于他国正当利益之上。

换言之,一些欧美国家大肆利用经济科技先发优势,在经贸领域对他国进行单边主义围堵和打压,实质上就是试图永远固化"中心—外围"的国际发展格局,使广大发展中国家永远成为他们经济政治发展的附庸,阻滞甚至阻断国际关系民主化和以互惠共赢为核心的新型国际关系的建立。

第三,西方所谓自由贸易中的单边主义影响。国际经贸往来本来是联通各国经济节点的重要动脉,具有典型的双边或多边主义特征。"我们把世界经济比作人的肌体,那么贸易和投资就是血液。如果气滞血瘀,难畅其流,世界经济就无法健康发展。"② 一旦一个国家在经贸往来中大肆推行以利我最大化为主旨的单边主义,其他国家为了保护本国利益,就很容易被带起节奏效仿实施。在一定程度上可以说,在世界上200多个国家和地区中,只有个别经济体在经贸往来中实行单边主义政策而其他大多数经济体依然奉行多边主义原则,所带来的实质影响并不大,也不能在整个国际经济政治格局中带来"一石激起千层浪"的连环诱导效应。

问题在于,如果在世界经济版图中占据较大份额的经济体如美国这一世界唯一超级大国带头奉行单边主义政策、一切以本国利益最大化为对外经贸交往方向,那么所带来的示范性影响将是巨大的。从单维度的

---

① 中华人民共和国国务院新闻办公室:《关于中美经贸摩擦的事实与中方立场》,《人民日报》2018年9月25日第10版。
② 习近平:《创新增长路径 共享发展成果——在二十国集团领导人第十次峰会第一阶段会议上关于世界经济形势的发言》,人民出版社2015年版,第6页。

一时一事来看，经贸领域的单边主义在直接意义上只不过是一个国家对外经济交往中的狭隘化、自利化、霸道化，但从全世界的总体维度观之，如果大家都相互效仿和比拼实行单边主义、经贸政策取向转向内顾内保，整个世界将难免陷入各自为政、四分五裂的混战局面。那么，此时人类的共同利益将不断缩小，整个世界也将阵营化、集团化，给世界所带来的风险和不确定性将越来越大，贸易战和金融战、认知战和利益战、信息战与舆论战、热战和冷战，恐怕都将难以避免，人类也难有安宁之日。"二战"后，特别是世界贸易组织在1995年正式成立之后，尽管自由贸易是世界各方的主流声音，但是一些资本主义强国并不是自由贸易的真心拥护者，他们属于典型的投机主义"骑墙派"，当自身处于经贸竞争的有利地位时就高喊自由贸易、支持多边主义，而当自身遇到直接的竞争或在价值链上处于不利的竞争地位时，则马上通过关税壁垒或非关税壁垒来推行损人利己的单边主义政策。

近年来，由于世界主要经济体特别是欧美发达资本主义国家并未能在国际金融危机后快速走出"V"形复苏态势进而衍生出诸多国内经济政治矛盾，为了转移国内矛盾、释放内部斗争压力，率先打着自由贸易旗号，大施狭隘的单边主义行径，整个世界陷入分裂局面。在这个意义上，欧美国家所谓的自由贸易，只不过借道义之名来大肆推行单边主义之实，整个世界的共同利益的基石受到侵蚀，命运与共的团结合作信心遭受重创，似乎每个经济体都变成了世界经济大海中的孤岛，人类文明进步的进程必然受到影响和阻滞。这便是资本主义自由贸易陷阱中单边主义行径的最大危害。

三　事实真相（Ⅲ）：保护主义

到了19世纪中期，保护主义已不再适应工业资产阶级扩大国外工业品市场以及进口廉价原料的需要，逐渐被自由贸易政策所代替。但是，美国、德国等作为相对后发的资本主义国家，为了有效抵制英国的竞争、保护新兴的民族工业，在19世纪后期仍坚持采用保护主义的贸易政策。

国际金融危机之后，特别是近年来，一些西方国家为了快速改变经济增长趋势的持续下行和社会发展的消极颓势，在国际经贸往来中以"自由贸易"之名，而大行贸易保护主义之实。转言之，近几年大量铁一般的事实表明，以美国为代表的西方国家只不过以"自由贸易"为口号和诱饵，旨在通过加征关税或其他非关税壁垒，来狭隘地保护本国产业以规避强劲的外来竞争，维护格局狭小和视野封闭的本国短期利益。

第一，西方"自由贸易"中的保护主义做法。在一些西方国家那里，"自由贸易"只是一种能够占据国际道义制高点的外交说辞或话语工具，是"合我意则用，不合我意则弃"的经济政治工具。近年来，在推动公平的经济全球化、实现经贸自由化的大旗下，以美国为代表的某些西方大国愈加肆无忌惮，疯狂夹带贸易保护主义的私货，试图实现排挤扼杀他国、壮大自身的深层目的。曾几何时，美国的确是"二战"后推动经济全球化的重要力量，也是倡导自由贸易的一个显性旗手。当然这也是有前提条件的，这个阶段的美国仍然处于经济上行的历史时期和发展红利期，无论是在经济发展水平上还是在科技竞争实力上，无论是在产业链供应链上还是在价值链创新链上，都处在相当有利的主导地位。进入21世纪，特别是2008年国际金融危机后，美国的国际地位以及经济社会的发展引领力都受到了空前的严峻挑战，甚至侵蚀和解构。自此之后，美国开始一方面高喊推进基于公平结果的新的经济全球化、新规则的自由贸易；另一方面却利用自身的长期经济政治优势，特别是在信息技术和金融层面的先发垄断地位，隐性甚至公开地歧视和排斥他国的产品和技术，以维护国家安全为名阻碍别国在其国内的正常投资经贸活动，以培育民族工业为名进行大量产业补贴进而扭曲正常的市场竞争，泛化并滥用贸易救济措施，任性地使用歧视性和针对性的非关税

第三章　马克思恩格斯资本主义自由贸易本质批判对揭露西方话语陷阱的当代价值

壁垒对他国贸易"薅羊毛"。

具体而言，在歧视他国产品的贸易保护主义做法上，美国表现得最为淋漓尽致，美国给予外国产品的公平竞争环境不如大多数发达国家，甚至落后于一些发展中国家，根据经合组织（OECD）曾经发布的"产品市场监管指标"数据，美国在35个经合组织国家排名中位居第27，直接反映出美国市场监管政策对产品特别是他国产品的公平竞争存在着较多的政策障碍。可以说，美国市场环境对他国产品的歧视程度远远高于大多数发达国家。[1] 再如，在提供大量补贴而蓄意扭曲市场竞争的保护主义做法上，美国更是霸道和蛮横。2022年9月美国正式通过的《通胀削减法案》，计划将在未来十年提供高达3690亿美元补贴，以支持电动汽车、关键矿物、清洁能源及发电设施的生产和投资，其中多达9项税收优惠以在美国本土或北美地区生产和销售作为前提条件。[2] 这意味着在日韩、中国、欧洲等地区生产的电动汽车或发电设施，无法享受美国政府的诱人产业补贴，相当于直接提升了美国相关产品的价格竞争力而削弱了别国的竞争能力。

就连美国的传统盟友德国、法国等国家的领导人，也都直接在国际重要场合上，指控《通胀削减法案》是贸易保护主义的典型做法，阻碍了正常竞争，扼杀了行业技术创新，最终把全球携手对抗气候变化的努力付之一炬。法国领导人甚至在国际会议上指责美国不顾盟友利益而采取单边的保护主义政策，声称美国曾经作为"二战"后自由贸易的"教父"，现在似乎沦落为贸易保护主义的头部代表。2022年8月美国总统拜登正式签署的《芯片与科学法案》，也是贸易保护主义的典型做法，企图通过保护主义的"温室"来扶持本国尖端科技发展，阻碍他国对先进精密半导体技术的获取和自主发展。当然，面对世界

---

[1] 中华人民共和国国务院新闻办公室：《关于中美经贸摩擦的事实与中方立场》，《人民日报》2018年9月25日第10版。
[2] 《中国对美国违反世贸组织原则的产业补贴和出口管制措施表达严重关切》，新华网，http：//www.news.cn/2022-11/26/c_1129163142.htm，2022年11月26日。

贸易组织和其他主权国家声讨和指控的压力，美国仍然会高调地宣称所谓的自由贸易，只不过自由贸易的规则要由其主导和宰制。可以说，在变乱交织的世界新的动荡变革期，西方"自由贸易"的保护主义做法，只会越来越隐蔽，越来越精细，旨在实现自身经贸利益的最大化、最优化。

第二，西方"自由贸易"中保护主义的实质。西方资本主义自由贸易中的保护主义倾向，并不是今天才有的，也更非今天独有的。从历史演进轨迹来看，贸易保护主义肇始于15世纪和16世纪的重商主义时期，试图从国外少买而又对国外多卖，以期让更多的金银从国外流入国内，以实现贸易更大的顺差。由此可见，贸易保护主义是为了保护国内产业和发展利益，而采取的狭隘民族主义的经贸政策。时至今日，尽管各方面的时空条件和具体环境发生了巨大变化，但贸易保护主义的实质依然未变。

贸易保护主义看似在庇护和培育所谓的国内民族产业，以国家利益之名对外国的贸易和投资进行诸多看似"合法合理"的限制，实则是西方国家一以贯之的强权作风和霸权逻辑。一些西方国家站在上帝视角来开展对外经贸交往：当自身处于产业竞争的有利地位、对贸易链能够"执牛耳"时，便高喊自由贸易的口号、严禁他国特别是广大发展中国家适当采取激励本国民族工业发展的产业政策，否则就在国际场合宣扬它们在采取逆全球化、非市场原则的贸易保护主义举措；而当自身处于守势的产业竞争地位或产业链供应链受到明显的竞争而走下坡路时，则权宜性地掉转枪口、搞起关门的内顾政策，并美其言曰是为了对抗非市场的威权主义而采取的新一套自由贸易规则。

由此可见，在一些西方发达资本主义国家的战略思维里，贸易保护主义犹如一道随机的"旋转门"或可装扮的"变色龙"，当自己拿起来使用时，它便是正当地维护全球公共利益的经济公器；当被其利益集团或价值观同盟之外的别国使用时，它又变成不道德、不公平、不合理的

第三章 马克思恩格斯资本主义自由贸易本质批判对揭露西方话语陷阱的当代价值

"威权"经济政治工具。质言之,无论是历史上还是延绵至当下的资本主义自由贸易,其保护主义和单边主义的实质,并未真正发生根本性改变,它在内核上无非就是那些强权霸权国家,为实现本国狭隘利益而牺牲他国正当利益的零和博弈工具。

第三,西方"自由贸易"中保护主义的消极效应。尽管按照亚当·斯密的观点,政府不应该也不需要介入经贸领域,因为互通有无、各取所需的自由贸易能够处理好所有的问题、达到供给与需求的动态平衡。显然,这是一种充分市场经济下的贸易的理想状态。但在大多数情形下,资本主义自由贸易都要受到资本逻辑的驱动和宰制,只是通过贸易往来的方式,拓展和扩充资本追逐利润最大化的时空范围。换言之,自由贸易只是一种工具甚至"道具",往往蕴含着"随用随弃"的现实主义态度。时至今日,西方"自由贸易"仍是资本主义对外经济交往的话语工具和博弈方式,也是一种盲目排外、限制他国竞争的地缘手段。以美国为代表的一些西方国家,总是权宜性地在由资本逻辑裹挟的自由贸易和贸易保护主义之间做出切换和调适。特别是狭隘的保护主义,正愈发成为资本主义贸易体系的底色和基调,时不时登台发威,成为影响世界经济增长和全球秩序稳定的消极变量。

事实上,保护主义具有典型的路径依赖或极化效应,一旦实行就很难彻底抛弃,转向真正互通有无且平等的自由贸易。恩格斯就曾专门剖析过以保护关税制度为代表的贸易保护主义的惯性。在其看来,"保护关税制度再好也不过是一种无限螺旋,你永远不会知道什么时候能把它拧到头。你保护一个工业部门,同时也就直接或间接地损害了一切其他工业部门,因此不得不把它们也保护起来。这样一来,你又给你原先保护的那个工业部门造成损失,不得不补偿它的损失;可是,这一补偿又会像前面的情况一样,影响到一切其他行业,因而使它们也有权利要求补偿,于是就这样循环往复,永无尽头"[①]。恩格斯认为,保护关税制

---

① 《马克思恩格斯文集》第4卷,人民出版社2009年版,第339页。

度一旦实行，就相当于进入了"保护依赖"的恶性循环。事实上，保护主义就是"拆东墙补西墙"的短期补偿方式，最终只能愈演愈烈，不但会打破甚至重构国内的产业结构，而且会损害一国的外贸结构和进出口政策机制，循序渐进地对世界贸易体系产生不可逆的严重消极影响。

在贸易保护主义的阴影下，其他国家为了生存或自保，也容易效仿和实施，久而久之，狭隘的甚至单边主义的贸易，将愈发成为全球经贸往来的主色调，大家会陷入"只扫自家门前雪"的一盘散沙局面。贸易本来应该是联通世界各方、实现全球各经济体相互满足并彼此成就的一条利益纽带，但是倘若以邻为壑、损人利己的保护主义盛行，整个世界就不得不陷入你争我抢、相互倾轧的混乱局面。

国际金融危机后的世界乱象频出、变局加剧，甚至包括气候变化、粮食危机、难民危机和恐怖主义泛滥等在内的诸多全球性问题之所以层出不穷，依然没有找到世界普遍认可的解决之道，在一定程度上正是因为保护主义盛行，世界各经济体很难在弥合分歧中携手团结起来、共同化解风险挑战。对此，中国向来主张秉持真正的多边主义，明确反对任何形式的贸易保护主义，深刻认识到"贸易保护主义损人不利己"这一朴素道理。可以说，正是站在全人类共同价值和世界共同利益的人类命运共同体的战略高度，我们坚决反对保护主义，一如既往地推动世界贸易和投资自由化便利化，致力于建设开放型世界经济，努力引领新型经济全球化、勇做新时代自由贸易的重要旗手。习近平说："历史反复证明，对抗不仅于事无补，而且会带来灾难性后果。搞保护主义、单边主义，谁也保护不了，最终只会损人害己。搞霸权霸凌，更是逆历史潮流而动。"① 这正是对西方所谓"自由贸易"中大行保护主义之实消极效应的警醒和提醒，更是一种在全球经贸问题上，基于尊重历史规律和契合时代大势的发展自觉、行动理性。

---

① 《习近平谈治国理政》第4卷，外文出版社2022年版，第486页。

四 事实真相（Ⅳ）：孤立主义

在马克思恩格斯看来，资本主义自由贸易向来是以资本追逐利润最大化为内核的贸易形态，它优先考虑资本集团的利益，往往演化成只顾自身而罔顾其他利益方的孤立主义。马克思恩格斯对资本主义自由贸易的本质批判，对于揭露百年变局下资本主义自由贸易的另一事实真相即孤立主义，具有重要的透视价值，提供了一种洞悉自由贸易本质的底层分析框架。

第一，西方"自由贸易"进行孤立主义的意识形态对抗。孤立主义本来主要指一种外交政策取向，一般由国家防务和对外经济交往两个层面的政策组成。在对外经济交往层面，孤立主义主要体现为从关税壁垒和非关税壁垒层面，人为地限制与他国的正常经贸往来和技术合作。美国是孤立主义的策源地和肇始地，也是当今世界孤立主义的带头使用国。近年来，世界经济呈现出低迷增长和缓慢复苏的总体衰退态势，作为世界头号超级大国的美国，大力推行"美国优先"的单边主义政策，不愿承担与其国际地位和经济份额相当的国际责任，大肆进行"甩锅""退群""转嫁"。例如，美国于2017年1月宣布退出跨太平洋伙伴关系协定（TPP），2017年10月宣布退出联合国教科文组织，2018年5月宣布退出伊核协议并将重启对伊的制裁，2020年11月正式退出巴黎气候变化协定（2021年拜登就任总统后又宣布重新加入该协定），这些都是典型的我行我素的孤立主义做法。

尽管美国系列"退群"的操作并非都是经贸领域的国家行为，但背后却都有着经济因素的考量和牵引。在"二战"后，美国曾经放弃了坚守100多年的孤立主义的国家传统，成为经济全球化和自由贸易的重要推动者甚至领导者，由相对的孤立地理单元美洲大陆走向了欧洲、拉丁美洲、亚洲及全世界。但是，好景不长，美国的孤立主义传统特别是在经贸领域持续强势回潮和大肆复活，并且愈加呈现出以资本主义意识形态划界的鲜明特征和典型印记。一个重要动因就在于，伴随着整个世界的经济增长进入低迷状态以及科技革命蓄势待发，美国内部的社会分裂特别是含有强烈民粹主义或民族主义色彩的孤立主义，正在跃居其国内舆论的显性位置，无论是民主党执政还是与其矛盾颇深的共和党上台，在这一问题上具有罕见的思想共识和政治统一性。

从2018年美国对中国悍然发动的贸易战可以看出，美国表面上打着所谓"民主对抗威权""自由贸易对抗保护主义""市场经济对抗专制经济"的旗号，团结一些欧洲和亚太盟友刻意孤立中国，进而企图遏制中国的正常发展壮大步伐。美国还试图与欧洲、日韩结盟，建立对抗中国的"自由贸易统一战线"，显然这些行径并没有帮助它取得预期效果。原因在于，这本身就违背了国际社会约定俗成的经贸规则和市场经济竞争规律。它们一厢情愿地企图通过贸易体系内的"团结结盟"，来孤立甚至扼杀体系外的其他国家。可见，西方资本主义国家"自由贸易"体系中的孤立主义，已经超越传统的外交领域，向对外经济交往等更多领域使用，同时也由一个国家单独使用转变为绑架和裹挟其他国家共同使用。

当前，在变乱交织的世界动荡变革期，世界的贸易体系和贸易格局愈发在欧美等资本主义强国大国的政治操弄下，对不在其意识形态体系内的国家采取纵横捭阖、博弈竞争的孤立主义。经贸领域的孤立主义，事实上就是把贸易问题泛政治化、集团化、阵营化和泛安全化，孤立和打压诸如中国这样的特定国家。它们蓄意以价值观或意识形态划界，把正常的经贸互动或摩擦分歧蓄意扩大化，其根本目的只有一个，即在党同伐异、排除异己中实现自身贸易的霸权，进而实现对外交往中经济政治利益的最大化。在应然意义上，自由贸易应该成为国际社会彼此默认并相互遵守的惯例共识，大家是"同在一条船上"的命运共同体，孤立别人最终也必将导致自己被时代远远抛在后边，无法跟上时代的前进步伐。这从西方"自由贸易"中孤立主义动向的诸种可怕后果便可略见一斑。

第二，西方"自由贸易"又进行选择性孤立主义的价值观联盟。在使用孤立主义策略上，西方资本主义国家打着"自由贸易"的旗号，又进行一些新的操作和计谋。贸易本应该是不同国家交往与互动的基本载体，互通有无、调剂余缺的自由贸易在应然的意义上应该是世界经济交往的常态。在这个意义上，不管是双边贸易还是多边贸易，都应该是基于资源禀赋和相互需要的自由交往，不应该区分社会制度、大小强弱、意识形态、文化基因和历史传统等。然而，近年来，以美国为典型代表的一些欧美大国，不仅带头对他国强推"脱钩""断链""筑墙"的孤立主义，而且也正在投机使用所谓的"民主""自由"价值观联盟，来推动主要针对近些年快速崛起的新兴市场国家诸如中国的集团化、阵营化的孤立主义。这是值得关注和警惕的西方"自由贸易"领域的新动向、新特点。就连美国国内的学者也从历史传统和政治基因维度认为，美国疯狂地奉行孤立主义并非偶然，既是孤立主义价值观的回潮复归，也是国内民主党和共和党相互倾轧党争的政治外溢结果。[1] 但是，除此之外，美国也不是不加区分、简单盲目地奉行孤立主义，而是以狭隘的国内利益考量来进行选择性孤立。例如，2018年以来美国两届政府对中国发起并持续实施的贸易战，尽管违背了自由市场的常态竞争所形成的产业互补结构和贸易形态、侵害了中美两国乃至整个世界的现实利益，但美国为了短视的所谓扭转贸易逆差、重振美国制造业和实体经济、巩固美国的经济政治霸权地位，试图在国际上大搞所谓的"自由贸易联盟"和"市场经济联盟"，联合传统盟友欧洲和日韩来孤立围堵中国。

---

[1] 新华社客户端：《美学者：美国奉行孤立主义并非偶然》，百家号，https://baijiahao.baidu.com/s?id=1659110212150912217&wfr=spider&for=pc，2020年2月21日。

其中，美国在芯片问题上表现得尤为典型。从 2022 年开始，美国就紧锣密鼓地联合日本、韩国、荷兰等国，精心组建围堵中国芯片技术发展的多国联盟，不断敦促荷兰、日本和其他拥有尖端设备制造公司的国家和地区跟随美方脚步，对华采取类似出口管制规则，罗织建构对华"芯片围堵"网络[1]，企图把包括芯片、光刻机等在内的中国尖端科技发展逼到"孤立无援""最终中断并放弃"的尴尬墙角。从这一问题上不难看出，美国在所谓"自由贸易"上的孤立主义已经呈现出多边结盟的新动向。这种结盟事实上相当于扩大了孤立主义的实施能力和影响范围。众所周知，这种扩大化的孤立主义严重干扰了中美两国市场主体间的正常经贸往来合作，背离了互通有无的基本市场规律，侵蚀了发挥比较优势的国际经贸秩序，属于悖逆经济全球化时代潮流的消极做法，最终必将影响全球产业链供应链的稳定性和可持续性。

当然，以美国为代表的一些西方国家所奉行的孤立主义，之所以能在国际上掀起不小的风浪，得到一些短视主义国家的拥护，也在一定程度上因为它们秉持共同的战略目的，即通过联合起来的孤立主义价值观同盟，试图把国内因发展失衡所致的贫富差距加大等敏感问题外溢和转移出去，甚至把问题直接归咎于不公平不正义的经济全球化，试图把不明真相而又朴实的民众引向经济全球化的对立面。正是在这个意义上，西方"自由贸易"中的孤立主义价值观联盟，一方面，在国内借势，利用民族民粹主义甚至极端主义来博得同情支持；另一方面，在国际上投机利用逆全球化甚至反全球化思潮来形成价值观联盟，共同针对可能构成经贸竞争的"敌对"国家，进而希冀在围堵打压中维系和固化"小圈子"的集团利益和垄断地位。

---

[1] 《干扰中美正常经贸往来，美无理打压 36 家中国芯片实体》，光明网，https://m.gmw.cn/baijia/2022 - 12/18/36240788.html，2022 年 12 月 18 日。

第二节 "自由贸易"仍是内含资本霸权的经济政治话语

基于马克思恩格斯对资本主义自由贸易本质批判的这一重要理论工具和分析范式,当今世界西方大国统摄下的"自由贸易"仍是一种内含着资本霸权的经济政治话语。前文已述,西方"自由贸易"背后存在着四种事实真相,并非基于资源比较优势和契合市场竞争规律的真正的自由贸易。尽管古典经济学之父亚当·斯密对资本主义自由贸易充斥着强烈"信任",如他所说"我们完全有把握地相信,自由贸易无需政府相信,也总会给我们提供我们所需要的葡萄酒;我们可以同样有把握地相信,自由贸易总会按照我们所能够购入或所能使用的程度,给我们提供用以流通商品或用于其他用途的全部金银"[①],但自《国富论》出版后200多年的大量历史事实证明,时至今日的资本主义自由贸易,仍是追逐利润最大化的资本逻辑的演绎和展开。对此,可以分三个维度来洞察和阐释。

一 "自由贸易"仍是资本逻辑在更大范围内的延展通道

马克思曾在《关于自由贸易问题的演说》中总结道:"在当今社会条件下,到底什么是自由贸易呢?这就是资本的自由。排除一些仍然阻碍着资本自由发展的民族障碍,只不过是让资本能充分地自由活动罢了。"[②] 事实上,历史现象千变万化,但是深嵌其中的历史本质及基本规律却难以改变。当前,尽管经贸领域的历史场域和具体情节发生了翻天覆地的变化,但是西方大国所推行的资本主义自由贸易的逐利本质依

---

① [英]亚当·斯密:《国富论》(下卷),郭大力、王亚南译,商务印书馆2014年版,第9—10页。

② 《马克思恩格斯文集》第1卷,人民出版社2009年版,第756页。

然未变，仍是资本逻辑试图在更大更广时空范围内实现扩张和增值的通道与介质。

第一，当今西方"自由贸易"的话语逻辑。在百年变局叠加疫情、"东西治乱泾渭分明"的宏观时代走势下，以美国为代表的西方国家所主导的自由贸易，越来越扭曲和异化，背离自由贸易的核心要义。它们试图绕开当今世界最主要的多边贸易机制即世界贸易组织而"另起炉灶"，打造完全由自己主导的贸易平台或机制。因此，近年来，美国一直在国际舞台上抓住一切可能的机会"控诉"经济全球化的受益不公平、所谓世界贸易组织已经成为新兴国家和发展中国家利益的"保护伞"、新兴市场国家正在利用世界贸易组织的"红利窗口"来谋取狭隘的国家利益等，旨在解构以世界贸易组织为核心的多边贸易体制话语权，进而为建构由其自身完全主导的新的"自由贸易"话语权，做精心的铺垫和准备。

这种资本主义的自由贸易话语体系，具有很强的隐蔽性和迷惑性，主要以各种似是而非的话语逻辑来展开和演绎。不妨以最为典型的美国为例，进行诠释和阐明。

一方面，美国基于国内制度规制或条款法律，会不定期针对一些对其构成直接或潜在竞争的经济体发布"某某国非市场经济地位"的所谓重磅报告。这种报告或由美国商务部门发布，或由具有半官方背景的某个重要智库机构发布。一旦某个经济体被美国当局认定为非市场经济地位甚至是所谓的威权主义国家，它就理所当然"合法"地认定该国生产和出口的所有商品或服务都不是基于自由竞争的市场规则而进入市场流通环节的，它就会以扭曲市场的产业补贴、绿色环境壁垒、知识产权壁垒等说辞，而拒绝与该国进行经贸往来，甚至直接对其脱钩断链、围堵打压。它的核心目的只有一个，不允许任何经济体挑战"美国优先"甚至美国"山巅之国"的霸权地位。

事实上，美国经济向来沿袭"政府+市场"的发展模式，绝不是其站在上帝视角要求别国的"完全自由经济"。特别是近年来，它利用政府权力大搞企业投资限制、介入干预全球投资布局，已达到重振本国制造业和实体经济的目的，这显然不是自由市场经济。① 可以说，美国当局正是利用对其他国家所谓非市场经济地位的不合理指控，进而使自身"例外主义"地站到了自由贸易话语权的制高点。

另一方面，美国会"政治正确"地恣意启动"301调查"，来片面指责他国有关推动技术创新和民族工业发展的合理产业政策，动辄就谴责他国违背基于自然分工的市场竞争和自由贸易规则。它以美国国内有关法律条款任性制裁他国，随意定义并声讨他国窃取美国公司的知识产权，旨在以美国政府的意志和相关法律，来逼迫其他国家"屈从"自身制定的自由贸易规则。

可以说，在"自由贸易"的规则制定上，美国既当运动员又当裁判员，深层战略目的是阻滞甚至斩断他国新技术、新业态、新模式的进步速度，永远维护美国在技术领域的"王者地位"。由以上两个方面可知，一些西方大国在国际经济交往中就是抱着"非我族类，其心必异"的党同伐异心态，蓄意打造完全由自我主宰、以自身利益最大化为核心目标的自由贸易话语体系。它们在把其他国家定义为所谓非市场经济国家或不当使用产业政策的价格扭曲国家的话语建构中，试图牢牢控制国际经贸往来的绝对话语权。在这个意义上，当今西方资本主义国家所谓"自由贸易"的话语逻辑，是显性而且鲜明的。

第二，当今西方"自由贸易"背后的资本逻辑。马克思曾直指资本主义自由贸易的伪善。"如果说自由贸易的信徒弄不懂一国如何牺牲别国而致富，那么我们对此不应该感到意外，因为这些先生们同样不想懂得，在每一个国家内，一个阶级是如何牺牲另一个阶级而致富的。"②

---

① 张占斌、孙飞：《中美经贸摩擦：美方逻辑与中国应对》，《光明日报》2018年9月12日第11版。
② 《马克思恩格斯文集》第1卷，人民出版社2009年版，第758页。

时至今日，西方资本主义国家自由贸易的伪善本质并未真正改变，反而变本加厉，只不过迫于国际上追求公平正义的各方强大压力，而采取更为隐蔽的方式展开。不难理解，当今美国为何在国际经贸问题上实施霸凌行为，严重破坏大家普遍长期认可的世界经贸规则和国际秩序原则，明显违背市场规律和产品分工秩序，恣意对他国进行加征关税或设置非关税壁垒，大搞脱钩断链、制裁打压。

事实上，这些恶劣行径的背后，都有资本逻辑的影子。在资本主义制度下，"资本的合乎目的的活动只能是发财致富，也就是使自身变大或增大"①，因此"生产剩余价值或赚钱，是这个生产方式的绝对规律"②。资本主义制度辖制下的自由贸易，尽管在应然意义上是经济层面的自由交往形态，但无论如何也难逃追逐利润最大化资本逻辑的牵引和统摄。在此举两例稍做阐释。一是美国与传统盟友欧盟之间的"美欧自由贸易协定"。该协定自20世纪90年代提出以来，经过马拉松式的长期多轮酝酿和谈判，一直没能取得大的进展。直到2013年2月，欧美各国领导人才勉强达成初步共识，决定正式启动自由贸易协定谈判。而时至今日，又一个10年过去了，这一曾经被称为构建世界最大自由贸易区的美欧协定，依然只是雷声大雨点小，收效甚微，并没有最终在各方达成共识中成功签订，曾经的很多宏大设想也根本没有落地转化为现实成果。曾被欧美各方寄予厚望的"经济北约"，为何不能达成预期成效呢？用马克思恩格斯有关资本主义自由贸易本质批判的相关理论进行剖析，就会发现，促使美欧之间构建自由贸易协定的关键动因，在于美国试图重掌全球经贸的话语主导权，进言之，在于美国国内各路资本追求获得剩余价值甚至超额价值的狂热动机。

众所周知，在近年来欧债陷入严峻危机和美国经济增长持续乏力的

---

① 《马克思恩格斯全集》第30卷，人民出版社1995年版，第228页。
② 《马克思恩格斯文集》第5卷，人民出版社2009年版，第714页。

第三章　马克思恩格斯资本主义自由贸易本质批判对揭露西方话语陷阱的当代价值

现实境遇下，尽管推动经济增长、增加就业机会、提振发展信心，是美欧联手建设自由贸易区的重要原因，但是深嵌其后的资本逻辑则是更加深层、更加根本的动因。正如恩格斯所说："一切社会变迁和政治变革的终极原因，不应当到人们的头脑中，到人们对永恒的真理和正义的日益增进的认识中去寻找，而应当到生产方式和交换方式的变更中去寻找；不应当到有关时代的哲学中去寻找，而应当到有关时代的经济中去寻找。"① 资本逻辑是资本主义制度的底层逻辑和核心机理，西方资本主义国家的自由贸易不可能是互通有无、满足彼此需要的经贸往来，而是实现资本追逐利润最大化的通道或媒介。鉴于此，美欧之间的自由贸易协定的谈判，绝非单方面取决于经济动因，背后真正的动因是一些主要的垄断资本集团为了掌握全球贸易话语权而刻意进行的经济政治布局。

换言之，无论是欧美世界高调宣称的自由贸易还是隐秘不宣的贸易保护主义，尽管都具有诸方面的政治、经济和文化原因，但病灶或根源却在于垄断资本主义的深层资本逻辑。② 近年来，随着亚非拉发展中国家的群体性崛起，特别是新兴市场国家经济发展能力的明显跃升，对全球原由西方大资本主导的经贸体系和财富格局形成了空前冲击和撼动，影响和制约了欧美传统大国凭借主导世界经贸规则而获得垄断利润或超额剩余价值的阴暗企图。为了扭转这种不利局面，欧美国家的政府当局就会利用大资本的操控力量在国际上纵横捭阖、打造所谓的自由贸易统一战线，以期维护自身长期的狭隘利益。由此可见，当今一些西方大国，尽管时常在国际场合上乱挥自由贸易大旗，但在事实上已经由"二战"后多边经贸体制的领导者转变为阻碍者甚至破坏者。这些国家在包括自由贸易在内的全球化问题上的种种反市场、反常识做法，其实并不奇怪，根源正是它们背后的资本逻辑始终在牵引和撺掇。

---

① 《马克思恩格斯文集》第 9 卷，人民出版社 2009 年版，第 284 页。
② 廖小明：《美国"逆全球化"行为的资本逻辑及其影响》，《当代世界》2019 年第 6 期。

第三，当今西方"自由贸易"隐性的资本陷阱。恩格斯就曾深刻剖析过19世纪中期以后的英国对待资本主义自由贸易的真实意图和双标主义态度。"自由贸易成了风行一时的口号。当时英国工厂主及其代言人即政治经济学家的下一个任务是，使所有其他国家都改奉自由贸易的教义，从而建立一个以英国为大工业中心的世界，所有其他国家都成为依附于它的农业区。"① 自由贸易听起来是满足彼此需求的双边或多边往来，也成为当时颇具吸引力的口号，但当时英国推动自由贸易的目的，并不仅仅在于一般层面的互通有无、调剂余缺，而是要实现资本逻辑在更大时空范围内的延展，企图使其他国家或地区沦为受其支配、为其服务的原料产地和商品市场。

由此不难看出，在历史上，资本主义国家主导的自由贸易，就存在着损人利己的资本逻辑陷阱，并不是纯粹经济意义上的比较优势或资源禀赋的自由流通、竞争配置。历史发展演进到今日，西方"自由贸易"的资本陷阱并未消失，只不过隐藏得更深，大肆使用所谓"合法"的手段来罗织虚假说辞和制裁陷阱。在这里，不妨通过近年来由美国主导的两个"自由贸易"陷阱案例来略作作明。首先是曾一度引起世界商界轰动和震惊的畅销书《美国陷阱》（2019年首次出版）作者弗雷德里克·皮耶鲁齐，他用亲身经历揭露美国政府以反对经济腐败、维护自由贸易规则之名来打击美国企业竞争对手的内幕。2014年，法国能源巨头阿尔斯通被美国通用电气收购；收购期间，德国西门子和日本三菱重工曾以比美国通用电气高出几十亿美元的价格参与收购竞争，但最终为何独有美国通用电气能以"低价取胜"？显然，这有违一般的商业逻辑。所以，该收购案一直迷雾重重，让人觉得违背常识、不合常理；事实上，《美国陷阱》的作者弗雷德里克·皮耶鲁齐是该收购案的核心人物，他时任法国阿尔斯通集团锅炉部全球负责人，2013年4月，他去美国出差，在美国纽约肯尼迪国际机场，还没下飞机就被美

---

① 《马克思恩格斯文集》第4卷，人民出版社2009年版，第335页。

国联邦调查局探员逮捕。这场抓捕不是针对他个人的行为，而是美国政府针对法国阿尔斯通的系列行动之一。之后，美国司法部指控皮耶鲁齐涉嫌商业贿赂，并对阿尔斯通处以7.72亿美元罚款。阿尔斯通的电力业务最终被行业内的主要竞争对手——美国通用电气公司收购。阿尔斯通这家曾经横跨全球电力能源与轨道交通行业的商业巨头，因此被美国人"肢解"①。

从"阿尔斯通事件"不难看出，美国政府在国际上时常打着"自由贸易"的道义旗号，一旦某国的某个产业或企业快速发展壮大起来、对美国构成直接的或潜在的明显竞争，美国就会利用诸如《反洗钱法》《反海外腐败法》等国内法律对他国进行无端而又蛮横的长臂管辖。这些企业或产业，要么被扼杀消灭，要么被美国大资本集团低价收购，总之它会利用各种方法手段实现"肢解"或操控这些企业或产业的深层目的，以期维系国内资本集团的垄断利益。西方所谓"自由贸易"的资本陷阱就此跃然纸上。

二 "自由贸易"中"自由"的依然是资本增值的自由

正如上文已述，马克思和恩格斯分别在《关于自由贸易问题的演说》和《保护关税制度和自由贸易》等重要著作中，深刻揭橥了资本主义自由贸易的历史真相和话语逻辑。"在当今社会条件下，到底什么是自由贸易呢？这就是资本的自由。排除一些仍然阻碍着资本自由发展的民族障碍，只不过是让资本能充分地自由活动罢了。不管商品相互交换的条件如何有利，只要雇佣劳动和资本的关系继续存在，就永远会有剥削阶级和被剥削阶级存在。"② 时至今日，西方所谓自由贸易的本质并未发生本源性变化，依然是资本增值的自由。质言之，这种贸易形态

---

① 参见《〈美国陷阱〉："法国版孟晚舟事件"亲历者的故事》，中国网，http://photo.china.com.cn/2019-05/09/content_74766563.htm，2019年5月9日。
② 《马克思恩格斯文集》第1卷，人民出版社2009年版，第756页。

依然是资本主义国家的大资本集团试图在更大时空范围内配置扩张和增值方式的进化升级。在一定程度上，与互通有无、彼此满足的真正的自由贸易渐行渐远，并不在同一个轨道上。

第一，当今西方"自由贸易"话语体系下的"自由"释义。在马克思恩格斯生活的年代，自由贸易曾经成为风行一时、颇具吸引力的口号。率先完成工业革命、快速推进工业化的英国，成为当时首屈一指的工商业帝国，它因处在产业链和价值链的上游优势地位，曾大力主张商品往来的自由贸易，鼓励并引导德国、法国、美国、荷兰、俄国等国废除保护关税制度，并积极主动地加入自由贸易国家的行列。尽管以谷物法为代表的保护关税制度的废除，是英国走向自由贸易的重要分水岭，但是此时的自由贸易只是短暂的权宜性的单边主义自由贸易。

换言之，这里的"自由"不是双边的自由，而是一种"合则用，不合则弃"的虚假自由。时间的车轮滚动到今天，西方在国际场合反复宣扬基于市场规则的自由贸易，事实上它们尊重的所谓规则只是资本逻辑下的规则，即资本主义国家单方面制定的经贸规则，从来都不是在真正的多边主义框架下的自由贸易规则和秩序。对于这一问题，我们可以从美国政府当局猎杀中国高科技企业的实例中管窥一斑。华为作为全球领先的信息与通信技术（ICT）解决方案供应商，在大数据、芯片半导体、5G网络、云计算、通信基站等领域具有独到优势和行业引领地位，凭借物美、价廉、质优的竞争优势，近年来迅速占据较高比例的国际市场份额，特别是快速占据传统欧美发达国家一定比例的市场。当然，华为进入诸如美国和英国等发达国家市场，是各方互通有无、发挥比较优势禀赋并进行自由竞争、自由贸易的结果。一方面，华为公司凭借在通信领域的尖端技术和产品优势，曾经一度快速地进入欧美市场并站稳脚跟，为这些国家的人民生产生活和相关行业领域提供了丰富的通信产品选择；另一方面，华为作为产业链条长、分工环节多、技术纵深空间大的领军企业，也一直与欧美国家的通信行业巨头诸如高通、英特尔、博通、微软、甲骨文、德州仪器等公司紧密合作、形成了深度产业协同。

在这个意义上,华为技术公司既把欧美作为重要市场,同时也把欧美相关行业和领域的重要公司作为核心供应商、合作商。显然,这在自由贸易的意义上,完全是各取所需、互利共赢、取长补短的商业理性行为。事情自从 2019 年 5 月以来,发生了巨大变化。时任美国总统特朗普签署行政令,宣布国家进入紧急状态,以"科技网络安全"为由,美国商务部将华为公司及其 70 家附属公司列入出口管制"实体名单"。若针对美国打压华为事件进行总体梳理和复盘,可以发现,美国当局至少通过四次制裁欲把华为置于死地。第一次就是前文谈到的,也是美国惯用的"实体清单封杀";第二次是对华为采取限供甚至断供的"技术围堵";第三次是震惊全球商界政界、被称为"阿尔斯通事件翻版"的"非法拘禁华为公司首席财务官孟晚舟事件";第四次是全面封杀,试图让华为彻底停摆。据一些媒体消息,拜登政府已停止向美国企业提供向华为出口的许可证,美国政府正朝着全面禁止向华为出售美国技术的方向迈进。① 而且,据报道,美国正在扩大打压包括华为在内的中国高科技企业的盟友圈,甚至恨不得拉上半个地球来阻止中国新兴技术的崛起壮大。为此,美国与日本、荷兰达成协议,限制向中国出口制造先进半导体所需的设备。②

显然,这些做法哪里是 21 世纪文明国家的理性做法?分明属于典型且十分狭隘的损人不利己行为。它们为了维护甚至固化自身的一国霸权和极端私利,就以维护国家安全为由滥用出口管制条例,进行长臂管辖,蓄意组建针对特定国家的"小院高墙""平行体系",将科技经贸问题人为地推向泛政治化、泛安全化和工具化的危险境地。这就是一些

---

① 《外媒:美国政府将禁止供应商向华为提供任何产品》,北京日报网,https://news.bjd.com.cn/2023/01/31/10319377.shtml,2023 年 1 月 31 日。
② 《美日荷达成协议将限制向中国出口相关半导体设备?中方回应》,光明日报·光明网,https://m.gmw.cn/baijia/2023-01/31/1303267957.html,2023 年 1 月 31 日。

西方大国口口声声叫嚣自由贸易的"自由"真相，它们严重破坏全球产业链供应链基于多边贸易体制业已形成的劳动分工和自由贸易原则，大肆侵蚀甚至摧毁了全球市场规则和国际经贸秩序。

这不仅影响和制约了世界科技创新的效率，而且大大损耗了世界人民携手面对共同挑战、接续推进普惠包容经济全球化的信心。鉴于此，西方"自由贸易"话语体系的"自由"，并不是真正基于互通有无、互利共赢、发挥比较优势的真正的贸易自由，而是一种被一些欧美大国操控和把持的"伪自由"，或言双重标准化的单向自由。

第二，西方"自由贸易"异质于贸易本身的真正自由。不可否认，西方资本主义国家在历史上的确是国际自由贸易的重要开拓者，包括英国在内的主要资本主义国家都曾尝试包括废除谷物法在内的自由贸易政策，主张取消保护关税制度，力图推动国与国之间进行自由贸易和竞争。众所周知，亚当·斯密在1776年出版的名著《国富论》重点阐述了劳动分工和自由贸易，主张基于劳动分工的自由贸易不仅有利于一国财富的增长，而且最终必将提升不同国家普惠平衡的民生福祉。19世纪中期，自由贸易不仅在英国风靡一时，而且在德国、法国甚至美国也蔚然成风。

但是，自由贸易只是这些国家处在特定工业有利竞争位置时的权宜性工具，为了狭隘地保护国内市场和民族工业发展，抑或直接转向了保护关税制度，抑或在自由贸易和保护关税制度之间做出实时切换，本着"合则用，不合则弃"的机会主义和实用主义态度，与他国非公平公正地开展经贸往来。因此，从历史上看，西方所谓的自由贸易就不单纯，其动机在于满足自己的狭隘利益和政治需要。时至今日，尽管资本主义的社会结构、经济形态、政治文化和对外交往形式等，均发生了多维度的深刻变化，但西方国家所谓自由贸易的本质并未改变，仍是工具主义和机会主义的耦合统一，也绝非基于市场经济规则和经贸秩序原则的贸易自由。

第三章　马克思恩格斯资本主义自由贸易本质批判对揭露西方话语陷阱的当代价值

按照古典经济学之父亚当·斯密的说法，贸易就是劳动产品基于市场需要而自由流通的过程或形式，不应该受到任何人为的干预。显然，近年来，特别是国际金融危机后新一轮贸易保护主义的强势回潮，已经说明西方大国强国并没有认真对待斯密的自由贸易理论，更没有把理论转化到它们的经贸实践中。这也是典型的"西方思维"，对外"说一套"，但事实上却"做另一套"，属于典型的双标主义。这就是西方所谓自由贸易的话语悖论，既在国际场合高喊经济全球化与自由贸易，站在道义制高点上蛮横要求他国大开国门以便输入其商品或技术，但又在经贸往来实践中"手电筒只照别人不照自己"，通过蓄意建构的所谓知识产权规制、环境绿色壁垒、关税壁垒、长臂管辖权等多种"高大上"的说辞，来推行逆全球化行径，大行贸易保护主义之实。

对此，不妨以美国政府围猎 TikTok 为例，进行分析和阐释。作为昔日的多边自由贸易倡导者，美国为何在打压华为技术公司之后，又要围堵猎杀中国另一家高科技企业呢？TikTok 是中国短视频领军企业字节跳动旗下的海外创意短视频社交软件，在美国坐拥 1 亿多活跃用户，并凭借数据核心算法建立起"护城河"，令处在美国本土的世界著名网络技术公司巨头诸如 Meta 公司（原 Facebook）、Twitter 公司、甲骨文公司等望而生畏。甚至这些巨头的高管，时常组团到美国国会状告 TikTok，要求以维护国家安全的名义对其进行反垄断调查。自 2020 年 7 月以来，美国当局对它的围堵打压不断升级，核心诉求只有一个，就是要求 TikTok 母公司字节跳动把它出售给美国公司。[1] TikTok 凭借自身深厚的技术积累，构筑了源代码和核心算法的"人无我有"独特竞争优势，不但具有巨大的商业价值，而且成为美国科技霸权的直接"挑战者"，故而成为它们狭隘视域下必须被瓦解甚至肢解的"肉中刺""眼中钉"。这哪里是互通有无的自由贸易？"人有我无"就试图通过巧取豪夺据为

---

[1] 《央视快评｜围猎 TikTok，凸显美国霸凌做派和强盗逻辑》，央视网，https：//news.cctv.com/2020/09/25/ARTIT6UTgyMgvYZqVQ730dsM200925.shtml，2020 年 9 月 25 日。

己有,"争不过就明抢",美国政府不断设陷阱、带节奏,它一贯标榜的商业自由、自由竞争和互通有无这一套所谓的普世价值观,早已被抛诸九霄云外,彻底卸下头号强国的伪装。①

由此可见,以美国为主要代表的一些西方欧美大国强国,所操控的"自由贸易"蕴含着霸凌做派和强盗逻辑。这不仅映射了它们口中自由贸易的虚假和双标主义,而且洞见出其随意推倒规则而又恣意建构由自身主导规则的强权野心。进言之,这种所谓的自由贸易就是异质于真正贸易自由的虚假意识形态叙事,有自由贸易的"形"与"表",但无自由贸易的"核"与"质"。

第三,西方"自由贸易"仍然是实现资本增值自由的工具。马克思恩格斯从资本底层逻辑上揭示了资本主义自由贸易与资本增值之间的深层关联。历史发展演进到今天,欧美资本主义国家主导的国际经贸往来,并不是充分意义上基于劳动分工、资源禀赋和市场规则的贸易自由,而是实现资本增值自由的权宜性工具。近年来,特别是国际金融危机之后,以美国为核心的西方资本主义国家,为了率先实现经济触底反弹和加快复苏上行,大肆推行贸易保护主义甚至新冷战战略。在实质上,它只不过以自由贸易的名义来变相实现资本集团的垄断化利润。造成当今世界不稳定性、不确定性异常突出的因素,就包括由西方把控话语权的伪自由贸易和逆经济全球化行径。它们为了实现国内大资本甚至跨国资本集团的狭隘利益,通过政策屏障、技术规制和法律壁垒来人为阻滞甚至阻断不同发展阶段国家建立在产业互补基础上的正常经贸往来,企图在产业链供应链和价值链上永远处于拥有绝对话语权的"上游"地位,即企图以别国的"不发展"来维系并固化本国的"发达"。

就拿美国政府 2018 年对华悍然发动的贸易战、科技战和金融战来说,它显然违背了各取所需和发挥比较优势的市场竞争和自由贸易规

---

① 姜忠奇:《TikTok 事件是一面照妖镜》,《人民日报》(海外版) 2020 年 9 月 28 日第 02 版。

则。中美之间的贸易顺差或逆差并不是某一天突然出现的,而是产业差异发展和长期经贸往来所自然形成的结果。在对华发动贸易战等全面遏制围堵中国发展的议题上,在美国国内向来矛盾错综复杂的共和党和民主党却惊人地达成空前的一致。美国的一些寡头企业甚至完全配合美国政府对中国所采取的无理行动,原因就在于其国内经济政治界在错误的国际观、发展观和文明观的长期渲染和影响下,已经把日益发展壮大的中国视作所谓的"头号竞争对手"。

如果做更深层次的考量和深究,美国政府在大资本、大利益集团的掷掇和裹挟下,已经把本属于经贸领域的正常竞争,错误地视作对美国唯一超级大国地位的挑战甚至取代,把中国综合国力的增强特别是经济科技实力的快速提升魔幻地当作欧美经济科技霸权体系的"搅局者"和"改变者"。正是基于以上非理性的认知,诸如英国、加拿大、澳大利亚甚至法国和德国时常在美国的反复怂恿和引导下,甘做美国破坏世界自由贸易秩序的"马前卒",甚至扬言要打造完全抛开新兴市场国家的自由贸易"统一战线"。所以,综观进入新的动荡变革期的世界态势,一些西方国家所主导的"自由贸易"充斥着虚假和伪善,它只不过是国际垄断资本为了实现狭隘垄断利润的权宜性工具,而由资本支撑起来的国家治理体系,又成了破坏自由贸易秩序和实施单边主义的政治帮凶和政策同谋。

三 "自由贸易"仍是资本单向度的扩张冲动

马克思恩格斯曾剖析过以英国为代表的资本主义国家对待自由贸易的真实态度,深刻揭露了自由贸易背后的资本扩张动因。贸易能否有效地进行下去,似乎并不取决于是否真正互通有无、发挥出资源禀赋的比较优势,而主要由资本扩张的动机和现实需要来决定。历史的车轮滚动到今天,西方的"自由贸易"本质并未发生内核性改变,仍是追逐利润最大化资本逻辑的释放和彰显,也依然是资本单向度的扩张冲动。

第一,西方"自由贸易"仍是由强国主导的单边贸易。马克思恩格斯就曾深刻剖析过,19世纪中期以后的资本主义强国英国对其他国家贸易往来的主导甚至霸凌。当时的英国凭借工业先发优势,打着"自由贸易"的旗号,迅速占领了对外贸易的制高点和主动权,试图把欧洲的荷兰、法国、德国以及美洲的美国,打造成为其提供原料和销售市场的农业区,也就是这些处在"边缘"的农业区要服从和服务于处于"中心"的工业区。当然,尽管英国在当时拥有很多有利条件,但由于资本主义发展的不均衡以及其他国家的竞争和抵制,它的这一美好设想并没有长久持续下去。毋庸置疑,此时的资本主义自由贸易,已经流露出由强国大国主导的端倪。

历史发展到今天,西方资本主义国家主导的自由贸易并没有改变大国单边主导的倾向。事实上,无论是按照亚当·斯密的社会分工逻辑还是自由贸易理论,任何贸易在应然的意义上都应该是基于市场需要的双边或多边交往互动,不应该是由哪个国家或经济体"说了算"的单边交易。然而,现实却出现了强烈反差。当今的世界很不太平,充斥着超预期、难预料的诸多变量,弥漫着各种"黑天鹅""灰犀牛"事件,不安全性和潜在风险性愈发暴露出来。其中的一个关键动因,就是大国试图操弄甚至垄断国际经贸话语权,进而打破国际社会长期约定俗成并付诸实践的世界经贸规则。美国政府在这方面的所作所为最为典型。当美国处在全球贸易链的有利竞争位置时,它就高喊和倡导经济全球化与自由贸易,显然美国在此时的自由贸易体系中拥有绝对的话语权;当中国、巴西、印度等新兴市场国家和发展中国家群体性崛起时,美国在国际经贸议题上的话语权不可避免受到直接的挑战,它就强烈主张"另起炉灶",旨在重新打造能由自身及其盟友体系主宰的全球化规则和自由贸易秩序。

无论是美国前总统特朗普还是当下的总统拜登,尽管在政党属性、政治主张和个人风格上差异很大、分歧明显,但在利用经贸议题

第三章 马克思恩格斯资本主义自由贸易本质批判对揭露西方话语陷阱的当代价值

大搞政治操弄，蓄意把正常的经贸问题泛政治化、泛安全化和武器化上，却表现出惊人的一致性。就连作为美国传统盟友的澳大利亚的重要媒体也认为，美国的对外贸易完全是由其自身霸权定义和主宰的单边主义形态，它已经由战后曾经的自由贸易总设计者和总实施者，退化堕落为国际经贸体系的总破坏者。① 无论是拜登政府强势推出的《芯片与科学法》，还是名不副实的《通胀削减法案》，都是再明显不过的狭隘的产业政策法案。美国试图通过这些消极负面行径来直接扯开"遮羞布"的贸易保护主义做法，以期找回全球经贸格局中的单边主导权。

作为世界上唯一的超级大国和最大规模的经济体，美国的做法，无疑具有很大的负面带动效应，它通过重金大规模补贴本国半导体和电动汽车等产业，并限制他国相关产业在其国内进行市场化的自由投资，破坏了世界上正常的贸易和投资自由化便利化网络，降低了全球贸易的自由性、双边性、多边性。这不仅是美国经济政策的重大逆转，而且是对基于规则和规律的世界多边经贸体制的重大撼动，甚至可称为严重的挑衅和解构。西方大国主导的单边"自由贸易"具有很强的破坏性，这不仅体现为对互通有无的经贸层面的侵蚀和动摇，而且成为影响基于人类共同利益的和平发展层面的消极变量，进而成为影响世界发展稳定和携手面对人类诸多共同问题的信心和动力。

第二，西方"自由贸易"的支撑动力仍是资本的扩张冲动。马克思说："资本一方面具有创造越来越多的剩余劳动的趋势，同样，它也具有创造越来越多的交换地点的补充趋势；在这里从绝对剩余价值或绝对剩余劳动的角度来看，这也就是造成越来越多的剩余劳动作为自身的补充；从本质上来说，就是推广以资本为基础的生产或与资本相适应的生产方式。创造世界市场的趋势已经直接包含在资本的概念

---

① 参见《澳媒社论：美国已变成国际贸易体系"总破坏者"》，光明网，https://m.gmw.cn/baijia/2023-01/28/36326570.html，2023年1月28日。

本身中。"① "越来越多的交换地点"和"创造世界市场的趋势",就直接预示着资本增值的空间逻辑。资本从来就不会"安分守己",它只有在更短的流通时间和更大的市场空间内,才能不断满足其剩余价值最大化的基本诉求。这意味着资本及其逻辑是推动资本主义贸易的重要力量。

换言之,贸易成为资本逻辑的一个延展和实现管道。历史的车轮滚动到今天,追逐利润最大化的资本逻辑依然是资本主义世界的主轴主线,而西方世界所谓的"自由贸易"也不是相互发挥资源禀赋和比较优势的真正的贸易自由,在本质上依然是实现资本增值的工具和媒介。当前,世界进入新的动荡变革期,可谓变乱交织、动荡不安,百年变局又呈现出新的历史特点,一些欧美大国强国为了狭隘的一国私利和霸权,而不愿意承担世界经贸大局稳定的"压舱石"责任,以邻为壑,大搞贸易保护主义以及其他各种逆全球化行径。这些国家也时常高调谈起基于规则的自由贸易秩序,可是这里的所谓"规则"不是国际社会长期约定俗成并广泛实施的多边主义规则,而是服务于本国狭隘利益,特别是大资本集团利益的工具。

一些欧美国家在资本逻辑的制度价值牵引和规约下,对待"自由贸易"并不忠诚,它们根据自身的利益需要并在短视的经济民族主义裹挟下,变着花样大搞小圈子多边主义、选择性多边主义和机会主义多边主义,旨在通过"合则用,不合则弃"的机会主义态度来实现自我利益最大化,满足国内诸如工业资本、金融资本、商业资本、银行资本等资本集团在海外更大市场扩张和增值的动机。近些年获得快速发展的跨境电商,本来是促进处在不同发展阶段的世界各国发挥自身资源禀赋和比较优势的新自由贸易形态,是一种在互联网信息技术支撑和加持下的商品和服务的互通有无;但是作为跨境电商巨头的美国亚马逊公司(Amazon),却从2021年年中以来以"操纵评论""刷单""违规账号关联"

---

① 《马克思恩格斯文集》第8卷,人民出版社2009年版,第88页。

等商家违规操作为理由,对中国大批卖家进行"封号"和"冻结资金",可以说,此举对中国卖家或平台企业产生了较大的负面影响。到底是什么原因引起作为世界头部平台企业的亚马逊公司"大动干戈"呢?甚至一些商家和媒体大喊"冤枉",毕竟针对的和受到影响的主要是中国卖家。

从目前各方披露的有限公开信息来看,我们仍然很难准确判定这次"封号风波"的真实动因。但是,有一点却是十分清楚的,跨境电商凭借其低成本、高效率和打破时空限制的独特优势,不仅受到全球各地消费者的普遍青睐,而且成为推动世界贸易形态变革和贸易管道进阶的重要力量。然而,越来越多的迹象表明,包括亚马逊在内的众多美国企业,在美国政府围堵打压中国企业正常发展壮大的战略博弈中,愈发被政治裹挟和操纵,甚至一些企业公然抛弃市场规律和商业原则,成为美国政府的"帮凶"和"打手"。诸如电商头部企业亚马逊公司的背后,也是大资本巨头在支撑。如果在亚马逊公司在电商领域取得垄断地位时,任其随意无章法地"开店""关店",随时投机性运用自身制定的格式条款来操控众多商家,本身就是对全球自由贸易规则和秩序的破坏与挑衅。

这就在很大程度上说明,一些西方国家尽管时常以高度的市场经济体制自居,甚至堪称"笑傲江湖",却总是做一些干扰正常市场交易和经贸往来的越位勾当。此处的矛盾和悖论,恰恰说明西方主导的所谓自由贸易只是虚假伪善和双标式的机会主义,在本质上只是满足资本单边扩张之需要。

第三节 "自由贸易"成为西方"劫贫济富"的霸凌手段

马克思说:"如果说自由贸易在世界各国之间也能促成什么友爱,那么,这种友爱也未必更具有友爱的特色;把世界范围的剥削美其名曰普遍的友爱，这种观念只有资产阶级才想得出来。"① 恩格斯也从斯密社会分工理论的角度，剖析和揭示了资本主义自由贸易追求利润最大化的核心旨趣。时至今日，资本主义自由贸易的本质并未改变，所谓的"自由贸易"依然是资本主义"劫贫济富"、损人利己的强权和霸凌手段。

一 "自由贸易"成为政治正确的意识形态陷阱

在马克思恩格斯那里，资本主义自由贸易充斥着虚假和伪善，只是工商业资本在更大时空范围扩张和增值的工具，所以它在本质上属于一种华而不实的经济政治说辞和意识形态话术。迄今为止，尽管资本主义自由贸易的具体形态、内在结构和平台载体等均发生了深刻变化，但在实质上依然是西方国家用于标榜自身的话语工具，充斥着政治正确却无公平内核的意识形态陷阱。

第一，"自由贸易"依然是西方资本主义国家对外交往的经济标签。19世纪中期以后，英国的工商业资本家彻底战胜了地主贵族，谷物税和其他多种原料税被废除，"自由贸易成了风行一时的口号"②。自此，包括英国在内的众多资本主义国家，纷纷在对外交往中权宜性地高喊"自由贸易"口号，自由贸易似乎成为资本主义国家的专利化、独特化标签。历史发展到21世纪的今天，尽管这些国家仅仅把"自由贸易"当作选择性使用的口号和工具，但是它们却仍然以基于市场规律和经贸规则的"自由贸易"国家自居。事实上，这也不难理解，毕竟不管今天一些欧美国家如何倒行逆施、推行逆经济全球化行径，互通有无、互利共赢的经济全球化，依然是时代潮流和历史大势。因此，西方国家为了在国际舆论场上站得住脚，就必然声称致力于推动贸易和投资的自由化便利化。

---

① 《马克思恩格斯文集》第1卷，人民出版社2009年版，第757页。
② 《马克思恩格斯文集》第4卷，人民出版社2009年版，第335页。

第三章　马克思恩格斯资本主义自由贸易本质批判对揭露西方话语陷阱的当代价值

就拿美国为例，虽然它是当今世界贸易保护主义、单边主义和孤立主义的始作俑者及主要推动者，狂妄地利用自身的超级大国地位和经济科技先发优势，大搞违反自由贸易规则的霸凌行为，然而却在国际舆论上处处指责包括中国在内的其他国家违反贸易规则、背离市场规律，而且到处拉帮结派、试图威逼利诱传统盟友和新伙伴来打压中国，对中国无理无端地大搞脱钩断链、断供制裁。美国很善于"贼喊捉贼""倒打一耙"，明明自身是自由贸易规则的破坏者、国际秩序的搅局者、和平发展的颠覆者，却不反思自身的所作所为，而到处说三道四、指东道西、煽风点火，唯恐当今变乱交织、风险叠加的世界还不够乱，俨然成为人类文明进程的消极变量。尽管如此，美国却"恶人先告状"，把自身定义为遵循市场经济规律的贸易自由国家，而把包括中国在内的其他任何不按其指定"规律""规则""秩序"来发展经济和开展经贸交往的国家，统统列为所谓的威权主义和非市场经济地位的国家。这是典型的"非我族类，其心必异"的党同伐异之国家心态。

从 2018 年以来美国持续对中国发动的贸易战、科技战、金融战、舆论战来看，以该国为代表的一些欧美国家，就是企图操控和垄断全球经贸规则和经济发展秩序的话语主导权。它还沉睡在"二战"后经济全球化和自由贸易的主导者"迷思"之中，以为自己可以永远坐稳经济全球化和自由贸易主导者的宝座。殊不知，公道自在人心，人类文明的大趋势是不断走向对话而非对抗、合作而非割裂、开放而非封闭的互联互通世界。但是，面对"东升西降""治乱分化"的明显态势，特别是中国综合国力和经济科技实力的快速增强、从全球经济的边缘逐步走向世界舞台的中心，美国国内的一些精英和政客不肯接受也更不愿意接受这一不可逆转的大国格局调整之现实，产生了越来越显著的不适和焦虑。

所以，为了遏制甚至扼杀以中国为代表的新兴市场国家和发展中国家的群体性崛起，它就企图垄断国际经贸秩序的话语权，把自身建构为基于规则的市场经济和自由贸易的"标准"化身，把自由贸易作为对外经济交往的口号式标签,依据自身主导和定义的所谓"自由贸易"规则,来把世界划分为所谓的威权国家和民主国家。美国的战略用意再明显不过,就是试图在垄断世界自由贸易话语权中,打压和围堵任何可能对其构成竞争的新兴国家。在以美国为代表的西方资本主义国家那里,"自由贸易"不仅是一种外在的经济标签,而且是国内外场合均可择机使用的政治工具和外交武器。

第二,"自由贸易"成为西方资本主义国家试图占据国际道义制高点的虚幻口号。自由贸易不仅成为马克思恩格斯所剖析的资本主义时代较为推崇的经济交往口号,而且也是当今西方资本主义国家试图在国际上操控经贸话语权的重要工具。当今世界进入新的动荡变革期,不稳定性、不确定性凸显,各种超预期、难预料的因素日益增多,全球经济仍然处于复苏动力不足和增长动力匮乏的"进退维谷"的艰难局面。曾经在"二战"后长期作为世界经济发展"领头雁"的欧美发达经济体,囿于国内的产业结构特别是"脱实向虚"的过度金融化趋向,而逐步陷入经济增长的衰退和下行泥淖。当自身经济科技实力下降而渐渐偏移世界中心的地位时,以美国为代表的一些西方国家,开始带头"退群毁约""脱钩断链",推行所谓的"小院高墙""平行体系",大搞贸易保护主义、单边主义、孤立主义的逆全球化行径。

但是,一个明显的悖论就是,以美国为代表的西方大国尽管大肆推行保护主义,严重破坏世界经贸秩序和全球自由市场规则,但是它们却仍然不愿意放下"自由贸易"的旗号,依然把自身视作"另起规则""崭新形态"的经济全球化的践行者。隐藏在背后的动机是什么?如果做一般层面的考量,美国作为世界上唯一的超级大国,完全可以利用其产业链、科技链、金融链、创新链甚至军工复合体链,明面上大搞贸易保护主义行动,但它还是"犹抱琵琶半遮面",隐性地通过关税壁垒和非关税壁垒来实施。可以说,所谓基于规则的"自由贸易",仍然是美国政府到处宣扬和兜售的口号和话术。

第三章 马克思恩格斯资本主义自由贸易本质批判对揭露西方话语陷阱的当代价值

以美国对中国高科技企业的围堵和打压为例，或许能够看得更为清楚。近年来，美国通常把自身定义为市场经济国家的引领者和所谓新型自由贸易的推动者，但这只是虚假的外衣。事实上，这一国家不断泛化和操弄"国家安全"概念，采取各种超出常规预期的恶劣手段来打压华为、中兴、大疆科技、字节跳动、海康威视等中国高科技企业，可谓各种阴险手段用尽。就华为而言，2019年，特朗普政府将华为列入"实体名单"，对于向华为出口美国技术实施严格限制；2021年3月，美国联邦通信委员会发布一份清单，列出所谓"对国家安全构成不可接受风险的通信设备与服务商"，华为、中兴等5家中国科技企业榜上有名；2022年11月，该清单正式启动；2023年2月，美方放出风声，企图全面切断美供应商与华为的联系，彻底撕下了美方一贯标榜的市场经济和公平竞争原则的"遮羞布"，充分暴露出美国单边主义霸凌行径实施者、多边贸易体制破坏者和全球产业链供应链扰乱者的真面目。[①]

美国嘴上大喊"自由贸易"，时常叫嚣和渲染所谓基于公平规则而展开自由竞争，这些做法只是试图为自己树立起道义的牌坊，本质上却是打压对其构成竞争的国家的重要手段。这个国家不但充斥着竞争焦虑，而且充斥着发展悖论，在口头上表示不寻求与中国进行"新冷战""脱钩断链"、乐见中国的发展壮大；另在行动上却实打实地遏制围堵中国，从所谓的"竞争法案"到鼓吹对华进行"精确打击"，无不蕴含着矛盾思维甚至分裂思维。美国这个国家，尽管大肆宣扬与中国进行基于规则的公平竞争和自由贸易，却又内嵌着"行动不自信"和"发展被害妄想症"，总是担心被快速发展壮大的主要新兴经济体渐渐超过甚至直接取代，把本来是正常的你追我赶、你来我往的良性竞争，刻意"建构"为你死我活的恶性竞争。

说到底，以美国为代表的部分西方国家凭借自身的经济实力、科技霸权和外交巧实力，既想在国际上掌握自由贸易的话语权，以继续领导

---

① 郭言：《美对中企极限施压损人害己》，《经济日报》2023年2月2日第03版。

这个百年变局下的世界,也就是在西方中心主义视角下推进全球治理;但又不愿意为全球治理提供普惠性有质量的国际公共产品,担当起大国强国应负的世界道义责任。所以,这些西方国家是颇为矛盾的,面对着一批新兴市场国家的日益发展壮大和群体性崛起,它们既产生了战略焦虑甚至战略恐慌,又不愿意在国际道义上彻底卸下伪装、撤掉"遮羞布",而把自由贸易当作粉饰自身经济政治行为的话语工具。这种舆论和思维裹挟下的所谓自由贸易,本质上也只不过是某种典型的虚假口号和伪善工具。

第三,"自由贸易"充斥着名不副实的经济—政治悖论。马克思曾在《哥达纲领批判》中剖析和批判了自由贸易派的伪善:"自由贸易派也说,它的努力所产生的结果是'各民族的国际的兄弟联合'。"① 真正互通有无、发挥资源禀赋和比较优势的自由贸易,的确能够在国际经贸往来中增进利益交融和培植共同利益,最终建成人类社会你中有我、我中有你的利益共同体和发展共同体。由此可见,自由贸易派所宣称的世界各民族"兄弟联合"的美好图景,是有前提条件的。如今,世界上仍然充斥着各种各样的自由贸易话语,特别是西方国家的自由贸易规则和规制,具有很强的主观性、单边性,镶嵌着鲜明而又典型的"合则用,不合则弃"的实用主义态度。在一定意义上,当今世界的主要经济政治秩序特别是经贸规则,主要延承了"二战"后的总体秩序框架,而这种框架又主要是由西方国家主导和制定的。

无论是"二战"后的两大世界主要金融机构即世界银行和国际货币基金组织还是世界贸易组织(前身是关税总协定),都主要是由美国领衔推动、抓总设计和建立起来的。可以说,当时的美国风头无两,成为战后经济全球化和自由贸易的关键领导者。在战后一个较长的历史时期内,美国总体上是拥护和支持自由贸易的,整体上尚能把自由贸易的基本规则和通行做法带头遵行、付诸实践。所以,这个阶段由西方引领

---

① 《马克思恩格斯文集》第 3 卷,人民出版社 2009 年版,第 439 页。

第三章 马克思恩格斯资本主义自由贸易本质批判对揭露西方话语陷阱的当代价值

的资本主义"自由贸易",基本上能够达成名实一致,同时因贸易所滋生和涌现出来的矛盾及分歧尚不突出,只是星星点点,都在可以调适和解决的合理范围之内。然而,进入21世纪特别是国际金融危机持续发酵之后,美国为了保障狭隘的国内利益,奉行"美国第一"甚至"美国唯一"的保守封闭政策,大肆通过歧视性的产业政策推动制造业回流,严重破坏了全球产业链供应链和价值链的稳定性和可持续性,成为影响世界稳定、经济韧性、创新发展的动荡源和风险点。

这时,以美国为代表的一些西方国家,仍然在国际经贸往来中大喊自由贸易,大肆为所谓基于规则和秩序的自由贸易造势,企图误导并引导国际社会相信"唯有西方规则才是符合经济全球化大势的自由贸易规则"的荒唐论调。也就是说,美国嘴上喊着自由贸易,但行动上却只追求完全由自己主宰和操控的那种伪自由贸易,企图通过"小院高墙""平行体系"来打压围堵新兴市场国家和发展中国家的群体性崛起。若做进一步思索和考量,毕竟经济全球化是时代潮流和历史大势,高度互通有无、互联互通的自由贸易,不仅有利于美国企业和产业界的实际发展需要,而且在长远意义上,也助力于美国这个超级大国综合国力的增长和长期竞争力的保持。因此,出于社会分工、自由市场和长期竞争力培植等多维度的经济需要,美国政府、美国企业、美国人民都离不开全球贸易和投资的自由化便利化活动,没有哪个国家能够在全球互联互通的产业链供应链中真正打造起独属于自己的"孤岛"。

但是,在美国国内政治博弈特别是共和党和民主党两党相争的非经济层面,诸方政治力量又希望借助"中国崛起""中国威胁""美国地位下降""美国竞争力下行"之类的议题,来"退圈毁约""断供限供"甚至"脱钩断链",旨在打造封闭僵化的世界经贸小圈子、小体系、小循环。在这个意义上,一方面,美国的经济科技发展,客观需要互通有无、取长补短、公平公正的自由贸易;但另一方面,其国内的诸种政治力量又要通过各种政治操弄和议程设置,来蓄意干扰甚至大肆破坏基于规则的自由贸易秩序，十分担心自身的霸主地位和霸权优势被其他国家取代或超越。可以说，在对待全球自由贸易问题上，以美国为代表的一些西方资本主义国家，在百年变局特别是变乱交织的当下，是双标和伪善的。它们既希望自身最大化获利，又不愿意真正承担起国际义务和责任。这充斥着愈发明显并日益涌上台面的经济—政治悖论。毋庸置疑，此悖论也是助推当今世界动荡变革的重要变量和消极因子。

二 "自由贸易"是西方资本主义损人和利己的统一

恩格斯曾在《英国工人阶级状况》中深刻剖析和批判了资本主义自由贸易损人利己的本性。"自由贸易论是建立在英国应当成为农业世界唯一的伟大工业中心这样一个假设上的。"[①] 按照英国资本家的良好预设和美好愿景，英国应该成为世界上独一无二的工业中心，其他国家则应该沦为服务于该工业中心的农业区和原料区，也就是驱使和推动其他诸如法国、德国、俄国、美国这样的外围国家成为"爱尔兰的佃农"。在当时英国资本集团的发展逻辑里，工商业体系强大和经济循环能力最为强劲的英国，可以通过对外"自由贸易"的方式来持续实现对外部市场的操控。显然，这种恃强凌弱的霸权思维和大国沙文主义，是鲜明且典型的损人和利己的统一。时至今日，以美国为代表的西方资本主义"自由贸易"的本质并未改变，仍是资本主义损人和利己的统一，并不是互惠互利、公平公正、多边共赢的良性经贸往来。

第一，西方"自由贸易"的负外部性。马克思和恩格斯分别在《关于自由贸易问题的演说》及《国民经济学批判大纲》等重要著作中，揭橥了资本主义自由贸易所带来的消极效应。历史发展到今天，西方国家主导的自由贸易的负外部性，不但没有消退或转弱，反而更为明显和突出。当前，在百年变局叠加疫情的复杂境遇下，尽管世界各主要经济体普遍陷入下行衰退和增长动能不足的风险，但是以美国为代表的

---

① 《马克思恩格斯文集》第1卷，人民出版社2009年版，第376页。

西方国家不仅没有主动承担起大国应该承担起来的国际责任，而且大肆带头奉行保护主义和单边主义，倒逼盟友及其所谓的伙伴体系国家，来推行基于美国意志和规则的新的自由贸易体制，破坏以世界贸易组织为核心的多边经贸秩序。其后果是严峻的，不但不能推动世界加快走出衰退泥淖、实现上行复苏，而且具有极其消极的"破窗效应"，毕竟虚假的自由贸易很容易成为影响世界稳定的风险点和动荡源。在变乱交织的当今世界，所谓的自由贸易只是美国在国际上寻求舆论支持的"道具"和幌子，它才是一波又一波保护主义和单边主义的肇始者、推动者，成为当今世界上从战争代理人到军火贩子、从单边主义者到"制裁合众国"、从"美国优先"到"美国例外"的世界最大乱源。

事实上，从短期的狭隘利益视角来看，贸易保护主义是损害别人、增益自己的一种现实主义举措；但从长期的可持续的发展利益视角观之，这是损人不利己的零和博弈策略，最终不仅会损伤本国的发展利益，而且会影响整个世界的总体利益。正如习近平指出："保护主义政策如饮鸩止渴，看似短期内能缓解一国内部压力，但从长期看将给自身和世界经济造成难以弥补的伤害。"① 当今世界，愈发呈现出"动荡"与"变革"、"混乱"与"调整"、"危机"与"希望"的正反双重迹象。可以说，这些迹象与美国恣意挥舞制裁大棒、大搞单边主义行径、推动伪自由贸易，具有深层的关系。例如，自俄乌冲突升级以来，美国对俄罗斯施加了全方位、全过程的经济制裁，不仅给俄罗斯经济民生带来了明显损害，也对全球能源、粮食、金融市场等多方面造成了严重冲击；据统计，美国上届政府累计实施逾3900项制裁措施，相当于平均每天挥舞3次"制裁大棒"；截至2021财年，美净制裁实体和个人高达9421个，较2000财年增长933%②，美利坚合众国已经沦为名副其实的

---

① 《习近平谈治国理政》第2卷，外文出版社2017年版，第473页。
② 《美国对华认知中的谬误和事实真相》，新华网，http://www.news.cn/2022-06/19/c_1128756086.htm，2022年6月19日。

"制裁合众国"。

不难看出，以美国为代表的一些西方国家主导和操控的自由贸易，并不是互联互通和互通有无的真正的自由贸易，而是试图通过虚假自由贸易的方式来掌握国际舆论话语权，进而对外输出由自身产生且本应该由自身吸纳的负外部性，也就是把因为本身的发展道路和产业结构所致的内部矛盾转嫁给国际社会，以期实现国内问题的国际化埋单，也就是典型的"内病外治"或"自己病了让别人吃药"的霸权逻辑。当今世界林林总总、错综复杂的问题那么多，根源就在于以美国为代表的一些西方国家，对基于多边主义的国际政治规则和全球经贸秩序的持续破坏。可以说，这正是西方虚假"自由贸易"负外部性的集中体现。

第二，西方"自由贸易"的利己本质。马克思恩格斯剖析过19世纪中期由英国所主导的资本主义自由贸易体系的狭隘本性和利己本质。时至今日，西方"自由贸易"的利己本质不但没有弱化消亡，反而变本加厉。随着当今世界进入国际秩序的重组酝酿期、大国博弈的重要关口期、经济风险的喷发积聚期、社会民粹思潮的高涨期、气候变化的应对交锋期、科技革命的创新突破期[1]，西方资本主义国家的综合国力和经济科技实力呈现出长周期的衰退下行趋势，它们就更有动机运用贸易工具和经贸霸权，来谋取单边利益最大化。按照一般的全球分工和经济发展规律，越是世界经济增长遇到困难，各国就越应该携起手来、同频共振、同向同行，如大力开展基于公平公正和多边主义规则的自由贸易，最大限度地促进生产要素在全球范围内畅通流动，坚决摒弃各种关税壁垒和非关税壁垒，在各国不断提升的规则、规制和标准的制度型开放中，推动贸易和投资的自由化便利化，实现贸易本真要义的互联互通。唯有如此，世界各国才能携起手来、互帮互济、互利共赢，加快实现经济复苏反弹和上行增长。

---

[1] 王文：《世界进入新的动荡变革期》，《前线》2022年第7期。

显然，近年来，贸易保护主义、单边主义、孤立主义甚至极端民粹民族主义的泛起肆虐，已经充分说明世界经济尚没有真正走向团结和协作，而是走向了新一波分裂和对抗。归根结底，作为世界上的超级大国、最大经济体，美国本应该继续挑起经济全球化和自由贸易的大旗，带领世界经济尽快走出复苏乏力的尴尬泥淖，但它在实际行动上却刻意奉行"美国优先"的贸易保护主义，对包括中国在内的新兴市场国家和发展中国家进行无底线遏制打压。美国政府在国际场合时常以市场经济国家和自由贸易国家自居，狭隘且傲慢地认为自身的贸易体系才是基于规则和秩序的自由贸易体系，随意指责他国的产业政策和经贸行为违背自由贸易原则。

事实上，美国才是经济全球化的搅局者、多边经贸体制的破坏者、贸易保护主义的实施者，它公然违反公平竞争精神、市场经济原则和国际经贸规则，以各种"莫须有"的理由，围追堵截、极限施压具有国际竞争力的中国高科技企业，迄今已将1000多家中国企业列入各种制裁清单；划定生物技术、人工智能等重点管控技术，强化出口管制，严格投资审查；打压包括TikTok、微信在内的中国社交媒体应用程序。[1] 美国这些无端无理的做法，根本就不是一个西方大国强国在21世纪的当下应有的作为，而是逆历史潮流而动的流氓国家行为，在一定程度上也是对人类文明进程造成了阻滞和侵蚀。这就是西方资本主义"自由贸易"中的霸权、自私和双标，透射着典型的"牺牲别国、保存自身"的利己本质。

三 "自由贸易"是西方资本主义应对危机的政治手段

马克思深谙资本主义自由贸易的虚假。"自由贸易实质上是假货贸易，或者用英国人的俏皮说法，是'诡辩品'贸易。事实上，这种'诡

---

[1]《美国对华认知中的谬误和事实真相》，外交部网站，http://newyork.fmprc.gov.cn/web/wjbxw_new/202206/t20220619_10706065.shtml，2022年6月19日。

辩'比普罗塔哥拉更会颠倒黑白,比埃利亚派更能当面证明一切真实都只不过是假象。"①以追逐利润最大化为核心导向的所谓自由贸易,并不能真正实现商品或要素的自由流通、调剂余缺。时至今日,西方资本主义制度下的自由贸易,也只是它们应对经济社会发展危机的政治工具。

第一,西方"自由贸易"的政治属性。正如前文所述,马克思恩格斯曾经分析和阐释了率先完成工业革命的英国,凭借自身工业先发优势,企图把经贸问题政治化、工具化的消极行径。事实上,当时的德国、法国和美国等国也纷纷效仿和跟进了英国的做法,总是在保护关税制度和自由贸易之间,做出有利于自身的权宜性切换,蓄意把正常的经贸问题与国家之间的政治角力勾连起来。当今世界,尽管贸易形态、贸易管道和贸易结构发生了翻天覆地的变化,但是西方资本主义自由贸易的政治化、武器化趋势,不仅没有弱化消弭,反而愈加强化显现。贸易本来是"你情我愿""彼此成就"的互通有无,属于全球市场的充分竞争范畴,并不直接甚至必然关涉到不同经济体之间的政治平衡或政治角力关系。在世界经济总体上行时期,特别是西方资本主义国家处在产业链、供应链的主导地位时,它们还能总体上奉行多边主义规则和自由贸易原则。

然而,这只是一种短期现象,在很多时候,西方资本主义国家总是把"自由贸易"当枪使,蓄意把正常的经贸竞争或结构问题政治化、工具化,裹挟着鲜明的政治意图。这就不难理解美国政府近年来所作所为的深层逻辑。这个时常自诩为完全市场经济的国家,为了维护自身习以为常的霸权、霸道、霸凌做派,滥用出口管制措施,胁迫诱拉一些国家组建遏制中国的小圈子,将科技经贸问题政治化、武器化,严重破坏市场规则和国际经贸秩序。②蓄意把经贸问题政治化,其后果是十分严

---

① 《马克思恩格斯文集》第5卷,人民出版社2009年版,第288页。
② 《2023年1月30日外交部发言人毛宁主持例行记者会》,外交部网站,https://www.mfa.gov.cn/fyrbt_673021/jzhsl_673025/202301/t20230130_11016413.shtml,2023年1月30日。

重的,从长远看这种做法损人不利己,不仅侵蚀产业链供应链的稳定性、持续性,而且将在国际上开启坏的先例、做出消极示范,毕竟滥用国家出口管制和泛化国家安全的政治做法将滋生国际混乱、人人自危的舆论氛围,最终将影响整个世界的发展速度和科技创新效率。西方资本主义国家主导下的自由贸易体系,符合典型的双标主义特征,既想封堵别人的路又妄想畅通自己的路,更不愿意承担起与自己身份和实力相符的国际责任和义务。

从马克思恩格斯剖析的 19 世纪中期到 21 世纪当下,西方资本主义自由贸易的政治属性一直都在,只不过在不同阶段的显现程度不一,但都具有典型的"合则用,不合则弃"的单边主义印记和实用主义色彩。如今的美国政府在这一问题上表现得颇为典型,为了维持和固化自身在经济发展和科技创新上的领先及垄断地位,它根据国内经济政治需要随意泛化国家安全概念,无理无端甚至极端地对经贸问题进行政治化操弄和议程设置,人为干扰正常经贸往来,破坏全球产业链供应链稳定,同美方一贯标榜的市场经济和公平竞争原则背道而驰。① 可以说,如果以美国为代表的西方大国强国,不愿把经济问题、市场问题、产业问题、技术问题同政治议题、外交议题、文化议题等做出适当区分和灵活对待,那么世界产业链供应链的稳定性、持续性,就会遭到严重破坏和侵蚀,世界的动荡性、不确定性就会继续加剧上升,最终影响的将是全人类的共同利益。毕竟放眼人类发展历史,在零和博弈以及负和博弈中,各国都是输家,而从来就没有真正的长期赢家。

第二,西方"自由贸易"与资本主义经济危机应对。西方自由贸易向来受到资本逻辑的强劲驱动和牵引,它既是追逐利润最大化的一种经济手段,也是应对源于资本主义私有制固有危机的矛盾转移渠道。马

---

① 《2023 年 2 月 10 日外交部发言人毛宁主持例行记者会》,外交部网站,https://www.fmprc.gov.cn/web/fyrbt_673021/jzhsl_673025/202302/t20230210_11023301.shtml,2023 年 2 月 10 日。

克思就曾剖析过资本主义自由贸易的虚假和伪善,他指出:"包令博士对所有这些论证都予以宗教上的承认。他在一个公众集会上大声说:'耶稣基督是自由贸易,自由贸易是耶稣基督!'"① 事实上,资本主义自由贸易既不是为了保障工人阶级的物质利益,也非真正的彼此双方互通有无、调剂余缺、取长补短,更不是与他国在经贸交往互动中相互成就、合作共赢。纵观近些年的国际经贸形势可以发现,包括世贸规则主要制定者美国在内的西方大国,早已把自由贸易当作权宜性使用的经济政治工具,不仅用于国际博弈和地缘政治,而且用以缓解国内危机、转嫁国内矛盾,进而实现各派力量的政治平衡。

  无论是曾经的特朗普当局还是如今的拜登政府,为何总是出尔反尔、刻意违反中美之间产业互补和市场互济的自由贸易规则,进而对中国进行包括加征关税在内的全方位围堵打压?为何美国国内民主党和共和党在很多国内问题上水火不容甚至发生了"国会山骚乱事件",而却能在恐华、反华、制华问题上达成惊人的"团结一致"?根源就在于,美国有关政客和利益集团,早已把中美之间本因发展阶段和产业结构差异而自然形成的"互补"经贸结构,人为地归因成于中国滥施补贴、滥用产业政策,进而损害了美国产业和美国企业的根本利益。尽管近期美国最大的商业游说团体美国商会呼吁政府加快减免关税,美国信息技术产业协会则寻求完全取消加征的关税,但自上台执政以来,拜登政府一直没有决定是否取消对中国进口商品加征的高额关税,这些关税涵盖了微芯片和化学品等工业产品,以及包括服装和家具在内的大众消费品。②

  在一些美国政客的战略思维中,仿佛对华强硬特别是对华进行贸易施压,是永恒的"政治正确"。若做进一步延伸思考,为何美国国内政

---

① 《马克思恩格斯文集》第1卷,人民出版社2009年版,第748页。
② 《美媒:美国企业再次呼吁拜登政府取消特朗普时期对华关税》,环球网,https://m.huanqiu.com/article/4BMYUJWBV24,2023年1月20日。

治势力在对华贸易战问题上能够达成空前的一致,甚至不惜冒着自身产业遭到"反噬"的风险危机?正是因为对华发动贸易战,恰恰是美国转移国内产业紊乱和经济复杂矛盾的一种"直接有效"方式,即把长期以来产业发展过度金融化、虚拟化的后果释放和转移出去,以期使国内负面问题达成国际化埋单之根本目的。这是典型的美式思维和霸权做法,从不认真反思和调整自身的产业发展结构和金融管理体制,总是幻想在遇到棘手问题时直接"甩锅"给别国,属于无视国际公平公正规则的"自己病了却让别人吃药"的美式霸权逻辑。

正是在这个意义上,如今西方资本主义国家的所谓"自由贸易",在本质上充斥着话语欺骗和意识形态陷阱,只不过是暂时应对和转移国内固有危机的一种工具和手段。

第四章

马克思恩格斯资本主义自由贸易本质批判对维护国家经济安全的当代价值

马克思恩格斯关于资本主义自由贸易的本质批判理论，不仅有助于揭露当今西方国家所谓"自由贸易"的话语陷阱，进而认清国际经贸往来的事实真相；而且对于在百年变局下特别是世界新的动荡变革期，如何维护国家经济安全，确保产业链供应链不受根本性威胁，以及在推动自由贸易中协同提升"大循环"与"双循环"的动态平衡，仍具有可资借鉴的当代价值。

第一节 贸易主导权博弈成为百年变局的重要因子

马克思曾在《1848年至1850年的法兰西阶级斗争》中说："在英国占统治地位的是工业，而在法国占统治地位的是农业。在英国，工业需要自由贸易，而在法国，工业则需要保护关税，除需要其他各种垄断外还需要国家垄断。"[①] 恩格斯也在《保护关税制度和自由贸易》这一重要著作中，重点分析了美国与英国之间基于民族工业发展的贸易主导

---

① 《马克思恩格斯文集》第2卷，人民出版社2009年版，第154页。

权之争。① 不同的国家或经济体，因所处发展阶段和经济科技水平不同，对待自由贸易的态度存在显著差异，但是，无论是推行自由贸易还是实行保护关税制度，任何国家都有试图占据经贸主导权的动机和行动。如今，世界进入新的动荡变革期，不同经济体围绕贸易主导权的激烈博弈，依然是加剧百年变局的重要因子、催生国际经济政治格局调整重塑的关键变量。

一 贸易主导权博弈愈发成为国际关系新常态

马克思恩格斯曾经深刻剖析了率先完成工业革命的英国，与继发工业革命的法国、德国、美国、俄国等资本主义国家之间的贸易竞争。就当时而言，这种贸易竞争已经成为深刻影响主要资本主义国家之间关系的重要因素。贸易主导权博弈，存在于历史上的不同时期，只不过有时较为明显，有时较为隐蔽。当前，贸易主导权博弈，愈发成为百年未有之大变局的关键变量，嬗变为已经处于深刻调整进程之中的国际经济政治关系新常态。

第一，贸易主导权博弈的一般图景。在马克思和恩格斯生活的时代，资本主义自由贸易主导权的博弈还比较简单和低级，主要还是围绕工业品进出口份额的顺差或逆差来对垒和比拼。当今时代，贸易主导权的竞争和博弈日趋复杂化、长期化。

一是对贸易逆差顺差的博弈。从作为资产阶级最初经济学说的重商主义开始，资本主义国家就主张"多出口，少进口"观点，即多卖少买、贱买贵卖。历史发展到今天，依然如此。从 2018 年开始，美国政府为何不惜代价对中国悍然发动贸易战？按照美国前总统特朗普的说法，在中美之间的贸易问题上，美国总是贸易逆差，属于吃亏方；而中国则保持贸易顺差，属于获利方，这种长期不平衡严重影响了美国的国家利益及其在国际上应有的竞争力和感召力。按照美国当局的

---

① 参见《马克思恩格斯文集》第 4 卷，人民出版社 2009 年版，第 338—339 页。

单边说法，美国对华贸易当中有巨大的逆差，甚至达到 5000 亿美元，说美国损失了数百万的制造业岗位，认为美国在中美贸易过程中是吃亏的。①

事实上，根据中美两国商务部之间建立的统计合作小组对双方贸易数据所做的研究，赫然发现美方所报告的贸易逆差数据，显然被高估了；同时，中国企业对美出口中的相当一部分属于加工贸易，在这一贸易领域，中国进口其他经济体的零部件或元器件，只是在中国完成整件（总体）组装，而后再出口和输入美国，此时所产生的贸易顺差，也不应该全部算进账里，其实在这一环节中，中国所获利润或附加值不高。考虑到中美间的发展阶段、产业水平和科技基础，在传统的货物贸易中，中国的确有顺差；但是在服务贸易方面，美国却对中国存在巨大顺差。而且美国对中国包括芯片、人工智能、生物技术、先进材料和半导体等高科技实行严格出口管制，甚至做到"限供断供"，否则这一部分对中国的出口贸易绝对量也是规模巨大的，能给美国带来巨量的贸易顺差。围绕贸易顺差、逆差的争锋，不仅在于美国对中国的全方位围堵打压，而且近年来美国与欧盟、日韩之间也存在着不同程度的博弈和争端。在美国精英主导的上层社会，之所以在"美国优先""制造业回流""雇美国人 买美国货"等问题上达成空前的一致，甚至不惜对盟友或伙伴加征单边关税，就是期望多出口、少进口，进而实现贸易顺差。可以说，资本主义自由贸易在追求顺差方面，向来十分执着。

二是对贸易规则的博弈。如果时间向前推移 20 年，以美国为代表的西方资本主义大国仍然是全球自由贸易的主要推动者，毕竟"二战"后的全球经贸秩序主要是由它们来制定的。但在当今世界，事情发生了明显变化。近年来，特别是国际金融危机之后，随着包括中国在内的新兴市场国家和发展中国家对由原西方制定的全球贸易规则的适应性逐渐增

---

① 《中美贸易美方吃亏？中方：顺差逆差和吃亏占便宜无关》，中国新闻网，http://www.chinanews.com/gn/2019/06-02/8853991.shtml，2019 年 6 月 2 日。

强，以及对发达国家产业转移红利的恰当运用，它们的综合国力和经济科技实力得到普遍性增强，进而对美国形成了一定的竞争挤压。这是它们最不愿意看到且难以容忍的。在西方资本主义国家的零和博弈思维下，既然"我的"规则被你们学精用好且不断获益，那么我方就要推倒旧规则、建立新规则，也就是要拿回贸易规则的制定权和解释权。近几年，美国政府对待世界贸易组织（WTO）的傲慢态度和跨太平洋伙伴关系协定（TPP）的"先立后废"的闹剧，就是最好的例证，美国的目的很明确，就是要始终掌握世界贸易规则的话语权和主导权。

三是对贸易背后国家制度的博弈。贸易主导权的博弈和竞争，在直接意义上属于国家经济利益的损益问题，但若做更深层次的延展考量，则包含着国家制度竞争的影子。美国为何总是"咬着"中国经贸问题不放，不是制裁就是断供；为何要将以华为公司为代表的中国高科技企业置于死地而后快；为何要胁迫欧洲甚至日韩等国与中国做出产业链供应链的强制切割？进言之，美国为何不愿意与中国进行基于市场规则的公平竞争？这些问题的背后，一方面是美国长期的以邻为壑的霸权思维，另一方面则是以"恐华症"为重要特征的西方资本主义国家对社会主义制度的围堵、遏制和打压。在这个意义上，经贸问题分歧或争端背后的制度竞争，才是更深层次的博弈内核。

第二，贸易主导权博弈与大国关系博弈。这两种博弈之间的关系，在历史上存在着发端和演进线索。从"二战"之后的世界历史不难看出，世界上尽管小的战争或局部的冲突不断，甚至诸如当前的俄乌冲突大有引发更大规模的阵营化战争之危险态势，但是就目前各方形势来看，引发世界大战的可能性仍然低于一定的阈值，毕竟以美国为代表的西方国家和北约只是提供一定的军事援助而非直接下场与核大国俄罗斯开战。除此之外，直接的军事战争，也违背世界人民对和平与发展的普遍期待以及人类文明的演进潮流。在这个意义上，以传统军事较量为主的战争形态，大有向以贸易战为核心要素的"战争"新形态演进和嬗变之态势。从近年来美国政府持续对中国发动的贸易战、金融战、科技战和舆论战来看，贸易主导权博弈已经成为影响世界上最大的发达国家与世界上最大的发展中国家、世界第一大经济体与世界第二经济体之间各方面关系的关键变量。

按照美国特朗普政府及当下拜登当局的说法，中国在加入世界贸易组织、融入全球经贸体系之后，成为由美方主导的经济全球化和自由贸易的最大受益者、获利方，而它自身却是最大的贡献者和利益让渡方。所以，"美中贸易吃亏论"在美国政界和一些右翼学者那里甚嚣尘上、颇有市场。美方笼络欧洲、日韩、加拿大、澳大利亚甚至印度等传统盟友或所谓的战略伙伴，对中国进行脱钩断链、制裁打压，企图把中国倒逼到全球产业链供应链体系的边缘地带，进而实现围堵打压中国发展壮大及和平崛起的狭隘目的。可以说，随着中国在世界经济版图中的占比进一步提升，以及对世界经济增长贡献率的稳中有进，特别是我国已成为 140 多个国家和地区的主要贸易伙伴、货物贸易总额居世界第一①，美国政府不理性地甚至错误地认为，中国要取代美国的经贸霸主地位和科技垄断优势。为了对标和对抗中国旨在促进沿线国家经贸往来、优势互补和协同发展的"一带一路"倡议，美国在 2021 年 6 月召开的 G7 峰会后，诱拉和联合英国、法国、德国、日本等七个发达资本主义国家隆重推出"重返更好世界倡议"（B3W），声称会加大对发展中国家的基建投资和经济发展扶持。显然，这些虚假承诺，都是"很美国"的虚假承诺幻象。

近几年，美国政府反复炒作中美贸易逆差问题，旨在利用正常的经贸问题来进行扩大化、无理化的借题发挥、政治操弄，包括在印太地区推出企图围堵遏制中国的"印太战略"，这至少在地缘政治意义上对印太地区的和平稳定产生了严重消极影响。事实上，美国极力撺掇俄乌冲

---

① 本报评论员：《努力推动构建人类命运共同体——论学习贯彻习近平主席十四届全国人大一次会议重要讲话》，《人民日报》2023 年 3 月 20 日第 01 版。

第四章 马克思恩格斯资本主义自由贸易本质批判对维护国家经济安全的当代价值

突和事态不断升级,在深层意义上也有在经济上极限制裁俄罗斯进而彻底拖垮和肢解这一核大国的战略目的。

由此不难看出,经贸主导权博弈不仅在经济层面,而且在内源层面上包含着大国关系博弈。关键的问题是,随着以中国为代表的新兴市场国家和发展中国家的群体性崛起,美国很难适应,它产生了严重的大国不自信甚至大国焦虑症。正可谓,以美国为代表的西方国家,难以接受这种"世界已经变了"的确证现实,依然按照"西方"与"非西方","我者"与"他者",实际上是"文明"与"野蛮"的二元对立视角来看待这个世界,依然以其近代以来经济与军事实力和道德上的优越感来俯视这个世界。① 在百年变局加速演进的当下,特别是在非西方国家产业综合竞争力持续强化的时代境遇下,全球经贸主导权的博弈不会消弭,反而会更加炽热化、焦灼化,大国关系的对垒与博弈也将更加显性和激烈。正是在这种意义上,人类社会再次走到了十字路口,呼唤新的理念指引前路。② 贸易主导权博弈与大国关系博弈之间的内在勾连关系,由此可见一斑。

第三,贸易主导权博弈成为影响国际关系的关键变量。当今世界进入新的动荡变革期,而且这一动荡变革期的时间跨度具有很大的不确定性。其中,贸易主导权博弈在新一轮贸易保护主义和单边主义的浸染及带动下,将会加剧这一不确定性。尽管开放的自由贸易仍是世界发展潮流的主基调,但是包括加征关税在内的贸易保护主义不仅长期存在,而且呈现出一些前所未有的新动向、新特征,正在成为推动贸易主导权博弈的常见方式。③ 2018 年以来,美国政府大肆推行内顾倾向的贸易保护主义,对中国粗暴发动贸易战、科技战和金融战,意在夺回所谓的

---

① 刘德斌、李东琪:《西方"文明标准"演化与新的大国博弈》,《江海学刊》2022 年第 3 期。
② 韩梁等:《胸怀天下谋大同——习近平主席倡导的全球治理观深刻启迪世界》,《人民日报》2022 年 6 月 21 日第 01 版。
③ 程卫东:《欧盟新一轮贸易保护主义的新动向》,《人民论坛》2021 年第 34 期。

全球经贸话语权和领导力。美国向来以"灯塔之国"傲视全球,绝不允许其他任何国家对其构成竞争威胁或影响其全球霸主地位。就连作为美国传统盟友或伙伴的经济体也不例外,无论是在20世纪80年代中期逼迫日本签订不对等的"广场协议"(Plaza Accord),还是近年来对欧洲的法国、德国、意大利等国的钢铁加征关税,都是很好的例证和诠释。

不管是哪个意识形态体系的国家,一旦威胁到美国的贸易霸主地位,它就会运用"长臂管辖"和限供制裁等诸多极限施压方式,进行"毁灭式"打击报复。美国这种试图永远固化贸易主导权的霸道做派,事实上不仅影响了当事国之间的双边关系,而且对整个世界的经济政治关系都有极其消极的影响,毕竟美国依然是世界上最大的经济体和唯一的超级大国,它的一举一动对整个世界都影响深远。不难理解,中美都是世界上当之无愧的大国,二者经济总体量占到世界的近一半,美国对中国的围堵打压所产生的经济政治后果,不仅会影响中美两国和两国人民,而且将不可避免地外溢和辐射到其他国家乃至整个世界。美国利用经济科技先发优势对中国进行制裁断供,胁迫其他国家"选边站队"、站在打压中国产业链供应链的阵营里。这最终将伤及全世界,毕竟中美关系既是世界上最重要的双边关系,也早已超越双边关系,成为整个国际关系的"定盘星"和"压舱石"。

由此可见,贸易主导权的博弈,不仅成为百年变局中国际关系深刻调整演进的关键变量,而且是加剧世界之变、时代之变和历史之变以前所未有方式展开的重要推力。

二 贸易主导权竞争是国际经济政治格局演进的推力

马克思恩格斯早在《德意志意识形态》中,就已经敏锐地认识到贸易的政治意涵及其在国际竞争中的作用:"随着工场手工业的出现,各国进入竞争的关系,展开了商业斗争,这种斗争是通过战争、保护关

第四章 马克思恩格斯资本主义自由贸易本质批判对维护国家经济安全的当代价值

税和各种禁令来进行的,而在过去,各国只要彼此有了联系,就互相进行和平的交易。从此以后商业便具有了政治意义。"① 时至今日,尽管各国间贸易形式、贸易结构甚至具体形态均发生了显著变化,但是基于贸易主导权的竞争,依然是助推国际经济政治格局深刻演进和变革的重要因子。

第一,贸易主导权竞争与国际经济格局。事实上,贸易主导权竞争绝非纯粹经济层面的常态化博弈,它往往超越国与国之间的双边关系范畴,进而影响到国际经济格局和秩序。当前,"逆全球化思潮抬头,单边主义、保护主义明显上升,世界经济复苏乏力,局部冲突和动荡频发,全球性问题加剧,世界进入新的动荡变革期"②。无论是传统的欧美发达经济体,还是广大新兴经济体和发展中国家,事实上都想在世界贸易版图上占有自己的一席之地,毕竟不管是货物贸易还是服务贸易,都能有效增加一国在全球产业链供应链和价值链上的话语权和主导能力,进而提升该国的综合国力,特别是经济科技实力。在百年未有之大变局加速演进叠加疫情的时代境遇下,世界处在不同发展阶段和经济水平的国家,都在试图竞逐贸易主导权、话语权,已经从过去的顺差逆差和份额占比拓展为贸易规则、贸易规制、贸易标准、贸易管理等制度型竞争。

这种贸易主导权竞争的深刻变化,将导致国际经济格局至少在三个维度面临着不可忽视的调整。

一是全球贸易增速持续放缓所带来的不稳定性、不确定性、不安全性。2008年国际金融危机之后,世界经济普遍进入增长乏力的缓慢复苏期,而且雪上加霜的是,自此之后以美国为代表的一些资本主义大国大搞"筑墙设垒""脱钩断链"的贸易保护主义,大肆实施狭隘自私的

---

① 《马克思恩格斯文集》第1卷,人民出版社2009年版,第562页。
② 习近平:《高举中国特色社会主义伟大旗帜 为全面建设社会主义现代化国家而团结奋斗——在中国共产党第二十次全国代表大会上的报告》,人民出版社2022年版,第26页。

孤立主义和单边主义,严重阻滞了经济全球化进程甚至诱导胁迫经济全球化发生逆转,全球贸易增长率持续显现出下行和衰退趋势。世界贸易组织(WTO)发布的《贸易统计及展望》报告指出,全球贸易增长动能减弱,国际货币基金组织(IMF)指出,当前全球经济面临诸多挑战,通货膨胀水平达到几十年来最高,主要发达经济体货币政策收紧,地缘冲突加剧,新冠疫情持续,新兴市场债务风险上升。[①]这些风险,无疑将成为国际经济格局不断调整的肇因和变量。

二是全球产业链、供应链重构所带来的不稳定性、不确定性、不安全性。当前仍在延宕起伏的这场疫情,史无前例地冲击了全球的产业链供应链价值链体系,各国政府甚至一些大型跨国企业过去长期基于比较优势的全球产业分工体系产生动摇。越来越多的经济体开始注重统筹和平衡产业链供应链的效率与安全,把追求供应链核心环节的自给自足上升为应对外部风险变局的重大国家战略。就连包括最能体现出全球化分工和协作关系的半导体芯片行业也面临着自由市场被人为分割的局面,美国为了遏制中国高科技产业的发展,就联合日本、韩国和荷兰等国,在这方面做出了恶劣的消极示范。可以说,全球产业链供应链区域化甚至极端联盟化的重构,阻碍了整个世界在产业分工协作中生发共同利益或增进利益交融的潜力。而且,随着各种"单干""自循环"风气的兴起,非常不利于复杂价值链贸易的组织和展开,各国都倾向于从过去的成本导向转向成本与安全并举,将诱导多个重复的平行体系供应链的出现,很容易把国际经济格局进一步带向内顾内卷的无序混乱局面。

三是不同层级的潜在贸易冲突所带来的不稳定性、不确定性、不安全性。有竞争,就难免有冲突,甚至是激烈对抗。贸易主导权竞争,将在世界经济的衰退复苏期,变得更为显性和多元化。从目前的发展态势不难看出,美国正在通过重构世界贸易规则和全球供应链体系,来打造

---

① 《国际货币基金组织下调明年全球经济增长预期至 2.7%》,光明网,https://m.gmw.cn/baijia/2022-10/12/1303170758.html,2022 年 10 月 12 日。

第四章 马克思恩格斯资本主义自由贸易本质批判对维护国家经济安全的当代价值

所谓西方和非西方的两大平行贸易阵营。姑且不论这两大阵营之间的利益博弈，就连所谓美国主导下的美欧日联盟以及"印太经济框架"内部，也存在着利益摩擦或对冲，它们之间的合作也是貌合神离，再加上诸如东盟之类的区域组织与其他多边组织的利益对垒，都是贸易冲突多元化的重要肇因。换言之，这些贸易冲突之所以发生，正与各利益攸关方都试图重构世界产业分工体系特别是供应链息息相关。总之，在这些因素的多重影响下，世界经济格局愈加分化和持续深刻调整，映射着大国或国家集团之间经济力量的现实对比图景。

第二，贸易主导权竞争与国际政治格局。马克思和恩格斯都曾剖析过，率先完成工业革命的英国与大有后来者居上态势的德国、法国甚至美国之间的贸易主导权竞争。从19世纪中期开始，围绕经贸主导权的竞争，越来越显性化甚至政治化、工具化，进而成为影响主要资本主义国家之间相互关系的重要因素，当然也是宗主国与殖民地之间关系不断调整的一个经济变量。时至今日，贸易主导权的竞争不仅是国际经济格局演进的重要动因，而且也是推动国际政治格局嬗变的关键因素。当前的国际社会依然不是一个充分发挥民主、坚持真正多边主义的和谐大家庭，而是正在遭遇过去不多见的"信任危机"。百年变局叠加疫情和俄乌冲突，以联合国为核心的国际体系"无用论"、以国际法为基础的国际秩序"解构论"、以互利共赢为内核的多边主义"过时论"、以和平与发展为主线的时代主题"崩溃论"等多种论调恣意弥漫，也颇有市场。

同时，在"二战"后由美国主导制定的世界银行和国际货币基金组织，现在不仅被发展中国家质疑其在国际多边主义上所切实发挥的地位和作用，而且愈发引起西方资本主义国家的"不信任"。它们所谓新兴经济体"是赢家"，而传统发达资本主义国家"沦为输家"的论调此起彼伏、甚嚣尘上。事实上，以上这些重要现象，的确都是国际政治格局深刻调整的重要表现，根源则在于全球经济版图的重构。按国际货币基金组织的估算,过去40年间,新兴国家和发展中国家国内生产总值的全球占比从24%增加到2021年的超过40%。按市场汇率换算,新兴国家和发展中国家过去20年来,对世界经济增长贡献率高达80%,成为世界经济增长的重要引擎。① 按照唯物史观的基本观点,经济基础决定上层建筑,政治是经济的集中反映,国际政治格局则是国际经济格局的映射和复刻。

随着新兴市场国家和发展中国家在全球经济中占比的显著提升,无疑它们也愈发追求国际经济话语权,特别是与其国际贡献相一致的贸易规则参与制定权和话语权。但同时,如今的世界经贸体系核心框架毕竟是由西方国家在"二战"后主导制定的,长期占有标准制定和规则阐释的"红利"甚至"专利",它们也不情愿放弃诸多在手的"权力配置权"。包括世界贸易组织(WTO)在内的贸易仲裁或协调机构,正在被美国政府带头"玩坏",甚至它公然阻挠新法官遴选,以致世贸组织上诉机构长时间"停摆"。在美国当局的战略思维里,无论如何,自身都要固化世界霸主地位,都要一如既往地掌握全球经贸主导权。

然而,这显然是不太可能的,经贸主导权的"天平"正在发生倾斜和转移,毕竟世界走向多极化的趋势无人能够真正阻挡。无论是在力量抗衡还是在影响力对比上,众多新兴经济体都在破局突围,追求自立自强,争取在国际或地区事务上具有越来越大的发言权和表决权。近年来,一个比较典型的现实问题是,为何在2008年国际金融危机后,二十国集团(G20)大有取代七国集团(G7)之势?一方面,是因为这次危机充分暴露了西方大国强国主导的全球治理体系的顽瘴痼疾、难以为继;另一方面,则是由于包括中国、印度、俄罗斯、巴西、南非等在内的新兴市场国家在全球产业链供应链的占比逐步增强,在国际经贸往来中具有越来越大的硬实力和影响力、代表性和话语权。当前,以美国

---

① 韩爱勇:《世界走向多极化的步伐不断加快——当前国际格局演变与我国发展国际环境系列谈(④)》,《解放军报》2022年7月19日第04版。

为代表的个别大国大肆推行保护主义、单边主义和干涉主义,单方面定义和阐释基于所谓"规则"的国际经贸秩序,必将引发更多的信任危机和治理赤字,导致出现国际政治格局重构和世界秩序重塑的更多隐忧。这也是加速百年变局持续演进的一个不可忽视的因素。

三 贸易主导权对垒加剧了世界动荡变革

恩格斯曾在《国民经济学批判大纲》中剖析了基于虚假规则的资本主义自由贸易所带来的消极效应,特别是导致垄断、殖民和战争等诸多国与国之间关系的内卷和无序。"滥用道德以实现不道德的意图的伪善方式就是自由贸易体系引以自豪的东西。伪君子叫道:难道我们没有打倒垄断的野蛮吗?难道我们没有把文明带往世界上遥远的地方吗?难道我们没有使各民族建立起兄弟般的关系并减少了战争次数吗?不错,这一切你们都做了,然而你们是怎样做的啊!你们消灭了小的垄断,以便使一个巨大的根本的垄断,即所有权,更自由地、更不受限制地起作用;你们把文明带到世界的各个角落,以便赢得新的地域来扩张你们卑鄙的贪欲;你们使各民族建立起兄弟般的关系——但这是盗贼的兄弟情谊;你们减少了战争次数,以便在和平时期赚更多的钱,以便使各个人之间的敌视、可耻的竞争战争达到登峰造极的地步!"[1] 资本主义自由贸易在本质上是资本垄断性的贸易,当今主要由西方国家掌握的贸易主导权与新兴市场国家之间的利益张力,加剧了本就复杂严峻的世界动荡变革。

第一,贸易主导权对垒与世界的不稳定性。马克思恩格斯在《德意志意识形态》中指出:"竞争是实际的贸易自由;保护关税在竞争中只是治标的办法,是贸易自由范围内的防卫手段。"[2] 贸易是相互交换产品的基本渠道,也是发挥比较优势的通路。贸易竞争是世界经贸往来的

---

[1] 《马克思恩格斯文集》第1卷,人民出版社2009年版,第62页。
[2] 《马克思恩格斯文集》第1卷,人民出版社2009年版,第566页。

常态。尽管不少资本主义国家基于自身利益需要,时常在自由贸易和保护关税制度之间做出权宜性切换,但这种切换本身就是贸易竞争的结果,带来的却是贸易主导权的对垒甚至对抗。不难看到,虽然自由贸易自从19世纪中期就成为资本主义世界风行一时的"高尚"口号,然而一旦某国在产业链供应链上的优势弱化或消解,它就擅自转向狭隘的保护主义行径。回顾世界经济史不难发现,每一次经贸主导权的对垒,都会带来包括冲突或战争在内的地区甚至更大范围的动荡变革。当今世界,仍然没有跳出2008年国际金融危机后的恢复性增长乏力期,再加上新冠疫情所造成的长尾效应,无论是发达经济体还是新兴市场国家,都遇到了世所罕见的需求疲软和供给脆弱等各种问题或困境。

正是在这种境遇下,围绕贸易主导权的博弈和对垒将变得更为激烈。"当今世界正经历百年未有之大变局。当前,新冠肺炎疫情全球大流行使这个大变局加速变化,保护主义、单边主义上升,世界经济低迷,全球产业链供应链因非经济因素而面临冲击,国际经济、科技、文化、安全、政治等格局都在发生深刻调整,世界进入动荡变革期。"①当然,世界动荡变革期包含着两个方面的意涵,一是指动荡,二是指变革,二者并不是平行孤立的,而是相伴而生的。

就动荡而言,近年来,在一些西方大国强国的消极带动下,不少国家重拾加征关税或设置非关税壁垒的贸易保护主义做派,蓄意泛化国家安全概念,刻意把两国间正常的经贸往来问题政治化、工具化、武器化,人为割裂基于市场长期分工所自然形成的产业链和供应链。这些动向严重掣肘了后国际金融危机时代世界经济加快走出衰退期的动力,也严重影响了世界各经济体的协作合作。换言之,这既影响了供应链分工层面上社会生产的效率,也阻碍了全球携手共克难题的科技创新效能,毕竟在这样一个日新月异、各种经济社会发展问题层出不穷的变局时代,没有哪个国家能够独自面对和独立解决各种全球性问题。世界的动

---

① 《十九大以来重要文献选编》中,中央文献出版社2021年版,第663页。

荡变革所带来的不稳定性是显而易见的，如果世界各经济体在经贸问题上都想"只增益而不担责"，那么以邻为壑的做法，结果只能是四分五裂、一盘散沙，出现毫无意义的零和内卷甚至负和博弈。

就变革而言，它往往与动荡相伴而生，"二战"后确立起来的世界多边主义传统，正在被日益侵蚀甚至解构，欧美发达经济体在世界经贸往来中纷纷转向内顾主义、单边主义，大力胁迫和拉拢盟友大搞联盟化贸易、价值观贸易、近（友）岸化贸易。换言之，它们就是试图打破和重构经济全球化下的经贸网络体系，进而转向狭隘的、一定阵营内的地区化贸易。直接动因就在于，过去长期受益的发达经济体面临着新兴市场国家和发展中国家的直接竞争，它们试图重新加强对全球经贸主导权的操控和驾驭。显然，随着国际关系民主化和公平化的理念日益深入人心，成为时代主旋律，这种操控和反操控之间的张力矛盾就会凸显出来，对包括世界贸易组织、国际货币基金组织、世界银行等多边机构，进行改革和重塑的呼声也日益提高。所以，在"动荡与改革"的双重意义上，世界贸易主导权的对垒，将愈发成为世界不稳定性的重要因素。

第二，贸易主导权对垒与世界的不确定性。贸易本来是一种基于市场需求的相互满足之经济行为，在应然属性上属于互通有无、互利共赢。不同的经济体，因发展阶段、经济水平和科技实力上存在差异，在产业链供应链和价值链上的地位与话语权也有所区别。在这种情况下，就必然存在着"谁说了算"的贸易主导权问题。可以说，贸易主导权的竞争是一种常态现象，如果不同经济体之间总体上遵循世界多边主义的经贸规则，也不会出现大的调整和动荡，也只是一种你追我赶而非你死我活的良性互动。然而，近年来，随着世界经济步入下行压力加大、复苏动能匮乏的平台期，贸易主导权已经由"竞争状态"滑向"对垒态势"，以美国为代表的西方国家愈发我行我素，泛化国家安全概念，滥用出口管制条例，违背国际法精神和多边主义经贸规则，大搞贸易保护主义、单边主义、孤立主义甚至干涉主义，完全不按世贸规则和约定俗成的套路出牌。

这些做法严重影响了新兴市场国家和广大发展中国家对世界经济发展的信心和预期。在国际金融危机后，全球经济增长的普遍信心不足，甚至明显转弱。2023年1月，联合国发布了《2023年世界经济形势与展望》报告，预测2023年世界经济增长将从2022年的约3%降至1.9%，全球经济近期出现了一些积极现象，报告担心的最坏局面尚没有出现，但从俄乌冲突到普遍性通胀压力，全球经济的不确定性因素依然存在，复苏依旧困难重重。① 事实上，贸易主导权对垒与世界不确定性之间，是一种相互驱动、互为因果的双向关系。

一方面，贸易主导权的对垒，势必会加剧各国经贸往来的成本，影响交流和流通的效率。毕竟，只要有对垒，就会有"筑墙设壁""脱钩断链""限供制裁"，一些西方大国总是试图永远固化过去的贸易垄断优势，坐收帝国式的贸易垄断红利。从美国这些年对中国发起的贸易战、金融战、科技战、舆论战来看，一个西方大国的所作所为具有很强的带动和示范效应，其他国家很容易"有样学样"，大搞类似的保护主义。如果各个经济体只从自身狭隘利益出发，那么世界将陷入相互倾轧的失衡失序状态，大量的经贸动机和对外行为将失去可预见的基本动向，人心不稳、变动不居将是常态，不确定性将成为吊诡的最大确定性。

另一方面，世界的不确定性又进一步加剧了贸易主导权的对垒。在镶嵌着百年变局的当今世界，疫情叠加大量超预期"黑天鹅事件""灰犀牛事件"，在整个国际关系中的变量越来越多，定量受到严重侵蚀及愈发减少，进而影响了全球产业链供应链价值链的稳定韧性和可持续性。

---

① 《央视记者专访联合国经济学家 不确定因素依然存在 全球经济复苏艰难》，央视新闻网，http：//tv.cctv.com/2023/02/18/VIDEe2uGAQ4mjIzpQW6Fvs72230218.shtml，2023年2月18日。

第四章 马克思恩格斯资本主义自由贸易本质批判对维护国家经济安全的当代价值

在这种大环境变动不居的国际舆论氛围下,很多经济体特别是西方发达国家很容易从开放走向封闭、从对话转向对抗、从合作走向割裂,为了狭隘的一国私利,愈发倾向于把国际利益国家化、人类利益集团化、集体利益私人化,以零和博弈甚至负和博弈为主要特征和思维的贸易战就必然难以避免、到处弥漫。正是在这个意义上,贸易主导权对垒与世界的不确定性之间是相互强化、互相驱动的共振关系。

第三,贸易主导权对垒与世界的不安全性。马克思说:"自由贸易论者的信条:在一个存在着对抗利益的社会里,人人追逐私利,就会促进公共福利。"① 显然在这里,马克思直截了当地反讽和批判了自由贸易论者所谓私利最大化必然有助于公共福利的荒谬论调。尽管贸易主导权的对垒是世界经贸史上的常见现象,但背后却蕴含着对垒的有序和无序。毋庸置疑,基于多边主义规则的有序对垒,有助于激发世界自由贸易的活力和效率,是推动各贸易参与方提高产业链供应链质量的关键动力。然而,当今世界,那些无序甚至完全蔑视国际法精神和多边主义规则的贸易对垒,却为这个身处百年未有之大变局的世界带来了更多更深层面的不安全性。就以美国对中国无理发动的贸易战来看,这种"不见硝烟"的战争,不仅给中美两国和两国人民的切身利益带来严重的负面影响,而且正在损害和侵蚀整个世界的总体利益,毕竟中美两国分别是世界前两大经济体,也都是在世界和平与发展两大核心议题上具有举足轻重地位的关键大国。

事实上,在经贸议题上,美国对中国形成了战略误判和认知谬论,总是错误地认为,实力不断增长和上行的中国将取代美国的贸易霸主地位。所以,美方总是试图全方位全过程围堵打压中国,狭隘地阻滞中国式现代化的伟大实践进程。美国对中国的恶意对抗,严重扰乱了全球产业链供应链的稳定性和安全性,其作为全球第一经济大国和过去自由贸易的重要倡导者,完全无视经济全球化的客观进程和合作共赢的时代潮

---

① 《马克思恩格斯文集》第5卷,人民出版社2009年版,第553页。

流，俨然蜕变为全球经贸规则的破坏者、国际法精神的违背者、世界秩序的扰乱者、人类携手合作的离间者。进言之，美国就是当今世界最大的乱源，而且它善于从乱中渔利、在乱中损人利己。就持续了一年多的俄乌冲突而言，尽管这场事实上的"战争"加重了全球通货膨胀的严峻程度，影响了包括能源和粮食在内的世界资源市场的供需关系、加剧了全球本来就阴云未散的后国际金融危机效应，但是美国却始终是最大的"拱火方"。它从当前的国内利益和地缘政治战略角度出发，并不希望这场"二战"后欧洲最大的战争和动荡以某种政治谈判方式戛然结束或加快结束。

应该说，俄乌冲突对全球经贸市场稳定性、持续性和可预期性的消极影响十分明显，美国正是企图通过乘人之危、趁火打劫彻底拖垮俄罗斯，把欧洲从与俄罗斯能源资源合作中拉回来，以期改变近些年美国在世界经贸格局和国际关系话语权上的下行趋势。实际上，无论是美国对中国大打贸易战、制裁战，还是借俄乌冲突重塑大西洋两岸甚至全球经贸格局和国际政治霸权，这一曾经长期倡导自由贸易的世界唯一超级大国，都已经蜕变为影响世界安全的风险点和动荡源。近年来，它以所谓基于规则的国际秩序为名义，将自己的"家法帮规"强推为国际规则，动摇了以联合国为核心的国际体系，不仅不能提供好的国际公共产品，还产生了太多坏的国际公共产品。[①]

当前，美国对贸易主导权的操控企图，达到了疯狂痴迷的程度，不仅试图控制全球安全的"枪杆子"，而且妄想主宰世界贸易的"钱袋子"，有了"枪杆子"和"钱袋子"，就误以为可以独霸全球，任意地对他国进行制裁断供和长臂管辖。可以说，当前世界经贸主导权的对垒，并不是由各经济体之间的正常竞争甚至是激烈竞争所造成的，毕竟正常的竞争只要基于市场规则都是良性竞争，而是以美国为代表的西方大国推行的恶性竞争造成的。这种围绕贸易主导权的恶性竞争，将无可

[①] 王义桅：《全球公共产品的中国方案》，《前线》2022年第12期。

避免地加剧全球安全观念的碎片化、安全现状的复杂化、安全治理的失序化，进而推动世界进入新的动荡变革期。

第二节　自由贸易话语权之争实质是经济实力的比拼

恩格斯曾深刻剖析过英国自由贸易派的话语陷阱及其贸易神话的破灭。"自由贸易论是建立在英国应当成为农业世界唯一的伟大工业中心这样一个假设上的。而事实表明，这种假设纯粹是谎言。现代工业存在的条件——蒸汽力和机器，凡是有燃料、特别是有煤的地方都能制造出来，而煤不仅英国有，其他国家，如法国、比利时、德国、美国甚至俄国也都有。这些国家的人并不认为，仅仅为了让英国资本家获得更多的财富和光荣而使自己沦为饥饿的爱尔兰佃农有什么好处。于是他们就动手来进行制造，不仅是为了自己，而且也是为了世界的其他部分；结果，英国保持了将近一个世纪的工业垄断，现在无可挽回地被打破了。"[①] 由此不难理解，自由贸易并不是哪个国家的"专利"，而是世界各国的普遍权利。英国近100年的贸易垄断地位被瓦解和摧毁，不是历史的偶然，而是实力下降的必然。历史发展到百年变局的当下，自由贸易话语权竞争，实质上依然是民族国家经济实力的对垒和比拼，不管贸易的具体形态、内在结构和中介管道发生了怎样深刻的调整变化。

一　自由贸易话语权是一种新形态的硬实力

正如马克思和恩格斯所言，自由贸易成为19世纪中期以后以英国为代表的资本主义国家"风行一时"的口号。当时的英国在产业链供应链上处于有利的竞争地位，毕竟该国率先完成了工业革命，具有工业进步和经济发展的先发优势。可以说，这一时期，英国在与法国、德国、美国的经贸往来乃至外交互动中，具有明显的话语主导权，它一时

---

① 《马克思恩格斯文集》第1卷，人民出版社2009年版，第376页。

风头无两,他国难以媲美。时至今日,自由贸易话语权竞争不但没有弱化,反而日趋强化,依然是一个国家在国际交往中拥有何种国际地位的重要标尺,它在本质上属于国际竞争形态中的硬实力。

第一,自由贸易话语权的内核与实质。法国哲学家、思想家米歇尔·福柯曾认为"话语即权力"。自由贸易话语权,质言之,就是在推动全球自由贸易规则和行为上的主导能力。我们知道,在历史上自由贸易理论缘起于亚当·斯密《国富论》中的社会分工和贸易理论,在现实中则是契合西方资本主义国家的贸易需要,其政策要旨是主张取消关税和垄断,进而促进在不同经济体之间实现市场化竞争和自由化贸易。

时至今日,世界各国围绕自由贸易话语权的竞争,不仅没有弱化,反而在不断强化,而且以美国为代表的西方资本主义国家基于国内狭隘利益的需要,时常在自由贸易和保护关税制度之间做出权宜性切换。就以历史上的英国为例,"英国在国内市场上实行的保护关税制度,又有了在国外强加给其商品的可能消费者的自由贸易作为补充。由于两种制度的这样巧妙的结合,到1815年战争结束时,英国获得了一切重要工业部门的世界贸易的实际垄断权"[1]。尽管资本主义制度经历过长周期的演进和完善,但在这一制度裹挟下的自由贸易,并不仅仅是经济层面上纯粹的互通有无、调剂余缺,而在很多时候成为西方国家围堵打压他国的经济政治武器。随着中国式现代化进程的持续走深和综合实力的不断增强,美国从战略上错误地认为,中国要褫夺它的国际霸主地位特别是经贸话语权,无论是其对中国发动的"301调查"还是层出不穷的对中国有关实体和机构的制裁打压,就都是妄图彻底扰乱甚至瓦解任何可能对其构成竞争的国家的产业体系和供应链格局。

进入21世纪,特别是党的十八大以来,以习近平同志为核心的党中央高度重视统筹发展与安全的关系,持续提升中国在全球经贸体系中

---

[1]《马克思恩格斯文集》第4卷,人民出版社2009年版,第334页。

包括参与制定规则、规制、管理和标准在内的制度型贸易话语权，高擎自由贸易的大旗，坚定地支持并诉诸实际行动来推动经济全球化进程，甚至被认为成了全球自由贸易的重要推手。我们正在充分发挥世界第二大经济体、第一大货物贸易国、第一大制造业国家的综合优势效能，积极推动并引领新型经济全球化，努力加快形成同我国综合国力和国际地位相匹配的国际话语权。因此，基于我国深度参与全球经贸的实践历程不难理解，自由贸易话语权不仅仅是一种表面上的经济交往和发挥比较优势的商品流通能力，在深层次上更是一种推动新型经济全球化、引领全球经济治理的对外辐射和引领能力。

第二，自由贸易话语权与国家产业链、供应链实力。正如前文所述，马克思和恩格斯阐明了自由贸易话语权竞争的工业基础，也即工业竞争力是主导和操控贸易规则的物质基石，当时率先完成工业革命的英国，就在这方面具有独特的竞争优势。不难看出，自由贸易话语权绝不仅仅是经济层面的贸易权力，若做更深层次的思考，一个国家的产业链供应链实力才是这种贸易权力的基座和底色。回眸世界经贸史可以发现，任何一个拥有贸易主导权的国家或地区，它一定在产业链供应链层面具有自主可控的韧性和安全性。当前，世界进入百年未有之大变局，而且这种大变局在多种超预期因素的影响下仍在加速演进，我国国内也正在迈向全面建设社会主义现代化国家、实现中华民族伟大复兴的关键时期。

一方面，我们要在自由贸易话语权上拥有与综合国力相匹配的国际地位，自觉参与全球经贸规则、规制、管理、标准等的磋商与制定，不断提升新兴市场国家和发展中国家在国际经贸事务中的代表性和发言权，坚决反对单边主义、保护主义、孤立主义和干涉主义等任何逆全球化行径，推动并引领开放、包容、普惠的新型经济全球化。这意味着，在自由贸易话语权层面，我们要循序渐进地参与全球经贸议程的设置，充分发挥我国的世界第二大经济体、超大规模市场优势等多方面的效能，推动以《区域全面经济伙伴关系协定》（RCEP）为代表的地区或全球自由贸易机制，不断走深走实，走上发展新台阶。

另一方面，自由贸易话语权问题，根源在于产业链供应链的竞争力。换言之，贸易只是一种交易媒介，关键仍在于产业链供应链的内在质量和发展水平。对此，我们要"继续深化供给侧结构性改革，持续推动科技创新、制度创新，突破供给约束堵点、卡点、脆弱点，增强产业链供应链的竞争力和安全性"①。产业链、供应链问题是一个系统性工程。因此，我们应把握好新一轮科技革命和产业变革的机遇，坚持新发展理念、推动高质量发展、构建新发展格局，加快建设以科技创新为内核的现代化经济体系，以高品质市场需求牵引高质量生产，着力提升产业链供应链韧性和安全水平，不断提升国内国际双循环的质量和水平，进而凭借自主可控、有竞争力的产业链供应链，来拱卫和助力我国在国际经贸活动中的话语权，推动世界经济朝着互利共赢、均衡普惠的方向稳步发展。

事实上，维护全球产业链供应链的韧性和稳定，符合世界各国人民的普遍利益，有利于各国携起手来加快走出后国际金融危机叠加疫情的泥淖。作为负责任的世界大国、经济全球化和自由贸易的坚定支持者，我们始终坚定维护全球产业链供应链的公共产品属性，既有条不紊地保障本国产业链供应链、安全稳定，又以实际行动和有力作为来推动基于市场规则的产业链供应链国际合作，在互联互通、互通有无、共建共享中切实推动发展成果，更好更公平地惠及世界各国人民。

第三，自由贸易话语权则是"软性"的硬实力。马克思曾经剖析过自由贸易话语权之于英国工业经济发展及其帝国地位的重要支撑作用："1846—1847年在英国经济史上划了一个时代。谷物法废除了，棉花和其他原料的进口税取消了，自由贸易被宣布为立法的指路明灯！一

---

① 《习近平在中共中央政治局第二次集体学习时强调　加快构建新发展格局　增强发展的安全性主动权》，《人民日报》2023年2月2日第01版。

句话，千年王国出现了。"① 自由贸易话语权，在形式逻辑上是一种关于贸易的规则、原则和机制问题，在事实逻辑上则是产业竞争力和经济创新力问题。为此，我们不仅要在世界贸易组织框架内推动全球贸易和投资的自由化、便利化，更要提高中国自身经济发展和科技创新的硬实力。扎实推进中国式现代化，是增强和提升硬实力的基本路径，因此，要进一步完整、准确和全面贯彻新发展理念，加快构建新发展格局，着力推动高质量发展，坚持全面深化改革开放，更好、更有效地统筹发展和安全，有效防范和化解经济社会发展中的重大风险挑战，坚持底线思维和系统观念，平衡好经济质的有效提升和量的合理增长之间的动态关系。

可以说，随着近年来国际力量对比的深刻变化，经济社会发展面临的外部环境日趋复杂，甚至有可能长期面临逆风逆水外部环境的严峻挑战，但我们完整的产业体系仍在，强大的生产能力仍在，超大规模市场优势仍在，宏观政策充裕空间仍在。② 因此，只要我们坚持"稳中求进"的工作总基调，不断练好经济发展的内功，特别是内驱力和创新力，坚持推进包括制度型开放在内的高水平对外开放，不仅能够确保国内经济的高质量发展，而且能够在国际竞争中始终占有一席之地。

因此，在这个意义上，自由贸易话语权的竞争和博弈，说一千道一万仍在于一国经济发展内部潜力挖掘整合、外部环境塑造利用的综合能力。因此，我们一定要看清自由贸易话语权的本质与内核，在持续提升资源生存力、产业竞争力、经济发展力和科技创新力中，持续高质量构造"利我友我"的外部宏观环境。

二 自由贸易话语权竞争是国家经济主权的延伸

恩格斯曾经深刻批判过代表英国资产阶级利益的所谓自由贸易派经

---

① 《马克思恩格斯文集》第 5 卷，人民出版社 2009 年版，第 327 页。
② 本报评论员：《坚定信心做好经济工作——论贯彻落实中央经济工作会议精神》，《经济日报》2022 年 12 月 18 日第 1 版。

济学家的虚伪性:"代表英国利益的著作家不能理解:为什么全世界都拒绝学习他们的自由贸易的榜样,而去实行保护关税。"① 他们"揣着明白装糊涂",资产阶级所大肆标榜的自由贸易,并不是真正互通有无的自由贸易,时常在自由贸易和保护关税制度之间做出权宜性切换。这带来的主要反向启发是,我们要坚决反对贸易保护主义,坚定支持经济全球化,推动贸易和投资的自由化、便利化,把掌握自由贸易话语权与维护国家经济主权统筹起来,毕竟在一定程度上对自由贸易话语权的维护和引领,本质上就是对维护国家经济主权的战略性延伸和平衡。

第一,自由贸易话语权竞争的国家经济主权效应。马克思恩格斯曾经对英国虚假的自由贸易进行过直指灵魂的深刻批判。随着不同民族国家经济交互的强化,真正的自由贸易必然会螺旋式进阶实现。他们在《神圣家族》中说:"贸易并不因贸易特权的取消而被取消,相反,它只有通过自由贸易才获得真正的实现。"② 中国作为始终践行和平发展道路的社会主义国家、具有大国担当的世界第二大经济体,坚定做经济全球化和自由贸易的推动者、引领者。当今世界正在经历百年未有之大变局,以美国为典型代表的西方大国强国,正站在自己过去倡导的自由贸易的对立面,完全无视经贸原则、市场规律和竞争法则,而大搞贸易保护主义、单边主义、孤立主义甚至干涉主义,还试图重构自由贸易规则、建立平行甚至凌驾于世界贸易组织之上的欧美贸易统一战线。在美国的战略思维里,"非我族类,其心必异",错误地认为日益发展壮大的中国,将必然取代它已经"习惯"了的经贸霸主地位。

近年来,美国政府大肆推行脱钩断链、零和排他的对外经贸政策,甚至不惜利用价值观同盟来进行外交裹挟和经济胁迫,试图确保自身永远操控和垄断地区和国际的经贸话语权。对此,我们一定要有清醒的认

---

① 《马克思恩格斯文集》第10卷,人民出版社2009年版,第626页。
② 《马克思恩格斯文集》第1卷,人民出版社2009年版,第316页。

第四章 马克思恩格斯资本主义自由贸易本质批判对维护国家经济安全的当代价值

知和充分的准备。自由贸易话语权的竞争，在国际层面则是经济主权的博弈和对垒。经济主权是经典的主权理论在经济领域的表征和反映，它既包括对国内资源和发展模式的主导权、对国内经贸活动的监督管理权，也包括独立自主参与国际经贸活动的诸多权利。不难看出，经济主权不仅涉及一国国内，还涉及一国在国际经贸格局中的参与度、代表性和发言权，毕竟该国在国际经贸中的实际利益，最终还将回馈到国内现实利益的维度上。对此，我们应该进一步清醒认识到，自由贸易话语权竞争，不仅在于外围的国际层面，最终还会传导至国家经济主权层面，甚至成为影响国家经济安全的一个重要变量。

第二，自由贸易话语权竞争与国家经济主权安全。在当今这个百年未有之大变局仍在加速演进的时代，自由贸易话语权竞争，不仅是一国对外出口规模、在世界上占据多大贸易份额的问题，而且是关乎贸易规则、贸易原则、贸易标准和贸易管理治理的话语权议题。从近些年美国对中国悍然发动的贸易战及其所产生的系列复杂后果可知，自由贸易话语权竞争直接关系着国家经济安全。尽管自由贸易话语权竞争是世界经贸发展的常见现象，甚至会导致不同经济体之间的利益失衡和地缘政治博弈，特别是以美国为代表的西方大国无视世界经贸规则，但是我们作为负责任的世界大国，仍要坚定地支持并带头推动经济全球化，努力做自由贸易的推手甚至旗手。坚定地维护自由贸易规则和秩序，既是负责任大国的道义之举，也是维护国家经济主权安全的重要环节。包括中国在内的新兴市场国家和发展中国家，一方面是经济全球化和自由贸易的重要受益者，另一方面也应该继续坚定地做维护者、推动者甚至关键时刻的引领者。

唯有如此，发达国家与发展中国家才能普遍受益、协同增益，共建市场、共谋发展和共享福祉的"蛋糕"才能越做越大。正如习近平指出："世界贸易扩大了，各国都受益。世界市场缩小了，对各国都没有好处。我们要继续做全球自由贸易的旗手，维护多边贸易体制，构建互利共赢的全球价值链,培育全球大市场。"① 事实上,中国从来都不惧怕竞争,只是坚决反对不公平不对等、无序失范的"劣币驱逐良币"式竞争。建立在世界贸易组织规则之上的自由贸易话语权竞争,不仅不会带来无序竞争,反而能激发不同发展阶段的发达经济体和发展中经济体之间你追我赶、争先恐后的良性竞争。显然,这种良性竞争有利于各国追赶先进、改进和提升自身的发展质量,而不会在深层意义上威胁到各国的经济主权。各经济体在互通有无、调剂余缺的自由贸易往来中,有助于进一步增强彼此之间的分工合作和产业链供应链的深度融合,进而有利于实现你中有我、我中有你的利益共同体建构。

在这个意义上,我们要"坚定不移构建开放型世界经济,维护以世界贸易组织为核心的多边贸易体制,反对滥用国家安全之名行保护主义之实。要利用好疫情催生的新业态新模式,加强科技创新合作,营造开放、公平、公正、非歧视的营商环境,共同实现更高质量、更具韧性的发展"②。可以说,自由贸易话语权竞争与维护国家经济主权安全之间是互促共进、同频共振的增益关系。这对于把握新发展阶段、贯彻新发展理念、构建新发展格局、推进高质量发展,进而全面建设社会主义现代化国家而言,是一个值得持续重视,并有待进一步强化和提升的对外经济交往环节。

第三节 雄厚的工业基础和科技实力是掌握贸易主动权的基石

马克思恩格斯在《共产党宣言》中,深刻诠释了资产阶级对世界市场的开拓,以及在此过程中资本主义工业体系的发展壮大。"使反动

---

① 习近平:《推动创新发展 实现联动增长——在二十国集团领导人第九次峰会第一阶段会议上的发言》,《人民日报》2014年11月16日第02版。
② 《习近平谈治国理政》第4卷,外文出版社2022年版,第457页。

第四章 马克思恩格斯资本主义自由贸易本质批判对维护国家经济安全的当代价值

派大为惋惜的是,资产阶级挖掉了工业脚下的民族基础。古老的民族工业被消灭了,并且每天还在被消灭。它们被新的工业排挤掉了,新的工业的建立已经成为一切文明民族的生命攸关的问题。"[①] 在他们看来,工业基础和工业体系是一个民族国家生存发展的基础性要素。恩格斯也曾更进一步,标注和诠释了民族工业与自由贸易之间的深刻辩证关系,揭露了英国自由贸易派在别国发展民族工业问题上的伪善。时至今日,尽管工业形态、工业结构和工业动力都在持续演进和变化,但毋庸置疑的是,系统雄厚的工业基础和自主科技实力,愈发成为一国掌握贸易主动权和维护国家经济安全的物质基础。

一 贸易主动权争夺归根结底是产业实力竞争

恩格斯曾说:"民族工业的某一个部门一旦彻底占领了国内市场,出口便成了它的必然要求。在资本主义的条件下,一个工业部门不是扩大,就是衰落……于是,从国内贸易转向出口贸易便成为各有关工业部门的生死存亡的问题。"[②] 他在这里深刻揭示了民族工业发展与出口贸易、自由贸易之间的动态平衡关系。工业发展有了实力、上了水平,就必然绕不开追求更大市场容量和能级的自由贸易问题。事实上,贸易主动权并不在贸易本身,毕竟贸易只是一个交易或流通的中介管道,而在本质上与产业实力及科技竞争力休戚相关。这对我们构建新发展格局、推进高质量发展具有不容忽视的借鉴价值。

第一,贸易主动权争夺的底层逻辑和核心诉求。如果说马克思和恩格斯时代的贸易主动权竞争还主要集中在率先完成工业革命的英国与法国、德国、美国、意大利之间,那么如今的这种竞争态势,已经扩大到不同发展阶段和经济科技水平的各经济体之间。无论是发达经济体还是新兴市场国家和发展中国家,都试图在激烈的国际经贸竞争中打造自己

[①] 《马克思恩格斯文集》第 2 卷,人民出版社 2009 年版,第 35 页。
[②] 《马克思恩格斯文集》第 4 卷,人民出版社 2009 年版,第 342 页。

的"一亩三分地",尽管发达经济体仍是全球贸易话语权的主导者。可以说,贸易主动权竞争并不是为了竞争而竞争,这只是问题的浅层表面,其底层逻辑和核心诉求是参与贸易规则、贸易规制、贸易原则、贸易标准和贸易治理等多方面的谈判和制定,来最大限度地维护本国的国际竞争利益。

就以我们中国自身为例,自改革开放以来经过几十年的快速发展,无论是经济实力、科技水平还是全球贡献度、国际影响力都实现了史所罕见、世所罕见的重大进步,与欧美发达国家相比以及与我们自身在全球和平与发展等各方面的贡献度相比,我国在世界经贸领域的话语权都处于相对弱势的地位。事实上,对于我们而言,争取在全球贸易中的主动权特别是国际贸易谈判中的主动权,不仅是维护国家正当权益和利益的需要,而且也是建立国际政治经济新秩序、完善全球经济治理、推动经济全球化朝着更加公平公正方向发展的题中应有之义。对于我们自身发展来说,从更深层次考量,贸易主动权的争取和维护,也是为了保障国家经济安全。

一段时间以来,外贸对我国经济增长的推动力和贡献度,都是十分巨大的,同时这也导致我们的发展对外部市场的贸易依赖度较高。显然,这既是货物出口快速增长的重要机遇,但从长期看也是影响市场稳定和国家经济安全的关键变量。近年来,党中央提出并大力推动的以国内大循环为主体、国内国际双循环相互促进的新发展格局,就是着眼于国家经贸安全的重大战略决策。放眼世界上任何一个既实现快速发展又保障经济安全的大国强国,可以发现它一定是以国内市场需求为主体的,把经济发展构筑在本国经济大循环基础之上。唯有建立起"基点在我"的市场多元化贸易路径范式,我们才可能在愈发激烈的国际经贸竞争中永远占有一席之地。

鉴于此,贸易主动权的合理有度争夺,不仅有利于我们维护自身正当合理的国家海外利益,而且也是不断锻造和提升自身产业链供应链竞争力、发展力的重要之举。它的底层逻辑和核心诉求正在于此。

第二,"后端"的贸易主动权争夺与"前端"的产业实力竞争。恩格斯曾经剖析过历史上德国与英国在贸易主动权上的激烈竞争甚至对抗。"1874年前后,德国在世界市场上的贸易额就占据了第二位而仅次于英国,而德国在工业和交通方面采用的蒸汽发动机,比欧洲大陆的其他任何国家都多。因此,这也就证明,甚至在现在,尽管英国工业遥遥领先,一个大国也能够经过努力做到在自由市场上同英国成功地竞争。"[①] 在19世纪70年代,后继完成工业革命的德国在交通和制造业等方面取得了长足进步,形成了能与英国在欧洲市场乃至其他市场进行博弈竞争的优势和壁垒。

这启发我们,要正确看待"前端"的产业实力竞争与"后端"的贸易主动权争夺之间的内在关系。以美国为代表的西方国家之所以长期称霸于世界,成为地区和国际经贸标准的主要制定者,正是因为它无论是在经济规模、产业链供应链实力方面,还是在相关贸易机构、贸易机制影响力方面,都独占鳌头,拥有绝对的话语权甚至显性的主导权。直到今天,美国还在一定程度上控制着与全球经贸活动相关的国际货币基金组织、世界银行甚至世界贸易组织等世界多边机构。美元拥有作为世界主要国际储备货币的排他性优势地位,无论是在制定经贸规则还是在操控市场准入等各方面,都具有他国难以媲美的突出优势。

对此,我们要有足够的实力和耐心,一定要不断提高经济社会发展的生存力、持续力和创新力,不断增强和提升内循环的综合能力,提高产业链供应链的韧性和安全性,通过循序渐进的高质量发展不断壮大我们的产业竞争实力。如今,世界各国贸易主动权的争夺越发显性和白炽化,我们要加快推动诸如区域全面经济伙伴关系协定(RCEP)之类的地区或国际性经贸组织,充分发挥中国作为亚太和世界经贸支柱的实

---

① 《马克思恩格斯文集》第4卷,人民出版社2009年版,第343页。

力、吸引力、竞争力。可以说,随着 RCEP 的签署,中国在正确处理贸易主动权和产业发展之间的动态平衡问题上将更加得心应手、轻车熟路。无论如何,中国作为一个负责任的世界大国,坚决反对把正常的经贸问题蓄意政治化、工具化和武器化,主张各国特别是西方大国要带头奉行真正的多边主义,"支持世界贸易组织改革朝着正确方向发展,支持多边贸易体制包容性发展,支持发展中成员合法权益。中国将以积极开放态度参与数字经济、贸易和环境、产业补贴、国有企业等议题谈判,维护多边贸易体制国际规则制定的主渠道地位,维护全球产业链供应链稳定"①。

放眼世界经贸发展史,不难发现,正常的竞争事实上并不可怕,令人担忧的是罔顾规则的无效内卷和无序竞争。我们作为一个拥有 14 亿多人口的大国,一定要稳妥处理好作为"后端"的贸易主动权争夺与作为"前端"的产业实力竞争之间的协调关系,才能真正科学统筹好发展与安全的动态平衡。

第三,在不断壮大和提升产业链、供应链竞争力中把握贸易主动权。不难理解,贸易主动权不是一句空话,而是要有"实打实""硬碰硬""牛鼻子"的发展实力。这种实力,尽管是国内外多种因素综合作用的结果,却主要体现在产业链供应链的竞争力上。可以说,产业链供应链的安全稳定可持续,不仅是我们国家经济安全的基础性要素,而且是构建新发展格局、推动高质量发展、全面建设社会主义现代化国家的基本支撑。没有产业链供应链的韧性与安全,就没有国家的安全稳定和可持续发展。提升产业链供应链的实力特别是竞争力,关键是不断壮大实体经济、走自主创新发展的中国道路。

我们既要着力筑牢产业基础,推动产业链、价值链的高级化、现代化,打造具有全球影响力的高品质商品和服务,而且"要强化高端产业引领功能,坚持现代服务业为主体、先进制造业为支撑的战略定位,努

---

① 《习近平谈治国理政》第 4 卷,外文出版社 2022 年版,第 237 页。

力掌握产业链核心环节、占据价值链高端地位"[1]。为此，我们应该持之以恒地加强对关键核心技术和关键零部件的自主研发，特别是要强化基础性和原创性研究，实现高水平的科技自立自强。一方面，坚决贯彻新发展理念，着力"升链"，抓好产业转型升级；另一方面，要"建链"，推进战略性新兴产业发展壮大，推动工业制造业加速向数字化、网络化、智能化发展，不断提高产业链供应链的韧性和安全水平。事实上，只要经济实力不断发展上去，产业链、价值链的现代化水平持续跃上新台阶，我国就能在全球经贸格局中取得与自身实力地位相称的话语权、主动权。

从美国政府过去几年对中国大打出手的贸易战来看，无论它在全球经济政治格局中占据如何优势的先发地位，只要我们自身稳住阵脚、做好自己的事情，不断提升自主可控的产业链供应链水平，美国这一向来奉行霸权主义的国家，就从深层内核上奈何不了我们，撼动不了中华民族持续发展壮大的根基，反而能倒逼甚至"激励"我们更加清醒地认识到加快解决"卡脖子"的关键技术和核心技术、建立强大循环能级的全国统一大市场的必要性、紧迫性。可以说，贸易主动权问题在根源上，仍是我们的产业链供应链在国内国外两大市场的竞争力和持续力问题。

二 雄厚的工业基础是掌握贸易主动权的物质基石

恩格斯在1873年前后，与来自英国的一位"双标主义"自由贸易论者辩论时毫不讳言："现在，像美国人这样一个大民族不能只靠农业生存，因为这等于让自己注定永远处于野蛮状态和从属地位；在我们的时代，没有一个大民族能够没有自己的工业而生存下去。"[2] 这告诫和

---

[1] 《习近平在上海考察时强调 深入学习贯彻党的十九届四中全会精神 提高社会主义现代化国际大都市治理能力和水平》，《人民日报》2019年11月4日第01版。
[2] 《马克思恩格斯文集》第4卷，人民出版社2009年版，第338页。

启发我们，对于我们这样一个经济规模、人口数量和市场规模都十分巨大的国家而言，只有拥有雄厚、自主可控的民族工业基础，才能在对外交往中掌握贸易主动权。

第一，深刻理解工业在自由贸易体系中的基础段位。在马克思和恩格斯生活的时代，作为最先发生工业革命和率先完成工业革命的国家，英国曾一度在与同样实行资本主义制度的法国、德国、美国等国进行经贸往来时游刃有余、左右逢源。不难理解，工业实力特别是工业体系的完备性在一个国家对外经贸交往中往往处于无可替代的基础地位。当前，百年未有之大变局仍在加速演进，世界进入新的动荡变革期，我国所面临的外部环境更趋复杂严峻和不稳定、不确定，经济发展在相当长的时期内仍难以避开需求收缩、供给冲击和预期转弱这三重压力。在这种严峻复杂的内外境遇下，工业不仅是经济社会发展的"压舱石"，而且是稳住外贸大局、维护全球供应链产业链稳定、充分释放中国增长的世界效应之"定盘星"。

我们要进一步聚焦工业稳增长和高质量发展的短板弱项、痛点卡点，加大对核心技术和关键技术的攻坚力度，坚决把解决"卡脖子"问题作为工业创新发展的首要问题。在此过程中，我们应该进一步发挥并放大新型举国体制的叠加效应，构筑做实国家战略科技力量，进一步全面深化改革，推动工业创新发展中有效市场和有为政府有机联动的统筹效应，不断推动以数字化、网络化、智能化为核心特征的新技术、新业态落地生根、开花结果。作为世界第二大经济体、全球第二大市场和第一大货物贸易国，中国是全世界唯一拥有联合国全部工业门类的国家。我们始终坚持走和平发展道路，秉持人类命运共同体理念，不断释放经济社会发展的活力和潜力，为世界经济复苏和持续发展不断注入信心和力量。

面对当前愈发分化甚至分裂和对抗的世界，中国一直发挥着产业链供应链"稳定器"的重要作用，对维护全球经贸大局稳定做出了不可替代的重大贡献。若做进一步思考，近年来中国为何能在美国政府的反

第四章 马克思恩格斯资本主义自由贸易本质批判对维护国家经济安全的当代价值

复围堵打压之下，仍然坚若磐石地在世界经贸格局中占有一席之地？

可以说，正是因为我们始终重视实体经济特别是制造业的发展和安全，以自身的实体经济发展特别是工业的稳步发展，来努力维护全球经济增长和世界贸易大局稳定。"中国将秉持开放、合作、团结、共赢的信念，坚定不移全面扩大开放，将更有效率地实现内外市场联通、要素资源共享，让中国市场成为世界的市场、共享的市场、大家的市场，为国际社会注入更多正能量。"① 因此，大量的国内外发展事实已经证明，工业体系的健全和工业能力的强劲可持续，是我们国家在全球经贸格局中保持一定话语权和重要引领力的基础性条件。

第二，正确认识雄厚的工业基础在掌握贸易主动权中的重要地位。近年来，特别是国际金融危机以及延宕起伏的新冠疫情之后，无论是传统的发达国家还是新兴市场国家和发展中国家，都试图在激烈的国际经贸竞争中占有一席之地。贸易话语权的把控和驾驭，在本质上仍是一个国家工业发展能力的延展和投射。这对于作为后发国家的我们具有特别的启迪意义。作为一个成长性大国，也是世界上最大的发展中国家，对世界经济增长的贡献率长期保持在 30% 以上，"世界好，中国才能好；中国好，世界才更好"②，因此，中国在全球经贸格局中的贸易主动权，既有利于充分维护自身的正当发展权益，也能为世界经贸稳定和健康发展注入具有广泛代表性的正能量。我国是一个工业门类齐全的制造业大国，在工业纵深发展上具有系统性优势。这是我们对外经贸竞争和掌握与自身实力相匹配贸易话语权的基础。

进入新发展阶段，我国工业发展的内部条件和外部环境都发生了重大变化。③ 就外部环境而言，一些欧美大国大搞贸易保护主义，以国家

---

① 习近平：《在第三届中国国际进口博览会开幕式上的主旨演讲》，人民出版社 2020 年版，第 7 页。
② 《习近平谈治国理政》第 2 卷，外文出版社 2017 年版，第 545 页。
③ 史丹、杨丹辉：《新发展阶段中国工业的三大新使命》，《光明日报》2022 年 2 月 28 日第 06 版。

安全之名滥用进出口管制条例，人为阻挠正常的经济技术合作和产业链供应链协作，傲慢地把地缘政治凌驾于市场规律之上，严重破坏了包括中国在内的发展中国家与发达国家在诸多方面的经贸合作。就内部环境来说，我国经济增长已经由中高速增长转向高质量发展，面临着传统禀赋和比较优势有所弱化、核心技术和通用底层技术仍被一些西方大国"卡脖子"以及被他国威胁"脱钩断链"的现实严峻问题。越是实现中华民族伟大复兴的关键阶段，我们就越要清醒和坚定，无论外部环境如何风高浪急甚至惊涛骇浪，唯有做好自己的事情，才能"稳坐钓鱼台"。

在新一轮科技革命和产业变革方兴未艾的时代境遇下，我们要以建设现代化产业体系为统领，把发展经济的着力点聚焦在实体经济上，稳步推进新型工业化，加快建设制造强国、质量强国、网络强国、数字中国，打造具有中国特色、全球竞争力的数字产业集群，"顺应产业发展大势，推动短板产业补链、优势产业延链，传统产业升链、新兴产业建链，增强产业发展的接续性和竞争力。优化生产力布局，推动重点产业在国内外有序转移，支持企业深度参与全球产业分工和合作，促进内外产业深度融合，打造自主可控、安全可靠、竞争力强的现代化产业体系"①。可以说，只要我们自身的工业基础坚强、稳定，就能稳步有效地构筑以国内大循环为主体、国内国际双循环相互促进的新发展格局。无论外部环境如何变幻、逆经济全球化的行径如何疯狂肆虐，我们都一定能在全球经贸格局中稳住阵脚、做好自己、当好表率，坚定地成为全球自由贸易的推手和旗手。

第三，持续提升中国式现代化进程中的工业支撑，不断增强和提升贸易主动权。以中国式现代化全面推进中华民族伟大复兴，是我们党今后一个相当长的历史时期内的中心任务。中国式现代化既有各国现代化

---

① 《习近平在中共中央政治局第二次集体学习时强调　加快构建新发展格局　增强发展的安全性主动权》，《人民日报》2023年2月2日第01版。

第四章 马克思恩格斯资本主义自由贸易本质批判对维护国家经济安全的当代价值

的共同特征,更有基于自己国情和文化基因的鲜明特征。推进中国式现代化是一项前所未有的开创性事业,不会轻而易举地实现,无可避免地会遇到各种能够预料或难以预料的"拦路虎""绊脚石"。但不管外部环境和国际形势发生怎样的变化,不管以美国为代表的西方逆全球化行径如何疯狂肆虐,只要在党的坚强有力领导下,充分发挥包含工业在内的实体经济的定海神针作用,我们的各种宏伟目标就一定能够如期实现、顺利实现。

对此,关键是我们要有条不紊地高质量推进新型工业化。推进新型工业化,是实现中国式现代化的必然要求,是全面建成社会主义现代化强国的基础载体,是构建大党大国新阶段竞争优势的必然要求,是面向未来可持续发展的战略选择。"一手抓传统产业转型升级,一手抓战略性新兴产业发展壮大,推动制造业加速向数字化、网络化、智能化发展,提高产业链供应链稳定性和现代化水平。"① 这是以新型工业化推进中国式现代化的重要路径。转言之,中国式现代化需要实打实的工业化基石和载体。我们要进一步健全工业体系,努力把全世界唯一拥有联合国产业分类中全部工业门类的国家优势效应进一步发挥放大;进一步优化产业结构,提升高技术制造业和装备业的比重;进一步加快构筑数字经济发展新优势,推动数字化研发和工业互联网平台全面深度融入国民经济大类。只要我们拥有强大的工业体系和工业能级,我们就一定能在激烈的国际经贸竞争中掌握相应的主动权甚至主导权。马克思曾说:"保护关税制度不过是在某个国家建立大工业的手段,也就是使这个国家依赖于世界市场,然而,一旦它对世界市场有了依赖性,对自由贸易也就有了或多或少的依赖性。"② 反过来讲,我们只要建立健全建强自己的民族工业体系,就拥有强大的底气和自信参与国际经贸竞争,推动并引领开放包容、普惠平衡的新型经济全球化。

---

① 《习近平关于网络强国论述摘编》,中央文献出版社 2021 年版,第 145 页。
② 《马克思恩格斯文集》第 1 卷,人民出版社 2009 年版,第 758 页。

三 强大的科技实力是掌握贸易主动权的关键砝码

在马克思和恩格斯生活的时代,第一次工业革命("蒸汽时代")和第二次工业革命("电气时代")相互交叉叠加。如果说前者的技术发明还主要源于工匠的实践经验,那么后者则是自然科学的新发展开始同工业生产紧密结合起来,形成了同频共振的耦合效应。在第二次工业革命中,哪个资本主义国家的科技实力强,哪个国家就能掌握对外贸易的主动权甚至主导权。时至今日,强大可持续的科技实力,仍是一个国家特别是诸如我们这样的大国掌握贸易主动权、维护国家经济安全的撒手锏。

第一,科技实力竞争愈发成为贸易主动权的攸关变量。马克思尽管并未直接使用科技创新一词,却在核心意蕴上关注科技创新的作用,如"大工业的起点是劳动资料的革命,而经过变革的劳动资料,在工厂的有组织的机器体系中获得了最发达的形态"[①];再如,"各种机器的巨大改进,大大提高了它们的生产力"[②]。以科技创新为内核的科技实力,既关系着一国持续发展的动能效能,又关切着其在全球产业链供应链和经贸体系格局上的地位。以美国为代表的西方国家,为何时常在正常的国际经贸往来中"傲慢"地滥用科技霸权和技术封锁?在国际贸易中,相较于一般低附加值的货物贸易和服务贸易,而基于一定科技含金量和知识产权转移的货物或服务贸易,不仅利润更高,而且在贸易议程设置和贸易谈判中的话语权也明显更大。

可以说,在一定程度上,贸易主动权的争夺,愈发体现在科技实力竞争上,构筑在科技实力基石之上的新能源汽车、光伏发电、先进材料、人工智能,特别是生成式人工智能、工业互联网、算力算法、芯片

[①] 《马克思恩格斯文集》第5卷,人民出版社2009年版,第453页。
[②] 《马克思恩格斯文集》第5卷,人民出版社2009年版,第478页。

第四章　马克思恩格斯资本主义自由贸易本质批判对维护国家经济安全的当代价值

半导体等领域的竞争，愈发成为全球经贸格局中的常态。"世界科技强国竞争，比拼的是国家战略科技力量。"① 贸易主动权竞争，在表面上比拼的是贸易规则、贸易标准和贸易治理等，但在内核上对垒的，仍是一个国家经济社会发展的科技含金量，特别是新技术、新业态的转化落地程度。回顾工业革命特别是 21 世纪以来的世界经贸史不难理解，一个国家若要在激烈竞争的国际经贸格局中"挺直腰杆""扬眉吐气"，拥有自己"讲得出，有人听"的话语权，就要实现科技创新的自立自强，不断提升国家的战略科技力量。面向未来，随着数字技术日益嵌入经济社会发展全过程全环节，全球贸易主动权的竞争就会愈发体现在科技端、创新端、人才端。这将是一个不以人的意志为转移的客观态势，毕竟贸易主导权的竞争，将愈发体现在数字贸易的竞争力、话语权和主导权上。

第二，在不断提升科技实力中增进和强化贸易主动权。在新一轮科技革命和产业变革蓄势待发之际，全球的经贸竞争越发集中体现在科技实力追赶和博弈上。可以说，在全球货物和服务贸易中具有竞争优势和主动权的国家，一般都在某些领域具有强劲的科技硬实力。为此，我们要持续坚持创新在中国式现代化建设全局中的核心地位，进一步发挥新发展阶段的新型举国体制效应，强化国家战略科技力量，"优化配置创新资源，优化国家科研机构、高水平研究型大学、科技领军企业定位和布局，形成国家实验室体系，统筹推进国际科技创新中心、区域科技创新中心建设，加强科技基础能力建设，强化科技战略咨询，提升国家创新体系整体效能"②。提升国家的科技实力，关键是要深化科技体制改革，充分释放科技发展活力，面向世界科技前沿、面向经济主战场、面向国家重大需求、面向人民生命健康来谋篇布局，落地转化；同时，还

---

① 《习近平谈治国理政》第 4 卷，外文出版社 2022 年版，第 199 页。
② 习近平：《高举中国特色社会主义伟大旗帜　为全面建设社会主义现代化国家而团结奋斗——在中国共产党第二十次全国代表大会上的报告》，人民出版社 2022 年版，第 35 页。

要弘扬科学家精神，培育创新文化，营造创新氛围，切实加强基础研究，夯实科技自立自强根基，不断提升国家战略科技效能效应，培育和厚植具有全球影响力和竞争力的创新生态。

除此之外，还要进一步"以国家战略需求为导向，积聚力量进行原创性引领性科技攻关，坚决打赢关键核心技术攻坚战。加快实施一批具有战略性全局性前瞻性的国家重大科技项目，增强自主创新能力"[①]。提升国家的科技实力特别是科技创新的策源能力，是一个全局性、系统性的重大工程，是一个慢变量和快变量耦合互动的量质渐变过程。只要拥有独立自主的科技创新道路和科技发展实力，我们就能在全球经贸格局中"找准""用好"自己的位置，不但能够维护自身的国际经济竞争力，而且能够维系全球产业链供应链的稳定与安全。这对中国和世界而言，是一个双赢、多赢之举，毕竟中国作为世界上最大的发展中国家，掌握贸易主动权有利于我们自身的发展，更能惠及全世界，这也正是构建"你中有我、我中有你"人类命运共同体的题中应有之义。进言之，中国的贸易主动权，必定是推动世界和平与发展的最大动力源和最稳健压舱石。

第四节 "大循环"耦合"双循环"
契合自由贸易题中之义

自由贸易在本质上就是时空范围延展的商品或生产要素流通。马克思曾说："流通本身是生产的一个要素，因为资本通过流通才能成为资本；如果把流通本身看作是生产过程的整体，那么生产只是流通的要素。"[②] 当前，百年未有之大变局仍在加速演进，整个世界的流通环境

---

① 习近平：《高举中国特色社会主义伟大旗帜　为全面建设社会主义现代化国家而团结奋斗——在中国共产党第二十次全国代表大会上的报告》，人民出版社2022年版，第35页。
② 《马克思恩格斯全集》第30卷，人民出版社1995年版，第517页。

正在发生深刻而又复杂的调整变化,以美国为代表的一些西方国家正在大搞内顾倾向的贸易保护主义行径,人为地破坏基于社会分工和市场原则所形成的流通环境。面对这种明显变化,我们应该更加坚定地做好自己的事情,在积极推动和引领经济全球化中构建以国内大循环为主体、国内国际双循环相互促进的新发展格局。

一 "大循环"不是自循环而是自由贸易的国内铺陈

马克思和恩格斯曾在《神圣家族》中写道:"贸易并不因贸易特权的取消而被取消,相反,它只有通过自由贸易才获得真正的实现。"[①] 我们始终主张并积极支持真正的自由贸易,坚决反对保护主义、单边主义、孤立主义和干涉主义等逆全球化行径。以国内市场为主体的大循环,仍是自由贸易规则的践履和运用,无论是其出发点还是实施路径,都不是封闭僵化的自循环,更不是"自娱自乐"的内循环。

第一,立足国内市场的大循环,不是封闭的自循环或内循环。正如前文所述,马克思和恩格斯也都曾分析过作为主要资本主义国家的英国、法国、德国和美国在进口和出口之间寻得平衡的一些历史做法。在当前保护主义上升、世界经济下行压力较大、全球需求市场明显萎缩、大国对抗冲突明显加剧的外部环境下,我们审时度势、守正创新,主动立足于国内超大规模市场优势和中长期的经济社会发展需要,来积极主动构建以国内循环为主体、国内国际双循环相互促进的新发展格局。事实上,以国内市场为主体的大循环,绝不是封闭僵化的自循环或单循环。这也是包括发达国家在内的大多数国家,在实现工业化和现代化进程中惯用的做法。我们所主张和推动的国内大循环,是以统筹中国经济的发展和安全为基本考量点,从来都不是一些恶意反华力量所大肆喧嚣的"抛弃改革开放、放弃国际分工合作进而走向新的闭关锁国"的荒谬论调,而是更高水平、更有竞争力、更有前瞻性的制度型开放。

---

① 《马克思恩格斯文集》第 1 卷,人民出版社 2009 年版,第 316 页。

众所周知，从20世纪80年代开始，我们采取的是"市场和资源两头在外"的外向型发展战略，支撑了经济的长期快速发展，也创造了彪炳史册的人间奇迹，在相当长的历史时期内，的确起到了十分积极的效果。"改革开放前，我国经济以国内循环为主，进出口占国民经济的比重很小。改革开放后，我们打开国门，扩大对外贸易和吸引外资。特别是2001年加入世贸组织后，我国深度参与国际分工，融入国际大循环，形成市场和资源'两头在外'的发展格局，对我们抓住经济全球化机遇快速提升经济实力、改善人民生活发挥了重要作用。"① 但是进入21世纪特别是2008年国际金融危机之后，再加上新冠疫情的影响，这种战略已经无法有效地继续下去，毕竟国际产业链供应链和价值链都在加速重构。立足国内市场的"大循环"就应运而生。"以国内大循环为主体，绝不是关起门来封闭运行，而是通过发挥内需潜力，使国内市场和国际市场更好联通，以国内大循环吸引全球资源要素，更好利用国内国际两个市场两种资源，提高在全球配置资源能力，更好争取开放发展中的战略主动。我国开放的大门不会关闭，只会越开越大。"② 所以，以国内市场为主体的大循环，绝不是简单的低阶的"出口转内销"，更不是被一些人严重误读的"新型闭关锁国"政策，而是因时因势地主动为之、更大作为，是立足"两个大局"做出的战略性发展考量。

第二，立足国内市场的大循环，是自由贸易的国内铺陈。立足国内市场的大循环，在实质上就是要实施更大范围、更宽领域和更深层次的高水平对外开放，绝对不是封闭或关门。中国既是经济全球化和自由贸易的重要获益者，也是经济全球化和自由贸易的坚定推动者。我们对外开放的大门永远不会关上，只会越开越大。无论是开放的领域还是开放的范围，都将持续有序拓展和扩大，我们将进一步推动包含规则和标准在内的制度型开放，不断改进和优化市场化、法治化、国际化的营商环

---

① 《习近平谈治国理政》第4卷，外文出版社2022年版，第154—155页。
② 《习近平谈治国理政》第4卷，外文出版社2022年版，第156页。

第四章 马克思恩格斯资本主义自由贸易本质批判对维护国家经济安全的当代价值

境,更好地吸引全球高端知识、技术和管理经验,以高竞争力的国际循环倒逼和提升国内循环的效能和水平。

一方面,近年来随着国际范围内贸易保护主义的滋生和发酵,我们发展的外部环境正在发生显性的急剧变化,各种不稳定性、不确定性因素明显增多,对作为世界第二大经济体和第一制造业大国的我们,提出了新的要求、新的任务。另一方面,中国不仅是"中国之中国",更是"世界之中国",经济发展已经结构化地深度融入世界经济体系,与世界上包括发达国家和新兴市场国家在内的很多国家的产业链供应链乃至创新链的关联程度都日益提高,国内国外两种资源、两大市场本身就是"你中有我,我中有你"的相互依存、相互促进关系。由此不难看出,立足国内市场的大循环绝不是关起国门"自己玩",而是更好地挖潜和整合内需潜力,使"两大资源""两大市场"更有效率地联通耦合;积极用好全球资源要素,提高在全球配置资源要素的能级效应;更好地在互联互通、互利共赢中赢得发展能动、战略主动,为构建人类命运共同体做出中国贡献。

第三,立足以国内市场为主体的大循环,要不断提升内生动力和能级效应。国内大循环不是封闭运行的自给自足,而是在提升内生发展动力中高效统筹"两种资源""两个市场"。"从国际比较看,大国经济的特征都是内需为主导、内部可循环。"① 对于我们这样一个拥有14亿多人口的发展中大国而言,在根本和长远意义上不能把发展和安全的基本盘构筑在别人的地基上,关键还要依靠自身的内生或内驱式发展。可以说,着力推动主要立足国内市场的大循环,并不是"心血来潮""随意为之",也更不是被迫之举和权宜之计,而是"根据我国发展阶段、环境、条件变化,特别是基于我国比较优势变化,审时度势作出的重大决策。构建新发展格局是事关全局的系统性、深层次变革,是立足当前、

---

① 《习近平谈治国理政》第4卷,外文出版社2022年版,第155页。

着眼长远的战略谋划"①。以国内大循环为主体,并不是闭关锁国、闭门造车、打造隔绝世界的"桃花源",并不意味着我们不再重视甚至战略性抛弃国际经济循环,经济开始无质量无效能的"内卷化"。对此,我们要有清醒的认识。

以国内大循环为主体,关键是"可循环""能循环""有效率""可持续",我们要以"抓铁有痕""滚石上山"的勇毅担当,进一步全面深化改革,系统性深刻破除影响全国统一大市场有序有效循环的痛点、堵点、卡点和梗阻点,在不断提高城乡居民可支配性收入中充分释放内需潜力。我们所构建的大循环不是局部的循环,而是整个国民经济系统"气血通畅"的大循环,无论是国有企业、民营企业还是外资企业、混合所有制企业,无论是平台型企业还是小微企业,各类市场主体都应该在全国统一大市场中找准自己的定位,不断释放自身的比较优势和竞争禀赋。当然,中国内生动力的增强、内循环体系的进一步固本培元,不仅有利于我们自身的发展和安全,而且能够惠及世界,为世界各国提供更加广阔的超大规模市场空间,也为百年变局叠加疫情下的全球经济复苏增添"稳定锚"、注入"强心剂"、激活"动力源"。

二 "双循环"不是外循环而是自由贸易的进阶升华

马克思和恩格斯在《共产党宣言》中说:"随着贸易自由的实现和世界市场的建立,随着工业生产以及与之相适应的生活条件的趋于一致,各国人民之间的民族分隔和对立日益消失。"② 互联互通、共建共享的自由贸易,是增进不同国家共同利益、强化共同认知、消弭对立隔阂的基础方式。构建新发展格局中的"双循环"体现和诠释了自由贸易的本真要义,正是在互通有无、调剂余缺中助推互惠互利和协作共赢。

---

① 《习近平谈治国理政》第4卷,外文出版社2022年版,第154页。
② 《马克思恩格斯文集》第2卷,人民出版社2009年版,第50页。

第一,"双循环"也不是简单的外循环。构建国内国际双循环相互促进的新发展格局,是积极应对外部环境变化的主动为之、创造性为之。在改革开放40多年进程中,我国过去以出口为导向的经济全球化战略,可以说取得了举世瞩目的巨大成功。这种战略充分利用了我国的劳动力、土地等生产要素的比较优势和禀赋效应,在与发达经济体错位分工中占据了一定的竞争优势。然而,从优势转化和变化的角度而言,这样的一种竞争优势具有鲜明的历史性,但并不具有可持续性、稳定性和长期性。立足国内市场、激活国内市场,统筹用好"两种资源""两个市场",构建有序有效的双循环发展格局,就愈发势在必行。需要注意的是,"双循环"既不是闭关锁国、闭门造车的内循环,也不是脱离本土市场的资源和市场"两头在外"的外循环。

对于我们这样一个拥有14亿多人口的发展中大国而言,简单依靠甚至过度倚重外循环,既不可取,也不可行,否则就相当于直接"在别人的地基上建房子","建得越高越危险""建得越大越受制于人"。这里面蕴含着内需与外需动态平衡的深刻辩证法。如果仅仅依靠外需,那么国家经济发展的稳定性和可持续性就容易受到外部环境的影响,难以支撑大国的"稳中有进""持续前进"总体发展节奏。当前的外部环境,可以说是百年变局叠加疫情、各方面超预期和难预料因素深度耦合的结果,各种充斥着多维变量的风险因素明显增多,全球进入新的动荡变革期。

这对经济发展深度嵌入世界经济政治格局的中国而言,具有复杂性、结构性的深刻影响。特别是2018年中美贸易摩擦以来,外部环境的"明显变化"尤为突出,美国一些极端反华的政客和精英甚至扬言要把中国排除在所谓的"全球贸易统一战线"之外,诱导胁迫英国、法国、德国、日本、韩国、荷兰等国家与中国直接"脱钩断链",甚至在产业链、资金链、创新链、人才链上布局"去中国化"。可以说,在当前新一轮保护主义、单边主义、孤立主义和民粹主义兴风作浪的大背景下，全球的供应链越发显现出本土（地）化、区域化、近岸化、分散化的"零敲碎打"之趋势，我们的经济发展战略和对外经济政策必须做出因时因势、动态平衡的科学调整。至此，不难看出，国内国际市场相互促进的双循环，既不是封闭运行、自娱自乐的内循环，也绝不是简单地把经济命脉交于他人之手的外循环，而是建立在自身高质量发展基石之上的内外联动、同频共振。

第二，"双循环"是对自由贸易的升华进阶。我们强调的是国内国际高度互联互通的双循环，而不是"隔离孤岛"的单循环，更不是"自娱自乐"的内部自循环。当今中国，不仅是中国之中国，更是亚洲之中国和世界之中国。所以，中国想问题办事情，既立足于自己的国情和实际、发展和安全，也着眼于国际社会的共同利益和人类福祉。尽管我们强调以国内大循环为主体，把作为一个大国的经济发展立足点主要放在国内市场，做到自身可循环、能畅通，但从来都不是只顾其一而忽视其他，努力在高水平对外开放中推动内外联动、高质量发展，仍是重要国策和基本路径。"推进高水平对外开放。依托我国超大规模市场优势，以国内大循环吸引全球资源要素，增强国内国际两个市场两种资源联动效应，提升贸易投资合作质量和水平。"[①] 双循环在本质和内核上，就是高水平对外开放的具体呈现，旨在把中国更好地融入世界，同时也为世界的和平发展贡献中国智慧和中国机遇。

这种循环不像以美国为代表的西方国家所主导的排他性、小圈子化、阵营化、价值观化的经贸格局，而是更加开放、包容、普惠、平衡、共赢的经贸全球化。尽管外部环境正在发生明显的变化，单边主义、保护主义、民粹主义风起云涌，但中国扩大高水平开放的决心不会改变，同世界分享中国发展的机遇和共同应对风险挑战的决心不会改变，致力于在经贸大门越开越大中促进贸易和投资自由化便利化的决心

[①] 习近平：《高举中国特色社会主义伟大旗帜　为全面建设社会主义现代化国家而团结奋斗——在中国共产党第二十次全国代表大会上的报告》，人民出版社2022年版，第32页。

第四章 马克思恩格斯资本主义自由贸易本质批判对维护国家经济安全的当代价值

不会改变。在构建以国内大循环为主体、国内国际双循环相互促进的新发展格局中，我们要不断"推动货物贸易优化升级，创新服务贸易发展机制，发展数字贸易，加快建设贸易强国"①，而且继续对自由贸易区进行升级扩容、提质增效，更好地推动国内市场与国际市场的联通融合、同频共振，努力"扩大面向全球的高标准自由贸易区网络"②。由此可见，双循环是基于真正的多边主义的自由贸易的进阶升华，而不是一些西方国家的贸易保护主义的"原版"或"翻版"。

三 "大循环"与"双循环"的动态平衡是自由贸易的应有之义

马克思和恩格斯都十分推崇和支持互联互通、调剂余缺的真正的自由贸易。基于多边主义的"大循环"和"双循环"的动态平衡，是自由贸易的应有之义，也是作为世界第二大经济体和全球货物贸易第一大国的中国，对积极推动并引领经济全球化的重要贡献。

第一，正确处理"大循环"与"双循环"之间的关系。"大循环"与"双循环"之间不是对立对抗的关系，而是相得益彰的共存共生。自党的十一届三中全会决定实行改革开放以来，我国逐渐从一个相对封闭的经济体，走上了对外开放以及高水平对外开放的中国道路。当然，在这个过程中，中国经济属于典型的外向型经济，增长和发展的对外依存度达到了前所未有的高度。但是进入 21 世纪后，随着国际金融危机的爆发，这种模式不但难以为继，而且蕴含着诸多结构性风险。我们开始有计划地逐步把经济增长的基点放在国内市场、重拾国内需求。当然，这绝不意味着我们放弃了改革开放的基本国策，只不过根据外部环境与国内市场条件的深刻调整变化，而主动做出、积极谋划的战略抉择。

---

① 习近平：《高举中国特色社会主义伟大旗帜　为全面建设社会主义现代化国家而团结奋斗——在中国共产党第二十次全国代表大会上的报告》，人民出版社 2022 年版，第 32—33 页。

② 习近平：《高举中国特色社会主义伟大旗帜　为全面建设社会主义现代化国家而团结奋斗——在中国共产党第二十次全国代表大会上的报告》，人民出版社 2022 年版，第 33 页。

近年来，一些西方主要国家大搞保护主义和民粹主义，经济全球化遭遇逆风逆流，全球产业链供应链的稳定性、持续性面临着重大冲击，所以在努力维持国际大循环的同时，进一步挖掘国内市场、畅通国内循环、厚植内驱发展动力，既是国家层面的理性考量，也是面向未来的务实选择。大循环和双循环之间，从来都不是割裂对抗的，而是相互促进激励的。当前，我国拥有14亿多人口、4亿多中等收入群体所奠基形成的国内超大规模市场，无论是产业门类、工业体系还是配套能力、技术供给，都是较为完善的。这些相当雄厚的禀赋和条件，就为实现内部大循环、推进内外联动双循环奠定了坚实的物质基础。"中国致力于促进更高水平对外开放，坚定支持多边贸易体制，将在更广领域扩大外资市场准入，积极打造一流营商环境。中国愿同各国深化服务贸易投资合作，促进贸易和投资自由化便利化，推动经济全球化朝着更加开放、包容、普惠、平衡、共赢的方向发展。"① 我们有信心，有能力，有方法，有策略，也有责任担当和大国胸怀来正确对待大循环和双循环之间的动态平衡关系，为推进全球贸易和投资的自由化、便利化，源源不断地高质量贡献中国智慧和中国力量。

第二，在"大循环"和"双循环"动态平衡中引领贸易和投资的自由化、便利化。内部大循环和内外双循环，并不是一成不变、机制僵化的运行模式，而是一种与时俱进、样态更新的高水平动态平衡。

一方面，对于我们国家自身而言，大循环和双循环是"双轮驱动"，绝非"单条腿走路"。毕竟，我国已经逐步进入以制度型开放为重点的高水平开放新阶段，只有立足于国内大循环并赓续用好内外双循环，才能应对变局、破解困局、开拓新局，不断塑造国际合作和竞争新态势、新优势。当前，我国的对外贸易政策已经越来越从倚重出口能力转向出口和进口并重的综合协调能力，甚至在积极扩大合理进口来服务

---

① 《习近平向2019年中国国际服务贸易交易会致贺信》，《人民日报》2019年5月29日第01版。

第四章　马克思恩格斯资本主义自由贸易本质批判对维护国家经济安全的当代价值

于国内经济社会发展特别是产业链供应链迭代升级的实际需要。对于大国经济的长远发展而言，单一的"大进大出"循环模式，必然难以长久，这已经被国内外的大量发展事实所证明。当然，国内大循环也绝不等同于把曾经的外需份额简单地"腾挪"和"回补"到国内市场，只是合理适度地减少对外部的依赖性和依存度，通过不断提升产业链供应链的韧性以及打破行业壁垒，来刺激和驱动国内经济运行效率更高、效能更大、质量更优。

另一方面，新一轮科技革命和产业变革正与保护主义、单边主义同频步发生，我国既要利用好以人工智能为代表的新一轮科技革命和产业变革的重要新兴机遇和潜在巨大动能，又要在坚定推动经济全球化和自由贸易问题上勇毅前行，担当重要使命，发挥独特作用，要持续"扩大面向全球的高标准自由贸易区网络"[①]，努力做新阶段、新形势下经济全球化和自由贸易的推动者、扛旗手、践行者。中国的日益发展和壮大，是全球和平性力量和包容性增长的上行，不仅有利于中国，而且必然惠及全世界。"我们要有'向外看'的胸怀，维护多边贸易体制，推动自由贸易区建设，促进贸易和投资自由化便利化。当然，我们也要着力解决发展失衡、治理困境、数字鸿沟、分配差距等问题，建设开放、包容、普惠、平衡、共赢的经济全球化。"[②] 可以说，大循环和双循环在战略目标和终极旨趣上是互联互通的，而绝非相互排斥、彼此割裂的，毕竟中国作为世界第二大经济体、世界上最大的发展中国家，自身有条不紊地快速发展，以及在推动贸易和投资自由化便利化过程的所作所为，就是在体系格局上推动整个世界和平发展与繁荣稳定的重要"动力源"和关键"定盘星"。

[①] 习近平：《高举中国特色社会主义伟大旗帜　为全面建设社会主义现代化国家而团结奋斗——在中国共产党第二十次全国代表大会上的报告》，人民出版社2022年版，第33页。

[②] 《习近平谈治国理政》第2卷，外文出版社2017年版，第513页。

第五章

马克思恩格斯资本主义自由贸易本质批判对认识资本主义新特点的当代价值

马克思曾在《资本论》中,深刻批判了19世纪中叶美国贸易保护主义派经济学家凯里关于贸易认识的狭隘性和短视性。同时,在马克思看来,尽管凯里反对互通有无的自由贸易,支持"多出少进"的保护关税制度,但是资本主义发展演进的鲜明现实终究会让他明白,"破坏资本主义生产方式天生的优美与和谐的,归根到底是贸易。再前进一步,他也许会发现,资本主义生产的唯一祸害就是资本本身。只有一个如此惊人地缺乏批判能力和如此假装博学的人——尽管他持有保护关税的异端邪说——,才配成为一位名叫巴师夏的人和现代自由贸易派其他一切乐观主义者的和谐智慧的秘密源泉"[①]。无论凯里对自由贸易赞赏与否,贸易终究会成为资本主义制度反噬自身的"爆点"或"雷点"。在这个意义上,马克思恩格斯资本主义自由贸易本质批判的意义和价值,从来都不局限于贸易问题本身,而且对于认识资本主义演进发展规律特别是百年变局下的资本主义新动向、新特点,具有十分鲜明的借鉴意义。

---

① 《马克思恩格斯文集》第5卷,人民出版社2009年版,第649页。

第一节 "自由贸易"隐遁着资本主义经济危机新样态

恩格斯曾在《〈资本论〉英文版序言》中剖析了英国自由贸易派所遇到的现实困境。"自由贸易已经无计可施了；甚至曼彻斯特对自己这个昔日的经济福音也发生了怀疑。迅速发展的外国工业，到处直接威胁着英国的生产，不仅在受关税保护的市场上，而且在中立市场上，甚至在英吉利海峡的此岸都是这样。生产力按几何级数增长，而市场最多也只是按算术级数扩大。1825年至1867年每十年反复一次的停滞、繁荣、生产过剩和危机的周期，看来确实已经结束，但这只是使我们陷入持续的和慢性的萧条的绝望泥潭。"[①] 英国在废除以谷物法为代表的保护关税制度而实行自由贸易之后，也遇到了前所未有的生产乏力和市场危机。当然，这倒不是自由贸易本身的问题，而是虚假伪善的资本主义自由贸易逃不开的必然命门。若做进一步追问，无论是生产乏力还是市场滞涨之类的经济危机，在本质上只是英国"自由贸易"背后的资本主义制度问题。时至今日，违背自由贸易原则的贸易保护主义、单边主义和孤立主义，正在一些欧美国家带动怂恿下愈演愈烈，其背后映射的同样是资本主义绕不开的经济危机之痼疾，只不过在新的时空境遇下生成并呈现出了新形态。

一 虚假"自由贸易"背后的资本主义经济"脱实向虚"

在马克思和恩格斯生活的时代，率先完成工业革命的英国，也是最早废除保护关税制度进而推行资本主义自由贸易的欧洲国家。这意味着，19世纪中期的资本主义自由贸易尽管充斥着虚假和伪善，但总体上仍是以具有比较优势的工业制造能力为重要前提的。但在资本逻辑大行其道的现时代，一些欧美资本主义国家采取虚假的自由贸易，实则映

[①] 《马克思恩格斯文集》第5卷，人民出版社2009年版，第34—35页。

射着资本主义经济发展的空心化问题。

第一，虚假"自由贸易"背后的结构性问题。当今时代，一个值得注意和警惕的现象是，一方面，以美国为代表的西方大国强国带头推行狭隘的贸易保护主义和单边主义，大搞合纵连横、党同伐异的价值观外交，对任何可能与其构成竞争的国家恣意打压制裁、脱钩断链，但另一方面又"贼喊捉贼"地高喊基于所谓"规则"的自由贸易，对他国进行无理无端的指责和围堵。之所以会出现这种"手电筒只照别人而不照自己"的悖论性现象，表面上看在于虚假"自由贸易"背后的双重标准，实则是资本主义经济发展的结构性问题。特别是西方大国中的美国，为何会滋生出空前的不自信甚至战略焦虑？它动辄对他国进行极限施压、滥用出口管制条例、泛化国家安全概念，基于国内狭隘利益需要，随意把他国机构和实体列入制裁管制清单。这在根源上，是美国自身的经济结构出了问题，试图"内病外治"、转嫁责任。近年来，特别是国际金融危机之后，美国经济的过度金融化和产业空心化趋势并没有停止，反而愈加严重，其利用国际霸主地位和美元的霸权优势到处收割全球发展红利，甚至把自己的获利增值建立在别国损耗的基础之上。可以说，美国已经从"二战"后长期的自由贸易主要推动者退化为显性的阻碍者，大搞损人不利己的保护主义和单边主义。这恰恰说明和佐证，美国自身的经济发展特别是实体经济领域存在着严重的结构性问题。

第二，虚假"自由贸易"背后的有效生产不足。当今世界正处于百年未有之大变局，这个大变局充斥着动荡不安，而且仍在加速演进。到处兴风作浪、发威肆虐的保护主义和单边主义，成为百年变局的重要动荡源和风险点。以美国为代表的一些西方大国趁机推行虚假的自由贸易，表面上言必称基于"规则"和"公平"的自由贸易，实质上则大肆采取贸易保护主义甚至狭隘民族主义行为。这种虚假的自由贸易，一方面映射出美国自身经济发展的结构性问题，另一方面也揭橥了美国国内的有效生产不足，特别是以制造业为代表的实体经济不振和乏力问题。

国际金融危机之后，特别是近年来，美国政府一直在极力提倡"美国优先"政策，违背市场规律地强制刺激"买美国货""雇美国人"，通过税收补贴、产业政策甚至地缘政治等超常规手段，来试图提振以制造业为主要内核的实体经济。不难发现，资本主义发达国家的制造业回流，是近二十年来逐渐显现的新现象，主要指大型跨国公司将制造业投资和生产从海外向国内转移的一种经济政治现象。它既包括将海外的工厂迁回本国，也包括在本国建立工厂以取代海外采购或建厂。①

一些发达经济体之所以不惜违反市场规律和国际经贸规则来人为地割裂自然形成的产供链，正是因为自身的生产生态或制造业体系出了问题，进而企图重构本土化、近岸化、友岸化的价值链体系，重塑过去那种长期由自身主导的高附加值的价值体系。归根结底，以美国为代表的一些西方发达经济体的狭隘做法，本质上映射出它们自身的有效生产不足，不能满足国内市场的有效需求，而又不愿意看到包括中国在内的新兴经济体对其出口规模总体增加。事实上，尽管中美之间的巨额贸易正是一种典型的错位竞争和互利共赢的经贸交往的自然结果，但美国因传统的霸权主义心态作祟，很难接受此类现实。因此，问题的根源就在这里，虽然事实上的图景是，发达经济体普遍对发展中经济体的技术和服务贸易出口占有很大优势，发展中经济体只是对发达经济体的货物出口占据一定的优势，并不存在西方眼中所谓的"绝对吃亏方"。

第三，虚假"自由贸易"背后的产业空心化。自由贸易在应然意义上是一种资源互通有无、调剂余缺的基本方式，属于合作共赢、互惠

---

① 桑百川、王绍逾：《美国制造业回流政策对竞争力的影响——基于显示性比较优势指数的分析》，《社会科学研究》2022年第5期。

互利的事情。当一个国家从基于多边主义的自由贸易转向单边主义的虚假自由贸易时，往往是自身在全球或地区经贸竞争中的地位变弱之时。回顾"二战"后的国际经贸史，一个显性的现象就是，以美国为代表的西方发达国家过去长期在产业链供应链竞争上处于"执牛耳"的头部地位，所以它们一度是经济全球化的主要推动者和世界自由贸易的重要旗手。而在百年变局下的今天，它们普遍转向"内顾"的逆全球化道路，走上了狭隘的保护主义甚至孤立主义的老路旧路、歪路邪路。究其根源，并不在于新兴市场国家和发展中国家群体性崛起所带来的直接竞争，而在于西方发达经济体普遍存在的产业空心化问题。

在20世纪60—70年代，西方发达国家为了实现生产资源本地化和环境成本转嫁，纷纷针对发展中国家搞起了产业梯度转移，努力把所谓的低科技含量的落后产业或夕阳产业转移出去，而把高附加值、高技术含量的产业留在本土。这本来也符合产业进阶发展和梯度转移的一般规律，但是随着发展中国家群体性实力增长，特别是在产业链供应链上竞争能力的明显上行，普遍拥有了一定的议价和谈判话语权，甚至不少发达国家国内的基本生产生活原料，由于本国缺乏产业配套而只能由发展中国家来供应。

由此可见，以美国为代表的一些传统的西方大国强国，的确遇到了产业空心化的内部问题，以制造业为中心的物质生产在国民经济循环中的地位大大降低，甚至非物质生产的服务性产业的比重大大超过物质生产部分的比重，导致实体经济与虚拟经济的比例严重失衡。面对这个源于自身产业结构的现实尴尬情形，发达资本主义国家纷纷把问题归咎于全球经贸结构的失衡错乱，甚至把经济全球化当作这一问题的罪魁祸首、头号肇因。为了改变这种所谓的巨额贸易逆差境况，它们往往一边极力谴责他国的非公平不正当竞争，另一边自身却大搞双重标准、损人利己、以邻为壑的伪自由贸易。由此，虚假"自由贸易"背后的产业空心化问题就跃然纸上。

第五章 马克思恩格斯资本主义自由贸易本质批判对认识资本主义新特点的当代价值

二 虚假"自由贸易"背后的资本主义经济问题政治化

马克思和恩格斯都曾深刻剖析和批判过英国自由贸易的虚假性，19世纪中期以后的英国自由贸易，是构筑在"建立一个以英国为大工业中心的世界，所有其他国家都成为依附于它的农业区"[①]的基本逻辑之上。资本主义自由贸易往往受到追逐利润最大化的资本逻辑的羁绊，具有试图把经济问题政治化的惯性和倾向。时至今日，"自由贸易"背后的资本主义经济问题的政治化，不但没有褪色弱化，反而愈加严重。

第一，虚假"自由贸易"背后的资本主义经济问题意识形态化。从马克思恩格斯对英国自由贸易派的分析和批判不难看出，自由贸易只是资本主义国家"合则用，不合则弃"的意识形态工具。历史发展到今天，以美国为代表的一些资本主义国家总是我行我素，蓄意人为割裂全球基于市场规则所形成的产业链供应链，旨在维系和固化自身的经贸霸权地位。作为曾经的自由贸易重要推手和旗手，如今它们却大踏步走到了自由贸易对立面，不断泛化国家安全概念、滥用国际进出口条例，把正常的经贸往来纷争和发展阶段差异所致的贸易逆差恣意意识形态化，大搞政治操弄，进而误导全球舆论，刻意打造"中国威胁论"的虚假幻象。

事实上，任何一个国家在激烈竞争的国际经贸格局中，都很难做到处处和时时都占有绝对的资源禀赋和竞争优势，因产业结构和贸易阶段所产生的贸易分歧或纷争，也都是正常的经济现象。特别是随着包括中国在内的一批新兴市场国家和发展中国家的群体性崛起，美国很不适应也很难适应，甚至产生了严重的战略焦虑和发展不自信。在其错误的战略思维里，中国的发展壮大必然会挑战甚至取代它的长期霸主和霸权地位，因此它惯用"丛林法则"和零和博弈思维，来对待中美之间本来

[①] 《马克思恩格斯文集》第4卷，人民出版社2009年版，第335页。

高度互补、取长补短的经贸结构。近年来，美国政府不惜挑起贸易战、金融战、信息战、舆论战来全方位围堵遏制中国，大搞价值观外交和所谓的贸易统一战线联盟，对中国限供断供、极限施压。事实上，这已经威胁到广大发展中国家和新兴经济体的产业韧性和经济安全，属于典型的损人不利己的狭隘行为，不利于构建以互利共赢为核心的国际政治经济新秩序，驱使百年变局叠加疫情的世界经济雪上加霜，为全球经济复苏增添了更多的不稳定性、不确定性。

可以说，任何敢于直面问题和发展理性的正义人士都明白，美国近年来所遭遇的发展困境和尴尬境况，与包括中国在内的其他新兴经济体和发展中国家的发展壮大没有直接关联，反而与它自身长期的过度金融化、产业空心化和依靠美元收割全球"铸币税"等因素直接相关。对此，美国政府及一些政治精英也不是不明白，只不过是在"揣着明白装糊涂"，蓄意嫁祸给中国，把中国打造成为其背书的"替罪羊"。这就是虚假"自由贸易"背后隐遁着的资本主义经济问题政治化阴影。

第二，虚假"自由贸易"背后的资本主义经济问题工具化、武器化。当今世界经贸问题上的诸多乱象和问题，在很大程度上是由一些西方大国不遵守真正的多边主义和破坏全球自由贸易规则所导致的。可以说，一些国家越是在自由贸易问题上搞双重标准、狂妄地要求别人开放而自身大搞封闭，就越表明它对自身发展道路的不自信，对自身发展成果的不踏实，进言之，就越凸显出资本主义经济问题的工具化、武器化倾向。近年来，以美国为典型代表的西方国家屡次以国家安全为名，严控甚至严禁一些中国企业特别是诸如华为之类的高科技企业准入其国内市场，甚至在国际市场上也借助美元霸权和科技壁垒进行长臂管辖和极限制裁。

自2019年以来，美国联邦通信委员会在美国政府的引导和操弄下多次以威胁"国家安全"为理由，把包括华为在内的一批中国高科技企业纳入具有"不可接受的"风险的通信设备与服务商清单。美国总统拜登签署《2021年安全设备法》,相关主管机构将不再为华为、中兴等中国企业提供任何审查或颁发新的设备许可证。① 可以说,近年来,我们已经对这种"打法"见怪不怪。美国政府企图把两国间正常的产业链供应链分工协作进行人为隔断甚至阻断,不断地想方设法把符合市场规律和各自资源禀赋的正常经贸往来武器化、工具化,试图在对华极限施压中阻滞中国的正常发展壮大。

正是在这个意义上,当今世界保护主义、单边主义和孤立主义大肆横行,并不是偶然的,它们是资本主义国家为了在世界竞争中改变下行颓势而错误选择的一种狭隘做法。这种做法,尽管在短期内的确能够打压甚至挫伤新兴经济体的一些行业或企业的发展势头和前进速度,但也必将阻碍全球相关技术和科技创新的总体发展进程,最终也必将反噬资本主义制度自身。这是虚假"自由贸易"背后资本主义经济问题工具化、武器化的后果,更是颠扑不破的制度竞争辩证法。

三 虚假"自由贸易"背后的资本主义经济竞争优势弱化

马克思恩格斯曾经剖析过19世纪中期以后的英国、法国、德国、美国对待自由贸易的"变幻"态度。这些国家总是在自身处于产业链供应链的有利竞争地位时,就高喊互联互通的自由贸易。当前,一些西方资本主义国家大搞基于自身"规则"的虚假自由贸易,表面察之是它们贸易结构和产业政策的调整,实质上则是它们对资本主义经济竞争优势弱化的一种保守趋向和消极作为。

第一,虚假"自由贸易"与资本主义经济结构。互联互通、彼此互济的自由贸易,是双方或多方的比较优势和资源禀赋充分释放的自然结果。而当今蕴含着保护主义和单边主义倾向的虚假自由贸易,则与资

---

① 《不择手段!拜登签署"2021年安全设备法",封堵打压华为等中企》,环球网,https://world.huanqiu.com/article/45YEWDI1dYM,2021年11月12日。

本主义经济结构的失序失衡直接相关。以美国为代表的一些西方资本主义国家在近些年的所作所为，完全超出了一个文明国家的应有理性甚至基本底线。它作为世界唯一的头号超级大国，并没有切实履行大国应有的责任和担当，而是歇斯底里地大搞逆全球化行径，人为地干涉和阻挠正常的经贸往来和技术合作，蓄意把正常的经贸科技问题工具化、武器化。

事实上，若做进一步思考，美国政府也不是不明白自由贸易的互惠互利本质，但是它基于自身过度金融化、虚拟化的经济结构现实，又把"合则用，不合则弃"的实用主义规则，应用于自由贸易问题上。虚假的"自由贸易"在实质上就是追逐利润最大化的资本逻辑在作祟，把一国的"赢"建立在另一国"输"的基础之上。资本主义国家的经济结构最能体现出资本逻辑的鲜明特点，在国际经贸往来中既想占据产业链供应链的有利竞争地位，又不愿意在一定时期内"踏踏实实"地做大做强以制造业为核心环节的实体经济。从世界经贸发展史来看，这本来就是一种难以对冲化解的矛盾。任何一种双赢或多赢的经贸往来，一定是彼此比较优势的发挥和相互需求的有效满足，而追求单边利润最大化的资本主义经济结构，显然与此相违和冲突。

第二，虚假"自由贸易"与资本主义竞争优势的弱化。近年来，世界正处于仍在演进的百年未有之大变局，以美国为代表的资本主义国家以维护自由贸易之名，大搞贸易保护主义之实。"二战"后，曾长期作为经济全球化和自由贸易旗手的美国，大有逐步地走向封闭孤立和战略不自信之态势。大家很容易注意到的一个现象是，美国在国际上到处"退圈""毁约""引战"，这与它自身应有的国际地位和世界影响力很不相称。就拿美国对中国持续发动并实施的贸易战及科技战为例，美国政府及一些精英政客粗暴简单地把美国制造业的萎靡不振和就业形势严峻归结为中国的贸易顺差特别是中国产业政策的"恶性竞争"。

第五章　马克思恩格斯资本主义自由贸易本质批判对认识资本主义新特点的当代价值

事实上，理解中美贸易所谓的失衡失序、美国制造业萎缩及相应就业减少问题时，不能简单地将上述现象归因于中国贸易的"冲击"，而是要客观评估贸易成本和消费生产等不同类因素对贸易和就业的作用差异，同时要基于多边贸易和价值链分工宏观背景，合理考察不同因素对中美两国的实际影响。① 不管美国政府如何刻意甩锅和转嫁自身国内治理不善的责任，但一个确证的事实是，以美国为代表的资本主义国家的生存力、创新力、发展力和持续力正在显著下降。美国动辄把其他国家定义为非市场经济国家，而自身引以为豪的资本主义市场经济却充斥着虚假性和伪善性，习惯性泛化国家安全概念、滥用进出口管制条例和绿色环境壁垒等手段，为别国准入其国内市场设障筑垒。由此可见，在自由贸易问题上，以美国为代表的一些西方国家从曾经的支持者"退化降格"为变相的阻挡者，恰恰说明了资本主义制度本身的竞争力正日益消解。资本主义制度曾经引以为豪的效率至上、开放包容、公平竞争等所谓固有优势，已经被它们近些年此起彼伏、肆虐发威的逆全球化行径所戳穿和证伪。

第二节　"自由贸易"隐含着资本主义基本矛盾新表现

马克思说："破坏资本主义生产方式天生的优美与和谐的，归根到底是贸易"，再进一步言之，"资本主义生产的唯一祸害就是资本本身"。② 在这里，马克思直言不讳地点出了资本主义自由贸易背后的"矛盾反噬"现象。在当今逆全球化思潮成为百年未有之大变局重要因子的时代境遇下，资本主义自由贸易的背后仍然镶嵌着该制度的基本矛盾，只是这种矛盾呈现出新表现、新特点。

---

① 杨曦、徐扬：《双边贸易失衡与美国制造业就业变动——"中国贸易冲击"的量化及效应分析》，《经济学（季刊）》2022年第2期。

② 《马克思恩格斯文集》第5卷，人民出版社2009年版，第649页。

一 "自由贸易"背后的数字资本主义试图缓解生产矛盾

当今世界,数字资本主义已经成为"自由贸易"背后的重要支撑。但是,只要是资本主义私有制存在,生产资料私人占有与生产社会化之间的基本矛盾就永远难以消除,无非形式、形态及其结构发生了具体变化。

第一,资本主义自由贸易与数字资本主义。马克思和恩格斯生活的时代,资本主义自由贸易还以物质实体的商品交易和相对实体的服务贸易为主。然而,随着信息时代的到来,数字已经成为经济社会发展的基础设施,信息技术成为全球经贸往来的重要媒介和管道,随之而来的数字资本主义愈发成为资本主义的重要呈现形态。"数字资本主义是当代社会的一个维度,计算机、互联网、移动电话、平板电脑、机器人和AI驱动等数字技术,调节着其资本积累、影响力和声誉。"[1] 随着数据愈发成为核心的生产要素,当代资本主义形态正在从工(商)业资本主义转向数字资本主义。正如席勒在《数字资本主义》一书中所言:"因特网正在带动政治经济向所谓的数字资本主义转变。"[2]

当前,数字贸易已经成为全球经贸往来的重要品类,它的重要特征就是贸易方式数字化或贸易对象数字化。资本主义国家作为第三次科技革命的主要策源地,也是互联网技术的重要先发地,具有他国难以企及的技术垄断优势。所以,即使在网络信息技术贸易中,它们也普遍是具有明显话语权的主导方。可以说,相比于传统的贸易形态阶段,数字资本主义境遇下的自由贸易并没有因为网络的泛在性、无界性和便捷性而实现更好的互联互通和调剂余缺,而以美国为代表的资本主义国家大搞技术霸凌和网络霸权,通过各种所谓的国家安全理由来人为阻止数字贸

---

[1] Christian Fuchs, "Towards a Critical Theory of Communication as Renewal and Update of Marxist Humanism in the Age of Digital Capitalism", *Journal for the Theory of Social Behaviour*, Vol. 50, No. 3, 2020.

[2] [美]丹·席勒:《数字资本主义》,杨立平译,江西人民出版社2001年版,第16页。

易往来。由此可见，在数字资本主义下，以资本逻辑为导向的自由贸易，也并不是基于规则和多边主义的真正的自由贸易，只不过是虚假的自由贸易在网络技术场域下的"翻版"或"再版"。

第二，资本主义自由贸易与数字资本主义的生产矛盾。正如前些章节所述，资本主义自由贸易充斥着虚假性和伪善性，蕴含着资本主义制度的结构性矛盾，特别是产业空心化、脱实向虚、过度金融化的生产矛盾。数字资本主义作为信息虚拟场域下的资本主义形态，蕴含着更加明显的生产矛盾。马克思曾经引用英国古典政治经济学之父威廉·配第的话说，"劳动是财富之父，土地是财富之母"①。

这启迪我们，实体经济是社会财富的源泉，虚拟经济只是财富的再分解、再分配。不难理解，数字资本主义就是把资本主义的积累机制、逐利机制和治理机制复刻、平移到虚拟的网络空间。在数字资本主义场域下，尽管数据作为生产资料、算法作为生产关系、算力作为生产力，但它仍避不开生产资料私人占有与生产社会化之间的矛盾。近年来，以美国为代表的西方国家在数字资本、数字技术、数字治理等方面快速发展，也获得了诸多数字红利，但是无论如何，数字资本主义都是以追逐利润最大化为根本目标的，缺乏生成实体经济财富的有效机制。数字资本主义尽管借助便捷交互、互联互通的信息技术和网络空间来推动国际贸易，但资本主义国家凭借技术先发地位和后期的垄断优势，仍然在推行单边主义的、不平等的所谓自由贸易。可以说，数字资本主义并不能消解资本主义自由贸易的虚假性和伪善性，其根源仍在于资本逻辑下的生产矛盾。

二 "自由贸易"背后的数字资本主义试图缓解分配矛盾

不难理解，资本主义自由贸易并不是互联互通、互利共赢、公平公正的真正的自由贸易。数字资本主义下的自由贸易，并没有改变资本逻

---

① 《马克思恩格斯文集》第5卷，人民出版社2009年版，第56—57页。

辑的内核与本质，反而对这一内核和本质的隐性强化。数字资本主义下的自由贸易，不但没有缩小发展中国家与发达国家之间的贫富差距，反而是进一步通过制造"数据垄断""数字鸿沟""算法歧视"而强化了不同经济体之间的财富差距，难以缓解在全球范围内愈演愈烈的分配矛盾。

第一，"自由贸易"背后的数字资本主义分配矛盾。马克思恩格斯认为，资本主义自由贸易只具有资本逐利的自由，也只具有压榨和剥削工人的自由，不仅不能实现发挥资源禀赋优势的互惠互利、互利共赢，而且加剧了不同地区、不同群体之间的利益分配矛盾。在互联网和信息技术成为基础设施的数字资本主义境遇下，西方发达国家凭借技术先发优势和数据垄断地位，仍然掌握着自由贸易的话语权。以美国为代表的西方国家时常打着"技术中立""信息无国界"的道义幌子，对别国市场特别是新兴市场国家和发展中国家的市场进行大肆操控，而对于自身国内市场却又总是以国家安全之名滥用进出口管制条例，限制他国信息技术或产品自由便捷准入。这是典型的双标主义制度。

由此不难看出，数字资本主义尽管看起来在"数字面前人人平等""人人都能公平地享受数字红利"，但这只是问题的表象甚至幻象，问题的关键在于数字背后的私有制生产关系。无论数字资本主义如何美化和粉饰自身，它在本质上镶嵌的仍是资本主义追逐利润最大化的内核，无法绕开和破解资本主义制度的固有矛盾。当今世界，在自由贸易问题上喊得响亮的是以美国为代表的西方资本主义国家，而最为虚伪和双标主义的也是它们。在那种社会制度下，毕竟无论是传统的经贸形态还是以网络信息为载体的数字贸易，都是对资本逻辑的呈现形态更新，并不能从根源上解决资本主义自身的病灶或积弊。更进一步言之，这种充斥着单边主义和孤立主义的虚假自由贸易，反而使数字资本主义境遇下的分配矛盾更加明显和激化。

第二，"自由贸易"无法消解数字资本主义分配矛盾。在马克思和

第五章 马克思恩格斯资本主义自由贸易本质批判对认识资本主义新特点的当代价值

恩格斯生活的时代，英国、法国、德国、美国所推行的资本主义自由贸易，是典型的损人肥己、以邻为壑的交易活动，并不是资源禀赋的互通有无、取长补短。数字资本主义只是资本主义在数字时代的存在形态，是数字和资本的共谋与联姻，并以数字劳动为中介从物化逻辑转向数字逻辑，从而建立起数字资本主义的体系架构。[①] 数字资本主义看似是一种对传统资本主义的进阶和升级，事实上只不过把一以贯之的资本逻辑进一步强化，而且这种形态的资本主义，剥削程度更深、剥削机制更加"理性化"，剥削形态更为隐秘"合法化"。

国际金融危机以后，特别是近年来，美国经济长期陷入增长停滞泥淖而难以真正上行复苏，国内的各种矛盾愈加激化，整个国家在内政、经济、社会和外交等多个层面面临着复杂而严峻的多维挑战。其国内的一些政治力量试图通过为资本主义治理方式嫁接信息技术的方式，即通过数字资本主义的方式，来转嫁国内矛盾、弥合社会裂痕。他们在国内采取一些规训或生命政治的方式，来使剥削更加隐蔽化、隐性化，使叙事逻辑更加"合法化"。对外而言，开始大肆破坏以联合国为核心的国际体系和以国际法为基础的国际秩序，大肆奉行以加征关税或其他非关税壁垒为主要内容的贸易保护主义，到处兜售和推行基于自身"规则"和"秩序"的虚假自由贸易。

这几年，美国政府打着维护互联网主权的幌子，疯狂极端地打压包括华为、中兴、大疆科技、海康威视、TikTok 等在内的诸多中国高科技企业，人为干扰和破坏基于社会分工和市场需求所形成的正常的产业链、供应链，试图在围堵遏制中国发展壮大中永葆自身的霸主地位。显然，这些也是典型的信息技术霸权，是数字资本主义对他国的霸凌。但无论如何，他们是看错了病因、开错了药方、找错了通路，并不能解决自身的分配矛盾，毕竟这种矛盾内置于资本主义制度本身，其他各种缓解手段只是外围的权宜之计和"零敲碎打"。

[①] 薛丁辉：《数字资本主义的发展逻辑》，《科学社会主义》2022 年第 5 期。

第三,"自由贸易"只会把数字资本主义的分配矛盾复制和输送到全球。资本从来都不会是一种静态的存在,在更大时空范围内实现运动、达成循环和推进增值,则是其基本规律,正如马克思所说,"创造世界市场的趋势已经直接包含在资本的概念本身中"[①]。尽管资本主义自由贸易也会推动不同发展水平的经济体之间的商品或服务流通,但追逐利润最大化的资本逻辑却是镶嵌在其内核深处的底层逻辑。当然,以美国为代表的一些西方资本主义国家,虽然大搞狭隘的民族主义、单边主义和保护主义,但它无论如何也无法消纳因自身生产关系和经济运行机制所致的分配矛盾。美国国内的贫富差距过大、政治极化、价值观失色、族裔文化冲突、经济结构失衡甚至枪支暴力泛滥等问题,事实上都是资本主义分配矛盾在新阶段、新境遇下的具体体现。

美国国内的一些利益集团和政治精英为了转移国内矛盾、缓和社会分裂,也倾向于通过所谓自由贸易的方式,把棘手问题及时外溢和释放出去。如果说在信息技术普遍盛行之前的传统资本主义时代,以美国为代表的西方大国强国还主要通过商品输出和资本输出,来在全球范围内攫取垄断利润;那么在愈发显性的数字资本主义时代,它们的做法则是借助和依托"技术中性"的虚假外衣,来大肆推广以数据和算法为核心的隐性不公平贸易。众所周知,数字资本主义无论如何借用大数据、区块链、云计算、虚拟现实、人工智能来伪装,终究改变不了资本主义的剥削本性及其必然带来的贫富差距现实。

无须否认,以美国为代表的一些西方国家凭借科技先发态势,在信息技术和网络媒介方面具有新兴市场国家和发展中国家在相当长的时期内都难以比拟的整体优势。它们也能借助这种优势,把自身的经济矛盾暂时隐藏起来或后置处理。但无论如何,数字资本主义在内核上仍是资本主义,其资本积累矛盾是资本主义无法自我治愈的弊病痼疾,就依然和必然出现"少数人占有劳动成果而绝大多数人依然贫苦"的矛盾和

---

① 《马克思恩格斯文集》第 8 卷,人民出版社 2009 年版,第 88 页。

悖论。这是数字资本主义时代社会分配矛盾的确证现实，如今包括工人阶级在内的普通大众，愈发被资本逻辑绑架而"困在系统里"，他们既是数字商品的"高价"消费者同时又是"免费"数字劳工之鲜明现实已经说明和佐证了这一点。

所以，数字资本主义所蕴含的社会分配矛盾，不仅不会被隐藏甚至消解，反而愈发激化和明显。当然，随着信息技术愈发成为资本主义先进生产力的载体管道，特别是对整个资本主义经济政治权力格局产生重大影响，这些国家也不会坐以待毙，只是打着虚假自由贸易的道义幌子，把数字资本主义境遇下愈发激化的分配矛盾不断地输出和转移至世界各地，寄希望于他国资源来为其埋单。这是资本主义制度的一贯行径。

第三节 "自由贸易"透射着资本主义制度新困境

正如前文所述，在马克思看来，资本主义自由贸易终将吞噬和断送资本主义制度自身。资本主义自由贸易，不仅是资本的流通或资本逻辑的布展问题，而且是资本主义制度的制度困境在更大时空范围内的外显和折射。当前，以美国为代表的一些西方国家之所以歇斯底里甚至突破21世纪文明底线地大肆奉行保护主义、单边主义、民粹主义，假借"自由贸易"之名来行保护主义之实，成为加剧世界动荡不安的重要变量，正是因为美国所遇到的经济失衡、政治失能和社会失和等严峻的国内问题，在资本主义制度范围内并不能得到有效化解。这是在百年变局仍在加速演进的当下，资本主义制度避不开、绕不掉的新困境。

一 "自由贸易"背后的资本主义再工业化困境

马克思和恩格斯分别在《关于自由贸易问题的演说》《保护关税制度和自由贸易》中深刻揭示了资本主义自由贸易与工业发展特别是工业

竞争力之间的正向关系。如果说在19世纪中期以后主要资本主义国家还能在对外经济交往中保持工业先发优势，那么后来随着资本有机构成提高和利润率下降总趋势的显现，资本主义则愈发显现出去工业化而强金融化的态势。2008年国际金融危机的爆发，是这一态势的集中体现。如今，资本主义国家为了重构和塑造对外竞争的新优势，正在重新校正航向，向再工业化轨道发力。但是由于资本的积累结构和私有制固有的基本矛盾，这种再工业化战略并不容易实现。近年来，以美国为代表的西方资本主义国家在自由贸易问题上的双标态度，恰恰说明实现再工业化的"雄伟"目标并不容易，甚至十分艰难。当然，根源仍在于资本主义制度本身。

第一，资本主义自由贸易从"去工业化"到"再工业化"的转变。回顾资本主义自由贸易的历史进程不难发现，它从来就没有一以贯之的鲜明态度，而总是在嬗变。当其自身处在产业链供应链中上游的有利竞争地位时，就高喊基于规则的自由贸易，对不同经济体之间开展经贸往来持相对开放包容的积极态度；而每当自身在产业链供应链竞争中处于相对弱势甚至均势地位时，它就会主动走向保守狭隘，果断关起"城门"，回到保护主义的陈旧轨道。事实上，资本主义国家之所以在自由贸易问题上总是持有犹豫不决、前后不一的多变态度，根源还在于追逐利润最大化的资本逻辑。然而，在整体上实现工业化之后，为了保证更高的利润率，资本主义国家究竟是发展利润率更高的虚拟经济，还是保持低增长甚至滞涨的低水平工业化，是一个不得不作出选择抉择的重要命题。

众所周知，资本主义经济在"二战"后获得了一段时间的稳健增长，但是好景不长，从20世纪70年代开始，从欧洲到美洲的西方资本主义国家普遍进入了增长"停滞"状态。这些国家的政府特别是资本集团考虑到经济增长乏力与劳动力成本上升、利润率下降、劳工抗议罢工等问题相互叠加，它们不约而同地开启了"把劳动密集型工业产业外

第五章 马克思恩格斯资本主义自由贸易本质批判对认识资本主义新特点的当代价值

移至亚非拉欠发达国家"的大规模本土"去工业化"进程。这种试图把核心技术留在本土，把资源能源、劳动力和污染排放在域外、把产品回馈到本土的做法，的确在当时起到了立竿见影的效果。这场因美元危机、能源危机、信任危机等多重危机所致的结构性危机，不仅得以明显缓解，而且暂时扭转了资本利润率急剧下降的局面。

但是，好景不长，这种方法没有一劳永逸地解除资本主义的周期性危机。在进入 21 世纪之后，过度"去工业化"所导致的实体经济下行衰退，引爆了美国的"次贷危机"和欧洲的主权债务危机，最后传导到全球，成为继 1929—1933 年危机之后影响范围最大最深远的国际金融危机；为摆脱经济危机困扰，西方国家纷纷开始推动"再工业化"，尽管"再工业化"成效甚微，既没有收到工业制造业快速发展的成效，也未能使各国经济真正摆脱低迷不振的状态。[①] 由此不难看出，无论是"去工业化"还是"再工业化"战略，都是资本主义制度试图保障资本追逐利润最大化的权宜之计，并不能从根本上解决问题。也正因此，以美国为代表的资本主义国家在自由贸易问题上的态度，并非忠诚和真挚的，它们总是企图在最大化利己中实现动态平衡。所以，"自由贸易"成为其转移矛盾和化解危机的一种经济政治话术和外交策略。

第二，资本主义自由贸易无法化解资本主义"再工业化"的痼疾困境。事实上，资本主义是一种服从和服务于资本逻辑的政治制度，资本主义自由贸易只是损人利己的权宜之计，并不是真正为了实现互联互通、互通有无、调剂余缺的贸易应有之目的。这种贸易的理想图景是，资本主义国家在国际经济政治交往中，特别是产业链供应链体系中，总是处于主导地位，其他国家或经济体只是服务于马克思和恩格斯所批判的那种"农业区"。然而，尽管资本主义自由贸易镶嵌着不平等的内在本质，却是资本主义制度通过对外输出商品或资本来缓解内部矛盾的一

---

① 胡连生：《从"去工业化"到"再工业化"——兼论当代资本主义日渐衰微的历史趋势》，《理论探讨》2016 年第 2 期。

种重要通道。

不难理解，在百年变局叠加诸种不确定、难预料的复杂因素下，当前以美国为代表的一些西方发达资本主义国家试图利用长期掌握国际经贸话语权的霸权地位，来大搞单边化的自由贸易，以"美国第一"甚至"美国唯一"为思想原则，极力倡导"雇美国人""买美国货""制造业促进法案"，恣意泛化国家安全概念和滥用进出口管制条例，企图在短期内恢复积重难返的实体经济特别是"荒废"已久的制造业。这种以重振制造业为核心的再工业化战略，尽管看起来充满雄心壮志，却是难以实现的一场马拉松式梦想。当然，原因并不在于技术，而在于内源性的制度。

当然，需要在这里说明的是，尽管去工业化是资本主义从工业社会转向后工业社会绕不开的经济结构调整，但"去"不是不要，而且这种"去"的程度显著超过了一个社会生存和发展的承受程度。就美国而言，在其GDP构成中，金融、保险、证券、信托等虚拟经济部门所创造的价值始终占比较高，而随着资本利润率下降趋势的不断显现，制造业在其国民经济格局中的比例始终处于低位。当然，这一方面与战后制造业向欠发达经济体的大量梯度转移有关，导致其国内长期阙如产业链供应链的周边配套支持；另一方面，与资本的逐利本性息息相关，资本能够在虚拟经济部门获得周期更短的投资回报率。

尽管在2008年国际金融危机之后，包括美国在内的主要发达资本主义国家重新认识到以制造业为代表的工业实体经济之于一国经济政治安全的支撑价值，纷纷聚焦"再工业化"战略，也推出了一些资金和政策力度较大的国家行动。但在很大程度上，这些战略和行动都是口号意义大于实质内容，很难真正落地转化，只是满足其国内竞选和政党竞争的利益需要，具有政治表态和政治作秀之嫌疑，并不能真正解决它们自身工业发展和实体经济振兴的基础性问题。正是在这个意义上，尽管以美国为代表的一些西方大国，为了使自身的制造业重整旗鼓、增强所谓的"去中国化""与中国对抗"的能力,大肆建立背离市场规则和产业发展规律的产业链供应链联盟,试图在掌握全球经贸主导权中重新建立起自身的工业壁垒、产业护城河,但是事实已经证明,这样做不仅损人不利己,而且根本不可能实现,毕竟任何人为悖逆市场规律和竞争原则的保护主义做法,都是一时之策而非长久之计。

相反,只有在真正的多边主义规则下,践行以互联互通和互利共赢为根本旨趣的自由贸易,世界各国才能在推动产业链供应链分工协作中同向同行、同频共振,找到各方利益的最大公约数,在相互发挥资源禀赋和比较优势中共建共享、齐头共进,构建基于平等互利规则的世界经贸新图景、新愿景。

二 "自由贸易"背后的资本主义再民主化困境

相较于马克思恩格斯生活的时代,资本主义自由贸易的贸易形态、贸易环境、贸易结构、贸易媒介,均发生了巨大变化。19世纪中期以后,"自由贸易"逐渐成为包括英国、法国、德国、美国、俄国等在内的主要资本主义国家的流行话语。就当时而言,各资本主义国家总体上比较支持自由贸易,自由贸易尚是一个比较宽松的讨论话题和发展议题。如今,以美国为代表的西方资本主义国家在自由贸易问题上,之所以表现出强烈的甚至违反国际法精神和国际关系准则的双标主义态度,从根源上说,是它们自身的国内发展遭遇到了严重的危机。事实上,民主化危机正是其中之一。

第一,"自由贸易"背后的资本主义再民主化话语。资本主义自由贸易从表面上看,只是一个纯粹的经济问题,然而这一经济问题的背后,则蕴含着错综复杂的政治问题线索。众所周知,2008年国际金融危机之后,特别是近年来,基于真正的多边主义的自由贸易环境正在日趋恶化。以美国为代表的西方国家在经贸问题上只愿索取而不愿贡献。它们时常认为,新兴市场国家和发展中经济体是经济全球化和自由贸易的最大受益者，而自身却是最大的贡献者及受害方，因此存在两个方面的主要诉求。

一是在国际范围内推动它们眼中的所谓国际关系民主化，抛弃所谓不公平不对等的贸易体系，实质上集中表现为对中国的围追堵截、打压遏制，旨在阻滞包括中国在内的其他国家和平崛起，以固化其经济政治霸权。显然，推进国际关系民主化，只是任它们包装打扮而恣意使用的国际政治话语。

二是资本主义国家内部，在针对贸易顺差逆差问题上的党争。以美国为例，近年来，随着它在国际经贸中竞争地位的弱化以及新兴市场国家的集体性崛起，向来习惯自诩为"灯塔之国""山巅国家"的传统大国，产生了强烈的不适应感，无论是其国内的民主党还是共和党，都容易借助经贸问题来相互倾轧、指摘对方在自由贸易问题上政策失利所造成的国家利益和国家安全受损。事实上，美国的经贸问题，是由该国本身产业结构和金融机制等诸多因素长期作用的结果，但其国内的各种政治势力或利益集团，就会借这一问题来点燃社会大众重新思考民主体系合理性问题的热情。在其逻辑视域下，美国国内的民主体系，不仅要服从、服务于美国大众的有序政治参与，而且要在对外关系上充分发挥为本国利益保驾护航的民主外溢价值。所以，每当美国在对外经贸问题上出现守势迹象或地位下行时，美国国内的各种政党和其他政治精英就会掀起国内民主政治发展道路的大讨论、大反思。这种所谓的大讨论、大反思，说到底是自由贸易背后的资本主义再民主化的话语生成问题。

第二，"自由贸易"背后的资本主义再民主化难题。在马克思和恩格斯看来，英国、法国、德国、美国、俄国之间的自由贸易竞争，不仅是经济利益和资源禀赋的较量，而且是它们在资本主义框架内的民主化话语竞争博弈。当时英国的设想是，凭借工业革命先发优势和民主治理体系的显性优势，把其他国家变成为其工业区服务的单一"农业区"。

第五章 马克思恩格斯资本主义自由贸易本质批判对认识资本主义新特点的当代价值

显然，随着资本主义经济政治发展的不平衡，特别是其他资本主义国家的后来者居上，英国的这一目标并没有实现，而且它自身的发展特别是与他国的产业竞争，也遇到了难以破解的诸多问题。

如今，主要资本主义国家在自由贸易问题上异常复杂的悖论式态度，也恰恰映射了该制度下民主化和再民主化的困境。资本主义民主，说到底是为资产阶级利益集团服务的，这种制度下的民主自由，具有一定的问题域和定义域。正如马克思和恩格斯指出："在现今的资产阶级生产关系的范围内，所谓自由就是自由贸易、自由买卖。"① 列宁也指出："在资产阶级制度下（就是说只要土地和生产资料的私有制继续存在），在资产阶级民主下，'自由和平等'只是一种形式，实际上是对工人（他们在形式上是自由的和平等的）实行雇佣奴隶制，是资本具有无限权力，是资本压迫劳动。"②

资本主义的民主，主要由资本逻辑来统摄和主宰。资本主义的衰退与危机，早已被马克思所揭示。虽然经历了从农业资本主义到工业资本主义，再到殖民帝国主义，最后发展为资本帝国主义的转型过程，资本主义扩张和控制世界的手段有所改变，但其追求资本增值和利润最大化的本质并没有改变。③ 这意味着，民主的组织形式和实现机制完全是资本利益的映射和复刻，而民主的成色和底色正是追逐利润最大化资本逻辑的展开和演绎。在对待自由贸易问题上，资产阶级的态度并不是十分虔诚和始终如一，当本国、本阶级在产业链供应链体系中处于"执牛耳"的有利竞争地位时，它们就站在所谓互通有无的道义高度上倡导自由贸易，否则就高擎起保护主义大旗，大搞所谓基于自身"规则"的虚假和伪善的自由贸易。

资本主义自由贸易说到底只具有资本的自由，以美国为代表的一些

---

① 《马克思恩格斯文集》第 2 卷，人民出版社 2009 年版，第 47 页。
② 《列宁全集》第 36 卷，人民出版社 2017 年版，第 362 页。
③ 冯旺舟：《民主幻象、制度内爆和政治乌托邦——"政治马克思主义"对资本主义的批判》，《国外理论动态》2018 年第 2 期。

西方国家,从来都是以"手电筒只照别人而不照自己"的虚假态度,来双重标准地看待自由贸易问题,一旦自身的自由贸易话语权转弱,就必然露出帝国主义和强权政治的狰狞面目。无论是在资本主义国家内部还是在它们彼此之间,对待自由贸易的这一矛盾态度始终存在且十分鲜明,也恰恰预示着资本主义民主话语的投机和性虚伪本性。

第四节 "自由贸易"蕴含着资本主义演进新趋势

资本主义自由贸易不仅仅是一个纯粹的经济问题,其背后蕴含着资本主义制度的一些内在矛盾及演进轨迹。正如恩格斯所说:"如果目前有一个国家接受自由贸易,它这样做当然不是为了让社会主义者高兴。它这样做是因为自由贸易已经成了工业资本家的一种必要。但是,如果这个国家拒绝自由贸易而抓住保护关税制度不放,好让期待社会灾难的社会主义者大失所望,那么这也丝毫无损于社会主义的前途。"① 时至今日,资本主义自由贸易在百年变局叠加多种乱象的时代境遇下,正呈现出一些新形势、新特点。这对于我们认识和把握资本主义演进新趋势,具有重要的价值启迪和路径借鉴意义。

一 "自由贸易"背后资本主义的机会主义倾向愈发明显

马克思和恩格斯在《共产党宣言》中反讽道:"自由贸易!为了工人阶级的利益;保护关税!为了工人阶级的利益;单人牢房!为了工人阶级的利益。"② 资本主义自由贸易是资本逻辑在更大时空范围内的铺陈和延展,具有追逐利润最大化的典型机会主义特征。如今百年未有之大变局仍在加速演进,以保护主义、单边主义、孤立主义、民粹主义为主要内核的逆全球化行径此起彼伏,这种机会主义的倾向,呈现得更为

---

① 《马克思恩格斯文集》第4卷,人民出版社2009年版,第349页。
② 《马克思恩格斯文集》第2卷,人民出版社2009年版,第61页。

明显和激烈。

第一，把"自由贸易"异化成打压他国的意识形态话语工具。恩格斯曾说："代表英国利益的著作家不能理解：为什么全世界都拒绝学习他们的自由贸易的榜样，而去实行保护关税。他们当然不敢正视这样一种情况：目前几乎普遍实行的这种保护关税制度，正是对付使英国的工业垄断达到顶峰的这同一个英国自由贸易的自卫手段。"[①] 资本主义制度向来如此，它是一种以资本逻辑为基石和底座的社会制度，资本增值和追逐利润最大化是其基本的价值导向，至于实行自由贸易还是保护关税制度，则完全是由资本利益导向说了算，正可谓典型的"合则用，不合则弃"的机会主义化制度体系。国际金融危机之后，特别是近年来，以美国为代表的西方国家在这一问题上的表现最具代表性。它们口口声声称赞和秉持的自由贸易规则，只不过是美国自身所制定或认可的一些游戏规则，也就是契合美国利益及其价值观的美式规则，而非从全人类共同价值、全球竞争原则和世界市场秩序出发的公平公正规则。

近期，美国为了全方位遏制打压中国半导体和信息技术产业的发展，陆续公布并实施了一系列出口管制措施，其中包括明令禁止向中国提供使用美国设备在世界各地生产的先进制式芯片。这意味着，美国已经着手实施在本土和域外针对中国芯片发展的无差别制裁。就连不少西方媒体，甚至也称这是拜登政府迄今为止最激进的措施。显然，它们滥用科技霸权和出口管制条例的做法，已经严重亵渎了自由贸易的真谛、人类互通有无和调剂余缺的基本底线，是对公平竞争原则最彻底的背离和践踏，对全球经贸规则最野蛮最粗鲁的拒斥和违反，成为影响全球产业链供应链稳定的最大动荡点、风险源。由此可见，在美国零和博弈思维甚至新冷战思维的错误认知中，自由贸易的规则和要义可以被随心所欲地裁剪和打扮，毕竟在其经贸议题上真实意图中，自由贸易已经变成随时可用、廉价有效的意识形态围堵打压工具。

---

① 《马克思恩格斯文集》第 10 卷，人民出版社 2009 年版，第 626 页。

第二，把"自由贸易"异化成损人利己的经济博弈武器。资本主义制度对待自由贸易的态度并不虔诚，具有鲜明的机会主义特征。真正的自由贸易，是交易双方的相互满足和彼此成就，但资本逻辑规约下的自由贸易，则是资本意志在更大时空范围内的实现通道。2008年国际金融危机之后，特别是近年来，以美国为代表的资本主义大国强国在对待全球经贸问题上，愈发具有随意性、无理性、对抗化，正可谓"美国自己站到了它倡导的自由贸易对立面，这是一个历史的讽刺"[①]。它们时常以影响和威胁美国国家安全为名，滥用国家力量来打压在通信、信息、智能和材料等领域具有竞争优势的中国高科技企业。每当自身处于国际产业链供应链价值链的被挑战位置时，这些国家就会故意曲解全球经贸的一些基本原则和实质要义，强势要求他国完全开放市场以进行产品销售和技术转移；当它们处于守势或劣势竞争地位时，就会"自觉"地对外国产品和企业设置准入壁垒、竞争门槛，既可以通过传统的加征关税手段，也惯用绿色壁垒和技术规制等隐性手段。

说到底，资本主义自由贸易的话语权，并不是一种对等的经济交往共识与默契，而是一种强权霸权的经济政治干预。美国在这方面表现得最为典型，一次又一次地滥用国家安全概念和相关法令，颁布重点针对中国高科技企业的准入黑名单，蓄意将正常的经贸科技问题武器化、工具化，旨在阻滞中国正常的发展壮大。美国这种把经济竞争武器化的狭隘做法，恰恰契合了资本逻辑的本性。"资本害怕没有利润或利润太少，就像自然界害怕真空一样。一旦有适当的利润，资本就胆大起来。如果有10%的利润，它就保证到处被使用；有20%的利润，它就活跃起来；有50%的利润，它就铤而走险；为了100%的利润，它就敢践踏一切人间法律；有300%的利润，它就敢犯任何罪行，甚至冒绞首的危险。如果动乱和纷争能带来利润，它就会鼓励动乱和纷争。走私和贩卖奴隶就

---

① 《王毅：要求美国拿出诚意 改正错误》，人民网，http://usa.people.com.cn/n1/2023/0220/c241376-32627041.html，2023年2月20日。

第五章 马克思恩格斯资本主义自由贸易本质批判对认识资本主义新特点的当代价值

是证明。"① 资本的投机性和趋利性，正是所谓的"自由贸易"异化并沦为资本主义制度损人利己的底层逻辑和内生本源。

第三，把"自由贸易"异化成投机取巧的国际政治策略。资本主义自由贸易，具有鲜明的国际政治博弈属性。这也契合了资本逻辑的惯性及本质。以美国为代表的西方国家在经贸问题上时常投机取巧、大搞双标主义和机会主义，自己不做的反而去强迫别人照做，自己偏好的反而阻止别人去做，无论如何它们把自身利益最大化放在对外经济交往的第一位。例如，美国在国际场合时常基于所谓的国际规则，来强烈反对别国使用任何产业政策，它们总是担心自身经济科技先发的垄断地位受到威胁。然而事实上，美国是世界上较早和较多运用产业政策的国家之一。当别国为了民族工业发展而实施庇护性、激励性的产业政策时，它就高喊并强烈要求所谓的自由贸易；当自身基于竞争需要而狭隘地实行保护性的产业政策时，它就装聋作哑、默不作声。其他诸如绿色壁垒和技术壁垒之类的非关税壁垒政策同样如此，它们已经把自由贸易异化成一种利己最大化的国际政治策略。

事实上，美国自身的经济政策和产业结构面临着众多内源性问题，但是它们并不愿意反躬自省、反求诸己，而是追求"内病外治"，希冀在向外转移国内矛盾中达成政党间的平衡。所以，美国已经把自由贸易问题投机用作国际博弈的手段，只不过假借自由贸易之名，来在国际范围内强推自己的经济政治霸权和价值观"私货"。过去几十年，美国对古巴、白俄罗斯、叙利亚、津巴布韦等国家实施了大量单边制裁和"长臂管辖"，对朝鲜、伊朗、委内瑞拉等实施极限压制，以埃及人权状况未明显改善为由，单方面冻结对埃1.3亿美元的军事援助，严重破坏这些国家的经济发展和民生改善，危及生命权、挑战自决权、损害发展权，构成对他国人权的持续性、系统性、大规模侵犯；近年来，美国发起的单边制裁越来越多，手臂越伸越长，为了维护美国霸权，不顾国际

---

① 《马克思恩格斯文集》第5卷，人民出版社2009年版，第871页。

法和国际关系基本准则,肆意损害别国利益,特别是发展中国家的正当合法权益。①

由此可见,自由贸易问题已经被一些资本主义国家严重泛化和滥用,成为它们在国际上横行霸道、单边制裁、长臂管辖、收割私利的一种国际政治手段,严重偏离了其作为互通有无的经济问题的贸易本身。

二 "自由贸易"背后资本主义的狭隘利己主义愈发抬头

马克思曾在《关于自由贸易问题的演说》中直戳资本主义自由贸易的神话:"在当今社会条件下,到底什么是自由贸易呢?这就是资本的自由。排除一些仍然阻碍着资本自由发展的民族障碍,只不过是让资本能充分地自由活动罢了。"② 资本主义自由贸易追求利润的最大化,其运行逻辑建构在利己主义基石之上,在本质内核上只是助力资本意志在更大时空范围内复刻和达成。当前,百年未有之大变局仍在加速演进,各种不稳定、不确定和难预料的因素层出不穷,以美国为代表的一些西方资本主义国家在自由贸易问题上秉持自私自利的双重标准,零和博弈和新冷战思维愈发抬头,甚至有望成为资本主义对外经济交往关系的基调底色。

第一,"自由贸易"背后资本主义狭隘利己主义的主要表现。马克思恩格斯都曾剖析过自由贸易在19世纪中期的英国风靡一时的重要动因,即废除以谷物法为代表的保护关税制度,恰恰契合了工业资产阶级实现原料进口和工业品出口的现实利益诉求,当时英国的国内市场已经无法吸纳和消化大量过剩的工业品。由此不难看出,资本主义自由贸易首先是基于自身利益的考量,并不是为了真正地实现互通有无、调剂余缺,具有鲜明的利己主义本质。当前,"自由贸易"愈发成为一些资本主义国家对外大搞经济政治霸权的话语工具。就拿美国而言,它单方面

---

① 《2022年美国民主情况》,《人民日报》2023年3月21日第17版。
② 《马克思恩格斯文集》第1卷,人民出版社2009年版,第756页。

第五章 马克思恩格斯资本主义自由贸易本质批判对认识资本主义新特点的当代价值

挑起与中国甚至作为其传统盟友的德国、法国和日本在贸易、金融和科技等诸多领域的纷争，利用经济科技先发优势，恣意对他国搞限供断供、脱钩断链，人为地破坏甚至阻断基于市场规则所形成的全球产业链供应链体系。

从长周期的世界历史发展来看，基于市场竞争规律和国际关系基本准则的自由贸易，不仅对贸易攸关方有利，而且对整个世界的长期稳定发展也大有裨益。但是，以美国为代表的一些西方资本主义国家，偏偏背其道而行之，大搞歧视他国产品、滥用国家安全审查、扭曲市场竞争、使用大量非关税壁垒、滥用贸易救济措施的贸易保护主义行为。它们时常以维护基于"规则"的自由贸易之名，来大行贸易保护主义之实。这背后就是典型的利己主义观。为何在自由贸易问题上扭扭捏捏？正是因为以美国为代表的西方国家始终把本国的狭隘利益当作第一甚至唯一的事项，把自己的单边发展凌驾于他国的正常发展之上，蓄意建构你死我活、你输我赢的零和博弈体系。

但从历史现实来看，每当美国选择对外开放的经济政策、对内不断进行腾笼换鸟和产业升级时，其经济发展就会变得繁荣上行，社会也会变得较为富裕稳定；相反，每当美国采取较为保守狭隘甚至倒退的保护主义政策时，它的各种关税和非关税壁垒的短视政策，不但不能带来经济发展和国家繁荣，反而会带来经济收缩萧条，社会问题也往往多发频发。尽管如此，也难以改变美国国内各种政治力量对保护主义、利己主义的迷恋和执念。说到底，虚假"自由贸易"背后的狭隘利己主义，是一种短视和过度的民族主义，没有把美国的国家利益与站位更高的全球利益进行有效的衔接和统筹，而只是简单粗暴地把自己的"利"和"得"单向度建构在别国的"损"和"失"基础之上。当然，这在根子上与资本主义制度追逐利润最大化的内核存在着莫大关联。

第二，"自由贸易"背后资本主义利己主义的问题实质。近年来，美国在自由贸易问题上出尔反尔、变幻无常的态度，就已经暴露出资本主义"合则用，不合则弃"的利己主义态度。资本主义的利己主义倾向，并不是一个新问题，马克思和恩格斯都给予了积极关注和深刻剖析。他们并不否认，相较于陈旧落后的封建制度，资本主义制度和资产阶级曾在历史上起过"非常革命"的正向作用，大大解放了生产力的发展效能，但也正是在此过程中，充分暴露了资本主义的利己主义实质。"资产阶级在它已经取得了统治的地方把一切封建的、宗法的和田园诗般的关系都破坏了。它无情地斩断了把人们束缚于天然尊长的形形色色的封建羁绊，它使人和人之间除了赤裸裸的利害关系，除了冷酷无情的'现金交易'，就再也没有任何别的联系了。它把宗教虔诚、骑士热忱、小市民伤感这些情感的神圣发作，淹没在利己主义打算的冰水之中。它把人的尊严变成了交换价值，用一种没有良心的贸易自由代替了无数特许的和自力挣得的自由。"[①] 马克思和恩格斯在这里直接揭露了资本主义的利己主义本质，特别是资本逻辑下自由贸易的伪善及其对正常经贸往来的冲击消解。

时至今日，尽管资本主义自由贸易的历史环境和社会条件发生了很大的变化，但其追逐利润最大化的利己主义本质不但没有消除，反而更加强化和凸显。近年来，无论是美国特朗普政府还是拜登当局，尽管二者在国内的两党党争和相互攻讦达到了难以想象的程度，但是在对外问题上，特别是在围堵打压中国的议题上，却达成非同寻常的默契和一致。他们嘴上挂着基于"规则"的自由贸易和多边主义，但心里和实际做的，全是利己主义的东西。无论是倡导美国制造业回流本土本域、雇美国人、买美国货，还是推行"美国优先"的霸权政策，暴露出的都是其虚假的国家信用和道德权威，让其利己主义实质更加一览无遗。

在"自由贸易"的利己主义问题上，美国并不能对其传统盟友诸如欧洲和日本高抬贵手、网开一面，无论是对欧洲国家加征的钢铁税，还是迫使日本签订的"广场协议"，都是最好的佐证和诠释。有人或许

---

① 《马克思恩格斯文集》第2卷，人民出版社2009年版，第33—34页。

第五章 马克思恩格斯资本主义自由贸易本质批判对认识资本主义新特点的当代价值

提出这样一个值得重视的疑问，美国为何从战后世界秩序特别是自由贸易秩序的领导者，逐步退化为最主要的阻挡者和破坏者？重要根源就是，它习惯于以自我为中心来布局内外经济政治战略，习惯于把国内问题外溢给国际社会来承受和埋单，拉帮结派大搞阵营对抗和小集团的价值观外交。可以说，近年来美国的大量内外政策已经证明，美国的精致利己主义积重难返，严重影响了全球产业链供应链稳定安全和世界经济整体复苏。

事实上，在全球性危机的惊涛骇浪里，各国不应该独驾各自的小船，而应该共乘一条命运与共的大船；作为全球第一大经济体的美国，更应该抛弃精致的利己主义，采取负责任的经济政策，把控好政策的外溢效应，通过加强政策信息透明和共享，协调好财政和货币政策的目标、力度、节奏，与各国共同推动世界经济复苏。① 但是，美国显然并没有这样做，当然也不愿意这样做，它只不过以自由贸易为幌子来大打道义牌，倡导基于自身规则的虚假的伪多边主义，罔顾其他国家的正当利益和发展权益，冀望把自身的超级大国地位继续构筑在零和博弈甚至负和博弈的恶性竞争基础上。

最终，美国并不会得逞，反而"国际社会看得越来越清楚：美式多边主义的唯一标准就是可以为其所用，利己主义是其无法掩盖的真正底色"②。以此而言，虚假的"自由贸易"，只会使资本主义的利己主义本质更加暴露无遗。事实上，"自由贸易"背后的利己主义，一次次把所谓的"规则"和"秩序"打倒推翻，似乎这种"规则"和"秩序"只是用来管束和制裁别人的，成为美国一些政客手中任意拿起的鞭子和锤子。美国很擅长搞封闭排他的小圈子、阵营对抗的小团体。如果这样的国家只会狂妄地滥用经济科技霸权地位，它在长周期内未必能够真正阻

---

① 万喆：《美式经济精致利己主义影响世界经济复苏》，《光明日报》2022年5月3日第06版。
② 《美国嘴上挂着多边主义，心里全是利己主义》，光明日报－光明网，https：//m.gmw.cn/baijia/2021-08/20/1302500106.html，2021年8月20日。

碍他国的发展，久而久之只会黯淡和自绝于时代发展大潮之中。

三 "自由贸易"背后资本主义的新自由主义愈发分化

前文已述，马克思恩格斯深刻认识到资本主义自由贸易的逐利本质。贸易只是表面，追逐利润最大化才是内核。尽管新自由主义主张市场是完全自由的充分竞争，但是在自由贸易问题上其又秉持随时做出切换的双重标准。近年来，以美国为代表的一些西方国家在自由贸易问题上随意、任性甚至狭隘的态度，已经说明资本主义框架下的新自由主义正在呈现出分化态势，悖逆了自身倡导的所谓自由竞争和公平竞争。这意味着"自由贸易"只是浮在资本主义对外经济交往的表面，而资本主义国家自身又站在了过去所倡导的新自由主义的对立面。可以说，自由贸易背后的新自由主义倾向，正在发生深刻的调整和关键的变化。

第一，"自由贸易"背后的资产阶级政治哲学。资本主义自由贸易并不是真正的互通有无、调剂余缺，而是资本利益和资本意志在更大时空范围内的辐射和延展。这种自由贸易归根结底遵循的是资产阶级政治哲学，服从和服务的是资本主义国家的上层建筑。这是资本主义自由贸易的永恒辩证法。当今世界，百年未有之大变局仍在加速演进，各种不稳定和难预料因素还在日益增多，而其中以美国为代表的西方国家所奉行的保护主义政策，是不容忽视的重要变量。无论是共和党还是民主党，尽管二者在具体的国内政策上并不一致甚至存在着激烈的对抗和抵牾，但在对外政策上却具有很大的一致性，在本质上都是资本意志或利益集团的代言人。

无论是拜登政府还是特朗普政府，在对待全球经贸问题上也并无二致，在采取的关税政策、产业政策、科技政策、绿色壁垒等多方面，具有浓厚的一脉相承性，毕竟二者都是资本集团的利益代言人，只不过具体的施政方针略有不同而已。在资产阶级那里，自由贸易只是一种在更广袤时空范围内实现增值和获取利润的工具手段，所以生产要素的互联互通，并不是其要达到的真正目的。由此可见，资本主义国家对待自由贸易的态度并不忠诚，只是把其视作任性使用的权宜之策。不难理解，近年来以保护主义、单边主义、孤立主义和干涉主义为主要代表的逆全球化思潮大行其道，并不仅与国际金融危机之后西方资本主义国家陷入经济下行的泥淖有关，也与西方资本主义国家在这一问题上不作为、不愿为有关。毕竟，它们普遍奉行本国利益最大化的政治哲学。这种政治哲学，说到底是本国利益优先的狭隘民族主义政策，与互通有无、发挥彼此资源禀赋优势的真正的自由贸易相悖相冲、格格不入。

第二，"自由贸易"愈发驱使资本主义走向新自由主义的新阶段。虚假的"自由贸易"背后，不仅镶嵌着资产阶级的政治哲学，而且预示着资本主义走向新自由主义的新阶段、新境遇。20世纪70年代以来，新自由主义在国际经济政策上扮演着愈发重要的角色，它是一种反对国家对经济进行任何干预的政治经济理论，寄望于以完全充分的市场竞争来优化资源配置和调节社会矛盾，从制度底层逻辑上维护所谓的自由竞争、自主经营和自负盈亏的资本主义制度。这种制度看起来十分完美自洽，但是并不能保证自由贸易的真正实现。

反而，在持双重标准和充斥着道义幌子的虚假自由贸易加持下，资本主义制度框架下的新自由主义愈发走向新阶段。众所周知，真正的自由贸易是不同经济体之间彼此资源禀赋和比较优势的充分彰显，在本质上是一种契合相互需要的经济对等交往。然而，国际金融危机后，特别是近年来，资本主义自由贸易愈发成为一种投机策略、倾轧工具和排他性的对抗手段，一切都围绕追逐利润最大化的核心目标在进行和展开。

正是在这个意义上，资本主义自由贸易越来越成为一种推动利益实现的话语工具，而非真正互通有无的机制和通道。以美国为例，它之所以在围堵打压中国正常发展壮大方面、不遗余力，在一定程度上正是因为其国内的新自由主义势力占了上风，错误地把中国视作不能共处的战略竞争对手，导致其无论是政治氛围、经济政策还是科技战略、外交策略,一切以与中国坚决对抗、挫败阻滞中国发展为核心目的。在这种狭隘的急功近利战略目的下,它们必然不能以平常心态来正确看待中国的发展进步,迫不及待大搞"你死我活"的恶性竞争。在这种错误的经贸政策撺掇下,美国的一些做法损人不利己,自身也愈发陷入经济金融化、民主虚无化和政治掏空化的新自由主义阶段。

第三,"自由贸易"愈发驱使资本主义表征新自由主义新趋势。2008年国际金融危机之后,资本主义国家对待自由贸易的态度又一次发生了明显分化。它们普遍仅仅把所谓完全市场化和完全充分竞争的自由贸易,当作走出经济下行泥淖、实现复苏反弹的意识形态工具。显然,大量的鲜明历史事实已经证明,这种自由贸易只是以美国为代表的西方国家冀望再工业化、重振实体经济、扭转自身经济发展困局的权宜之计。可以说,每当资本主义国家的发展顺风顺水时,它们就以极其严苛甚至超越经济水平和发展阶段的"居高临下"态度,来要求其他国家彻底开放市场、实现所谓的自由流通和自由竞争;相反,每当自身在产业链供应链价值链和创新链上处于不利或守势地位时,它们的态度就发生了"一百八十度大转弯",在大肆要求别的经济体开放市场的同时,自身却采取完全相反的保护主义态度,也就是说,它们自身遵循的是"例外主义"。

由此可见,此时所谓自由贸易的展开,并不是基于不同经济体的资源禀赋和竞争优势的自然呈现,而是资本主义强国意志和狭隘利益的代言和彰显,它沦为某些特定国家任性使用的规制或随意制裁他国的"尺子"。这也是当今新自由主义发展演进的新动向、新特点。尽管新自由主义在国际金融危机后广受质疑和批判,但其在西方资本主义国家的主流地位并没有改变,毕竟契合资本逻辑特质的这种主义也在不断演化,试图继续成为替资本代言的新的意识形态工具。以美国为代表的西方资本主义国家的保护主义做法,显然在国际舆论上很难真正得到支持,它们自身也深谙这一点。

此时就不难理解，虽然美国大搞单边主义和保护主义的逆全球化行径，但在明面上，它还强势地声称自身支持基于"规则"的多边主义和所谓"真正"的自由贸易。它也深知，自身所搞的"小院高墙""断供限供""脱钩断链""科技霸权""平行体系"等诸多手段，在国际上很难获得共情共鸣、道义支持，所以它善于伪装，以所谓的"自由贸易"之名来大行狭隘的保护主义之实。

在这种"既想做坏事又要立起道义旗帜"的矛盾心态下，它们对国内外一贯长期使用的新自由主义进行粉饰改装、升级迭代，越来越把新自由主义主张与应对全球气候变化合作、地区国际热点问题、科技发展国际合作、文化交流等勾连起来。这些国家的路径是十分清晰的，企图把新自由主义由显性的输出嬗变为隐性的植入，通过所谓互通有无的经贸方式，在全球各地复刻和推行新自由主义。然而，在西方"自由贸易"裹挟下的新自由主义，其所主张的市场完全自由竞争、倡导极端个人主义、主张绝对私有化、反对国家进行宏观调控等核心观点，并未消失，只不过以看似平常的经贸方式来在世界更大范围内推广和宣介。

因此，可以说，西方"自由贸易"加持下的资本主义新自由主义，仍在以各种隐性方式在世界各地大肆传播，毕竟它们披上了助推经济全球化和经贸交流合作的"合法合理"之外衣。

第六章

马克思恩格斯资本主义自由贸易本质批判对把握经济全球化走向的当代价值

马克思恩格斯并非单向度地批判资本主义自由贸易，而是在面向未来的理性视野中，科学对待其历史作用，即辩证看待资本主义自由贸易历史地位的二重性。毋庸置疑，在19世纪中期以后，资本主义自由贸易大大提升了包括蒸汽、电力、机器等工业或行业的快速发展，成为推动生产力跃升和发展的重要变量。"由于自由贸易是这种历史演进的自然的、正常的环境，是最迅速地使不可避免的社会革命所必需的条件得以造成的经济培养基"，因此，"马克思才宣布赞成自由贸易"[1]。1888年，恩格斯在为马克思《关于自由贸易问题的演说》所写的序言《保护关税制度和自由贸易》中也深刻指出："关于自由贸易和保护关税制度的问题，完全是在现代资本主义生产制度的范围内兜圈子。"[2] 马克思恩格斯关于资本主义自由贸易历史作用和本质内核的深邃透析，对正确看待经济全球化新变局、把握经济全球化新动向，具有穿越时空、历久弥新、十分鲜明的当代价值。

---

[1] 《马克思恩格斯文集》第4卷，人民出版社2009年版，第336页。
[2] 《马克思恩格斯文集》第4卷，人民出版社2009年版，第349页。

第六章 马克思恩格斯资本主义自由贸易本质批判对把握经济全球化走向的当代价值

第一节 自由贸易始终是经济全球化的重要媒介

马克思和恩格斯在《神圣家族》中,深刻批判了当时在资本主义世界颇受推崇的所谓"享有特权的封闭状态"。这种状态,实质上是资本的垄断本性和排他霸权,唯有打破和重塑这种状态,人类的生产力才能在更大范围和更高层级上进阶发展。"自由工业和自由贸易正在消除享有特权的封闭状态,从而也在消除各种享有特权的封闭状态之间的斗争。"① 可见,自由贸易是消除时空隔阂和封闭落后发展状态的有效方式。时至今日,尽管资本主义的存在形态、发展环境和交往方式发生了巨大变化,但资本主义自由贸易所蕴含的追逐利润最大化的内核并未改变。毋庸置疑,真正互联互通、调剂余缺的自由贸易,始终是经济全球化的重要媒介,依然是这个经济全球化时代促进世界利益交融、携手共进的重要力量。

一 自由贸易的真谛是互通有无和调剂余缺

恩格斯曾剖析过奉行"工商业本位""主张多出口少进口"的欧洲重商主义所带来的主要消极后果。"新近的经济学甚至不能对重商主义体系作出正确的评判,因为它本身就带有片面性,而且还受到重商主义体系的各个前提的拖累。只有摆脱这两种体系的对立,批判这两种体系的共同前提,并从纯粹人的、普遍的基础出发来看问题,才能够给这两种体系指出它们的真正的地位。那时大家就会明白,贸易自由的捍卫者是一些比旧的重商主义者本身更为恶劣的垄断者。"② 显然,恩格斯在这里批判和反对的主要是虚假的自由贸易。然而,真正的自由贸易一定是基于多边主义的互通有无和调剂余缺,是推动全球经济发展和人类协

---

① 《马克思恩格斯文集》第1卷,人民出版社2009年版,第316页。
② 《马克思恩格斯文集》第1卷,人民出版社2009年版,第59页。

同进步的正能量、强心剂。

第一,基于市场供需关系的互通有无,是自由贸易的应有之义。马克思恩格斯从来不反对真正的自由贸易,他们拒斥的是以追逐利润最大化为底色的资本主义自由贸易。在他们看来,真正的自由贸易,应该是不同经济体资源禀赋和比较优势的充分彰显,是一种契合彼此需要和相互成就的互利行为。当今世界,百年未有之大变局仍在加速演进,国际经济政治格局依然在深刻调整,各种不稳定、难预料、超预期的因素仍是层出不穷,全球经济复苏反弹态势依然疲软乏力,缺乏清晰动向,各种千奇百怪的贸易保护主义举措此起彼伏、肆虐发威。然而,不管国际风云如何变幻、关系格局如何调整,协作合作和互利共赢始终应该成为人类发展进步的主基调,互通有无的经贸往来理应成为国际社会普遍大力支持的主流"政治正确"。搞零和博弈、赢者通吃或言你死我活、你输我赢,并不能真正解决全球面对的诸多乱象和人类共同挑战。

以中美之间的经贸往来为例,两国自1979年正式建立外交关系以来,双边经贸关系不断发展,共同利益的蛋糕越做越大,无论是商品贸易还是服务贸易都得到了持续性强劲增长。这不仅促使双方共同获益,而且成为世界经济稳定和不断上行增长的"压舱石"和"推进器"。"双方通过优势互补、互通有无,有力促进了各自经济发展和产业结构优化升级,同时提升了全球价值链效率与效益,降低了生产成本,丰富了商品种类,极大促进了两国企业和消费者利益。"[①] 在过去相当长的一段历史时期内,中美双方之所以都能在合作中获得可观的经济利益,实现皆大欢喜的互利共赢,正是因为中美双方都遵循了双边协定精神和多边主义经贸规则,基于各自的比较优势、市场选择和实际需求,形成了产业结构高度互补、利益深度交融的"你中有我,我中有你"的互济互利关系。

---

① 中华人民共和国国务院新闻办公室:《关于中美经贸摩擦的事实与中方立场》,《人民日报》2018年9月25日第10版。

第六章 马克思恩格斯资本主义自由贸易本质批判对把握经济全球化走向的当代价值

当然，持续了几十年的这种良好互动关系在 2017 年美国特朗普政府组阁以来，发生了急剧变化，甚至大有"螺旋式下降"之态势。它们主动抛弃了相互尊重、公平公正、互利共赢的国际交往基本准则。这不仅不利于中美双方的各自利益，而且影响了世界利益和世界人民的共同福祉，毕竟中美关系作为世界上最重要的双边关系，早已超越了双边范畴、关切着人类命运。中美之间经贸关系跌宕起伏的变化，恰恰说明了互联互通、互通有无自由贸易的极端重要性。正如习近平指出："各国削减壁垒、扩大开放，国际经贸就能打通血脉；如果以邻为壑、孤立封闭，国际经贸就会气滞血瘀，世界经济也难以健康发展。"① 互通有无、共建共享、互惠互利，全球经贸形势才能"柳暗花明"、上行改善，否则只能在相互倾轧、零和博弈甚至负和博弈中"一损俱损"，毕竟整个世界早已经是一个利益共同体，而非单打独斗、唯我独尊的角力场。

第二，基于正常竞争规则的调剂余缺，是自由贸易的本真要义。恩格斯曾在《保护关税制度和自由贸易》中深刻分析过英国、法国、德国、美国、俄国在自由贸易问题上的主导权之争。当时英国人试图把本国打造成辐射周边国家和世界落后地区的工业区，而其他国家和殖民地则是为其服务、受其支配的原料区和农业国。显然，这是典型的以自我发展和强大为中心的霸权逻辑。固然，不同国家基于发展阶段、经济水平、产业结构等方面的显性差异而展开错位的竞争，是正常且理性的经济交往行为。但是这种竞争，应该建立在相互尊重和公平对等的共识之上，也即建立在契合国际社会所长期约定俗成的多边主义和公平竞争规则之上，绝不是无理无端的恶性竞争。

这意味着，真正的自由贸易并不是回避竞争，而是欢迎有序有规则的良性竞争。良性竞争是一种"你追我赶"的实力对垒、韧性拉锯和潜力比拼，前提是构筑在国际社会普遍遵循的规则规制和标准尺度之上

---

① 《习近平谈治国理政》第 3 卷，外文出版社 2020 年版，第 201 页。

的，而不应该是为了狭隘的一国私利，一言不合就"掀桌子""砸场子"或大搞"一言堂""家长制"。不同的国家因资源禀赋和产业结构差异，在互联互通的经贸往来中实现调剂余缺、彼此成就，这本是一种互利共赢的协作行为，也是经济全球化的具体呈现形式，进而助推不同国家或经济体在经贸互动中实现利益交融、相得益彰。

当前，以美国为代表的一些西方国家利用自身的经济地位和科技先发优势，大肆对他国进行脱钩断链、筑墙设垒、围堵遏制，明显违背了全球市场竞争的正常规律，人为破坏了不同国家间业已通过长期竞合所形成的产业链供应链，属于对市场经济原则和经济全球化大势的恶意亵渎、肆意践踏。它们恣意对包括中国在内的一些新兴市场国家和发展中国家进行经济恫吓，试图通过极限施压的惯用伎俩，把自身的狭隘意志强加于中国，企图让中国埋单。这种做法，分明已不是常态的、大家均可接受的良性竞争，而是人为设计的恶意的"斗争"。它们蓄意把基于市场规律的正常竞争政治化、工具化、武器化，打破了中美双方自建交以来长期形成的产业互补、错位发展的良好态势。近年来美国政府的所作所为，反向说明了基于资源禀赋和比较优势的调剂余缺，恰恰应该真正成为自由贸易的本真要义和重要动力。对此，恐怕还任重道远，尚有很多困局待破，毕竟作为世界上唯一的超级大国，美国自己站到了曾经倡导的自由贸易的对立面，武断且粗暴地打破了国际社会本应该普遍遵守、落地践行的自由贸易规则。

二 自由贸易是推动生产要素在更大范围内流动的基本方式

马克思恩格斯在批判资本主义自由贸易中，追求和探寻基于多边主义和开放包容精神的真正的自由贸易。无论在哪个历史阶段，真正的自由贸易都是一种互通有无、利益交融、互利共赢的双向经济交往行为。可以说，无论是在理论维度上还是在实践向度上，自由贸易都应该成为推动生产要素在更大范围内流动的基本方式。

第六章　马克思恩格斯资本主义自由贸易本质批判对把握经济全球化走向的当代价值

第一，自由贸易与生产要素流通。贸易本身就是一种流通，自由贸易是实现生产要素在更大时空范围内铺陈和延展的基本通道。马克思曾在《资本论》中深刻分析过资本、贸易与世界市场的内在关系。"商品流通是资本的起点。商品生产和发达的商品流通，即贸易，是资本产生的历史前提。世界贸易和世界市场在 16 世纪揭开了资本的现代生活史。"[①] 事实上，不管哪种社会制度或社会条件下的贸易，都是推动不同经济体和不同区域彼此往来的重要通道。在一定意义上可以说，正是相互需求的贸易往来，才催生了彼此的利益交融，才能实现你来我往、互通有无的横向经济联系。自由贸易更是对这种联系的进阶升华。

当今世界自由贸易的基本要求，就是实现贸易和投资的自由化便利化，倡导相互尊重、平等交往、互利共赢的经贸合作，反对加征关税或其他非关税壁垒等保护主义行径。自由贸易显然将有助于推动人员、货物、资金、数据、信息、服务等安全有序地流动，保障全球产业链供应链的稳定可持续。不同经济体在资源禀赋特别是生产要素层面具有差异性和互补性，有的经济体在资本、技术、智力、管理等方面具有比较优势，有的经济体在劳动力、土地、资源、能源等方面具有广阔的竞争力，也有的经济体在数据及其他方面具有得天独厚的优势条件。

环顾整个世界，很少有经济体占尽所有的生产要素优势，囿于本身的自然地理条件和经济社会发展状况，总存在相对的短板和弱项。正是这一差异性的生产要素分布，才会有相互贸易和经济往来的客观需求，整个国际社会也只有在基于生产要素差异的经贸交往中满足彼此需要和实现利益交融平衡，才有可能逐步建构起利益交错纵横的命运共同体。历史潮流浩浩荡荡，尽管自由贸易时而有曲折起伏、延宕变幻，但是不同经济体基于生产要素差异性所客观生成的经贸往来需求，从来都不可能真正被遮蔽或压制。"历史地看，经济全球化是社会生产力发展的客观要求和科技进步的必然结果，不是哪些人、哪些国家人为造出来的。

[①] 《马克思恩格斯文集》第 5 卷，人民出版社 2009 年版，第 171 页。

经济全球化为世界经济增长提供了强劲动力，促进了商品和资本流动、科技和文明进步、各国人民交往。"① 自由贸易正是生产要素在全球时空范围内流动、配置和聚合的基本载体和通道。这不仅是一种契合世界经济发展规律的横向交往，而且是推动人类不同区域或不同民族的文明在互学互鉴中协同进步的重要媒介。

第二，自由贸易与生产要素效能优化。"贸易并不因贸易特权的取消而被取消，相反，它只有通过自由贸易才获得真正的实现。"② 真正的自由贸易，并不会产生地位悬殊和等级森严的贸易特权，也不会产生以大欺小的贸易霸凌，而是不同经济体生产要素禀赋和比较优势的优化配置。马克思曾在《资本论》中对流通与生产要素之间的关系进行过深刻剖析。"G—W 表示一个货币额转化为一个商品额；对买者来说，是他的货币转化为商品，对卖者来说，则是他们的商品转化为货币。使一般商品流通的这个行为同时成为单个资本的独立循环中一个职能上确定的阶段的，首先不是行为的形式，而是它的物质内容，是那些和货币换位的商品的特殊使用性质。这一方面是生产资料，另一方面是劳动力，即商品生产的物的因素和人的因素。它们的特性，自然要与所生产物品的种类相适应。"③ 当然，在马克思和恩格斯生活的时代，生产要素还主要是劳动力、土地和资本，但他却从基础运行逻辑上深刻揭示了流通或贸易与生产要素效能优化之间的联动关系。

当今世界，正处于百年变局叠加各种超预期、难预料因素的"特殊"时期，世界经济仍在寻找上行动力，处在不同发展阶段的发达经济体、新兴经济体和发展中经济体在对待经济全球化和贸易投资的自由化便利化问题上，仍有着差异且愈发分化的态度和行动。但不管如何，真正基于多边主义的自由贸易，始终是这个时代发展必不可少的前进动

---

① 《习近平谈治国理政》第 2 卷，外文出版社 2017 年版，第 477 页。
② 《马克思恩格斯文集》第 1 卷，人民出版社 2009 年版，第 316 页。
③ 《马克思恩格斯文集》第 6 卷，人民出版社 2009 年版，第 32 页。

第六章　马克思恩格斯资本主义自由贸易本质批判对把握经济全球化走向的当代价值

能,它仍是推动包括劳动力、资本、技术、数据等生产要素在世界范围内合理流动的基本媒介,本质上是一种发展优势的相互补充和彼此成就。

不同发展阶段的经济体,可以通过自由贸易实现双边或多边的产业互补、互通有无、取长补短,有力推动各自经济社会发展特别是产业结构创新升级,在显著降低生产成本、合理布局产业链供应链上下游分工中提升全球价值链的效率效能,对各参与方都有利,绝不是单赢或单输,而是一种普惠的双赢或多赢。在这个意义上,自由贸易能够推动并致力实现生产要素在全球范围内的有序合理流动且不断提质增效,各方在普遍获益中实现利益共进、成果共享、发展协同。

第三,自由贸易与生产要素全球化。资本主义自由贸易无疑开拓了世界市场,在客观维度上也助推了生产要素的全球化,驱使生产要素基于市场需求和比较优势而广泛流动。正如马克思指出:"随着资本主义生产的进步,交通运输工具的发展会缩短一定量商品的流通时间,那么反过来说,这种进步以及由于交通运输工具发展而提供的可能性,又引起了开拓越来越远的市场,简言之,开拓世界市场的必要性。"[①] 毋庸置疑,资本主义自由贸易只是服务于资本追逐利润最大化目标的一个媒介,它在主观上了并不是为了真正推动生产要素在全球更大范围内的自由流动、自由集聚。马克思恩格斯在解剖和批判资本主义自由贸易时,洞见了真正基于规则的自由贸易,也就是说,他们在批判"旧世界"中建构了自由贸易的新图景。

真正的自由贸易,是不同经济体之间基于规则的生产要素自由流动和优化配置。在一定意义上,经济全球化首先是生产要素的全球化。"经济全球化是时代潮流。大江奔腾向海,总会遇到逆流,但任何逆流都阻挡不了大江东去。动力助其前行,阻力促其强大。尽管出现了很多逆流、险滩,但经济全球化方向从未改变,也不会改变。世界各国要坚

---

① 《马克思恩格斯文集》第 6 卷,人民出版社 2009 年版,第 279 页。

持真正的多边主义,坚持拆墙而不筑墙、开放而不隔绝、融合而不脱钩,推动构建开放型世界经济。"① 真正互通有无而非投机取巧的自由贸易,能够在发挥各自比较优势中实现扬长避短、互利共赢,致力于构建和打造双赢多赢的和谐关系,而非你输我赢的零和博弈,各参与经济体都能在自由贸易以及生产要素的全球化流通中获得实实在在的益处,而不是哪一方的"单赢论"或"吃亏论"。

因此可以说,真正的自由贸易一定是建立在相互尊重和互惠互利的生产要素流通基础之上,没有生产要素的自由流动、互通有无、相互满足,就不可能有世界经济的整体发展进步,正可谓"大河没水小河干"。长久来看,也就更不可能有独立经济体的单方面跃增或进步,本来全球就是一个命运与共、同频共振的利益共同体。在这个意义上,基于规则的自由贸易,不仅有助于生产要素的全球化,而且有益于世界经济的协同进步,推动人类文明在协同联动、互学互鉴中不断进步和持续升华。

三 自由贸易是经济全球化的关键驱动力

马克思在剖析资本积累和资本垄断中深刻揭示了资本主义剥削的国际性,同时也阐明了资本主义自由贸易的发展动力,特别是对经济全球化的一些"客观"推动作用。"随着这种集中或少数资本家对多数资本家的剥夺,规模不断扩大的劳动过程的协作形式日益发展,科学日益被自觉地应用于技术方面,土地日益被有计划地利用,劳动资料日益转化为只能共同使用的劳动资料,一切生产资料因作为结合的、社会的、劳动的生产资料使用而日益节省,各国人民日益被卷入世界市场网,从而资本主义制度日益具有国际的性质。"② 尽管马克思主要针对资本主义自由贸易做出深刻剖析和深入批判,但同时他也在这一过程中深刻地阐

---

① 《习近平谈治国理政》第4卷,外文出版社2022年版,第485页。
② 《马克思恩格斯文集》第5卷,人民出版社2009年版,第874页。

明了真正的自由贸易与经济全球化之间的内在关联。

第一,自由贸易是经济全球化的基本载体。无论是亚当·斯密还是大卫·李嘉图都认为,构筑在社会分工基础上的自由贸易,不仅是提高劳动生产率的重要源泉,而且是提升不同发展水平的经济体普惠民生福祉的重要手段。在他们看来,通过自由贸易所推动的要素禀赋发挥,正是比较优势原理的具体彰显和恰当运用。回顾工业革命之后的世界经济发展史不难发现,尽管自由贸易理念或政策在落地实践层面,总是遇到这样或那样的问题和挫折,但不可否认的是,国际社会总体上都认可自由贸易的合理性及正确性。特别是西方发达国家所取得的先发经济和科技成就,无一不得益于国际社会分工和自由经贸往来的助推。

事实上,自由贸易不仅仅是一种商品或服务的流通和交易,更是一种开放、包容、协作、共赢的发展理念。这种贸易并不是"你输我赢"的零和经济交往,而是一种相互尊重、互利共赢的经济平等互动,是推动生产要素在全球更大范围内流通的基本路径和范式。在这个意义上,自由贸易作为经济全球化的基本载体,推动实现了贸易大繁荣、投资大便利、人员大流动和技术大发展,成为当今世界不可逆转的时代潮流。[1]尽管当前在以美国为代表的部分西方国家的极力渲染和撺掇下,贸易和投资的自由化便利化遇到了前所未有的阻力、困难及挑战,但自由贸易所带来的全球发展红利不容否认、不容践踏。无论是货物和信息在国际范围内的流通,还是资本在全球范围内的流动规模和流通速度,都不是某种外部力量所能阻挡的,毕竟它们契合了国际社会发展和人类文明进步的时代大势。事实上,无论是发达经济体还是新兴市场国家和发展中国家都能在基于自由贸易的经济全球化中获益,都能不同程度地获得生产要素合理配置和技术转移外溢的诸多红利。可以说,旨在互通有无、调剂余缺的自由贸易,有助于劳动力、技术、数据、资本等生产要素基于市场需求的跨国、跨地区流动,推动世界经济日益成为一个发

---

[1] 蔡昉:《经济全球化潮流不可阻挡(人民要论)》,《人民日报》2018年9月12日第07版。

展联动、利益交融、命运与共的整体。这便是自由贸易在经济全球化进程中所起到的基础性载体作用。

第二，自由贸易是经济全球化走深的重要动力。马克思恩格斯辩证剖析了资本主义自由贸易历史作用的二重性，也深刻认识到自由贸易对世界市场形成的基础性支撑作用。真正基于规则的自由贸易，既有合理的市场竞争，又有双边多边的互利共赢。可以说，自由贸易是推动经济全球化的基本载体，也是助推经济全球化走深走实的重要动力，虽然当今世界上的现实经贸情况不容乐观，甚至令人疑虑担忧。当前，全球经济仍未真正走出增长乏力、动能匮乏的泥潭，各种不稳定、不确定和难预料的因素层出不穷甚至日益增多，世界进入新的动荡变革期，百年未有之大变局仍在加速演进，包括加征关税和非关税壁垒在内的诸种保护主义思潮此起彼伏、波涛汹涌，贸易和投资的自由化便利化受到了严峻挑战。

可以说，国际社会正处在开放还是封闭、对话还是对抗、合作还是分裂的新的"十字路口"，也可称为风险积聚、变量叠加的尴尬局势。我们中国始终认为，基于规则的自由贸易符合各方各国利益，是大势所趋、潮流所向。各国只有积极融入世界，推动包括劳动力、资本、技术、管理等生产要素的自由流动，持续实现贸易和投资的有序流动和合理配置，各国才能普遍受益，才能构建互通有无、互利共赢的命运共同体。"世界各国联系紧密、利益交融，要互通有无、优势互补，在追求本国利益时兼顾他国合理关切，在谋求自身发展中促进各国共同发展，不断扩大共同利益汇合点。"[①] 唯有如此，各国才能在交流互鉴中普遍受益，在利益交融中协同发展。

因此，世界各国都应该在基于多边主义的自由贸易理念下，支持构建开放型世界经济，不断营造开放包容、公平公正、互惠互利的国际贸易环境，做大自由贸易的"总盘子"，努力让处在不同发展阶段的世界

---

① 《习近平谈治国理政》第1卷，外文出版社2018年版，第331页。

各经济体都能在经贸合作中获益,也即让包括更丰富的商品、更适用的技术和更便捷的信息在内的经济全球化成果红利,更加均衡地惠及世界各国人民。对此,我们要在国际上坚定地维护多边贸易体制,不断创造条件和环境来推动生产要素的自由化流动、高效能配置,支持世界贸易组织进行合理且必要的渐进式改革。正如习近平指出:"我们应该坚定维护自由贸易和基于规则的多边贸易体制。中方赞成对世界贸易组织进行必要改革,关键是要维护开放、包容、非歧视等世界贸易组织核心价值和基本原则,保障发展中国家发展利益和政策空间。要坚持各方广泛协商,循序推进,不搞'一言堂'。"① 可以说,世界各国只有普遍坚持开放合作的基本政策取向,维护以世界贸易组织为核心的多边贸易体制,推动自由贸易在世界各地落地践行,经济全球化才能赓续发展动能、接续走实走深,国际社会才能在"你中有我,我中有你"的耦合联动发展中共同获益、普遍进步,携手相伴的人类文明才能不断跃上新阶段、走入新境界。

第二节　虚假的"自由贸易"正阻滞经济全球化进程

恩格斯曾经对深受重商主义影响的资本主义自由贸易进行毫不留情的深刻批判:"贸易和掠夺一样,是以强权为基础的;人们只要认为哪些条约最有利,他们就甚至会昧着良心使用诡计或暴力强行订立这些条约。"② 这种贸易,充斥着鲜明的强权霸权和追逐利润最大化色彩,并不是互利共赢的真正的自由贸易。当前,包括保护主义、单边主义、孤立主义、干涉主义在内的逆全球化行径正肆虐发威,"口是心非""言行不一""合则用不合则弃"的虚假自由贸易在一些发达资本主义大国

---

① 习近平:《登高望远,牢牢把握世界经济正确方向——在二十国集团领导人峰会第一阶段会议上的发言》,《人民日报》2018年12月1日第02版。
② 《马克思恩格斯文集》第1卷,人民出版社2009年版,第57页。

强国的怂恿和带动下大行其道，严重阻滞了经济全球化进程。

一 虚假"自由贸易"的表现形态

马克思恩格斯都曾经深刻批判过19世纪中期以英国为代表的资本主义国家在虚假自由贸易上的所作所为。当时，英国表面上极力倡导和支持互通有无的自由贸易，而实质上企图把其他国家变成为其工业发展"纯粹服务"的农业区。当今世界，尽管全球经贸格局发生了翻天覆地的变化，但资本主义自由贸易追逐利润最大化的本质依然如一，虚假的自由贸易只是换了外壳和形式、衍生了诸多变体。当前，百年变局仍在加速演进，各种不稳定、不确定和难预料的因素仍然层出不穷，虚假的自由贸易主要呈现为以下几种形态。

第一，双重标准的"自由贸易"。恩格斯曾在《英国工人阶级状况》中揭露了英国自由贸易派论断的虚伪性。"自由贸易论是建立在英国应当成为农业世界唯一的伟大工业中心这样一个假设上的。而事实表明，这种假设纯粹是谎言。现代工业存在的条件——蒸汽力和机器，凡是有燃料、特别是有煤的地方都能制造出来，而煤不仅英国有，其他国家，如法国、比利时、德国、美国，甚至俄国也都有。这些国家的人并不认为，仅仅为了让英国资本家获得更多的财富和光荣而使自己沦为饥饿的爱尔兰佃农有什么好处。"① 当今世界，尽管以美国为代表的一些西方资本主义国家，把自由贸易问题意识形态化甚至刻意建构自由贸易的"合法性"，但是这些只是一种表面看起来很美的"华丽辞藻"和掩人耳目的话语陷阱，本质上仍是损人利己、以邻为壑的双重标准做法。

国际金融危机之后，特别是近些年，美式"自由贸易"在奉行双重标准上演绎得更为淋漓尽致，它们一边"挥棒"而另一边又喊冤，一边大讲特讲自由贸易而另一边又恣意对他国断供制裁、围堵打压。在美式双标主义思维里，自由贸易规则的尺子是专门用来丈量别国的，从

---

① 《马克思恩格斯文集》第1卷，人民出版社2009年版，第376页。

第六章 马克思恩格斯资本主义自由贸易本质批判对把握经济全球化走向的当代价值

来不是用来"规训"和约束自己的,美国作为所谓的"山巅之国",享有例外状态的治外法权。它曾经是"二战"后自由贸易规则和自由贸易秩序的主要倡导者,做出过积极示范和表率作用,但是目前却愈发站到了自身所倡导的自由贸易的对立面,恣意随意、无端无理对他国进行制裁打压、脱钩断链,用自身的"家法帮规"来对外进行长臂管辖、单边干涉,以基于"规则"的自由贸易之名,虚伪地对他国大行保护主义和单边主义之实。

可以说,在全球经贸问题上,它们在大谈特谈完全由自身主导的所谓"规则"和"秩序",不断破坏以世界贸易组织为核心和以国际法为准则的全球经贸体系。它们所关涉的贸易自由,只是美国所主导和操控的经贸话语体系下的自由,也只是滥用国家力量打压围堵他国、企图最大限度攫取利润的自由。可以说,以美国为代表的一些西方大国强国,在自由贸易问题上所秉持的双标的虚假自由贸易,正是全球经贸规则的主要破坏者和典型搅局者。

第二,滥用规则的"自由贸易"。规则本应是自由贸易的灵魂和基石,但是滥用自由贸易规则、蓄意把正常的经贸问题政治化、武器化,却成为当前全球经贸格局中的常见现象。显然,这是对自由贸易规则的亵渎和滥用。"放在钱柜里的资本是死的,而流通中的资本会不断增殖。"[①] 以美国为代表的西方大国强国,显然深谙在全球更大范围内的生产要素流通和往来之于追逐利润最大化的正面意义,但是它已经从自由贸易秩序的规则制定者退化为自由贸易的反对者。近年来,新兴市场国家和发展中国家的普遍崛起,愈发对美国在全球经贸体系中的话语权和主导地位构成一定的竞争性挑战,这一国家在此问题上也越来越产生强烈的不适应性甚至战略焦虑。无论是特朗普政府还是拜登政府,不但没有反躬自省本国的产业结构和发展路径问题,反而大搞保护主义和单边主义,以自由贸易之名来大行滥用规则的贸易保护主义之实。

[①] 《马克思恩格斯文集》第1卷,人民出版社2009年版,第56页。

这一曾经在"二战"后长期倡导自由贸易理念的国家，开始变本加厉地转向内顾主义，奉行双重标准，带头破坏国家社会约定俗成并长期践行的自由贸易规则，粗暴地宣扬所谓的"美国例外论""美国优先论"。该国在自由贸易问题上越来越背离全球经贸往来的初心，动辄挥舞关税大棒，大搞贸易歧视和各种不合理的贸易壁垒，大肆侵蚀战后形成的经济全球化的规则秩序。这些打着自由贸易的幌子、滥用进出口管理条例和泛化国家安全概念的做法，对全球产业链供应链价值链甚至创新链，都构成了严重的侵蚀和冲击，也严重破坏甚至瓦解了以世界贸易组织为核心的全球经贸秩序，无论是对于国际合作还是全球劳动分工，都是十分消极的"负变量""负资产"。

近年来，除了加征不合理的关税之外，美国还滥用包括反倾销、反补贴在内的诸多贸易救济工具措施，不断打造形态翻新、形式各异的贸易壁垒。它们的行径和做法，显然是对国际社会长期践行的全球经贸规则的亵渎和滥用，不仅严重影响了各国携手应对百年变局叠加疫情所带来的不稳定性、不确定性的信心决心，而且阻滞和消解了人类文明在同向同行、同频共振中协同发展进步的动力。

第三，工具化、武器化的"自由贸易"。马克思曾在《关于自由贸易问题的演说》中揭示了资本主义自由贸易的异化本质，"如果说自由贸易在世界各国之间也能促成什么友爱，那么，这种友爱也未必更具有友爱的特色；把世界范围的剥削美其名曰普遍的友爱，这种观念只有资产阶级才想得出来"[①]。这种资本逻辑驱动下的自由贸易，变了味，走了样，已经沦为资本主义国家在国际上攫取狭隘利润的武器和工具。当今全球经济政治格局正在发生深刻调整，以美国为代表的传统经贸大国强国，凭借自身先发和长期的经济科技优势而大搞贸易霸凌，试图在国际博弈中获取更大的地缘政治利益。近年来，美国政府屡次罔顾甚至故意违反世界贸易组织的规则和义务，大搞经济科技霸权，滥用出口管制

---

① 《马克思恩格斯文集》第1卷，人民出版社2009年版，第757页。

措施，恣意对可能与其构成竞争的别国企业进行恶意的遏制围堵甚至打压扼杀。

这种"非我族类，其心必异"的党同伐异做法，已经严重背离全球经贸往来的本质和真谛，违反了市场经济的公平竞争精神，是一种狭隘化、自私化的发展思维。美国政府为了扭转所谓的巨额贸易逆差，把中美之间因发展阶段和产业结构差异所致的正常经贸互补，定性为"美国单方面吃亏"。它们试图把中美之间的经贸问题建构为随时可以攻击的"靶子"，进而通过把正常的经贸往来、经贸摩擦和经贸分歧工具化、武器化的惯常路径，营造美国国内全面敌视中国的战略氛围，进而实现对华全面打压围堵，企图实现遏制迟滞甚至阻断中华民族伟大复兴的步伐。

无论是特朗普政府还是拜登政府，基本上都蓄意将经贸问题政治化，故意设置各种有形无形的壁垒障碍，并试图以"合法化"的贸易手段来达成遏华制华的深层战略目的。事实上，尽管美方把正常的互利共赢的自由贸易活动异化扭曲为围堵遏制中国的工具和武器，但是两国间的经济、科技、文化相互需求却始终非常旺盛，只不过美国当局的政治精英为了赢得地缘政治博弈"胜利"而刻意掩盖和淡化了这一需求。

无论是美国政府联合日本、荷兰和中国台湾地区搞起的针对中国大陆的"芯片四方联盟"，还是打造所谓的"美欧自由贸易统一战线"，从来都不是为了生产要素的全球互联互通、各方取长补短，在片面地基于所谓的"自由贸易"规则中，滥用国家力量来大搞胁迫外交，执意推动产业转移和供应链脱钩，人为割裂、分化基于市场规律和企业选择共同作用的全球大市场。这种做法严重破坏了国际贸易规则，影响全球产业链供应链的稳定、韧性和可持续。事实上，蓄意把自由贸易工具化武器化的做法，"阻碍国际科技交流和经贸合作，对全球产业链供应链的稳定和世界经济恢复都会造成冲击。美方将科技和经贸问题政治化、工具化、武器化阻挡不了中国发展，只会封锁自己，反噬自身"①。这种做法，从长远来看损人不利己，没有真正的长期获益方，是典型的破坏国际分工协作的消极行径，结果必将是多输，毋庸置疑地成为影响世界稳定和全球可持续发展的重要动荡源和风险点。

二 虚假"自由贸易"对经济全球化的阻滞

马克思曾在《哥达纲领批判》中辩证剖析了英国自由贸易派的二重性，即贸易真实目的的虚假性以及它同时对国际贸易一定的"客观"推动作用。"自由贸易派也说，它的努力所产生的结果是'各民族的国际的兄弟联合'。但是它还做一些事使贸易成为国际性的，而决不满足于意识到一切民族只在本国从事贸易。"② 时至今日，受资本逻辑驱使的虚假自由贸易，已经完全卸下过去的伪装，正日益站到了它过去所倡导的自由贸易的对立面，成为经济全球化的消极因素乃至阻滞力量。

第一，虚假"自由贸易"对经济全球化的曲解。当前，基于所谓"规则"和"秩序"的自由贸易，在美国的带头"示范"下，大有弥漫尽染全球之势。在美国的自由贸易话语逻辑下，所谓的自由贸易，首先要遵从由美国自身制定的经贸规则和对外框架体系，始终要维护美国在全球产业链供应链和价值链甚至创新链上的绝对主导地位。在其战略思维里，自由贸易是发达经济体对欠发达经济体的单向度"帮扶"，所谓利用前者的经济技术优势对后者进行产业结构升级，也就是后者应该沦为曾被马克思激烈批判的服务于工业区的纯粹"农业区"。

在这个意义上，近些年尽管以美国为代表的一些发达资本主义国家在所谓自由贸易问题上调门高、表态多，甚至喊得"震天响"，但是它们显然故意曲解了自由贸易的本真要义及其对经济全球化的基础性支

---

① 《2022年10月8日外交部发言人毛宁主持例行记者会》，外交部网站，https：// www. mfa. gov. cn/web/wjdt_ 674879/fyrbt_ 674889/202210/t20221008_ 10779681. shtml，2022年10月8日。

② 《马克思恩格斯文集》第3卷，人民出版社2009年版，第439页。

第六章　马克思恩格斯资本主义自由贸易本质批判对把握经济全球化走向的当代价值

撑。在百年未有之大变局仍在深刻演进的时代境遇下，传统西方国家的发展优势也正面临着深刻重塑和深度调整，而新兴市场国家和发展中国家普遍迎来了集体性发展、群体性崛起，无论是它们的经济科技实力还是综合国力都进入了能与西方国家构成潜在竞争的新阶段、新时期。这意味着国际力量对比的深刻变化，已经给传统西方国家带来了潜在的战略焦虑和一定的不安全感。

也正是在这种宏观背景下，以美国为代表的西方国家在自由贸易议题上的传统优势特别是代表性和话语权，也发生了微妙变化，它们已经从战后世界自由贸易秩序的主要制定者、确立者，日益向破坏者甚至阻碍者转变。它们擅长以自由贸易作为道义的幌子，试图把自由贸易基本规则和运行秩序的解释权牢牢地掌握在自己手中，片面甚至极端地宣扬所谓西方大国在国际贸易中的"吃亏论"和"扶贫论"，蓄意把基于市场竞争和行业选择的自然劳动分工定性为他国滥用产业政策和财政补贴的不正当竞争之结果。

回顾19世纪中期以后的世界经贸史不难发现，每当这些国家处在产业链和供应链中上游的有利竞争位置时，就高喊和极力倡导所谓的自由贸易，否则就画风大转、大搞旨在鼓励"多出口且少进口"的保护主义政策。可以说，无论是从历史轨迹还是从现实维度来看，在一些西方大国强国的怂恿和带动下，那些虚假的和坚持双重标准的自由贸易，正有大肆传播传导之态势。西方国家贸然把因自身产业结构和发展政策所致的内部经济衰退和各种复杂矛盾归因于建立在自由贸易基础上的经济全球化，显然是再典型不过的内病外治、甩锅推责。它们大搞虚假的自由贸易，导致单边主义、保护主义、干涉主义甚至极其狭隘的国家主义或民粹主义大肆抬头、肆虐发威，严重破坏了包括经贸往来在内的各种国际合作环境。

这些做法严重曲解和践踏了经济全球化的题中应有之义。21世纪的世界，本应推动生产要素在全球范围内自由高效流动，助力实现全球互通有无、相互协作、携手进步，但是美国出于狭隘的地缘政治目的，刻意把经贸问题泛政治化、泛安全化、工具化、武器化，秉持新冷战主义和零和博弈的陈旧思维，大肆人为设置障碍，粗暴阻挡商品、技术、信息、资金和人员正常地跨地区流动。无论是退出联合国教科文组织、拒斥事关全人类共同利益的《巴黎协定》，还是为了一己私利最大化而歇斯底里地向中国等国家大肆加征高额关税，都是以维护所谓的自由贸易和民主价值观之名，大行破坏旨在耦合全人类共同利益的经济全球化之实。经济全球化绝不是哪一国和哪一个经济体能够独自掌握和操控的"后花园"，而应该是国际社会大家庭共同治理和普遍受益的"百花园"。虚假的"自由贸易"，显然掩盖和遮蔽了经济全球化的真谛和要义。

第二，虚假"自由贸易"对经济全球化的亵渎。如果说贸易保护主义是对经济全球化的赤裸裸的阻挡和破坏，那么虚假的自由贸易则是对经济全球化的潜在侵蚀和瓦解。经济全球化作为当代世界经济的重要特征和客观趋势，正在被以美国为代表的一些西方国家破坏和亵渎。它作为世界第一大经济体、唯一的超级大国，在全球经贸往来中的一举一动都对世界的潮流和风向产生显著的牵引或催化效应。美国当前的做法，事实上就是把自由贸易工具化、政治化、武器化。它既强烈反对别国实行补贴性的产业政策，而自身又大肆对新能源和芯片半导体等行业实行歧视性产业扶持；既强烈要求他国大规模放开市场准入，而自身又通过加征关税或其他技术壁垒来人为地操控本国市场；既呼吁他国推动生产要素的自由化高效率流动，而本国又刻意对他国进行断供、限供和脱钩断链等。

这些在自由贸易问题上的虚伪和双标主义做法，不仅起到了极为消极的负面效应，而且确实阻碍了经济全球化的历史进程。回顾"二战"之后的世界经济史不难发现，自由贸易与经济全球化之间存在着契合共进关系。"二战"后，以美国为首的资本主义阵营内部，一直试图通过推动自由贸易来强化不同经济体之间的相互依存、利益捆绑，进而实现

第六章 马克思恩格斯资本主义自由贸易本质批判对把握经济全球化走向的当代价值

对社会主义阵营的集体对抗。当然，随着冷战被埋入历史的尘埃之中，这种本来源于资本主义阵营内部的经济协作关系和生产要素自由化流动格局，日益波及世界上大多数的国家和地区，世界各国也日益卷入你中有我、我中有你的复杂经贸网络。

这种通过自由贸易来推动经济全球化的历史路径，可以说是双赢或多赢的协同共进关系，发达经济体和欠发达经济体都找到了自身的比较优势。前者利用后者廉价丰富的劳动力和土地等生产要素获得了快速发展，而后者利用前者梯度转移的丰裕资本、技术、管理等生产要素也获得了良好发展机遇。然而，在世界共享由美国主导并推动的全球化红利半个世纪后，形势开始发生重大变化。毕竟，在美国的实用主义和机会主义思维下，过去长达半个世纪里美国几乎在所有领域都保持了主导性的强大竞争力，只有在时空范围更大的全球市场中，才能把这种竞争力转化为垄断利润。当然，在百年未有之大变局仍在加速演进的当下，这种优势已经在显性地瓦解或逆转，甚至在有些领域已经被新兴市场国家迎头赶上。此时，美国对待经济全球化的态度发生了一百八十度的变化，开始大肆采取保护主义做法，存在大量扭曲市场竞争、阻碍公平贸易、割裂全球产业链的投资贸易限制政策和行为，大大有损以规则为基础的多边贸易体制。[①]

可以说，由于以美国为首的西方发达资本主义大国强国在很大程度上主导着全球经贸体系的话语权，一旦本国的现实利益受到冲击或影响，它马上就会"掀桌子""砸场子"，要求重新制定所谓公平公正的游戏规则，主动退出各种多边主义的经济政治组织，"另起炉灶"，人为搞阵营对抗的狭隘小圈子，大开逆全球化的历史倒车。而且，它们也很擅长甩锅推责、转嫁责任，把自身因囿于资本逻辑所致的贫富差距直接归咎于经济全球化，所谓在经济全球化框架下新兴市场国家和发展中

---

① 中华人民共和国国务院新闻办公室：《关于中美经贸摩擦的事实与中方立场》，《人民日报》2018年9月25日第10版。

国家"偷窃"了它们的知识产权、抢走了工人的就业机会，蓄意通过国内的贫富差距等敏感热点话题，来培植和塑造抵御经济全球化的舆论氛围。这是促使贸易保护主义、民粹主义甚至极端的民族主义明显抬头的重要因素。

显然，一些西方国家的此类狭隘做法，是看错了病灶、开错了药方，属于典型的"内病外治""甩锅推责"。可以说，当前的经济全球化在美式全球化或西方化等狭隘思潮的影响和侵蚀下，正在面临前所未有的挑战和攻讦，它们所秉持的虚假自由贸易，无疑使这种本已下行的态势雪上加霜，毕竟虚假的自由贸易已经严重侵蚀了全球经贸往来的信任基石，这种愈发增大的信任赤字，将成为世界各国携手应对诸种人类共同挑战的关键"负变量"。

第三节　真正的自由贸易必将助推经济全球化进阶升华

马克思说："贸易并不因贸易特权的取消而被取消，相反，它只有通过自由贸易才获得真正的实现。"① 真正的自由贸易，并不需要任何不合理、有失公平的贸易特权，必将是基于规则的生产要素的自由流动，助推不同经济体在物理空间或虚拟空间的互联互通、互通有无，促使人类在你中有我、我中有你的利益交融中形成全球统一大市场。质言之，真正的自由贸易必将是相互尊重基础上的互利共赢，也必将推动异质于资本逻辑底色的新型经济全球化出场。

一　真正的自由贸易的互利共赢

恩格斯曾说："连印度也通过保护关税来抵制英国棉织品，而不列颠的其他殖民地也是一获得自治，就立即保护本国的工业，抵制宗主国

---

① 《马克思恩格斯文集》第 1 卷，人民出版社 2009 年版，第 316 页。

第六章　马克思恩格斯资本主义自由贸易本质批判对把握经济全球化走向的当代价值

的压倒优势的竞争。代表英国利益的著作家不能理解：为什么全世界都拒绝学习他们的自由贸易的榜样，而去实行保护关税。"① 英国自由贸易派的做法，显然是虚伪和双标的，就连他的殖民地印度也果断站起来反对这种自私狭隘的行径。无论任何时代，真正的自由贸易一定是双方或多方的相互成就和互利共赢，否则就是难以走深走远的单边主义行为，有违自由贸易的核心要义。

第一，真正的自由贸易，重在相互发挥资源禀赋和比较优势。无论是马克思还是恩格斯都曾经深刻批判过英国自由贸易派的一些做法，尽管自由贸易成为当时颇为流行的口号，上升为屡试不爽的"政治正确"，但是英国自由贸易的框架逻辑，是建立在把自身打造并固化为永久的工业区而其他国家沦为受其操控的农业区的战略预设之上的。显然，这仍然是虚假和单边的贸易形态，充斥着霸权霸凌和国家交往的不对等不平等。真正的自由贸易一定是基于多边主义的基本要义，双方或多方在相互尊重及互惠互利基础上所展开的经贸往来。

一方面，真正的自由贸易是建立在公平公正基础上的资源禀赋互通有无和调剂余缺。不同的国家因地理位置、综合区位、资源能源、技术积淀、人力资源和历史基因等方面的占有差异，需要彼此在互联互通中实现互通有无、取长补短。当今社会，没有哪一个国家能够完全独立于世界其他国家而"自我"存在，总需要在与他国的资金往来、人员往来、商品交易、服务贸易中达成经济社会发展之需。

就拿中巴之间增长势头良好的双边贸易而言，中国和巴西互为重要经贸伙伴，近年来，中巴经贸合作不断深化，双边贸易稳步发展，投资合作日趋活跃。2022年，中巴双边贸易额达1714.9亿美元，同比增长4.9%。据巴方统计，截至2022年，巴中贸易额连续5年突破1000亿美元，中国连续14年成为巴西最大贸易伙伴。中巴两国持续释放务实

---

① 《马克思恩格斯文集》第10卷，人民出版社2009年版，第626页。

合作潜能，成为互利共赢和南南合作的典范。① 中巴两国都是发展中大国，也都是发展态势向上向好的具有代表性的新兴市场国家，巴西的肉类、水果、蜂蜜等农产品对华出口数量持续增加，成为对华贸易的重要领域；同时中国作为世界第二大经济体，对巴西的投资不断增加，对巴投资累计达千亿美元，在巴进行大型输电线路基础设施、重型装备机械、城市轨道列车、智慧信息技术等领域在深耕投资，为巴西的经济社会发展特别是现代化建设做出了重要贡献。两国作为新兴市场国家的代表、世界经济舞台上的重要参与方，都遵守以世界贸易组织为核心的多边贸易体制，倡导贸易和投资的自由化便利化，充分挖掘和发挥各自的资源禀赋效应，未来在重大基础设施、数字经济、信息技术、人工智能、普惠金融等多方面具有广阔的经贸合作空间。双方之间的贸易恪守自由贸易的基本原则，实现了平等尊重、互通有无、互利共赢之自由贸易根本目的。

另一方面，真正的自由贸易是双边或多边比较优势的充分彰显，本质上是一种在利益交融中双边或多边取长补短、相互成就的协作模式。就以中美之间的经贸为例，二者分别是世界上最大的发展中国家和最大的发达国家，二者的关系既是双边关系又超越了双边关系，二者的一举一动特别是经贸问题上的协作问题，关系到全球产业链供应链价值链的韧性、稳定和安全。就当前而言，美方在飞机、集成电路、汽车等资本与技术密集型产品和农产品等领域对中国是顺差，中国对美国的顺差主要来源于劳动密集型产品和制成品，由此可见，双方在比较优势上具有客观的差异性，当然也正是这种比较优势的差异才不断促成中美之间巨大的经贸往来行为和规模数额。可以说，中美货物贸易差额是美国经济结构性问题的必然结果，也是由两国的比较优势和国际分工格局决定的。②

---

① 陈一鸣：《中国连续 14 年成为巴西最大贸易伙伴 双方贸易额连续 5 年破 1000 亿美元 中巴经贸合作不断深化》，《人民日报》2023 年 4 月 12 日第 03 版。
② 中华人民共和国国务院新闻办公室：《关于中美经贸摩擦的事实与中方立场》，《人民日报》2018 年 9 月 25 日第 10 版。

第六章 马克思恩格斯资本主义自由贸易本质批判对把握经济全球化走向的当代价值

美国政府一再宣称的"吃亏论",不仅没有事实依据,而且在国际道义上也是站不住脚的,中美之间的巨大贸易额绝不是哪一方能够单独决定的,而是双方因发展阶段和产业结构不同而经过市场筛选和匹配的自然结果,是各自比较优势充分彰显的正常现象。站在历史规律、时代大势和人类福祉的理性高度,中美之间无论是在工业、农业、服务业,还是在科技、人文、气候等诸多领域,都存在着广泛的共同利益,理应在互通有无、调剂余缺、取长补短中共同做大互利共赢的蛋糕。这不仅是有益于中美两国和两国人民的大事,而且是对基于规则的真正的多边主义特别是自由贸易精神的切实践行和积极示范,也有助于为全人类携手应对诸多共同问题和挑战,贡献并注入更多更大的正能量、稳定性、建设性。

第二,真正的自由贸易,应在互通有无和利益交融中实现共进共赢而非零和博弈。前文已述,马克思恩格斯批判的,从来都是充斥着资本逻辑的虚假自由贸易,而高度肯定真正的自由贸易所发挥的重大历史作用。当今世界正处于值得特别关注的动荡变革期,在以美国为代表的一些西方大国强国的兴风作浪下,贸易保护主义、孤立主义、单边主义甚至新冷战主义正大肆抬头登台、肆虐发威。显然,这些逆全球化行径,有违真正的自由贸易精神。真正的自由贸易要求双方或多方取消不合理的进出口贸易限制和其他经贸障碍,使商品或服务较为自由地在彼此之间流通流动、达成交易,在国内外市场上展开基于市场规则的自由竞争。

进言之,世界各国如果在相互尊重和互利共赢中展开"你情我愿"的自由贸易,不断推动资本、技术、劳动力等生产要素在更大时空范围内的自由流动,持续实现贸易和投资的自由化便利化,世界贸易的网络就会越织越密,不同发展阶段和经济水平的国家都将不同程度地普遍受益。相反,如果全球经贸市场不断受到侵蚀和缩小,对世界各国都没有益处,国际经济很可能在相互倾轧和无序内卷中普遍倒退和下行。"众所周知，数个世纪以来，贸易让各国精细分工，实现高效生产，进而提高收入。一项研究显示，贸易让各国财富增加了 27%。"①世界各国都应该有"向外看"的格局和胸怀，维护共建共享、团结协作、互利共赢的多边贸易体制，着力解决全球经贸往来中的失序失衡问题，构建互惠共进、平衡均衡的全球价值链，在培育和壮大全球大市场中实现共赢多赢而非零和博弈。中国始终在基于多边主义的真正自由贸易问题上走在前列、做出表率，"中国将秉持开放、合作、团结、共赢的信念，坚定不移全面扩大开放，将更有效率地实现内外市场联通、要素资源共享，让中国市场成为世界的市场、共享的市场、大家的市场，为国际社会注入更多正能量"②。

我们是经济全球化的重要受益者，也是进一步推动高水平对外开放和经济全球化的坚定倡导者、关键贡献者。毕竟中国 40 多年的改革开放所创造的世所罕见、史所罕见的伟大奇迹，已经用"钢铁一般"的事实佐证了建立在真正的多边主义基石上的自由贸易，能够在互联互通和利益交融中带来共进共赢。中国在全球经贸领域的多边主义实践，是对真正的自由贸易最生动的诠释和注解。

二 真正的自由贸易的演进趋势

马克思曾在《资本论》中深刻揭示了英国自由贸易论者"信条"的虚伪性，所谓"在一个存在着对抗利益的社会里，人人追逐私利，就会促进公共福利"③，事实并非如此，以资本逻辑为底色的自由贸易，并不能带来普惠性民生福祉，也并不符合真正的自由贸易的核心要义。从马克思恩格斯生活的 19 世纪到 21 世纪的今天，世界范围内的贸易样

---

① 《中印发展显示自由贸易对世界利大于弊》，中国日报网，https://china.chinadaily.com.cn/a/202304/14/WS6438aeaaa3102ada8b238375.html，2023 年 4 月 14 日。

② 习近平：《在第三届中国国际进口博览会开幕式上的主旨演讲》，人民出版社 2020 年版，第 7 页。

③ 《马克思恩格斯文集》第 5 卷，人民出版社 2009 年版，第 553 页。

第六章　马克思恩格斯资本主义自由贸易本质批判对把握经济全球化走向的当代价值

态、贸易结构、贸易动力和贸易效能等诸多方面,一直在演进和变化。尽管国际金融危机之后特别是近些年贸易保护主义、单边主义、孤立主义、民粹主义甚至极端民族主义大肆抬头,经济全球化遇到了严峻的分化和挑战,逆经济全球化行径大有愈演愈烈之态势,但是"青山遮不住,毕竟东流去",人类终将在漫长的历史进阶中走向真正的自由贸易。也就是说,实现真正的自由贸易,虽然总会遇到各种"回头浪"甚至"惊涛骇浪",但是放眼全球,无论是贸易还是投资,在大方向上始终朝着这种目标发展和演进。真正的自由贸易主要有以下发展和演进趋势。

第一,真正的自由贸易愈发走向开放。真正的自由贸易,其基本实现媒介和通道是互联互通、互通有无;而毋庸置疑,开放又是实现互联互通、互通有无的基础条件。自由贸易之所以应该成为国际社会经贸往来的主基调,也是因为各国只有在生产要素流动和流通中才能各取所需、取长补短,没有哪一个国家能够不与他国交往而长期"孤立"地生存和发展。

马克思恩格斯就曾在《德意志意识形态》中从社会分工和生产力发展角度,深刻论述了世界历史从"地域"走向"全球"、从各民族地区的相对封闭走向开放联通的历史必然性。"各民族的原始封闭状态由于日益完善的生产方式、交往以及因交往而自然形成的不同民族之间的分工消灭得越是彻底,历史也就越是成为世界历史。"[1] 当今世界,尽管经济全球化的确遭遇了一些逆流阻力,在此起彼伏的保护主义怂恿下,世界大有回到相互区隔对抗或者地域化即"有限全球化"的态势,但是你来我往、彼此相互成就的世界高水平开放体系,已经成为世界有识之士和讲道义国家的共识。

可以说,开放融通是当今时代的大势所趋、国际社会的普遍追求。在世界经济不同的发展阶段,经济全球化总会遇到一些波折和杂音,但

---

[1]《马克思恩格斯文集》第1卷,人民出版社2009年版,第540—541页。

从生产力发展和世界历史演进的总体轨迹来看,各国绝不会退回相互"关门"、彼此分割、老死不相往来的落后愚昧状态,在开放中交流、在交流中共进、在共进中共赢,仍是绝大多数国家心声诉求的最大公约数。这意味着,经济全球化仍是浩浩荡荡的历史潮流,在彼此经贸交往互动中互惠互利、互利共赢仍是人心所向、正义所指。"开放是人类文明进步的重要动力,是世界繁荣发展的必由之路。当前,世界百年未有之大变局加速演进,世界经济复苏动力不足。我们要以开放纾发展之困、以开放汇合作之力、以开放聚创新之势、以开放谋共享之福,推动经济全球化不断向前,增强各国发展动能,让发展成果更多更公平惠及各国人民。"①

所以,在这个意义上,自由贸易绝不是以美国为代表的一些西方国家"口惠而实不至"虚假口号,更不应该成为它们党同伐异、打压他国正常发展壮大的武器工具。它们以基于"规则"的开放为名,泛化国家安全概念、滥用国家进出口管制条例,人为干扰和破坏国家间正常的分工协作和市场竞争,动辄凭借自身的经济科技先发优势对他国进行无理无端的断供制裁。这些国家自身越来越走向"关门"和狭隘,试图把全球经贸合作中你中有我、我中有你的"大江大河",退回一个个封闭孤立的"小湖泊""小河流"。

显然,这些恶意甚至恶劣的行径与 21 世纪构建人类命运共同体的时代大势和文明进步规律格格不入,给本已基础脆弱、复苏乏力的世界经济增添了更多的不稳定、不确定因素。中国作为世界第二大经济体和联合国五个常任理事国之一,始终积极推动经济全球化,极力倡导并身体力行推动贸易和投资的自由化便利化,推进高水平对外开放,稳步提高规则、规制、管理和标准等制度型开放水平,积极做全球自由贸易的坚定倡导者和切实践行者。"中国改革开放政策将长久不变,永远

---

① 习近平:《共创开放繁荣的美好未来——在第五届中国国际进口博览会开幕式上的致辞》,《人民日报》2022 年 11 月 5 日第 01 版。

第六章 马克思恩格斯资本主义自由贸易本质批判对把握经济全球化走向的当代价值

不会自己关上开放的大门。一切愿意与我们合作共赢的国家，我们都愿意与他们相向而行，推动世界经济共同繁荣发展。"[①] 我们在持续高水平的对外开放中，不断拓展中国式现代化的发展空间和外部条件，正是对真正的自由贸易愈发走向开放这一历史大势的积极回应和落地履行。应该说，中国既顺应了自由贸易愈发走向开放的时代态势，也为推动全球自由贸易进一步走向更高水平的开放水平贡献了中国力量、中国智慧。

第二，真正的自由贸易愈发走向包容。马克思恩格斯曾经剖析过英国自由贸易派的虚伪性、狭隘性和单向性。自由贸易派的做法是把英国的工业区迷梦，建立在其他国家永远固化为落后农业区这一"假设愿景"之上的。显然，这种自由贸易尽管冠以"自由"之名，但本质上仍是一国利益集团实现狭隘私利的工具武器、策略手段。真正的自由贸易，一定是基于蕴含着公平公正精神和多边主义的互联互通、互通有无，双边或多边在经贸往来中相互满足和彼此成就。"泰山不让土壤，故能成其大；河海不择细流，故能就其深。"贸易是联通和联动世界各经济体的一条主要经济纽带，真正的自由贸易应该是以尊重多样性、多边性和差异性的包容态度，来努力做大做强共同利益的蛋糕。可以说，近代以来的全球经贸史，已经反复证明，包容普惠、协同进步、互利共赢才是世界各国"一起向未来""携手共前进"的人间大道、正道。

由此，进言之，真正的自由贸易的包容性，主要体现为兼顾不同经济水平和发展阶段国家在经济全球化进程中的主要态度和切身利益，特别是广大发展中国家在全球经贸议题上的代表性和发言权。世界各国应该"就经济谈经济""就贸易谈贸易"，而不应该把经贸问题蓄意泛政治化、泛安全化、工具化、武器化，即把经贸议题扭曲异化并作为推行

[①] 《习近平在广东考察时强调 坚定不移全面深化改革扩大高水平对外开放 在推进中国式现代化建设中走在前列》，《人民日报》2023年4月14日第01版。

地缘政治的手段。各国应该积极破除影响一切阻碍生产要素在全球自由流动的体制机制障碍和政策制度藩篱，引导并积极推动经济全球化朝着包容的正向发展，充分维护以世界贸易组织为核心的多边贸易体制，消除诸种影响贸易和投资自由化便利化的关税或非关税壁垒，推动建设具有普遍获得感而非少数人独享的开放包容型世界经济，也要在不断提升全球经济治理水平中确保各经贸参与方权利平等、规则平等和机会平等。"世界各国要坚持真正的多边主义，坚持拆墙而不筑墙、开放而不隔绝、融合而不脱钩，推动构建开放型世界经济。推动经济全球化朝着更加开放、包容、普惠、平衡、共赢的方向发展，让世界经济活力充分迸发出来。"① 质言之，世界各国"应该相互尊重，求同存异，和平共处，推动建设开放型世界经济，不应该以邻为壑，构筑'小院高墙'，搞封闭排他的'小圈子'"②。毕竟，包容正是走向真正的自由贸易的基本元素，我们应该兼顾不同经济体的核心利益和主要关切，争取经贸活动的各方利益的最大公约数。

鉴于此，唯有秉持包容性的自由贸易原则，各经济体才能在遇到经贸分歧、摩擦或矛盾时，尽力找到解决问题的有效办法，人类才能在日益扩大的利益交融中真正建成利益共同体和责任共同体，才能稳健走上愈发光明的全球发展康庄大道。

第三，真正的自由贸易愈发走向普惠。自由贸易的本真要义，就是在无障碍或无壁垒的经贸政策环境下，实现贸易或投资的自由化便利化，以期促使参与的各经济体都能在经贸往来中实现互通有无、调剂余缺、取长补短，在生产要素的流通和交易中都能获益和普遍发展。"各国共同发展才是真发展。世界繁荣稳定不可能建立在贫者愈贫、富者愈富的基础之上。每个国家都想过上好日子，现代化不是哪个国家的特

---

① 《习近平谈治国理政》第4卷，外文出版社2022年版，第485页。
② 习近平：《共迎时代挑战 共建美好未来——在二十国集团领导人第十七次峰会第一阶段会议上的讲话》，《人民日报》2022年11月16日第02版。

第六章　马克思恩格斯资本主义自由贸易本质批判对把握经济全球化走向的当代价值

权。走在前面的国家应该真心帮助其他国家发展，提供更多全球公共产品。大国要有大国的担当，都应为全球发展事业尽心出力。"[①] 过去长期以来，全球自由贸易的体系、秩序和规则主要由以美国为代表的西方大国主导主宰，而且贸易的红利还主要由这些国家占有和操控。近年来，随着新兴市场国家和发展中国家的群体性崛起、国际关系民主化呼声的日益提高，以及发展中国家对全球经济增长的贡献率越来越高，打破全球经贸旧格局、建立国际政治经济新秩序的诉求也越来越强烈。

当今国际社会正在经历世界之变、时代之变、历史之变的百年未有之大变局，而且这种变局仍在深刻调整、加速演进，世界经济的脆弱性异常突出，包括俄乌冲突在内的地缘政治局势持续紧张，全球治理严重缺失缺位，全球和平赤字、发展赤字、安全赤字、信任赤字有增无减，粮食和能源危机等多重危机叠加，全球共同利益的"蛋糕"并没有真正越做越大，反而大有消减或萎缩之势。显然，面对这些挑战，回避或逃避从来都不是解决问题的有效办法；大搞贸易保护主义、单边主义和孤立主义，更不是解决问题的长久之计。

唯有不断地推动贸易和投资的自由化便利化，各国不断强化并真正树立人类命运共同体意识，倡导相互尊重和平等交往的全球经贸秩序，要团结而不要分裂、要合作而不要对抗、要包容而不要排他，大家才能在你来我往、取长补短的经贸往来中凝聚起发展利益的公约数，才能在共建共享中真正实现经贸红利乃至经济全球化正向效能的"雨露均沾"，才能在不断携手共同破解"世界怎么了、我们怎么办"的时代宏大课题中，共进共赢、互惠互利。当然，这里需要注意的是，普惠作为自由贸易的演进趋势，并不意味着在全球经贸活动中各方同步获益、同等受益，普惠更多的是指无论是作为新兴市场国家还是发展中国家，都能在贸易规则上公平以及贸易机会上均等，避免受到技术壁垒、绿色壁垒

[①] 习近平：《共迎时代挑战　共建美好未来——在二十国集团领导人第十七次峰会第一阶段会议上的讲话》，《人民日报》2022年11月16日第02版。

等市场准入歧视。进一步言之，自由贸易的普惠就是指不同的经济体要自觉着眼于全球经贸发展的长远目标和现实需要，不断凝聚贸易和投资自由化便利化的国际共识，不断培育全球经贸量质齐增的新赛道、新动能，推动处在各个发展阶段的经济体都能在经济全球化大潮中均衡获益、普遍受益。

第四，真正的自由贸易愈发走向平衡。平衡就是照顾到不同经济体在全球经贸格局中的应有地位及其功能，而不宜以体量或规模大小来单方面决定贸易规则和制度安排。从长久来看，真正的自由贸易，能够给各方带来实实在在的好处。对一国而言，除了让消费者的选择更加多元，还有助于倒逼其国内行业企业不断提高市场竞争力，在充分发掘和发挥各自比较优势中实现双赢共赢。因此，自由贸易无论是对于规模较大的经济体还是对于体量比较小的经济体而言，都具有正向的发展和提振效能。也正是基于此，真正的自由贸易就要发挥不同国家的比较优势，实现生产要素的互联互通和取长补短，在彼此的经贸往来中实现均衡收益，而不是哪一方独占或单赢。

例如，有的国家提供了巨大的消费市场，有的国家提供了丰富的原材料，也有的国家提供了先进材料或前沿技术。处在不同发展阶段的各经济体在相互尊重、公平公正的基础上开展经贸往来，在相互满足和彼此成就中推进共建共享，在利益交互中各美其美、美美与共。任何一个国家，都不应该在国际经贸往来中蓄意追求一国独大，更不应该刻意追求出口大于进口的贸易顺差，而应该在发挥各自比较优势中实现产业结构互补，共同推动产业链供应链的安全、坚韧与可持续。

当然，不平衡也会往往成为国际经贸场域中的常见现象。解决这一问题，特别是发达经济体与发展中经济体的贸易不平衡，应该通过挖掘潜力、升级结构、整合资源等市场化手段，来对贸易本身进行提质增效，而不是简单粗暴地关起门来对他国进行加征关税或围堵制裁。这是一种无益于问题真正解决的掩耳盗铃行径或"鸵鸟心态"，关键是在坚持多边主义中推进贸易和投资的自由化便利化,而不是为正常的经贸往来设置各种保护主义障碍。"多边主义的要义是国际上的事由大家共同商量着办,世界前途命运由各国共同掌握。在国际上搞'小圈子''新冷战',排斥、威胁、恐吓他人,动不动就搞脱钩、断供、制裁,人为造成相互隔离甚至隔绝,只能把世界推向分裂甚至对抗。一个分裂的世界无法应对人类面临的共同挑战,对抗将把人类引入死胡同。在这个问题上,人类付出过惨痛代价。殷鉴不远,我们决不能再走那条老路。"①实现自由贸易的平衡,关键是促使世界各国都能在经济全球化中,找到自己的发展方位,循序渐进地解决全球南北发展不平衡问题,让世界各国特别是生产力发展相对落后的发展中国家享有更加均等的贸易和投资机会,坚决打破一些西方大国本国优先、赢者通吃的不合理贸易霸权政策,实现各方共赢,共同维护并不断推进全球产业链供应链的稳定安全,价值链创新链的均衡可持续。

毕竟,源于贸易不平衡的所谓贸易战或经济战,并不能真正带来贸易公平,保护主义也并不能长期庇护谁真正强大。实质推动世界各方都能参与、均衡受益的自由贸易,才是解决世界经济低迷、增长乏力的真正务实管用之举。

三 真正的自由贸易与经济全球化的进阶升华

恩格斯曾在《保护关税制度和自由贸易》一文中揭示了狭隘的英国自由贸易派在有关自由贸易问题上的真实目的,"自由贸易成了风行一时的口号。当时英国工厂主及其代言人即政治经济学家的下一个任务是,使所有其他国家都改奉自由贸易的教义,从而建立一个以英国为大工业中心的世界,所有其他国家都成为依附于它的农业区"②。显然,当时英国尽管打着推动自由贸易的道义旗号,但真实动机却依然是维护

---

① 《习近平谈治国理政》第4卷,外文出版社2022年版,第461—462页。
② 《马克思恩格斯文集》第4卷,人民出版社2009年版,第335页。

本国的工业霸权和贸易主导地位。人类历史进入21世纪，那种追求单边单赢、由资本逻辑主导的经济全球化模式，恐怕难以得到国际社会的普遍认同，而普惠平衡的新型经济全球化，才是推动自由贸易健康发展的基本环境。当然，反过来讲，真正的自由贸易的重要演进趋势，正是朝着普惠平衡的经济全球化方向逐步迈进。

第一，真正的自由贸易愈发呼吁创新形态的经济全球化。自由贸易与经济全球化之间的关系十分紧密。如果说自由贸易是推进经济全球化的基本通道，那么经济全球化则是保障自由贸易的氛围和条件。传统的经济全球化主要是由西方发达大国主导和主宰的。"二战"后，包括劳动力、资本和技术在内的生产要素在全球范围内的加速流动，主要还是由以美国为代表的西方大国来倡导和驱动的。无论是世界银行还是国际货币基金组织以及关税及贸易总协定（WTO前身），在历史溯源上都是由美国倡导并主导建立起来的。因此，可以说"二战"后的经济全球化和全球经贸格局，是发达国家来主导建立的，发展中国家只是在既有规则下"跟跑"，质言之，它只是国际经济政治旧秩序的一部分，遵循的仍是弱肉强食的"丛林法则"，发展中国家的发言权和代表性明显不足。

近年来，受到百年变局叠加疫情的深刻影响，无论是发达国家还是发展中国家的经济复苏都严重迟滞，贸易和投资在国际范围内的自由化、便利化活动受到诸多不稳定、不确定和难预料因素的深度掣肘，以美国为代表的一些西方大国，在经济全球化问题上开始发生明显的动摇和转向，甚至大肆宣扬"经济全球化已经终结"的消极论调。的确，经济全球化的动力、机制、结构和范围相比于"二战"后都发生了翻天覆地的变化，但是生产要素互联互通、互通有无、取长补短的经济全球化本质并未发生任何改变，只不过呼唤更加能够体现不同经济体利益最大公约数的新型经济全球化。

推动新型经济全球化，客观要求各国在经贸往来中坚持开放而非封闭、对话而非对抗、互利共赢而非零和博弈、相互尊重而非大搞意识形

第六章 马克思恩格斯资本主义自由贸易本质批判对把握经济全球化走向的当代价值

态偏见。"面对经济全球化带来的机遇和挑战,正确的选择是,充分利用一切机遇,合作应对一切挑战,引导好经济全球化走向。"① 引导好经济全球化走向,就是要增强全球经济发展的普惠性和平衡性,而非把一国的发展建立在另一国的不发展甚至贫穷之上,把一国的单赢建立在另一国的单输之上,无论是参与主体还是推动力量,都应该更加具有凸显公平公正、共建共享、均衡平衡、开放包容的新特征、新趋势。在这个意义上,真正的自由贸易充斥着开放性和包容性,应在贸易和投资的你来我往中做大做强共同利益的"蛋糕",以期实现利益交融、协同进步,也就是构建新型经济全球化的人类命运共同体。

第二,真正的自由贸易与普惠平衡的新型经济全球化。马克思恩格斯都曾在批判资本主义自由贸易时倡导真正的自由贸易,并主张在相互尊重、平等互利、互通有无的自由贸易中实现不同经济体利益的互动交融。可以说,真正的自由贸易,必将有利于生产要素在更大范围内的高效流动和优化配置,成为推动经济全球化水平不断提升的基本动力。从历史上看,传统的经济全球化主要由资本逻辑来驱动,尽管这种类型的经济全球化使发达国家和发展中国家都曾普遍受益,但是在经济全球化不同阶段的受益程度特别是获得感存在着明显差异。近年来,国际经济政治发展不平衡,特别是全球面临着的发展困境、和平困境和治理困境,迫使原有的经济全球化秩序和格局面临着深刻调整之态势,倒逼着经济全球化无法沿着原有轨道走下去。新型经济全球化正是在这种宏大的时代境遇下呼之欲出。

与历史上的经济全球化相比,以人类命运共同体理念为实质内核的新型经济全球化,顺应了和平、发展、合作、共赢的时代潮流,是破解全球发展难题的一种新的历史选择。② 显然,新型经济全球化并不是简

---

① 《习近平谈治国理政》第 2 卷,外文出版社 2017 年版,第 478 页。
② 孙景宇:《论新发展格局与新型经济全球化的关联性》,《马克思主义研究》2021 年第 7 期。

单地对以世界贸易组织为核心的多边贸易体制的"推倒重构",而是结合当前阶段经济全球化所遇到的结构性困境,特别是愈发显现出来的失序失能失范,而适时做出的"推陈出新""革故鼎新"。为此,要正确处理好两大关系。一是发展中国家与发达国家都能支持和获益的平衡协调的经济全球化,也就是从推动国际关系民主化的战略高度来塑造更加民主、平等、包容的经济全球化,把经济全球化打造为不同发展水平国家的普惠产品而非少数霸权国家的"私利专利"。二是要注意特别增强新兴市场国家和发展中国家的代表性和发言权。毋庸置疑,西方发达国家是经济全球化的主导者和主要受益者,而新兴市场国家和发展中国家则是跟随者和重要贡献者。因此,在构建人类命运共同体意义上,我们应该构建国际关系平等、重塑不是以资本而是以共建共享和普惠平衡为原则的国际政商关系,循序渐进地消除以美国为代表的少数西方国家在战后至今长达几十年的霸权,重新促使世界经济发展既有秩序规则又有动力活力。

基于此,真正的自由贸易秩序亟须建设普惠平衡的新型经济全球化。这里的"新",不仅体现在参与主体和支撑动力上,而且体现在全世界用好"你中有我,我中有你"的国际产业分工格局上,推动世界各国在错综复杂的全球产业链供应链和价值链中找准自己的"合适"位置,不断释放并发挥自身的资源禀赋优势。当前,中国不仅是自由贸易的重要倡导者和切实践行者,而且是推动新型经济全球化的关键生力军,为完善全球治理和推进新型全球化提供了切实可行的中国方案。[①]可以说,真正的自由贸易的落地践行,不仅有利于世界各经济体在交流互鉴中协同提质增效,而且有助于推动经济全球化迈向新水平、新境界,即有助于推动更加普惠平衡的新型经济全球化成为全世界联动发展的新动力、新机制。

[①] 周文、李超:《中国共产党推进新型经济全球化的宏大视野、使命担当和核心理念》,《学术研究》2022年第2期。

第七章

马克思恩格斯资本主义自由贸易本质批判对完善全球经济治理的当代价值

马克思在《关于自由贸易问题的演说》中揭露了资本主义自由贸易的虚伪性。这种所谓的自由贸易，蕴含着剥削本性，尤其是对互利共赢世界市场的侵蚀和破坏。"如果说自由贸易在世界各国之间也能促成什么友爱，那么，这种友爱也未必更具有友爱的特色；把世界范围的剥削美其名曰普遍的友爱，这种观念只有资产阶级才想得出来。自由竞争在一个国家内部所引起的一切破坏现象，都会在世界市场上以更大的规模再现出来。"[①] 他和恩格斯在《共产党宣言》中直言，追求追逐利润最大化的资产阶级"迫使一切民族——如果它们不想灭亡的话——采用资产阶级的生产方式；它迫使它们在自己那里推行所谓的文明，即变成资产者。一句话，它按照自己的面貌为自己创造出一个世界"[②]。至此不难理解，马克思和恩格斯都看到了资本主义自由贸易的真实动机，特别是这种不对等、不平等的贸易形式在更大时空范围内的展开，对世界市场和人类文明多样性所产生的消极影响。转言之，资本主义自由贸易

---

① 《马克思恩格斯文集》第1卷，人民出版社2009年版，第757页。
② 《马克思恩格斯文集》第2卷，人民出版社2009年版，第35—36页。

的确在客观层面上推动了经济全球化和社会生产力发展，但是也因为它内在充斥着的资本特权和贸易霸权，而严重破坏了全球经济治理应有的平衡协调、互利共赢之大格局。这一理论，对身处仍在加速演进的百年变局中的全球经济而言，具有鲜明的借鉴价值和关键的定向意义。

第一节 资本主义自由贸易映射双标的全球经济旧秩序

恩格斯曾在《国民经济学批判大纲》中批驳资本主义自由贸易的虚假性和伪善性，"滥用道德以实现不道德的意图的伪善方式就是自由贸易体系引以自豪的东西"①。这种所谓的自由贸易，秉持"合则用，不合则弃"的典型工具主义，以表面上商品和服务的互联互通之名，大行挑肥拣瘦、损人利己、以邻为壑之实。可以说，无论是马克思恩格斯生活的19世纪，还是处于百年未有之大变局的现时代，资本主义自由贸易在具体形态和结构的发展演进中，始终镶嵌着追逐利润最大化的资本逻辑，成为国际经济旧秩序的重要塑造因素和变量。

一 资本主义自由贸易是典型的双标行径

尽管相较于马克思恩格斯生活的时代，无论是贸易环境、贸易形态还是贸易结构、贸易动力，都发生了翻天覆地的变化，但是资本主义自由贸易执行资本意志的本质并没有发生根本性变化。马克思恩格斯对资本主义自由贸易的深刻剖析，并没有过时，反而具有穿越时空、历久弥新的鲜明价值，有助于透视和检视当今欧美国家在全球经贸议题上的双标主义做法。

第一，资本主义自由贸易的一些典型"双标"做法。马克思和恩格斯都曾经深刻批判过19世纪中期以后的英国在自由贸易议题上的双

---

① 《马克思恩格斯文集》第1卷，人民出版社2009年版，第62页。

第七章 马克思恩格斯资本主义自由贸易本质批判对完善全球经济治理的当代价值

标主义做法,当它相对于法国、德国、俄国具有工业先发优势时,就高喊自由贸易,试图站在道德制高点上,强烈要求他国大开国门而接受其商品或资本输出;相反,当法国、德国、美国、俄国等国家的民族工业反超英国,使其处于竞争的弱势地位时,它就随即掉转枪口,实行排斥他国的保护关税制度。如今,尽管政治经济环境发生了显著变化,但是以美国为代表的一些西方大国在自由贸易问题上的双标行径,不仅没有消解和弱化,反而更加弥漫和强化。

众所周知,美国长期以自由贸易体系的倡导者和市场经济的捍卫者自居,动辄指责他国违反自由贸易规则和市场竞争规律,傲慢地站在所谓基于规则的自由贸易道德制高点上,对他国恣意指手画脚、批评攻讦,片面指摘他国保护内部市场而自身却奉行"美国优先"甚至"美国唯一"的政策,反对他国进行产业补贴而自身却大搞芯片和电动汽车扶持政策,谴责他国滥用关税和非关税壁垒政策而自身却无理无端挥舞关税大棒。显然,美国在自由贸易问题上的这些典型双标做法,漠视甚至践踏了自由贸易的精神要义,踩躏了市场经济的基本规则,是再明显不过的筑墙设障、脱钩断链做法,严重扰乱了全球产业链供应链的稳定性和安全性。它正在日益沦为名副其实的全球经贸格局的秩序搅局者、规则破坏者、乱源制造者。

近年来,无论是美国政府日益明显的贸易保护主义行为、贸易霸凌主义行为,还是其他诸多在自由贸易问题上的违规不当做法,都表征着美国挂在嘴上的"规则"和"秩序"是虚假幌子。所谓的"规则"和"秩序",只是它用来惩罚和制裁他国的道义武器和政治工具。该国利用美元霸权和技术垄断效应恣意对他国进行无理无端的长臂管辖,疯狂地把国内利益凌驾于国际公共利益福祉之上,而且泛化国家安全概念和滥用进出口管制条例,在损人利己中无限放大本国利益,把本国在自由贸易问题上的霸凌霸权,建立在他国的利益让渡基础之上。当然,在自由贸易的双标问题上,美国连其传统的盟友诸如欧盟、日本和加拿大也不放过,毕竟在双标主义思维的"美国优先"战略下,维护排他性、最大化美国利益才是永恒的颠扑不破的"政治正确"。无疑,这些双标主义的狭隘做法,试图使以世界贸易组织为核心的多边贸易体制,退回到弱肉强食的"丛林法则时代"。

第二,资本主义自由贸易的"双标"做法的实质。在全球经贸活动中,当今以美国为代表的西方国家,打着自由贸易的幌子,大行双标主义的损人利己之实。我们不妨从恩格斯对作为"伪君子"自由贸易派的诘问式批判中,发现历史的影子和现实的端倪。"伪君子叫道:难道我们没有打倒垄断的野蛮吗?难道我们没有把文明带往世界上遥远的地方吗?难道我们没有使各民族建立起兄弟般的关系并减少了战争次数吗?不错,这一切你们都做了,然而你们是怎样做的啊!你们消灭了小的垄断,以便使一个巨大的根本的垄断,即所有权,更自由地、更不受限制地起作用;你们把文明带到世界的各个角落,以便赢得新的地域来扩张你们卑鄙的贪欲;你们使各民族建立起兄弟般的关系——但这是盗贼的兄弟情谊;你们减少了战争次数,以便在和平时期赚更多的钱,以便使各个人之间的敌视、可耻的竞争战争达到登峰造极的地步!"① 从恩格斯的犀利批判中不难看出,资本主义自由贸易尽管被冠之以"自由"之名,但实质上仍是实现资本意志的管道和媒介。

无论是在历史上,还是在当下的区域性或全球性经贸活动中,资本主义自由贸易从来都不会真正从它们自身所宣扬的"纯粹的人道出发"来互通有无,也更不是所谓的"基于市场需求原则的调剂余缺"的调剂余缺,在本质上追求的仍追逐利润最大化最优化。当然,以美国为代表的一些西方国家,始终在自由贸易问题上"手电筒只照别人而不照自己",片面指责他国特别是新兴市场国家和发展中国家的经贸政策,而又不真正反躬自省,却大搞毫不掩饰的保护主义、单边主义、孤立主义甚至狭隘的民粹主义,在自由贸易问题上奉行"本国优先""内外有

---

① 《马克思恩格斯文集》第1卷,人民出版社2009年版,第62页。

别"的双标主义。若做更深一层的思考和探究可以发现,资本主义国家在自由贸易上推行双重标准,事实上它们也并不是"为了推行而推行"。就拿美国为例,它在全球经贸问题上,大肆带头破坏以世界贸易组织为核心的多边贸易体制,恣意对他国设置关税或非关税壁垒,目的不仅仅在于获得直接利益,更深层的目的则是借机大搞"本国优先"的例外主义,永远固化本国在经济特别是科技发展上的垄断性霸主地位,其他国家应该沦为为其服务、受其支配的落后的"农业国",以期长期维系以美国和美元为中心的国际经济旧秩序。

换言之,在一定程度上,资本主义自由贸易的双标做法,就是期望在维持不平等的国际分工和进行不对等的经贸往来中,维系和固化以西方为中心的国际经济旧秩序,使其永恒化且"合理化"。其霸道做法和霸权心态,由此可见一斑。

二 资本主义自由贸易维护的是以资本为中心的全球经济秩序

所谓的自由贸易,是资本主义国家的惯用说辞和虚幻口号。马克思曾经直切自由贸易问题的深处、揭橥其以资本逻辑为底色的本质。"各民族的联合和兄弟联盟,这是目前一切派别,尤其是资产阶级自由贸易派的一句口头禅。的确,现在存在着一种各民族资产阶级的兄弟联盟。这就是压迫者对付被压迫者的兄弟联盟、剥削者对付被剥削者的兄弟联盟。一个国家里在资产阶级各个成员之间虽然存在着竞争和冲突,但资产阶级却总是联合起来并且建立兄弟联盟以反对本国的无产者;同样,各国的资产者虽然在世界市场上互相冲突和竞争,但总是联合起来并且建立兄弟联盟以反对各国的无产者。"[①] 这意味着,所谓自由贸易仍是资本逐利的"游戏"或"把戏"。时至今日,尽管国际经济政治环境和全球经贸形态发生了巨大变化,但资本主义自由贸易所要维系的仍是以资本为中心的国际经济秩序。这一内在本质,并未发生根本性改变。

---

① 《马克思恩格斯文集》第1卷,人民出版社2009年版,第694页。

第一，资本主义自由贸易仍是资本意志在更大时空范围内实现的通道。马克思恩格斯曾经揭示过资本主义自由贸易的本质，并深刻认识到所谓的自由贸易只是资本的自由逐利。当今时代，尽管资本主义自由贸易的形态发生了显著变化，但是以美国为代表的西方发达国家所推行的所谓自由贸易仍是资本意志特别是大资本意志的"代言人""执行者"。就以美国而言，国际金融危机之后特别是近年来，它已经俨然从战后自由贸易秩序的主导者、倡导者，蜕变为虚伪的阻挡者、破坏者。美国在全球经贸问题上之所以能够出尔反尔总是强调"美国第一"甚至"美国唯一"以及所谓的"美国例外论"，正是因为其国内的一些大资本利益集团在反复权衡如何在国际范围内实现追逐利润最大化。

具体以美国政府打压和扼杀中国高科技短视频领军企业 TikTok 为例，来稍做阐释和分析。特朗普政府与拜登政府在打压这家明星企业上表现出惊人的一致性，可以说是它们在超越共和党和民主党两党尖锐纷争基础上所达成的重要共识。显然，TikTok 作为中国高科技公司字节跳动旗下的海外子公司，凭借先进的算法核心技术以及对市场诉求的敏锐深耕，在美国迅速获取并赢得了海量的用户，成为在美国市场拥有重要知名度、影响力和信誉度的网络领军企业。这本是中美两国贸易和投资的正常往来，是典型的你来我往、合理竞争的市场经济的产物，却对以 Facebook 为代表的大资本的利益构成了直接竞争，甚至在一定程度上动摇了它们在信息网络领域的长期垄断地位。

而这种局面，是美国大资本利益集团最不能容忍的。正如一些国内外媒体的犀利评论说，在全球各方面的目睹之下，美国向全世界"直播"了一次如何在所谓基于"规则"的"商业合作"外衣遮掩下，对中国高科技企业进行巧取豪夺。在一些华尔街资本的极力撺掇下，美国政府相继动用了总统行政令、商务部禁令等强权手段，以维护国家安全为由，对这家中国企业步步紧逼、极限施压。它们的险恶用心、真实目的，其实并不难看穿戳破，只不过借用各种所谓贸易规则和泛化国家安全概念，来企图最大限度地把这家源自中国、服务世界的高科技企业攥在自己手里。这是典型的"海盗逻辑"，哪里有什么自由竞争、公平竞争的自由贸易规则可言？

在美国大资本的战略思维下，所谓的自由贸易只能是大资本意志的独家体现和单向度实现，绝不允许其他国家的企业挑战这种所谓美国独享的霸主地位。由此可见，在自由贸易问题上，以美国为代表的西方国家总是蕴含着双标主义的，动辄就野蛮粗鲁地要求别国完全放开国内市场，而每当自身在某些技术领域被他国追赶甚至超越时，它就会掉转枪口，搞所谓的意识形态联盟或价值观联盟，通过极限施压、断供制裁等手段，千方百计地扼杀可能对其构成竞争的他国高科技企业。

第二，资本主义自由贸易指向的是以资本利益为中心的国际经济秩序。在马克思和恩格斯生活的时代，英国自由贸易派的宏伟设想是建立以英国工业资本家的利益为中心的世界贸易体系。"经过长期而激烈的斗争以后，英国的工业资本家取得了胜利，他们在当时实际上就已经是全民族的领导阶级，这个阶级的利益当时成为主要的民族利益。地主贵族被迫让步。谷物税和其他原料税被废除了。自由贸易成了风行一时的口号。当时英国工厂主及其代言人即政治经济学家的下一个任务是，使所有其他国家都改奉自由贸易的教义，从而建立一个以英国为大工业中心的世界，所有其他国家都成为依附于它的农业区。"[1] 时至今日，尽管当时的英国自由贸易派早已不复存在，而且当今世界的宏观环境和经贸体系也发生了巨大变化，但现时代的自由贸易体系，指向的仍是以资本利益为中心的国际经济秩序。

毋庸置疑，百年变局仍在加速演进，"二战"后所奠定和形成的国际经济秩序正在受到过去不曾有过的多方位、多维度冲击。不难理解，这主要是由两个方面的因素造成的。一方面，新兴市场国家和发展中国家在战后特别是20世纪七八十年代之后的群体性崛起，愈发普遍强调和追

---

[1] 《马克思恩格斯文集》第4卷，人民出版社2009年版，第335页。

求公平公正、相互尊重、互利共赢的国际经济新秩序，反对过去长期由资本主宰的不平等的全球经贸旧格局，普遍主张瓦解和重塑过去由垄断资本主宰的全球经贸体系，主张在自由贸易等议题上不断增强新兴市场国和发展中国家的代表性和话语权。另一方面，过去长期主导全球经贸体系的发达国家的大资本也产生了明显不适应性，即发展中国家集体崛起所带给它们的战略焦虑。所以，在国际经贸交往中，它们依然秉持惯用的霸权观念，来试图永恒固化国际经济旧秩序。

尽管以美国为代表的这些传统西方大国，已经在全球经贸问题上表现出心有余而力不足的疲态，但它们毕竟是国内大资本牵制和导引的资本主义国家，无论是在全球经贸活动中大搞贸易保护主义还是推行狭隘的经济民粹（民族）主义，最终目的都是维系霸权国家的既有地位，而并不是真正在全球范围内推动生产要素的自由流动，在互联互通中实现互通有无、取长补短、协同进步。美国在维护以资本利益为中心的国际经济秩序方面，表现得尤为鲜明典型，在全球经贸活动中，愈发不按基于分工协作和市场竞争的原则"出牌"，而是只要某一领域比它强或能够对它构成潜在竞争的对手都是它"合法"打击的目标，商业竞争凭借的不再是诚信和实力，而是最大化泛化使用国家安全概念和滥用进出口管制条例来"政治化"地维系其日益下行的经济科技霸权，可以说，只要哪方面不占优势或受到潜在的竞争威胁，便会随时拿起打压和制裁他国的政治工具，此招屡试不爽，是霸凌做派和强盗逻辑的常用抓手。[①]

由此可见，资本主义自由贸易并不是它们所到处宣扬和伪装的基于公平"规则"的多边主义经贸体制，而是一种充斥着资本霸权和大国傲慢的国际经济旧秩序。在这种旧秩序中，规则只能由所谓的遵守规则的发达国家来制定和裁决，其他国家只能是任其操弄裹挟的被动玩家和

---

① 刘少华：《美国所谓跟 TikTok 的"合作协议"就是一个陷阱》，《人民日报》（海外版）2020 年 9 月 23 日第 03 版。

第七章 马克思恩格斯资本主义自由贸易本质批判对完善全球经济治理的当代价值

陪衬。这就是以资本利益为核心的国际经济旧秩序的本质底色。

第三，资本主义自由贸易只会强化资本利益在国际经济秩序中的话语权。资本主义自由贸易是资本逻辑辖制下的所谓自由贸易，"能否自由""如何自由"，则主要取决于资本的利益实现程度。马克思恩格斯曾在《共产党宣言》中说："资产阶级，由于一切生产工具的迅速改进，由于交通的极其便利，把一切民族甚至最野蛮的民族都卷到文明中来了。它的商品的低廉价格，是它用来摧毁一切万里长城、征服野蛮人最顽强的仇外心理的重炮。"[1] 19世纪中期的自由贸易，事实上主要是由率先完成工业革命的英国最先发起和主导的，维护的也主要是资本主义国家的利益，德国、法国、美国和俄国也被逐步地裹挟其中。说到底，这种由国际垄断资本操控的自由贸易，只是资本利益的代言人，并不符合英国自由贸易派当初所宣扬和许诺的"互通有无""彼此支持"的美好愿景。

如今世界正处于百年未有之大变局，而且这种大变局仍在加速演进，自由贸易话语权的争夺和博弈变得异常显著和十分激烈。国际金融危机之后，特别是近年来，美国政府为了一己私利，时常在全球经贸活动中秉持"对人不对己"的双重标准，例如针对世界各国普遍采取的扶持本国弱势产业的产业政策，美国总是批判他国过度的产业政策扭曲了市场竞争所形成的合理价值体系，而自身却明目张胆地在芯片半导体、新能源汽车和其他亟须填补的行业上实行超乎寻常的本土补贴政策，旨在构筑先发优势以及他国难以媲美的"护城河"堡垒。事实上，美国政府这些政策的背后，都有大资本活动和撺掇的影子，所有的行为都围绕利益最大化而展开。除了主权国家，无论是盟友还是非盟友国家的企业，只要影响或威胁了美国的利益，无一不会遭到美国的恶意打击，从中国华为，到参与建设"北溪-2"天然气管道项目的欧洲企业，都被美国政府列入实体制裁名单；美国还动辄向其他国家加征关

---

[1] 《马克思恩格斯文集》第2卷，人民出版社2009年版，第35页。

税，不管是中国这样的"竞争对手"，还是加拿大、法国等盟国，都被迫卷入美国的贸易战；美国政府嘴上说着维护"基于规则的国际秩序"，骨子里却从来都蔑视国际规则，只奉行"合则用、不合则弃"的极端利己主义；世界贸易组织（WTO）的报告显示，该组织大约2/3 的违规都是美国引起的，华盛顿已经成了 WTO 裁决的最大"不守规矩者"①。

由此可见，如今的资本主义自由贸易，只是一些西方国家的霸权主义在经贸领域的复刻和映射。这些破坏国际经济秩序的行为，尽管正在引起越来越多正义国家的反感和抵触，但是国际垄断资本并不会主动就范，而是试图在建构霸权强权中维系以资本利益为中心的国际经济秩序，特别是企图不断抬升自身在全球经贸规则中的单方面话语权。当然，这些傲慢的行径和行为，最终恐怕只会反噬自身、毁灭自己的"慢变量"。

三 资本主义自由贸易维系了全球经济旧秩序

恩格斯曾剖析过，率先拥有蒸汽技术而发展起铁路和轮船的英国，在当时地区和全球经贸秩序中占据垄断地位。"利用蒸汽进行生产的英国工业，依靠损害以手工劳动为基础的外国家庭工业而扩大自己的统治地位也就不足为怪了。但是，难道其他各国就应该坐视不动，温顺地听任这一变化使自己沦为英国这个'世界工厂'的简单的农业附庸吗？"②英国自由贸易派所谓基于社会分工的经贸往来更有利于社会生产力普遍增长的言论，显然具有不攻自破的虚伪性和欺骗性，他们试图建构以英国为中心的国际经济政治秩序。然而，如今百年变局叠加耦合各种不稳定超预期因素，整个世界正处于加速演进的动荡变革期，尽管新兴市场国家和发展中国家对国际关系民主化和维护以世界贸易组织为核心的多

---

① 邢雪等：《美国是破坏国际秩序的伏地魔》，《环球时报》2022 年 4 月 18 日第 08 版。
② 《马克思恩格斯文集》第 4 卷，人民出版社 2009 年版，第 337 页。

第七章 马克思恩格斯资本主义自由贸易本质批判对完善全球经济治理的当代价值

边贸易体制的呼声日益高涨,但是主导全球经济政治格局关键变量的资本主义自由贸易,依然大肆奉行我行我素、出尔反尔的单边主义和保护主义,试图维系和固化早已被国际社会广泛诟病和唾弃的经济旧秩序。

第一,资本主义自由贸易维系的仍是国际经济旧秩序。资本主义自由贸易,简言之就是秉持资本逻辑的贸易形态,"与谁贸易""如何贸易"等全球经贸中的基本问题,并不取决于贸易需求本身,也不是在经贸往来本真意义上你来我往、互通有无、调剂余缺、取长补短,而是典型的以利为大、损人利己的贸易霸凌。近年来,在国际场合,美国作为坚持资本主义自由贸易的核心国家,时常干扰甚至人为破坏国际正常经贸往来,处处打着增进"平等""普惠""共赢"的虚假口号,动辄为可能与其发生竞争的国家打上所谓"非市场经济"的标签,来采取歧视性、差异化的经济政治政策。美国当局这样的做法,其目的不言而喻,就是在全球经贸活动中维系并固化"表面上伪平等""内核上真霸凌"的国际经济旧秩序。

事实上,以美国为代表的西方国家一直奉为"圭臬"的"市场经济"标签,已经沦为它们谋取私利的虚假幌子。它不仅彻底违背市场经济学说的基本定义、根本原则,甚至连搞经济、做生意的起码规矩、伦理底线都一概逾越、背弃,已经成为多边经贸体系的最大破坏者。[1] 美国在全球经贸活动中,处处高扬所谓基于"规则"的自由贸易原则,宣扬各国在经济社会发展过程中应摒弃各种补贴性扶持性产业政策,而让市场在资源配置中充分发挥决定性作用,也一再傲慢地要求他国在经贸活动中秉持竞争的自由性、有效性和公平性。然而,美国政府惯常奉行"美国优先"的例外主义,严于律人而不是严于律己,善用双标主义来单方面保护自己、侵害别人,一旦自身利益受到一定的影响或威胁,不管原因,动辄打压甚至直接扼杀他国的产业企业,大肆采取脱钩

---

[1] 邓茜等:《美国贸易霸凌破坏多边经贸体系——解构美国"市场经济"真相系列述评之一》,《新华每日电讯》2022年8月15日第05版。

断链或制裁限供等贸易霸道霸凌举措,以自己的所谓价值观偏好和"市场规则"来围堵遏制别国产业特别是民族工业的正常发展壮大。

它们不是不懂全球经贸体系是各国产业链供应链价值链历经几十年甚至上百年分工演进而自然形成的结果,而是蓄意罔顾甚至遮掩不同发展阶段国家在能源、土地、劳动力、科学技术、历史文化、营商环境多方面存在差异而发挥比较优势的正常现象,片面极端地提出经济全球化"发达国家吃亏论"等消极论调。这些国家无视市场经济规则和竞争规律,人为地扭曲市场选择的自然结果,不惜发动贸易战、金融战、科技战、舆论战来改变业已形成的全球多边经贸体制。事实上,这些做法严重悖逆了自然贸易的精神原则,更与你中有我、我中有你的经济全球化时代大势南辕北辙。它们片面地只看到近年来新兴市场国家和发展中国家的群体性崛起,而故意视而不见"发展中国家基础性制造业占优而发达国家高端制造业仍占垄断优势"的经济全球化现实格局。

西方一些大国甚至颇为"魔幻"般地重新启用世界贸易组织成立之前、已经过去半个世纪的贸易法律条款,以保障国家经济安全为名,恣意对他国征收明显带有保护主义色彩的高额关税,为本来就已十分脆弱的世界经济复苏态势增添了更多不确定性因素,也为世界树立了恶劣的先例,严重破坏了国际社会约定俗成的经贸规则、原则。可以毫不夸张地说,在违反世界贸易组织规则和自由贸易原则上,美国已经"拔得头筹",动辄对他国大搞围堵制裁、经济胁迫和科技霸凌,美利坚合众国已俨然变成美利坚"制裁国"。

由此不难看出,当今时代的资本主义自由贸易,尽管被冠以"自由"的"前缀",但只不过是一些霸权强权国家的单边自由,而不是平衡普惠的经贸互通有无,深层目的仍是维护和固化过去长期由美西方主导和操控的国际经济旧秩序。换言之,它们狭隘地企图使这种有违国际公平公正精神的"旧秩序套利"永恒化、制度化。

第二,资本主义自由贸易企图使国际经济旧秩序与所谓基于"规则"的西方经贸体系挂起钩来、延续下去。从近些年美国的贸易霸权霸凌实际行为来看,它已经把正常的经贸问题政治化、工具化、武器化,而且正在"另起炉灶",打造所谓基于"规则"的美式自由贸易话语体系和叙事逻辑。无须否认,以美国为代表的一些西方国家曾是"二战"后自由贸易的倡导者和推动者,虽然在过去相当长的时期内,它们还能大体遵守互通有无的经贸规则,但是目前已经大幅度地站到了自身曾经倡导的自由贸易的对立面。这些年,美国一直在试图垄断全球经贸规则的制定权和解释权,每当它们自己制定的"规则"能为自己所用、充分享受"规则红利"时,就时常利用自由贸易的所谓规则和制度来规约甚至制裁别国,总是试图傲慢地站在所谓自由贸易的道德制高点;而每当由自身主导制定的自由贸易规则被其他国家特别是新兴市场国家和发展中国家适应并"学会"运用以保护自身的正当权益时,以美国为代表的资本主义大国强国,就会以不公正、不公平为由,片面指责他国滥用甚至泛化使用经贸规则,即所谓的"发达国家吃亏论"以及"发展中国家知识产权窃取论"等。

由此不难看出,在资本主义大国强国主导的世界经贸格局中,无论是规则规制还是具体获益,都只能是基于自身利益考量的单方面规则,一旦不能确保自身利益的最优化、最大化,马上就会"掀桌子""砸擂台",进而拟定完全由自身掌控的新的经贸规则。美国在这方面做得最为典型和过分。一方面,它妄加指责包括中国在内的发展中国家采用国家资本主义的方式来主导经贸活动;另一方面,它又滥用产业补贴政策,大搞歧视性的保护主义和单边主义,罔顾以世界贸易组织为核心的多边贸易体制,又很擅长把自身的消极示范直接透过给他国。这既是"贼喊捉贼",又是双标主义的体现。

近期,面对经济全球化的新态势和全球经贸格局演进的新趋势,美国为了狭隘的一己私利,完全不顾国际社会的公共利益,单方面制定并推行了包括《通胀削减法案》和《芯片与科学法案》等在内的产业补贴政策，明显违背了自由开放、包容普惠的经济全球化要义精神和自由贸易的基本原则。在自由贸易问题上，以美国为集中代表的某些西方大国，之所以胆敢彻头彻尾地违反世贸规则，正是因为它们试图单方面垄断自由贸易规则的话语定义权和阐释权。所谓的自由贸易规则，只不过是这些资本主义强国国内经济政策的外溢和平移，旨在最大化地维系本国大资本集团的物质利益，从来都不是为了生产要素在更大范围内的自由流动和互通有无。

进言之，它们搞所谓自由贸易的目的，只不过是利用自身先发的经济科技优势，来试图占领更广阔的销售市场、攫取更丰厚的垄断利润，进而掌握全球性经济霸权。可以说，在资本主义自由贸易的话语逻辑下，无论是制定还是破坏所谓自由贸易的"规则"，都是为了维护资本的霸权，进而把以资本为中心的国际经济旧秩序与所谓基于单方面"规则"的自由贸易等同起来，以期达到剥削压榨他国、操控主导全球经济政治秩序的深层战略目的。

第二节 互联互通的自由贸易呼唤全球经济秩序新变革

不难理解，马克思恩格斯犀利批判的只是资本主义条件下的"伪"自由贸易，他们从不反对互联互通、互通有无的真正的自由贸易，并深谙其中的历史辩证法，即"贸易并不因贸易特权的取消而被取消，相反，它只有通过自由贸易才获得真正的实现"[①]。尽管互联互通的自由贸易符合市场竞争的原则规律和各经济体的普遍利益，但是在现实的全球经贸环境下，这种贸易并不会一帆风顺地实现，总会遇到这样或那样有待破解的问题或障碍。特别是在当今世界经济复苏艰难的背景下，互联互通的自由贸易美好愿景，遇到了保护主义和单边主义肆虐等的诸多严

---

① 《马克思恩格斯文集》第1卷，人民出版社2009年版，第316页。

峻挑战，以美国为代表的强权霸权国家，凭借自身先发的经济科技优势大肆破坏以世界贸易组织为核心的多边贸易体制，全球经济秩序遇到了短期内难以化解的矛盾。在国际社会中，越来越多支持和平与发展的国家，积极倡导并强烈主张加快推动全球经济秩序新变革、新升华。

一 在互联互通的自由贸易中增强发展中国家的经济代表性

马克思恩格斯就曾深刻地揭露过19世纪中期不同发展水平的国家在经贸格局中的差异性地位。当时的一些后发国家或穷国弱国，被率先完成工业革命的英国预设为替其服务的"农业国"。在人类处在21世纪文明境遇下特别是"南北国家"贫富鸿沟不但没有缩小反而日益扩大的现实条件下，推动互联互通、互通有无的自由贸易，首先在于增强发展中国家的经济代表性，不断提升发展中国家在全球经贸活动中的话语权。

第一，互联互通的自由贸易应有的多样性和多元性。多样和多元不仅是世界不同文明的相处之道，也是互联互通的自由贸易应有的"模样"。近年来，随着全球生产网络的不断拓展和扩大，全球贸易模式或贸易形态也由过去单一的商品交换，向商品交换合并叠加生产过程的区域化、国际化的复杂形态转变。这意味着，中间品贸易愈发成为不同国家开展贸易的重要形态。事实上，尽管这些年贸易保护主义、单边主义、孤立主义甚至狭隘的民粹主义在世界各地大肆盛行，特别是一些资本主义大国强国带头违反世界贸易组织规则和自由贸易精神，但是国际社会的主流声音仍然是追求并致力于实现互联互通的自由贸易，让不同发展阶段和经济水平的国家都能在全球经贸网络中找到自身合适的位置和功能，也就是加快实现自由贸易的多样性和多元性。

众所周知，从自由贸易的演进脉络来看，当前全球的经贸体系和总体格局仍是由"二战"后的自由贸易体系衍变、进阶而来的，而这一体系恰恰是由美国等发达资本主义强国主导制定并推动的。这意味着，过去长期以来，全球经贸体系和格局是由美西方主导拟定和展开的，其中蕴含着显性的美国利益诉求和国家意志，并不是在尊重国际社会多方利益关切和现实诉求基础上综合制定的，尤其是其中的一些贸易条款和规约充斥着资本霸权思维以及西方的规则傲慢，在战后殖民地基础上独立发展起来的广大发展中国家的利益，并不能得到有效体现和切实保障。

若做进一步思考，在全球经贸格局中，为什么无论是发达国家还是发展中国家都有一种"获得感不足"的幻象和焦虑，虽然前者是事实上的主导者和受益方？这在很大程度上正是因为，蕴含着形态多样性和利益多元性的全球自由贸易形态，尚未真正建立起来。互联互通的自由贸易之所以特别强调多样性和多元性，正是因为要照顾到不同发展水平国家的资源禀赋和比较优势。不难理解，有的国家因实现工业化较早而具有工业先发优势，有的国家因劳动力富裕而具有廉价的劳动力优势，也有的国家因特殊的地理位置而具有显著的资源优势。一个国家不应该基于国内政策取向而去恣意指责别国的产业发展政策，更不应该滥用所谓的"长臂管辖"措施，而是要使不同发展水平的国家，都能在你来我往的全球经贸活动中找准自己的位置并发挥出相对优势。

当前，全球经济政治格局仍在发生复杂深刻的变化，经济全球化遭遇了明显的逆风逆流，世界经济的复苏，仍然动能匮乏、举步维艰。事实上，回顾世界经济史可以发现，越是全球经济发展的艰难时刻，就越需要世界各方携起手同频共振，而不是以邻为壑、相互倾轧、彼此拆桥。换言之，这时也就更需要互联互通、调剂余缺的自由贸易精神。显然，不同样态和各种形态的经贸往来、诸种贸易和投资的自由化便利化，正是当今世界经济发展的题中应有之义。可以说，人类社会正是因为姹紫嫣红、百花争艳的各种文明存在而多姿多彩，互联互通的自由贸易也恰恰呼唤千姿百态的贸易形式，而不是过去那种长期由西方操控主导甚至垄断的贸易范式。无论是新兴市场国家还是发展中国家的利益诉

第七章　马克思恩格斯资本主义自由贸易本质批判对完善全球经济治理的当代价值

求,都应该受到重视、得到应有的尊重。这意味着,唯有多样和多元的自由贸易形态,才能真正体现出不同发展阶段经济体利益的平衡性和普惠性,而不是单单寄望西方的那种经贸模式"包打天下"。

第二,发展中国家在互联互通的自由贸易中的重要贡献。当前,尽管发达经济体在全球经贸格局中特别是技术和服务贸易中的比重仍然最高,但是过去那种完全由发达国家主导全球经贸活动的固有格局,正在被打破和重构。2008年国际金融危机之后,特别是后疫情时代,全球贸易复苏将主要由亚洲新兴市场国家引领,其中,中国贡献尤为突出。以中国为代表的新兴市场国家,将借助电子商务应用的高速发展和普及,推动消费及经贸复苏,特别是中国市场的电子商务增长速度将达到11%,国际上的主流声音由此认为,中国经济显示出令人鼓舞的反弹,比预期更快、更坚实。[①] 事实上,包括中国、印度、巴西、俄罗斯、南非在内的诸多新兴市场国家,不仅逐渐成为推动世界经济复苏和上行增长的重要引擎,而且是倡导基于世界贸易组织规则的自由贸易的重要力量。一个颇为吊诡的画面是,以美国为代表的一些西方发达资本主义国家曾经是"二战"后自由贸易秩序的制定者和主导者,而如今掉转枪口,大肆推行"脱钩断链"的贸易保护主义,已经明目张胆、毫不掩饰地站在了曾经倡导的自由贸易的对立面;反之,以中国为代表的诸多新兴市场国家和发展中国家,却成为推动全球多边经贸体制落地、提升贸易和投资自由化便利化水平的重要力量。

就拿中国为例,中国自2001年加入世界贸易组织以后,全方位履行入世时的各项承诺,为推动公平公正和互利共赢的世界贸易,做出了有目共睹的重要贡献。入世20多年来,世界经济遭遇过国际金融危机、世纪疫情、百年未有之大变局和地缘政治博弈等多方面多维度的严重冲击,中国对世界经济和贸易大局起到了显著的"稳定器""压舱石""动力源"等关键作用。中国与世界上各个国家和地区以及欧盟、东

[①] 叶琦:《新兴市场国家将引领全球贸易复苏》,《人民日报》2020年8月4日第17版。

盟、非盟等地区一体化组织，都建立了良好的贸易伙伴关系，在不断扩大高水平对外开放中为它们提供了广阔市场和良好发展机遇，为促进和保障世界产业链供应链的稳定和安全，做出了巨大的努力和显著的贡献。可以说，中国与世界经贸规则积极对接，为多边贸易体制构建贡献了"中国方案"。中国积极维护非歧视、开放等多边贸易体制的核心价值，为国际贸易创造稳定和可预见的竞争环境，保障发展中国家的发展利益，帮助发展中国家融入经济全球化，推动实现联合国2030年可持续发展目标。① 由此可见，包括中国在内的新兴市场国家和发展中国家，不仅自身的发展受益于生产要素自由流动的经济全球化，而且以自身的广阔市场和良好发展机遇积极推动贸易和投资的自由化便利化，为推动世界经贸活动的稳定繁荣、韧性可持续做出了重要贡献。

第三，互联互通的自由贸易应该持续提升发展中国家的经济代表性。马克思恩格斯从来不反对互联互通的真正的自由贸易，他们反对并驳斥的是英国自由贸易派"企图把他国特别是落后国家打造成为其工业区服务的农业区"的霸凌做法，主张处于不同发展阶段、具有不同资源优势的国家，在互通有无中各取所需、取长补短。由此可见他们支持自由贸易平衡性和普惠性的思想端倪。21世纪以来，新兴市场国家和发展中国家群体性崛起，而且这种崛起已经成为一种不以任何人的意志为转移的时代潮流，它们无论是占世界经济"总盘子"的比重还是对世界经济增长的贡献率，都稳居高位且不断提升。尽管新兴市场国家和发展中国家面临着难得的大发展机遇，但是我们不应该盲目乐观，而是要颇为清醒地看到，各种由美国带头奉行的霸权主义、单边主义、保护主义、民粹主义、孤立主义正在狂飙肆虐，成为全球经济下行风险、不稳定性不确定性、超预期难预料性日益增加的关键变量和重要动荡源。

进言之，当前部分西方大国的内顾倾向明显加重，狭隘地过度强调本国利益优先，不愿意甚至蓄意逃避应尽的国际责任，参与全球经贸合

---

① 袁勇：《为世界贸易公平发展作贡献》，《经济日报》2021年12月11日第4版。

第七章　马克思恩格斯资本主义自由贸易本质批判对完善全球经济治理的当代价值

作的意愿在持续下行，其政策调整所致的消极效应正在外溢，已经造成了诸如全球产业链供应链脆弱和不稳定等诸多负外部性，再加上后金融危机时代世界经济增长动能尚在蓄势形成期，新兴市场国家和发展中国家所面临的外部环境将变得更加不可预期甚至复杂严峻。"逆水行舟，不进则退。"面对这种明显生变和不稳定、难预料的全球经贸环境，新兴市场国家和发展中国家需要直面困难、坚定信心，特别是要在当前全球经济治理中扩大参与度、增加代表性、提升话语权。"我们要为开放型世界经济鼓与呼，坚定支持多边贸易体制，反对保护主义，引导经济全球化实现包容、普惠的再平衡。要加强立场协调，推动世界贸易组织第十一届部长级会议取得积极成果，推进多哈发展回合剩余议题，并为多边贸易体制发展明确方向。要努力提升新兴市场国家和发展中国家在全球经济治理中的代表性和发言权，推动形成更加公正合理的国际经济秩序。"①

因此，可以说，互联互通的自由贸易，是不分大小强弱、所有国家平等参与的共同经济活动，各国都应该在包括资本、劳动力、技术、数据在内的诸多生产要素的自由流动中协同发展和普遍受益，而不是像过去一定历史时期内那样，主要由个别超级大国主导和操控。发展中国家占世界总人口的80%以上，对世界经济增长的贡献率超过70%，发展中国家在全球经贸事务中也应该享有更大的代表性和话语权，即努力让发展中国家都有均等机会参与全球经贸治理，推动世界各国在经济全球化进程中共享开放包容、普惠平衡的自由贸易红利。

二　在互联互通的自由贸易中增强全球经济的包容性

马克思恩格斯都十分支持互联互通的自由贸易，他们在驳斥英国自由贸易派的伪善行径中，倡导建立普惠平衡的世界经贸秩序。当今

---

① 习近平：《习近平在出席金砖国家领导人厦门会晤时的讲话》，人民出版社2017年版，第23页。

世界正处于深刻演进的百年未有之大变局之中，全球经济复苏态势仍不明朗，增长动能依然匮乏。其中，贸易保护主义和单边主义等逆全球化做法，是造成这一艰难状况的重要因素。面向未来，为了尽快走出复苏的阴霾，全球十分有必要携起手来、同舟共济，不断推动贸易和投资的自由化便利化，努力在互联互通的自由贸易中增强全球经济的包容性。

第一，互联互通的自由贸易与包容性的经济全球化。近年来，曾长期穿梭于世界近现代史场域的经济全球化，遭遇了世所罕见的波折挫折，保护主义、单边主义、民粹主义和内顾倾向明显抬头肆虐，以世界贸易组织为核心的多边贸易体制受到严重冲击，各种逆全球化甚至反全球化的错误思潮跃跃欲试、粉墨登场。在世界经济复苏乏力、以人工智能为代表的新一轮科技革命和产业变革蓄势待发、地缘政治博弈日益加剧的背景下，"全球化"和"逆全球化"两股力量的比拼对垒，越来越成为全球经济政治格局深刻演进的动荡源和风险点。然而，互联互通的经贸活动，是沟通世界各国的桥梁和纽带。凭借互联互通的高质量自由贸易来推动包容性的经济全球化，成为有效面对当前经贸变局的不二之选。

需要指出的是，不平等、贫富差距、发展鸿沟，并不一定是经济全球化的"副本"，关键在于能否在推进贸易和投资的自由化、利化的同时，不断提升经济全球化的代表性和包容性。就拿中国自身的发展而言，不仅中国自身通过创新驱动发展战略、大众创业万众创新行动、精准扶贫脱贫等重大举措走出了一条符合自身国情的包容性增长道路，而且中国作为世界第二大经济体、最大的发展中国家，持续通过全面深化改革来为世界经济的包容性增长提供中国方案、做出中国贡献。无论是中国建立一批自贸区、自贸港，还是在积极主动扩大对外开放中不断打造具有国际竞争力的营商环境，以及为保障和稳定全球产业链供应链所做出的诸多努力，都为以互联互通的自由贸易推动包容性的经济全球化

第七章 马克思恩格斯资本主义自由贸易本质批判对完善全球经济治理的当代价值

做出了重要贡献。"当前,世界百年变局和世纪疫情交织,单边主义、保护主义抬头,经济全球化遭遇逆流。逆水行舟,不进则退。我们要把握经济全球化发展大势,支持世界各国扩大开放,反对单边主义、保护主义,推动人类走向更加美好的未来。"①

中国既明确反对各式各样的贸易保护主义和单边主义做法,以身作则,不断以高水平对外开放来坚定支持贸易和投资的自由化便利化,反对并驳斥各种以泛化国家安全概念和滥用进出口管制条例而实施的逆全球化行为,积极加入区域全面经济伙伴关系协定(RCEP)等各种区域性和全球性经贸协调机制,而且支持对世界贸易组织进行必要且合理的改革,主张不断提升新兴市场国家和发展中国家在全球经济治理中的参与度、代表性和话语权。"中国永远是发展中国家大家庭的一员,将坚定不移致力于提高发展中国家在国际治理体系中的代表性和发言权。"②可以说,推动基于世界贸易组织规则的自由贸易,既是各国应尽的义务,也是推动全球经济加快实现复苏增长的重要通道,更是助力实现包容性经济全球化的基本方式。

实现包容性的经济全球化,绝不是放在国际道义上的一句空话,事实上无论是对于发达国家还是对于发展中国家而言,都是一个十分关键的"积极变量"。毕竟,它强调互通有无、取长补短,各国在发挥资源禀赋和比较优势中实现生产要素的自由化、全球化流动,各国都能在全球化的资源配置中找到自己的定位,循序渐进推动开放型世界经济在全球各地落地生根,不同发展水平和阶段的各国,都能在互联互通而非排他对抗的自由贸易中普遍获利、共同繁荣。这种建立在互联互通自由贸易基础上的包容性经济全球化,本质上就是强调在公平对等交往中建构互利共赢、你中有我、我中有你的命运共同体,整个世界在贸易和投资的自由化便利化活动中,实现平衡普惠的协同进步而非"一家独赢"

---

① 《习近平谈治国理政》第4卷,外文出版社2022年版,第236页。
② 《习近平谈治国理政》第4卷,外文出版社2022年版,第428页。

的垄断式发展，更非你死我活、你输我赢的零和博弈。

第二，互联互通的自由贸易与不同发展阶段国家的经贸利益的平衡性。毋庸置疑，支持并推动互联互通的自由贸易、助力生产要素在全球范围内的自由流动特别是贸易和投资活动的自由化便利化，是各国应尽的责任和义务。国际社会中，不论是大国还是小国、不论是发达国家还是发展中国家、不论是资本主义国家还是社会主义国家，都应该遵循以世界贸易组织为核心的多边贸易体制、以国际法为基础的国际秩序。然而，在自由贸易问题上仍应该历史性地坚持"共同但有区别的责任"原则，毕竟先发国家与后发国家、北方国家与南方国家之间的经济优势和科技禀赋存在着显著差异。

进言之，如果拿已经率先实现工业化、经济社会已经发展起来的发达国家的经贸标准，来笼统地要求发展中国家进行"一刀切"，"整齐划一"地完全放开国内市场，显然是有失不公平的，也是不符合实际的。美国在这方面表现得尤为典型，当它处于全球产业链供应链价值链的上游或顶端位置时，就高喊自由贸易，"以上帝视角"要求他国完全放开国内市场以便自身快速入场；而每当自身处于不利竞争地位或受到相关竞争威胁时，它就掉转腔调而实行贸易保护主义。美国作为世界上最大的经济体和唯一的超级大国，尽管口口声声支持基于"规则"的自由贸易，但实质上从近些年的所作所为和现实表现来看，它已经明显站在了自由贸易的对立面，狭隘片面地强调"美国第一"甚至"美国唯一"，凭借自身的经济科技先发优势和超级大国排他性地位，大肆破坏自由贸易规则和多边贸易体制精神，傲慢地将一国之利凌驾于他国利益之上，严重亵渎和践踏了他国特别是发展中国家的切身利益。

为此，在当今全球经贸格局甚至国际经济政治格局中，一方面，要着重推动贸易和投资的自由化便利化，引导世界各国建设互联互通和互利共赢的开放型世界经济；另一方面，也要特别注重新兴市场国家和发展中国家在全球经贸治理中的参与度和话语权，一定要基于历史和现实

第七章 马克思恩格斯资本主义自由贸易本质批判对完善全球经济治理的当代价值

相耦合的战略思维方式，来照顾不同发展阶段国家的经贸安全性、韧性及可持续承受度。就全球总体的经贸格局而言，尽管相比过去较长历史时期内的"跟随"和"从属"地位有了较大的改变，但发达国家仍是掌握主要话语权的强势主导者甚至操盘手，因此有必要关注不同发展阶段的国家在经贸利益上的平衡性问题。当前，发展中国家地位问题受到国际社会的高度关注，已成为世界贸易组织改革中的主要讨论议题。然而，现行世界贸易组织多边规则体系中并没有关于"发展中国家地位"的清晰界定，"自我认定"的方式正遭受一些国家的挑战。[①] 以美国为代表的一些西方大国，近年来时常把因自身产业结构和发展阶段所致的内部问题，简单粗暴地归咎于发展中国家的"索取"，特别是它们因发展中国家地位所得到的"补贴红利"。

显然，这种认知是狭隘和错误的，在"你中有我、我中有你"的人类命运共同体的大格局中，全球经贸规则和活动秩序不应该任由少数国家说了算，而应该坚持在互联互通的自由贸易中，照顾不同发展阶段国家的普遍关切和利益诉求。对此，"我们要推动更加包容的全球发展。团结就是力量，分裂没有出路。我们生活在同一个地球村，面对各种风险挑战，应该同舟共济"[②]。这才是面对百年变局的应有心态和姿态。

第三，互联互通的自由贸易与全球经济治理的包容性。在世界仍处在加速演进百年未有之大变局之下，世界贸易体系也正处于变革调整期，但是不管如何变革和调整，基于多边经贸体制的互联互通自由贸易，依然应该成为国际经济交往的主基调和主旋律。众所周知，2008年国际金融危机爆发后，无论是发达国家还是发展中国家都深受影响。这次危机，侵蚀了全球经济增长的动能和信心，倒逼各个经济体的贸易和投资进入平台化增长期。更令这一局面雪上加霜的是，欧

---

① 彭德雷等：《多边贸易体制下中国发展中国家地位问题研究——基于历史、现实与规范的多维考察》，《太平洋学报》2020年第1期。
② 习近平：《共迎时代挑战 共建美好未来——在二十国集团领导人第十七次峰会第一阶段会议上的讲话》，《人民日报》2022年11月16日第02版。

美一些地区的逆全球化思潮开始成规模、有组织地涌现。部分国家为了狭隘的一己私利，开始大肆甚至疯狂地采取民粹主义和单边主义措施，擅自违反全球经贸相关规则，对他国悍然发动贸易战、科技战甚至金融战，结果促使全球的产业链、供应链的稳定性和可持续性受到了严重的负面影响。

　　正是在这种境遇下，互联互通的自由贸易成为后金融危机时代全球加快实现复苏和上行增长的重要行动。进言之，若要真正推动互联互通自由贸易的实现，就有必要进一步完善全球经济治理体系，特别是不断增强全球经济治理的包容性。"唯有开放才能进步，唯有包容才能让进步持久。由于近年来世界经济处于疲弱期，发展失衡、治理困境、公平赤字等问题显得更加突出，保护主义和内顾倾向有所上升。世界经济和全球经济治理体系进入调整期，面临新的挑战。"① 近年来，一个不容忽视的现象是，全球经贸格局发生了重要的趋势性变化，发展中国家在国际贸易中的规模占比明显上升，1987—2020 年，发展中国家在全球跨境贸易中的比重从 21.9% 提高至 41.3%，其中，货物贸易、服务贸易的全球占比分别从 21.8% 提高到 44%、从 22.2% 提高到 31.5%，同期发达国家货物贸易和服务贸易的全球占比都在下降。② 但颇为吊诡的是，发展中国家在全球经贸格局中的规模占比的持续提升，并没有同步反映在它们在全球经贸规则制定中的代表性和话语权方面。

　　一方面，以美国为代表的一些西方经贸守成大国，既乐于看到发展中国家大规模参与全球贸易，而便于向它们供给廉价的货物服务出口以及巨大甚至超大的市场需求；但另一方面，它们又普遍把发展中国家视作全球市场的重要竞争对手。这意味着一些发达国家在全球自由贸易问题上的态度是十分矛盾的，既希望发展中国家提供廉价的原材料和广阔

---

① 习近平：《习近平在出席金砖国家领导人厦门会晤时的讲话》，人民出版社 2017 年版，第 9—10 页。
② 隆国强：《我们处在国际贸易治理体系加速变革的时代》，上海报业集团·澎湃新闻，https：//m.thepaper.cn/baijiahao_18379832，2022 年 6 月 1 日。

第七章 马克思恩格斯资本主义自由贸易本质批判对完善全球经济治理的当代价值

市场,又不希望发展中国家与它们构成直接的竞争。换言之,在这种贸易霸凌逻辑下,全球经贸格局应该一如既往地由发达国家说了算,其他国家应该是任其操纵的陪衬或"提线木偶"。显然,这些想法或做法,不但违背自由贸易的基本精神,而且仍是国际经济政治旧秩序的延续或变体,并不能真正反映出世界经贸格局的深刻变化。

同时,尽管近年来新兴市场国家和发展中国家为全球经济增长贡献了较高比例的净增量,然而全球经济治理特别是全球经贸往来实践中的投票权、话语权的配置,并未充分反映出这一格局性变化。因此,无论是助力复苏艰难和增长动力匮乏的世界经济加快走出阴霾,还是缓解国际经济政治格局深刻调整所蕴含的"多米诺骨牌"效应,都需要世界各国自觉遵循以真正的多边主义为基础的自由贸易体制,在劳动力、资本、技术、数据生产要素的自由流动中,不断提升全球经济增长的动能效能。同时,面对全球经贸结构、体系和格局的深刻性、趋势性变化,还要着重推动全球经贸治理体系的多元性、包容性和平衡性的变革重构。

事实上,在"一根网线通天下"的信息技术日新月异的今天,包括数字贸易在内的大量新兴贸易的展开,都呼唤着更加自由和便捷的贸易方式,以及真正能惠及全球多方利益的新的国际规则。可以说,除了极少数的作为既得利益者的经贸霸权国家,国际社会中的大部分经济体都希望进一步完善全球经济治理,不断增强全球经济治理的包容性,以期保障全球自由贸易的公平公正进行,努力让各国而不是少数国家在互联互通的经贸互动中扬长避短、各有所得和普遍受益。事实上,近年来无论是世界银行份额的调整还是中国人民币加入特别提款权(SDR)货币篮子等,无不成为推动全球经济治理体系变革的重要节点性事件,为全球经贸环境的优化改善和国际关系民主化揭开了重要序幕。

因此,面对全球经贸领域特别是全球经济治理上诸多新问题、新矛盾、新挑战,国际社会"不应该任由单边主义、保护主义破坏国际秩序和国际规则,而要以建设性姿态改革全球经济治理体系,更好趋利避害。要坚持共商共建共享的全球治理观,维护以世界贸易组织为基石的多边贸易体制,完善全球经济治理规则,推动建设开放型世界经济"①。这既是提升全球经济治理包容性、推动贸易和投资自由化便利化的中国方案,更是理性务实的中国行动、中国作为。

三 在互联互通的自由贸易中增强全球经济秩序的活力

恩格斯曾经在《保护关税制度和自由贸易》中,一针见血地揭示了作为自由贸易对立面的保护关税制度,对经济发展直接或间接的深层负面影响:"保护关税制度再好也不过是一种无限螺旋,你永远不会知道什么时候能把它拧到头。你保护一个工业部门,同时也就直接或间接地损害了一切其他工业部门,因此不得不把它们也保护起来。这样一来,你又给你原先保护的那个工业部门造成损失,不得不补偿它的损失;可是,这一补偿又会像前面的情况一样,影响到一切其他行业,因而使它们也有权利要求补偿,于是就这样循环往复,永无尽头。"② 从长周期来看,保护关税制度对于任何经济体而言,都只是一种权宜之计,并不能庇护国内产业或民族工业的真正强大。对于关乎全世界共同利益的经贸体系而言,唯有不断扩大和提升互联互通的自由贸易水平能级,才能在贸易和投资的自由化便利化、生产要素的顺畅流通中,助力增强全球经济秩序的动力与活力。

第一,在互联互通的自由贸易往来中有序竞争、避免冲突。马克思曾在《1848年至1850年的法兰西阶级斗争》一文中专门剖析过处在不同发展阶段和经济水平的国家,对于"自由贸易"和"保护关税"的不同态度。"在英国占统治地位的是工业,而在法国占统治地位的是农

---

① 习近平:《在第三届中国国际进口博览会开幕式上的主旨演讲》,人民出版社2020年版,第5页。
② 《马克思恩格斯文集》第4卷,人民出版社2009年版,第339页。

第七章 马克思恩格斯资本主义自由贸易本质批判对完善全球经济治理的当代价值

业。在英国，工业需要自由贸易，而在法国，工业则需要保护关税，除需要其他各种垄断外还需要国家垄断。"[1] 当时，英国和法国在自由贸易问题上的鲜明对比态度，表面上是为了各自的国内利益而做出的自然选择，实质上则把自由贸易中的竞争合作、对抗对话、取长补短等系列问题着重提到台面上来。

事实上，无论是马克思恩格斯生活的时代，还是如今全球地缘经济竞争叠加交织地缘政治对抗的百年变局时代，都存在着如何在自由贸易实践中有序竞争和避免冲突对抗的恒久命题。若在全球范围内考量，贸易不仅是一种商品或生产要素进行交换的媒介和渠道，而且对于每个国家特别是大国而言，贸易还是它们追逐经济利益的工具，也是维护安全利益的手段，大国在崛起进程中往往倾向于实行贸易保护主义政策以积蓄实力，主要霸权国则推行自由贸易政策并致力于相应治理体系的建设，当霸权相对衰落或崛起国成功赶超时，发动有针对性的贸易摩擦；贸易摩擦背后是霸权国相对收益的考量、战略竞争的需要以及制度摩擦的结构性问题，最终会在大国博弈中推动全球贸易治理制度的变迁。[2] 由此而言，互联互通的自由贸易，不仅是一个世界经济问题，而且是一个国际政治问题，更是大国之间的相处之道。

有贸易往来，就会有贸易竞争、贸易分歧和贸易纠纷。自由贸易在互联互通、互通有无的实现过程中，问题的关键不在于如何规避竞争，而在于如何更为有效地进行规范竞争。观察过去的全球经贸史不难发现，每当守成大国的经贸地位受到潜在威胁或直接挑战时，世界经贸竞争在一些大国的撺掇下，就会异常激烈甚至呈现白炽化，整个世界的经贸范围很容易被裹挟操纵，并异变为你死我活、你输我赢的零和甚至负和博弈氛围。在贸易保护主义、单边主义、民粹主义和新冷战思维大肆盛行的当下，各种经贸冲突的风险日益上升，世界经济增长的前景扑朔

---

[1] 《马克思恩格斯文集》第 2 卷，人民出版社 2009 年版，第 154 页。
[2] 陈伟光、明元鹏：《世界贸易的大国行为逻辑》，《现代国际关系》2020 年第 2 期。

迷离。因此，促进和提升互联互通的自由贸易水平，努力使各国在全球经贸格局中找到适合自身的位置，不仅是时代所需，更是应对百年未有之大变局的关键之举。

若更进一步言之，各国之间，特别是诸多大国之间的经贸竞争，都属于一种常态的竞争现象，但这种竞争应该是有序竞争，而不应该成为无序内卷。大国之间无序的经贸对垒对抗甚至大搞"脱钩断链"、强迫第三方在经贸竞争中选边站队，不应该成为时代的主题；大搞贸易的新冷战思维和零和博弈，更不是正确的选项。在互联互通的自由贸易应有格局视野下，各国不论体量大小都是相互依存的命运共同体，唯有加强宏观政策沟通协调、避免冲突对抗，在良性友好的有序竞合中共同维护全球产业链供应链的稳定畅通、安全韧性，人类社会才能携手不断走向繁荣发展的美好未来。

第二，在互联互通的自由贸易往来中为世界经济持续注入宝贵增量和创新活力。当前，世界经济正处于复苏摇摆、增长乏力的阵痛调整期，如果全球各经济体"只管自家门前雪"，大搞自循环、孤岛化的"平行体系"和"小院高墙"，那么全球地缘经济碎片化的倾向就会越来越严重。IMF 此前发布的一份报告指出，有研究表明，全球地缘经济碎片化越严重，各国承担的成本就越高，而科技"脱钩"将显著加大贸易限制造成的损失；全球经济经过数十年一体化后，如果现在陷入严重碎片化，总体经济产出可能萎缩多达 7%。[①] 可以说，当今处在保护主义弥漫和侵扰中的世界，十分需要旨在推动生产要素畅通联动的自由贸易，来注入更多稳定性和正能量，毕竟贸易保护主义将使全球经济陷入彼此割裂对立的碎片化和内卷化状态。

尽管近些年新兴市场国家和发展中国家实现了群体性崛起，国际关系民主化呼声的日益提高，但是西方发达资本主义国家主导全球经贸格

[①] 《中国经济是今年全球增长的一大亮点——访 IMF 第一副总裁》，新华网，http：//www.xinhuanet.com/2023-05/10/c_1129603657.htm，2023 年 5 月 10 日。

第七章 马克思恩格斯资本主义自由贸易本质批判对完善全球经济治理的当代价值

局的事实并未发生根本性、体系性变化,全球经济治理体系愈发陷入碎片化和低效率的尴尬境地,难以甚至无法应对全球经贸发展所面临的新问题、新挑战。尤其是,在当前全球经济治理体系中又杂糅交错多种区域性贸易制度安排,促使治理体系的碎片化和低效率更加明显,2008年国际金融危机的发生又使这一局面变得更为复杂和脆弱。基于此不难看出,无论是全球经贸格局还是全球经济治理体系,都进入了有待变革调整、优化重塑的关键期,呼唤各种提质升级自由贸易水准和全球经济治理水平的新动能、新工具。包括中国在内的一批新兴市场国家和发展中国家,不仅正在成为推动全球经济增长的关键力量,而且愈发成为世界贸易和投资自由化便利化的重要推动者和贡献者。就拿中国在互联互通的自由贸易方面所做的重要贡献而言,我国正在加快构建以国内大循环为主体、国内国际双循环相互促进的新发展格局,这不仅是我国经济高质量发展的内在需要和新动力,也是全球经济复苏增长的动力源[①],无论是对于世界经济重振增长还是促进生产要素自由畅通流动,都是十分积极正向的关键变量。

在这一事关全人类经贸利益的重大问题上,我们无意与任何国家冲突或对抗,更不愿意取代美国等大国在全球经贸格局中的霸主地位,反而我们愿同世界各国共同弘扬全人类共同价值,支持并践行真正的多边主义,维护以联合国为核心的国际体系和以世界贸易组织为核心的多边贸易体制,秉持以对话增互信、解纷争,坚定不移地在构建人类命运共同体框架下为全球经贸往来的提质升级、降本增效,持续注入正能量,增添稳定性。这既为世界健康稳定可持续发展树立了规范,也为全球经贸增长赋予了创新动力、发展活力。正如习近平指出:"'正其末者端其本,善其后者慎其先。'最近一段时间,中国有关部门正完善落实反垄断法规,加强对国内部分行业监管。这既是推动中国市场经济健康发

[①] 安宁:《中国经济高质量发展动力足 已成全球经济增长"引擎"》,《证券日报》2020年11月13日第A1版。

展的需要,也是世界各国惯常做法。我们将毫不动摇巩固和发展公有制经济,毫不动摇鼓励、支持、引导非公有制经济发展,平等对待各类市场主体,打造统一开放、竞争有序的市场体系,不断夯实中国经济长远发展根基,并为亚太及全球工商界来华投资兴业提供更好保障。"① 在这方面,中国率先示范、走在前列,为世界经济复苏增长持续注入宝贵增量和创新活力。

第三,在互联互通的自由贸易往来中进一步聚焦强化公平公正和各国比较优势发挥。除了有序竞争、避免冲突以及为世界经济增长供给增量,增强全球经济发展活力,还应该强化公平公正的经贸环境,努力让不同发展阶段的经济体,都能在错综复杂的全球经贸网络中找准自身的位置和用好自身的比较优势。

一方面,持续增强全球经济的活力,就有必要营造和构筑公平公正和互利共赢的经贸环境。事实上,当今世界经贸体系面临的突出矛盾,是互联互通的自由贸易愿景与以贸易保护主义为代表的逆全球化行径之间的冲突抵牾。以美国为代表的一些发达资本主义国家凭借自身的大国地位和经济科技先发优势,大搞贸易霸凌,错误地把因自身传统产业空心化和"脱实向虚"所致的消极后果,归咎于经济全球化的直接传导效应。

显然,这种"找错病因""开错药方"的行径,完全忽视了发达国家总体上是经济全球化受益者这一铁一般的现实,倒逼全球经济治理体系进行方向性、体系性重塑。它们无视甚至蓄意掩盖遮蔽公平公正的经贸原则,曲解各国在全球合作框架下基于比较优势而参与全球分工的自然竞争行为,片面地把国内收入差距扩大和阶层固化等问题,归因于经济全球化特别是新兴市场国家和发展中国家的知识产权偷窃、产业扶持补贴和罔顾高污染高能耗的所谓"不公平竞争优势"。这显然是典型的

---

① 习近平:《习近平在亚太经合组织第二十八次领导人非正式会议上的讲话》,人民出版社2021年版,第5页。

"甩锅思维"和不负责任做法,任何国家都不应该在自身处于产业链供应链的有力竞争地位即顺风顺水时高喊自由贸易,傲慢地要求他国单方面扩大市场开放;而当自身处于竞争的劣势或守势地位时,就自私狭隘地大搞"闭关锁国"式的贸易保护主义,大肆对他国断供限供、筑墙设垒,虚妄地要求与他国进行基于"规则"的所谓"公平贸易"。它们甚至抛弃以世界贸易组织为核心的多边贸易体制,要求把它推倒重来、变换规则,狂妄地倒逼甚至力主把约定俗成并长期实践的国际经贸规则,朝着更有利于自身一国之私利实现的方向调整和重构。

这导致全球经贸格局走到了一个"要公平"还是"被霸权"的新的十字路口。在这种时代境遇下,世界各国应该进一步清醒认识到,唯有互联互通的自由贸易才符合世界各国的普遍利益,才能在优化生产要素配置中促进世界经济加快复苏反弹。"二战"后全球经济发展的历史回溯表明,越是尽早回到以规则为基础的多边经贸体制,就越有益于世界各国经济的普遍增长。鉴于此,要增强全球经济发展的活力,首先要在更大的广度和深度上践行真正的多边主义,秉持互惠互利而非零和博弈的经贸原则,普遍通过制度型开放来推动贸易和投资的自由化便利化,努力为世界经济加快走出下行颓势、实现止跌企稳的增长,奠定公平公正的国际宏观环境。

另一方面,包括发达国家、新兴市场国家、发展中国家在内的各个经济体,不管发展阶段、经济水平和现代化程度有多大差异,都有各自的资源禀赋、产业优势甚至人力资源优势,所以要在多边主义的框架内,允许各国而不是少数国家在全球自由贸易格局中充分发挥自己的强项。如果每个经济体都能在全球市场中找到自己的合理"位置",那么支撑基于真正的多边主义的自由贸易动力,将会更加强劲可持续,世界经济也将更加在互联互通、互通有无、取长补短中走出上下徘徊的泥淖,尽早实现量的合理增长和质的有效提升。正如习近平所说:"我们虽然国情不同、发展阶段不同、面临的现实挑战不同,但推动经济增长的愿望相同,应对危机挑战的利益相同,实现共同发展的憧憬相同。只要我们坚持同舟共济的伙伴精神,就能够克服世界经济的惊涛骇浪,开辟未来增长的崭新航程。"①

综合以上两个方面,不难理解,互联互通的自由贸易要真正落实落地、切实转化好促进世界经济增长的积极变量,重点在于营造公平公正的经贸环境以及在"你来我往"的经贸互动中发挥各自的比较优势和禀赋效应,在各参与方相互成就中协同进步、联动增长、走向未来。

第三节 互利共赢的自由贸易增益更加公正合理的全球经济治理

实现互利共赢的自由贸易,关键是有效打破垄断、构筑良性有序的经贸竞争机制,在区域和全球范围内优化和完善全球经济治理。恩格斯曾在《国民经济学批判大纲》中剖析马尔萨斯的"人口论",并深刻揭露了英国自由贸易派的原始动机和理论逻辑。"在这里我们终于看到,经济学家的不道德已经登峰造极。一切战争和垄断制度所造成的灾难,与这种理论相比,又算得了什么呢?要知道,正是这种理论构成了自由派的自由贸易体系的拱顶石,这块石头一旦坠落,整个大厦就倾倒。因为竞争在这里既然已经被证明是贫困、穷苦、犯罪的原因,那么谁还敢对竞争赞一词呢?"② 在恩格斯看来,过剩人口并不是社会贫穷的根源,而相反是资本逻辑下社会贫穷的必然结果,解决普遍的社会贫困问题不是一国之内的事情,关键在于在互联互通的自由贸易中提升人类社会的总体发展水平;更不应该把一国的富裕建立在别国的贫困之上、把一国的发展构筑在别国的不发展甚至倒退基础之上。言外之意是,合理的自由贸易体系,应该以公平公正、互利互惠、良性竞争、协同提升为基

---

① 《习近平谈治国理政》第2卷,外文出版社2017年版,第474页。
② 《马克思恩格斯文集》第1卷,人民出版社2009年版,第79页。

第七章　马克思恩格斯资本主义自由贸易本质批判对完善全球经济治理的当代价值

石，而绝不应该以新冷战思维或零和博弈战略为认知基础。这对今天在百年未有之大变局下完善全球经济治理，仍具有十分重要且鲜明的现实启迪意义。

一　互利共赢自由贸易的基本准则

马克思和恩格斯在《德意志意识形态》中说："竞争很快就迫使每一个不愿丧失自己的历史作用的国家为保护自己的工场手工业而采取新的关税措施（旧的关税已无力抵制大工业了），并随即在保护关税之下兴办大工业。尽管有这些保护措施，大工业仍使竞争普遍化了（竞争是实际的贸易自由；保护关税在竞争中只是治标的办法，是贸易自由范围内的防卫手段），大工业创造了交通工具和现代的世界市场，控制了商业，把所有的资本都变为工业资本，从而使流通加速（货币制度得到发展）、资本集中。大工业通过普遍的竞争迫使所有个人的全部精力处于高度紧张状态。它尽可能地消灭意识形态、宗教、道德等等，而在它无法做到这一点的地方，它就把它们变成赤裸裸的谎言。它首次开创了世界历史，因为它使每个文明国家以及这些国家中的每一个人的需要的满足都依赖于整个世界，因为它消灭了各国以往自然形成的闭关自守的状态。"[①] 尽管资本主义大工业得以快速发展，只是追逐利润最大化的资本逻辑所驱动的直接结果，但在客观维度上无疑也提升了社会生产力的总体发展水平，而且助推并强化了各民族国家之间的联系，也就是解构和瓦解了各国之间的闭关自守状态，推动世界各国在生产要素的互联互通中联动增长。当然，由资本主义国家所推动的所谓自由贸易体系，只是资本逐利和资本扩张的媒介通道，并不是真正为了实现互联互通、调剂余缺和互惠互利。

马克思恩格斯在批判资本主义自由贸易体系时，也事实上昭示了未来理想社会自由贸易的合理形态。互联互通的自由贸易，应该在构建人

---

① 《马克思恩格斯文集》第1卷，人民出版社2009年版，第566页。

类命运共同体的理念框架下，努力找到兼顾不同发展阶段和经济水平国家的核心利益和重大关切，旨在推动开放、包容、平衡、普惠的新型经济全球化不断迈上新阶段新台阶。

第一，坚定支持多边贸易体制。马克思恩格斯之所以强烈批判英国自由贸易派试图把英国打造为先进工业区、把其他国家打造成为它服务的落后农业区的想法，正是因为这种经贸体制，并不是建立在平等的基础上，而是一种强势的、霸权化的单边主义经贸制度安排。在他们看来，真正的自由贸易一定是建立在相互尊重和合理的社会分工的基础之上的，是不同经济体资源禀赋和比较优势的最优化发挥和释放。当今世界，正处于百年未有之大变局，保护主义、单边主义、孤立主义和民粹主义此起彼伏、发威肆虐，成为助推世界经济政治格局深刻演变的关键变量，也是影响全球产业链供应链稳定和安全的重要因素。

显然，面对大调整、大变局中的风险挑战，回避退让不是应有的态度，关键是要直面问题、践行真正的多边主义。进言之，全世界应该坚定支持以世界贸易组织为核心的多边贸易体制，不断推动全球贸易和投资的自由化便利化接续提质升级、降本增效。以世贸组织为核心的多边贸易体制是国际贸易的基石和底盘，为推动全球贸易发展、建设开放型世界经济发挥了中流砥柱的作用；加入世贸组织以来，中国始终坚定支持多边贸易体制，全面参与世贸组织各项工作，推动世贸组织更加重视发展中国家的关切，反对单边主义和保护主义，维护多边贸易体制的权威性和有效性，与各成员国共同推动世贸组织在经济全球化进程中发挥更大作用。[①] 维护世界多边贸易体制，绝不是一句"轻飘飘"的空话，而需要务实理性的落地行动。

多边贸易体制最为核心的内涵，便是在总体上不产生负面影响的境况下，促使和确保生产要素或商品尽可能在世界各国自由无障碍流动，

[①] 中华人民共和国国务院新闻办公室：《中国与世界贸易组织》，《人民日报》2018年6月29日第14版。

它包括诸如非歧视性、更自由的流通性、可预见性、公平竞争性、平衡普惠性等基本的原则要义，旨在最大限度保护各成员国在全球经贸活动中的基本利益和合理关切，促使和激励世界各国积极自然，而非被动加入世界贸易组织这一事关绝大多数国家多边利益的国际组织。当前，毋庸置疑，以世界贸易组织为核心的多边贸易体制，遇到了过去少见甚至罕见的多重困难挑战：从内部看，多边谈判进展缓慢、上诉机构停摆等问题，让世贸组织的权威性和有效性面临严重威胁；从外部看，经济全球化遭遇逆流，单边主义和保护主义抬头，个别国家甚至企图在以世贸组织为核心的多边贸易体制之外另起炉灶、另搞一套。[①] 显然，在百年未有之大变局特别是全球经贸格局遭遇急剧变化和深刻调整的当前境遇下，如何在发挥多边贸易体制的框架下真正助力世界经济尽快走出下行泥淖并实现进阶性增长，是国际社会不容回避且应该直面的重大问题。

毕竟，这不仅关乎某一国的利益，而是关系着身处全球化格局中每个国家的普遍利益和长远发展愿景。在维护以世界贸易组织为核心的多边贸易体制方面，中国不仅说得好，而且做得更实、更好。中国始终赓续改革开放精神，持续在推进贸易和投资自由化便利化上做出率先垂范，利用14亿多人口和4亿以上中等收入群体的超大规模市场优势，为世界各国提供了庞大的消费市场，为世界经济的增长做出了不可替代的重要贡献，积极参与以联合国和世界贸易组织为代表的世界多边组织，坚定不移地推动完善全球治理规则，主张不断提升新兴市场国家和发展中国家的参与度、代表性和发言权，支持开放性、包容性而非独占性、排他性的多边贸易体制。

可以说，作为世界第二大经济体、世界上最大的发展中国家，中国正是在支持和维护多边贸易体制中，切实做到了对全球经济增长的贡献率长期维持在30%以上。中国全面参与世界贸易组织各项工作，积极履行各项义务，坚决反对由美国带头发起并恶劣示范的单边主义、保护

---

① 和音：《坚定维护多边贸易体制》，《人民日报》2022年6月17日第3版。

主义和新冷战思维,站在国际社会共同利益和人类文明的战略高度,来坚定维护多边贸易体制的权威性,持续为完善全球经济供给东方智慧、中国方案,成为多边贸易体制的践行者、维护者和贡献者。

由此不难理解,践行真正的多边主义,不断推动贸易和投资的自由化便利化,果断摒弃"去全球化""小院高墙""平行体系"之类的新冷战思维、地缘政治做法,循序渐进并持之以恒地提升全球经济治理的能效水平,才是国际社会面对百年变局的正确选择和务实行动。正如习近平指出:"21世纪的多边主义要守正出新、面向未来,既要坚持多边主义的核心价值和基本原则,也要立足世界格局变化,着眼应对全球性挑战需要,在广泛协商、凝聚共识基础上改革和完善全球治理体系。"① 唯有如此,包括新兴市场国家和发展中国家在内的整个世界,而不是仅仅作为既得利益者的个别西方大国,才能尽快实现复苏上行、培植增长动能,循序渐进驶入21世纪自由贸易新征程新境界。

第二,积极扩大外资或商品服务市场准入。马克思恩格斯批判的从来都是以资本逻辑为内核的资本主义自由贸易制度,他们支持并倡导互联互通的真正的自由贸易。可以说,互联互通的自由贸易是一项普惠性的制度安排,无论是发达国家还是发展中国家,都能置身其中找到合理的发展位置,旨在发挥各参与方的资源禀赋效应和比较优势效能。积极扩大他国资本、商品或服务的市场准入,是互联互通的自由贸易的重要准则。在经济全球化时代,任何一个国家或经济体,都不应该成为独立于世界经贸网络之外的"孤岛",否则在资本、技术、管理、规制等方面很可能脱轨落伍于世界。当然,在一些消极负面的反向示范下,如果越来越多的国家或经济体普遍对他国采取内顾关门的狭隘政策,整个世界将面临四分五裂、彼此脱钩断链、难以联动的重大风险,世界经济加快走出下行趋势、实现复苏性增长,将成为一句空话。

在这个意义上,无论是发达国家还是新兴市场国家和发展中国家,

---

① 《习近平谈治国理政》第4卷,外文出版社2022年版,第463页。

都应该秉持自由贸易的基本原则,以开放包容的姿态来对待他国资本、商品、技术或服务,不应该为了短期的一己私利,而泛化国家安全概念、滥用国家进出口管制条例,恣意对他国正常的贸易和投资人为设置障碍,无端干扰甚至破坏两国企业间正常的市场化合作议程。国际社会应该在以世界贸易组织为核心的多边贸易体制下,不断扩大高水平对外开放,提升经贸政策的透明化、稳定性和可预期性,坚持对他国资本、商品或服务"一视同仁、平等对待",加大对外资企业知识产权和技术保护的力度效度,充分保护外资的合法经营权利和收益权益。

中国在积极扩大外资市场准入方面积极作为,树立了光辉典范。我们不断对标国际一流经贸标准和世界通行规则,加快建设更加成熟的全国统一大市场,持续优化外资市场准入,最大限度地推动国内市场与世界市场对接联动,实现更高水平的投资自由化和便利化,依托各类开放平台和载体,助力外资外企持续深耕中国市场,以中国发展的"大机遇"为全球经贸增长提供"大市场""大舞台",稳步提升包含规则、规制、管理和标准在内的制度型开放。"当前,世界百年未有之大变局加速演进,局部冲突和动荡频发,世界经济复苏动力不足。促进复苏需要共识与合作。中国提出全球发展倡议,得到国际社会的广泛支持和积极响应。中国将坚持对外开放的基本国策,坚定奉行互利共赢的开放战略,不断以中国新发展为世界提供新机遇。中国将稳步扩大规则、规制、管理、标准等制度型开放,推动各国各方共享制度型开放机遇。"[①] 大量的确证现实已经证明并将继续证明,坚定支持经济全球化和践行自由贸易精神,中国不仅是这么说的,更是始终这么做的。

在当前国际经济政治格局仍在深刻演进的百年变局中,世界各国应该携起手来,树立命运共同体意识,倡导和平、发展、合作和共赢,进一步顺应经济全球化的时代潮流,削减贸易壁垒和诸种隐性的经贸歧视政策,不断提升贸易和投资的自由化便利化水平,推动更加包容的发

---

① 《习近平向中国发展高层论坛2023年年会致贺信》,《人民日报》2023年3月27日第01版。

展,继续把互联互通和取长补短的自由贸易作为强化世界双边和多边关系的"稳定器"和"压舱石"。各国应该普遍在积极扩大外资或商品市场准入中,树立"你中有我、我中有你"的命运共同体意识,推动劳动力、资本、技术和数据等生产要素更加自由高效地流动,以期在全球自由贸易的大市场中实现资源优化配置、效能协同提升、各方普遍获益增益。

第三,打造市场化、法治化、国际化的一流营商环境。尽管马克思恩格斯在自由贸易问题上,并没有明确提出过营商环境的概念,但是他们却在批判率先完成工业革命的英国自由贸易派的霸凌做法时,关注到了当时的资本主义国家英国、法国、德国、俄国、美国之间以及它们与殖民地之间的交往平等和贸易公平问题。尽管当今百年变局下的全球经贸环境,相比于马克思恩格斯生活的时代,已发生巨大变化,但是自由贸易始终是推动全球经济增长的重要力量,追求打造市场化、法治化和国际化的一流营商环境,愈发成为国际社会的主流认知和共性诉求。

当前,贸易保护主义、单边主义和孤立主义盛行,以美国为代表的一些西方大国强国对待经济全球化的态度,开始发生明显的转交,纷纷向内顾倾向转变,擅自以维护国家安全之名对他国进行"长臂管辖",片面甚至极端化地强调"本国优先""本区域优先",投机性使用关税壁垒和非关税壁垒等手段,限制打压他国商品或服务自由入境,旨在以庇护国内市场的保守主义方式来在短期内维护一国之私利。尽管它们时常大打国际道义牌,动辄高喊由自身主导的"规则"和"秩序"的自由贸易,但在事实上却破坏了市场经济的基本规律,特别是全球产业链供应链的安全稳定格局。

近年来,美国大肆推动所谓"友岸外包""近岸外包",试图寻求供应链"去中国化""去风险化",人为地割裂全球产业链供应链,严重破坏市场规则和国际经贸秩序,给相关国家或产业企业造成巨大损失及困难灾难，阻碍支撑世界经济持续发展繁荣的技术创新和投融资活动；在"美国优先"宗旨下，美国出台大规模排他性、歧视性产业政策，破坏全球产业合理分工格局的形成，例如，美国出台《通胀削减法案》，试图通过高额补贴推动电动汽车及其他绿色技术在美国本土生产和应用；推出《芯片与科学法案》，试图通过巨额产业补贴和遏制竞争的霸道条款，推动芯片制造"回流"本土。[①] 美国这些做法的实质和目的是显而易见的，就是维护甚至固化自身在国际社会中长期占有的霸权私利、遏制他国的正常发展壮大。

正是在这种现实境遇下，如果国际社会不能构筑并营造市场化、法治化、国际化的营商环境，美国带头推行的"脱钩断链"贸易霸凌主义行径，必将威胁全球产供链安全，最终造成多输多亏的消极尴尬局面。事实上，营商环境就像生命所必需的空气，空气好了，才能有更多的投资和先进技术进来，经济才能发展起来、活跃起来，属于典型的"放水养鱼""水多鱼多"。构建市场化、法治化、国际化的一流营商环境，关键是坚持并引领经济全球化的大方向，奉行以世界贸易组织为核心的多边贸易制度，坚定不移地推动贸易和投资的自由化便利化，把生产要素自由市场化流动作为稳预期、利长远的"先手棋"。

中国在这方面积极践行自由贸易精神，并树立了正面的光辉榜样。自改革开放之后，特别是加入世界贸易组织以来，我们始终遵循并积极引领经济全球化的战略方向，致力于打造契合自由贸易精神和基于真正的多边主义经贸体制的国际营商环境。中国"将继续推动贸易和投资自由化便利化，同更多国家商签高标准自由贸易协定，积极参与多双边区域投资贸易合作机制，打造更高水平的开放型经济。完善外商投资准入前国民待遇加负面清单管理制度，依法保护外资企业合法权益，有序扩大服务业对外开放，持续打造市场化、法治化、国

[①] 俞懋峰、张毅荣：《美国"脱钩断链"威胁全球供应链安全——起底美国贸易战反智本质述评之二》，《新华每日电讯》2023 年 5 月 16 日第 7 版。

际化营商环境"①。营商环境没有最好最优,只有更好更优,世界各国只有积极构建基于真正的多边主义的一流营商环境,经济全球化特别是自由贸易精神才能真正落到实处、转化为实效。

二 互利共赢自由贸易对完善全球经济治理的推力

马克思恩格斯曾在《德意志意识形态》中深刻揭示了自从工厂手工业时期就开始出现的商业竞争乃至商业斗争现象:"随着工场手工业的出现,各国进入竞争的关系,展开了商业斗争,这种斗争是通过战争、保护关税和各种禁令来进行的,而在过去,各国只要彼此有了联系,就互相进行和平的交易。从此以后商业便具有了政治意义。"② 无论是通过保护关税制度还是其他商业禁令来进行商业竞争,都只是一些实现目的之手段,关键是各贸易参与方要相向而行、同频共振,找到一个凝聚利益最大公约数的经贸协调机制。当今,面对保护主义、单边主义和孤立主义的泛起肆虐,全球产业链供应链的稳定和韧性受到严峻的威胁侵蚀,世界各国宏观经贸政策的协调性大大弱化,贸易和投资遇到分割化、条块化甚至排他化的诸多趋势性挑战。为此,整个世界关键是重拾并不断强化推动经济全球化的执念信心,以互利共赢的更高含金量的自由贸易,来不断提升全球经济治理的能级水平。

第一,以互联互通的自由贸易为全球经济增长提供动力。恩格斯就曾在《保护关税制度和自由贸易》一文中剖析过19世纪美国的保护关税制度既扼杀了造船业又阻碍其航运业发展的"历史样本"。"美国在这方面为我们提供了怎样用保护关税制度扼杀一个重要工业部门的令人吃惊的例子。1856年合众国的航运进出口总额共计641604850美元;其中75.2%用美国船只载运,只有24.8%用外国船只载运。英国的远洋

---

① 习近平:《习近平在亚太经合组织第二十七次领导人非正式会议上的讲话》,人民出版社2020年版,第7—8页。
② 《马克思恩格斯文集》第1卷,人民出版社2009年版,第562页。

轮船当时就已经排挤美国的帆船了;但是,在1860年的海上贸易总额762288550美元中,美国船只的载运量仍然占66.5%。内战爆发了,对美国的造船业实行了保护关税制度;这一措施非常成功,以致美国国旗在公海上几乎完全消失了。1887年合众国的海上贸易总额共达1408502979美元,但是其中只有13.8%用美国船只载运,86.2%都用外国船只载运。1856年美国船只载运的商品总值为482268274美元,1860年为507247757美元。1887年已经下降到194356746美元。40年前,美国国旗是英国国旗的最危险的竞争者,在海洋上大有超过后者之势;现在它完全不行了。造船业实行保护关税,既扼杀了航运业,又扼杀了造船业。"① 应该说,当时美国造船业大肆实行保护关税制度,但最终反噬自身的教训,不可谓不深刻。

事实上,保护关税制度并不能真正庇护一个国家甚至一个行业企业的长期强大,反而驱使自身在与外部"绝缘"割裂中丧失发展机遇和成长创新动力。对一个国家如此,对由若干个国家相互结社组成的国际社会更是如此,没有哪个国家能长期游离于世界经贸体系之外,而长期保持经济社会发展繁荣稳定。因此,唯有自觉嵌入基于公平公正规则的互联互通自由贸易体系,无论是一国还是全球经济,才能在生产要素自由流通中互通有无,发挥出最佳比较优势,找到有利于其上行增长、走向繁荣的成功路径。

近年来,当今世界上最重要的经济多边治理机制二十国集团(G20)成员普遍认识到保护主义损害全球经济,而自由贸易可以更好地促进全球经济增长。② 重创全球经济元气的2008年国际金融危机发生后,国际社会的有识之士愈发认识到,包括保护主义和单边主义在内的诸多逆全球化行径,悖逆全人类的共同利益,开放市场和自由市场、尽

---

① 《马克思恩格斯文集》第4卷,人民出版社2009年版,第339—340页。
② 《德国财政部长:自由贸易可以更好促进全球经济增长》,央视网,http://news.cctv.com/2017/04/22/ARTI0VIDulHgQhbeG8rPmIjT170422.shtml,2017年4月22日。

可能减少显性或隐性的贸易壁垒，才能有助于全球经济实现恢复性增长，最终各经济体才能在世界经济的"大合唱"中普遍获益。就拿《区域全面经济伙伴关系协定》（RCEP）而言，它的生效实施，标志着全球最大自由贸易区正式建立，在当前国际形势复杂多变的背景下，RCEP如期生效实施，充分体现了有关各方共同维护多边主义和自由贸易、促进区域经济一体化的信心和决心，将促进区域经济深度融合与自由贸易发展，为地区和全球经济增长注入强大动力。[①] RCEP的确被寄予厚望，被利益攸关方和国际社会的很多方面都视为提振地区与世界贸易和投资的重要引擎，作为区域内经贸规则的"整合器"，RCEP整合了东盟与中国、日本、韩国等国签署的多个"10+1"自贸协定，以及中、日、韩、澳、新西兰五国之间已有的多对自贸伙伴关系，正在开启地区经济和自由贸易互通有无的新篇章、新境界，必将为地区和全球经济增长增添动力、提供生动范本。

在一定意义上，不管是地区性的自由贸易机制还是诸如世界贸易组织之类的全球经贸协调平台，只要符合基于公平公正规则的自由贸易精神，都将为处在总体陷入下行泥淖、复苏动能匮乏的世界经济重新激活增长态势，提供重要且关键的助力或动力。

第二，以互联互通的自由贸易为全球经济合作提供新平台、新模式。马克思恩格斯在批判资本主义自由贸易中倡导互联互通的真正的自由贸易。事实上，真正的自由贸易不仅仅是一种理念，更是一种务实性的举措和行动。包括劳动力、资本、技术和数据等在内的生产要素在全球的自由有序流动，在本质上就是为各经济体搭建一种合作协作和互利共赢的机制与通道。近年来，百年变局叠加交织延宕起伏的疫情，国际社会加速进入动荡变革期，全球产业链供应链的稳定性和可持续性受到严峻影响，以美国为代表的一些大国强国大搞狭隘的贸易保护主义，极

---

① 刘慧：《全球最大自由贸易区正式启航——为地区和全球经济增长注入强大动力》，《人民日报》2022年1月3日第03版。

第七章 马克思恩格斯资本主义自由贸易本质批判对完善全球经济治理的当代价值

端地推行"以邻为壑"的消极举措,对本国国内市场的保护力度明显增强,甚至内顾倾向占据了其对外经济交往政策的咽喉位置。

在这种现实境遇下,不少国家受到"劣币驱逐良币"经贸环境的影响和撺掇,大力推行本地化、近岸化、友岸化的流通交易,大大缩短产业链供应链的长度,遮蔽甚至抛弃国际社会长期以来约定俗成的多边主义。无论如何,当今社会需要开放而不是封闭,需要对话而不是对抗,需要合作而不是分裂的宏观环境。不管经济全球化遇到多大的逆流和挑战,互联互通的自由贸易都已经被历史证明是全球资源配置的最佳方式,保护主义和单边主义并不能真正起到提振经济发展的引擎作用,只能使深陷泥淖的世界经济雪上加霜。特别是历经过去三年疫情的侵袭和蹂躏,全球产业链供应链的稳定性和可持续性受到严重影响,国际产业合作和技术分享也受到明显的人为干扰甚至阻滞中断,一些发达国家打着所谓维护国家经济安全的旗号,大力鼓励和推动实体经济特别是制造业回流本土或盟友国家,并围绕一些重大的关键核心技术,蓄意精心设置了显性或隐性的贸易壁垒。

根据世界贸易组织公布的一些数据,2020年以美元计算的全球商品和服务贸易价值下降了9.6%,而全球GDP下降了3.3%,这是自"二战"以来最严重的衰退。[①] 这说明,全球商品和服务贸易的显著下降,也是导致全球经济增长的重要消极变量。事实上,唯有通过互联互通的自由贸易的诸种高标准、高质量合作,世界各国才能在"做大蛋糕"中普遍获益,正可谓"大河有水小河才不会干"。如果大搞脱钩断链、围堵打压他国的贸易保护主义,看似护佑了本国国内产业和技术体系的安全稳定,但这只是一种短期的"失真虚假"效应。从长期来看,这保护的只是脱离脱轨世界产业链供应链的低效率生产,甚至是落后落

---

① 《2021年世界贸易报告:经济韧性与贸易》(*World Trade Report* 2021: *Economic Resilience and Trade*),世界贸易组织官网,https://www.wto.org/english/res_e/publications_e/wtr21_e.htm,2021年11月16日。

伍的生产。任何经济体,都并不能在脱离全球劳动分工中而真正发挥出资源禀赋和比较优势,一些原本具有比较优势的产业,也会因得不到互联互通的竞合与改进,而难以真正健康地发展起来。

可以说,正是在这个意义上,那些以保护主义代替自由贸易的做法,明显违背全球资源的市场竞争和优化配置规律,不仅给本国经济发展和技术创新带来诸多障碍,也将给本国企业和消费者带来通货膨胀。搞"气滞血瘀"的经贸对抗及诸种不合作的做法,在本质上就是舍本逐末、本末倒置。当前百年变局仍在加速演进,全球各国早已形成你中有我、我中有你的利益共同体,唯有在进一步高质量的互联互通、互通有无、取长补短的广泛经贸合作中,世界经济才能不断实现复苏性增长并提升经济韧性。世界各国特别是发达国家与发展中国家之间,应该在平等和相互尊重的前提下,遵循市场规律和国际分工态势,不断扩大贸易和投资的自由化便利化,提升经贸合作的数量、规模、效率和质量。

"和羹之美,在于合异。"以自由贸易行动来推动和提升全球经济合作,就是要努力在各国产业发展的多样性、多元性和差异性中寻找平衡点、普惠点、合作点,坚决避免动辄对他国大搞脱钩断链、极限施压的短视狭隘之策,在摒弃以邻为壑、孤芳自赏的傲慢思路中,不断开辟经贸合作的新机制新路径。因此,在经济全球化、区域一体化快速发展的今天,不同国家和地区早已结成了"一荣俱荣、一损俱损"的紧密利益关系;这决定了各国在处理国际关系时必须摒弃过时落后的零和思维,不能追求你少我多、损人利己,更不能搞你输我赢、一家通吃,只有义利兼顾才能义利兼得,只有义利平衡才能义利共赢。① 唯有如此,人类才能真正携起手来、同向同行,进一步把互联互通的自由贸易提升为促进全球经济合作的新赛道、新通道。

第三,以互联互通的自由贸易为全球经济治理体系变革提供新动

---

① 本报评论员:《拓展开放合作互利共赢新空间——习近平经济思想领航中国经济系列评论之九》,《经济日报》2022年9月27日第01版。

第七章 马克思恩格斯资本主义自由贸易本质批判对完善全球经济治理的当代价值

能。当前世界进入新的动荡变革期,这种动荡变革仍在持续演变。它既意味着不稳定不确定、超预期难预料的诸多变量,也预示着大变革大优化的潜在积极因素。然而,在经济全球化的新阶段,推动互联互通的自由贸易,毋庸置疑是为世界增添确定性和注入正能量的关键通道。首先,我们要认识到经济全球化已经演进到了新的态势,互联互通的自由贸易应该在这种态势下充分展开和演绎,才能与时代同向同行、同频共振。经济全球化发展的新态势,主要表现为全球产业链的重组、全球价值链的重构、全球供应链的重塑;在这种经济全球化新态势下,传统的全球经济治理公共产品的功效受到普遍性怀疑,全面经济伙伴关系正在取代过去各种区域或跨区域层次的自贸区,全球经济治理的新兴领域不断涌现,因此全球经济治理也必然要随着经济全球化的新变化而进行新的变革;全球经济治理变革受诸多因素的制约而举步维艰,如果从全球经济治理的顶层行为问题入手,只要解决全球公共产品的公正性、全球经济治理的持续收益性、行为主体的内部治理与外部治理制度的协调性问题,其他具体的问题便可以迎刃而解。[①] 当然,毋庸置疑,解决这些问题难题并不是轻而易举的,反而异常艰巨,重在推动世界各国自觉摒弃保护主义和单边主义,携起手来促进生产要素在全球范围内的自由流通和优化配置。

其中,颇为重要且十分关键的是,世界要逐步破解和革除由美国主导的国际经济政治旧秩序、旧格局。当前的全球经济治理体系,是由以美国为代表的新帝国主义所主导的,是一种资本主义性质的全球经济治理,在本质上是为国际垄断资产阶级服务的,全球经济治理体系将随着美国新帝国主义在世界范围内的衰落、消亡、终结和反霸权力量体系在世界范围内的群体性崛起,向着更加公平公正、利益分配更加均衡的方向变革,从而最终走出困境。而中国提出的"一带一路"倡议从理论

[①] 胡键:《经济全球化的新态势与全球经济治理的变革》,《国际经贸探索》2022年第8期。

上回应了这一困境,并在实践层面展示了变革全球经济治理体系的现实性。① "一带一路"倡议是中国积极参与全球经济治理的重大平台,也是主动向国际社会提供的重要公共品,遵循的共商共建共享原则,是一条和平、繁荣、开放、创新、文明之路,完全符合互联互通的自由贸易精神。它既为探寻全球经济新增长、实现经济全球化再平衡、开创地区合作新机制提供了中国方案,也为完善全球经济治理供给了中国智慧。总之,之所以保护主义、单边主义、孤立主义在世界范围内此起彼伏、发威肆虐,甚至以美国为代表的一些西方大国带头在全球大搞贸易霸道霸凌,破坏以世界贸易组织为核心的多边贸易制度,在很大程度上正是因为过去旧的治理体系出了问题,已经不能适应国际经济政治发展的新环境。质言之,这意味着全球经济治理体系走到了新的分水岭。"你中有我、我中有你""互联互通、互通有无"的更高标准、更高水平的新阶段自由贸易,无疑应该成为形塑和引领全球经济治理这一分水岭的基本动力和关键推力。

---

① 罗皓文、葛浩阳:《全球经济治理体系的变革何以可能?:一个政治经济学的分析》,《世界经济研究》2022年第3期。

第八章

马克思恩格斯资本主义自由贸易本质批判当代价值的"中国回响"

马克思和恩格斯曾在《神圣家族》中,以深邃而高远的历史站位认识到,"贸易并不因贸易特权的取消而被取消,相反,它只有通过自由贸易才获得真正的实现"[①]。在他们那里,诘问和批判的只是资本逻辑下以逐利为旨趣的虚假自由贸易,而基于互通有无原则的真正的自由贸易,永远是推动历史演进的重要经济力量,即促使生产要素在更大时空范围内流通的自由贸易,成为推动世界历史纵深发展的关键变量。由此不难看出,自由贸易不仅仅是一个各经济体互联互通、调剂余缺和取长补短的经济问题,更是一个关切世界格局调整变革的国际政治议题。中国作为经济全球化的受益者、推动者和贡献者,坚定不移地践行自由贸易精神,始终维护以世界贸易组织为核心的多边贸易制度,推动建设开放型世界经济,积极引领新型经济全球化,日益成为全球贸易和投资自由化便利化的重要旗手。在21世纪的当下,自由贸易的中国方案和中国实践,正是对马克思恩格斯19世纪资本主义自由贸易本质批判的"中国回响"。

---

① 《马克思恩格斯文集》第1卷,人民出版社2009年版,第316页。

第一节　直面世界经济格局深刻调整新阶段新境遇

马克思曾在《1848 年至 1850 年的法兰西阶级斗争》中分析道："在英国占统治地位的是工业，而在法国占统治地位的是农业。在英国，工业需要自由贸易，而在法国，工业则需要保护关税，除需要其他各种垄断外还需要国家垄断。"[①] 可见，在马克思和恩格斯生活的时代，不同的国家因所处发展阶段和产业竞争力存在差异，而采取了自由贸易抑或保护关税制度的不同政策。这也成为 19 世纪中期以后欧洲乃至资本主义世界国际关系调整的重要变量和关键因子。当前，尽管以支持贸易和投资自由化便利化为重要内核的经济全球化仍是时代发展不可逆转的主流，但是保护主义、单边主义、孤立主义甚至极端的民粹主义正在全球各地此起彼伏、肆虐发威，成为影响世界经济发展、全球产业链供应链稳定韧性的消极因素。然而，故意回避甚至绕开问题，肯定不是国际社会应有的姿态。不管如何，全球各国应该携起手来直面世界经济深刻调整的新阶段新特征，毕竟只有直面问题，才能不断地有效破解和应对问题。

一　贸易变革演进所带来的次生问题和挑战

在马克思恩格斯生活的 19 世纪，保护关税制度和自由贸易在主要资本主义国家之间权宜性交替出现。当然，此时的贸易形态还比较简单，以商品特别是工业原料或其他基础性的生产生活资料为主，包括英国、法国、德国、美国和俄国等国之间的贸易争端和贸易分歧也时常出现，但总体上并没有引发大的国际经济政治变革。在当今百年未有之大变局下，内嵌着数字技术和信息技术的新的贸易业态正在集中涌现，在为全球贸易和投资带来许多自由便利即正向利好的同时，也肇始和导致

---

① 《马克思恩格斯文集》第 2 卷，人民出版社 2009 年版，第 154 页。

第八章　马克思恩格斯资本主义自由贸易本质批判当代价值的"中国回响"

一些不容忽视的次生问题和挑战。

第一，数字贸易成为贸易变革演进的重要推力。当前，以大数据和人工智能等信息技术为代表的新一轮科技革命和产业变革方兴未艾，数字贸易应运而生。相较于传统的货物贸易或服务贸易，数字贸易形态下的贸易介质、贸易模式、贸易对象、贸易结构、贸易格局、贸易冲突协调机制、贸易动力等各个层面，都发生了深刻的重大变化。这种由数字技术驱动和赋能的贸易形态，对全球产业链供应链价值链乃至创新链都产生了重大影响，甚至愈发成为全球经贸格局中的攸关变量，也是全球经济增长和国际贸易发展的新引擎、新动力、新机制。数字贸易以"数据和信息跑腿"为重要牵引，以信息网络为基础媒介通道，大大拓展了商品或服务贸易的时空范围，不仅提升了各种生产要素的流动和配置效率，而且增添了贸易活动展开的便捷度、自由度。可以说，这种贸易形态正在推动全球范围内贸易动力、贸易机制和贸易模式的格局性、趋势性和革命性变化。毋庸置疑，数字经济时代的到来，不仅提升了全球经贸的活力、动力，而且助力经济全球化进入新境界、新阶段。

当然，以信息技术为核心驱动力的数字贸易，也具有"双刃剑"的正反两方面效应，无论是对全球经贸的技术通道还是对全球经贸的治理体系都带来了新的变量挑战。

一方面，数字经济时代，数字贸易的蓬勃发展呼吁加速重构全球经贸规则。随着数字贸易不断发展，数据价值被不断挖掘，多样化需求得到满足，平台作用显著提升。同时，尽管数字贸易展现出蓬勃发展的趋势，但全球经贸规则变革却相对滞后甚至落后，如部分传统经贸规则中的议题并不能完全适用于数字贸易新场景，并且有关数字贸易新业态的法律规则尚未制定。[①] 经贸规则具有一定的稳定性和延续性，目前全球经贸规则还以传统的商品和服务为主要规制对象，还不能很好地适应数字技术新场景下的贸易新形态。这种不适应就容易导致各种经贸分歧和

[①] 马述忠、沈雨婷：《数字贸易与全球经贸规则重构》，《国际经济评论》2023 年第 4 期。

贸易争端，而且因信息技术话语权的强弱差异，数字贸易主导权在发达国家和发展中国家之间的不平衡现象会愈发凸显。

另一方面，构筑在数字信息技术基础上的数字贸易，毕竟是新技术条件下的贸易形态和贸易模式，给全球经贸治理带来空前的压力和挑战。基于数字技术在贸易领域的应用而推动国际贸易呈现出数字化发展趋势，贸易的数字化从根本上改变了国际贸易的竞争格局和全球政治经济格局，发达经济体与发展中经济体数字贸易发展并不均衡，美欧日是全球数字贸易强国，在全球数字贸易发展与规则制定中拥有话语主导权。作为一种新的贸易形态，全球数字贸易的制度创新与建构尚不成熟，数据跨境自由流动、数据存储本地化、知识产权保护、个人隐私保护等问题阻碍了全球数字贸易发展。[①] 无论是美欧日在全球数字贸易中占有绝对的话语主导权，还是数据跨境流动与经济主权等问题，事实上都是作为一种新的贸易形态的数字贸易，正在给全球经贸平衡乃至全球经济治理带来新的变量或攸关因子。综上而言，以现代数字技术为驱动理路的数字贸易，给全球经贸格局带来了机遇与挑战的双重影响，它顺势成为全球经贸变革和演进的重要动力。

第二，新兴市场国家和发展中国家的经济实力增强所导致的贸易话语权重构。"有为"才能"有位"，同时"有为"也必然要求进一步"有位"。进入21世纪以来，新兴市场国家和发展中国家对全球经济增长率的贡献在持续提升，如果按购买力评价计算，它们的贡献率则更加凸显和耀眼。不难理解，无论是国内贸易还是国际贸易，在本质上都是一种商品或服务的流通媒介或渠道即技术实现方式，在根源上仍是某一国经济体综合国力特别是经济科技实力的反映和投射。事实上，无论是二十国集团的形成还是金砖国家的诞生，本质上都是新兴市场国家和发展中国家经济实力增强的反映。众所周知，如今的全球经贸秩序仍是在

---

① 徐金海、李鏊淏：《全球数字贸易发展趋势与中国应对策略》，《学习与探索》2022年第10期。

第八章 马克思恩格斯资本主义自由贸易本质批判当代价值的"中国回响"

"二战"后由美国等资本主义大国主导制定的经贸规则基础上发展起来的,代表的主要是资本主义大国强国的利益诉求和意志动机,新兴市场国家和发展中国家在过去长期的经贸实践中,还只是代表性和话语权均不足的"配角"。

但是,当前全球经济实力和经贸状况已发生了明显变化和分化。一方面,特别是国际金融危机之后,以美国为代表的发达资本主义国家已经无法凭借一己之力解决自身及国际社会所面临的种种问题和挑战,而且诸如中国、俄罗斯、印度和巴西等新兴市场国家在安全、发展、环境、人口等领域的重要性愈发凸显。这既包括在世界多种多边国际组织的会费或基金的承担额度上,也愈发表现在经济治理和贸易协调等诸种全球性经贸问题上。就拿中国而言,虽然中国仍处在社会主义初级阶段,仍是世界上最大的发展中国家,但是无论是从经济体量还是贸易规模来看,中国都是带动全球经济增长和国际贸易发展平衡的重要玩家甚至攸关变量,越来越具有与美欧等发达国家相互对话和谈判的硬实力。

尽管包含中国在内的新兴市场国家和发展中国家,在以世界贸易组织为核心的国际贸易体制中的代表性话语权,与应有的要求和比例尚存在较为明显的差距,但是中国作为一个新兴的发展中大国,针对当前国际贸易法制的不稳定状态,需要深刻了解作为国际公共产品的国际贸易法制的形成机理,有责任去维护我国所坚持的符合全球最大利益的多边贸易体制;同时在维持现有多边贸易成果前提下尽量包容现在的国际贸易法制,秉持构建人类命运共同体的理念和共商共建共享合作共赢的主导价值观,参与多边贸易法制的变革。[①] 这意味着全球经贸格局已经不是完全由发达国家主宰和主导的"铁板一块",不同发展阶段和经济水平的国家都期望找到适合自身的位置,并在全球经贸协调中发出合理的声音和诉求。

---

① 孔庆江:《提高中国在国际贸易法制中话语权的路径研究》,《政法论坛》2023年第3期。

所以，当前的全球经贸格局深受新兴市场国家群体性崛起的影响，规则设计老化、区域性贸易组织不断增多，导致WTO难以维持自身权威，发达国家和发展中国家之间的利益冲突不断加剧；针对WTO的透明度原则、争端解决机制、"发展中国家地位"等规则的解释和多边贸易体系的未来，美国和欧盟提出各自的改革方案，美欧方案的背后是以竞争为前提的冲突逻辑，以此逻辑为指导的改革不仅不利于问题的解决，反而会加剧南北之间的对立和冲突。① 当然，正是因为在全球经贸旧格局、旧秩序尚未完全打破，由美国主导的新的经贸霸权格局也未真正形成的现实复杂境遇下，借势新兴市场国家和发展中国家的群体性崛起，国际社会已经到了对全球经贸格局做出进一步变革、重构和优化的新阶段，也就是要在重新塑造和平衡全球经贸话语权中，推动真正基于多边主义的自由贸易落地生根，力促经济全球化不断迈向公平公正、开放包容的新水平、新境界。

第三，百年变局下贸易实践的多重角力和变量所致的不稳定性。当今世界，正处于全球经济政治力量仍在深刻变革调整的百年未有之大变局之中。之所以说是百年未有之大变局，其中一个重要原因，便是国际贸易生存、发展于其中的全球多边贸易体系不仅多年停滞不前，而且面临被撕裂的潜在风险，而企图撕裂这一体系的主力，恰恰来自昔日主导建立这个体系的国家。② 昔日主导这个经贸体系的国家，正是以美国为代表的战后资本主义大国强国。但是，当前这些国家，已经"自觉"站在了自己曾经大力倡导的自由贸易的对立面。百年未有之大变局，绝不是一句空话，它是由包含经贸变局在内的诸多变量叠加耦合而成的大动荡、大变革、大调整期。

世界贸易在本源意义上是不同经济体之间基于社会分工和资源禀赋

---

① 高奇琦、杨宇霄：《区块链技术与全球贸易治理体系变革》，《天津社会科学》2020年第5期。

② 梅新育：《百年变局，擎旗自由贸易舍我其谁?》，《国际商报》2021年10月15日第A17版。

而展开的经济交往活动，体现出的是互通有无、调剂余缺和取长补短，而不是你死我活、你赢我亏的零和博弈。在这个意义上，真正的自由贸易是一种相互满足和彼此成就的经济交往活动。但是，随着新兴市场国家和发展中国家的总体性、群体性发展和崛起，无论是对世界经济增长的贡献率还是在诸多国际政治领域博弈的实力，都在上行和增强。尽管这些力量的增长，整体上仍是建设性、成长性、和平性力量的发展壮大，并不会对全球和平与发展的国际经济政治格局产生消极影响，但是以美国为首的传统资本主义大国强国对此却滋生了严重的战略焦虑甚至竞争恐惧，十分担心自身长期积淀起来的霸权优势特别是经贸主导权和垄断权被后发国家不断地超越和取代。

也正是在这种境遇下，近年来它们大搞贸易保护主义和单边主义，对可能与其发生竞争的新兴市场国家狂妄地发起贸易战、金融战、科技战和舆论战，利用地缘政治优势和经济科技霸权，试图把这些发展壮大的国家围堵扼杀在发展进程之中。当前，旨在推进劳动力、资本、技术、数据和管理等生产要素在全球范围内自由流动和高效率配置，以及推动贸易和投资自由化便利化的多边经贸体制，受到了严重冲击，人类社会处在一个开放还是封闭、对话还是对抗、合作还是割裂的新的十字路口。也可以进一步讲，全球经贸活动正处于一个颇具分化特征的关键阶段和重要当口。无论是过去三年的疫情冲击、地缘经济变化，还是以美国为代表的发达经济体货币政策调整、组成基于所谓价值观同盟的"贸易统一战线"，都对全球本已十分脆弱、缺乏韧性的经贸体系带来了趋势性冲击和影响，驱使世界经济状况雪上加霜，陷入更加不稳定不确定的泥淖。

近年来，包括世界银行和国际货币基金组织等在内的国际机构纷纷下调对未来世界经济增长的预期，甚至持有十分消极的看法。作为经济全球化的两种基本样态和推动力量，多边主义和区域合作都面临着一些新形势新特点，正在成为全球产业链供应链价值链和创新链布局重构的重要推力。毋庸置疑，全球产业链供应链布局，已在发生方向性、根本性重构调整，突出特征是由"成本和市场"导向转变为"安全可控和意识形态"导向，呈现"近岸化""区域化""本土化""友岸化"外包和布局趋势；美国着力构建一系列排他性小集团，运用产业政策和国家安全法律等，如《芯片与科学法案》《通胀消减法案》，对华实施"脱钩、封堵、遏制"，重组世界产业链供应链布局结构；欧盟也开始用基于行政力的产业政策，强调确立自主可控的"经济主权"与"技术主权"；此外，日本和韩国也跟随美欧强调经济安全等。①

由此可见，全球经贸态势在诸多新的变量因素的倒逼或推动下，并非风平浪静而是暗流涌动甚至波涛汹涌，处于不同发展阶段和地缘经济政治体系中的经济体，纷纷采取日益分化的对外交往政策，不仅使全球经贸治理体系不得不面临再平衡再重构的巨大压力，而且这种再平衡和再重构所导致的超预期难预料的不稳定性将持续存在。这是百年变局下全球贸易实践的多重角力和多维变量所致不稳定性的自然投射。

二 贸易变革背后的全球产业链供应链重构

贸易变革所产生的综合效应，不仅是经济层面的，而且关涉着更深层面上产业链供应链所发生的体系性和趋势性变化。恩格斯曾在《保护关税制度和自由贸易》一文中分析道："正当自由贸易看来对德国比任何时候都更为必要的时候，德国却转而实行了保护关税制度。"② 这与当时德国自身的产业优势演变和贸易结构嬗变直接相关。当前，百年未有之大变局仍在深刻演进，世界正处于新的动荡变革期，旨在庇护一国之私利的保护主义和单边主义盛行，以各种形式或名目在世界各地发酵，特别是在以人工智能为代表的新一轮科技革命和产业变革的加持

---

① 《张道根：百年大变局加速演进，中国经济如何准确识变、科学应变？》，解放日报·上观新闻，https://www.jfdaily.com/news/detail.do?id=614295，2023年5月21日。
② 《马克思恩格斯文集》第4卷，人民出版社2009年版，第343页。

第八章 马克思恩格斯资本主义自由贸易本质批判当代价值的"中国回响"

下,各种主动的或被裹挟的贸易变革正在生发和登台。从更高站位上考量,贸易变革预示着全球产业链供应链的深刻演进和深度重构。

第一,贸易变革背后的全球产业链重构。在全球经济政治关系发生深刻嬗变演进的百年未有之大变局下,全球正处于大变革大调整的关键期,因保护主义和单边主义滋生泛起所导致的贸易变革,无疑是这一关键期中的"关键变量"。在表面上看,贸易变革仅仅是贸易模式、贸易机制、贸易形态和贸易通道的迭代升级,变革问题的深处则是更大时空范围内的产业链重构与调整。尽管可以说产业链重构是市场竞争和市场筛选的必然结果,但是外部环境特别是贸易环境的直接变化,亦是促使全球产业链调整的重要肇因。

无论是仍在加速演进的百年变局,还是延宕起伏的世纪疫情,都是促使贸易变革调整的关键因子,也带动了产业链布局的区域化和本土化倾向。2008 年国际金融危机之后,特别是世纪疫情延宕起伏的这几年,不少国家在美西方国家的带头示范和鼓噪下,打着维护民族工业安全和国家经济主权的旗号,大肆推动产业链本土化、区域化和友邦化。正可谓,随着新一轮科技革命和产业变革蓄势待发、中美大国竞争升级、新冠疫情持续蔓延等因素相互交织叠加,国际生产和贸易体系面临深度调整,全球产业链在加快数字化、绿色化、融合化重构的同时,出现了本土化、区域化、短链化等新趋势新动向。[①] 当前,脱钩断链、"小院高墙"和所谓"平行体系"的逆全球化行径,正在把它的触角伸到全球各地。如果在一些国家的撺掇怂恿和恶劣带头下,大肆出现人为割裂正常的经贸合作关系的不良倾向,那么过去几十年世界经济发展的成果很可能被肢解、消弭或吞噬。

当前,国际社会上的一些正义人士普遍担忧,一旦美国政府推行的"友岸外包""价值观同盟""自由贸易统一战线"等措施大肆落地

---

① 杨丹辉:《全球产业链重构的趋势与关键影响因素》,《人民论坛·学术前沿》2022 年第 7 期。

实施，那么战后逐步建构起来的开放的全球贸易体系，将不可避免遭到高强度、高烈度破坏，最终无论大国小国、富国穷国、资本主义国家社会主义国家，都将一同受损受害。这就是全球经贸体系利益的同频共振属性，它或许意味着一场不亚于国际金融危机的全球性灾难。在经济规律、市场竞争和各种政治力量的共同耦合作用下，持续的经贸变革和调整正在发生，这不但发生在资本主义发达国家与发展中国家之间，而且显现在资本主义发达国家内部，部分产业转移和重塑重构已经成为不可逆转的趋势，对世界各国的进出口结构正在产生重大且长期的影响。

在过去几十年里，世界经贸变革总体上以社会分工、资源禀赋和比较优势的发挥释放为基本逻辑，以产业链的全球化布局而提升生产效率、缩减成本为总体导向。正是在这种基本逻辑和总体导向下，无论是发达国家还是发展中国家都普遍获益。但是，近些年在诸多逆经济全球化因素的传导和影响下，全球的产业链在更大时空范围内的扩张和布局，明显受到限制和掣肘，变得缓慢且十分低效。再加上美国大搞贸易制裁和极限施压、新冠疫情以及俄乌冲突等多种因素的综合影响，全球的产业链布局愈发出现短链化、区域化甚至工具化、武器化的特征。可以说，在贸易变革的新境遇下，蕴含着多重变量和诸多可能性的全球产业链重构，已经成为新的趋势和演进方向。

第二，贸易变革背后的全球供应链重构。贸易变革始终是地区或全球经贸史上的一条隐性线索。事实上，每一次这样的变革，都预示着原有贸易通道的打破以及新的贸易机制的建立。恩格斯曾在《英国工人阶级状况》一文中剖析过这一现象："自由贸易意味着改革英国全部对内对外的贸易和财政政策，以适应工业资本家即现在代表着国家的阶级的利益。于是这个阶级就努力地行动起来。工业生产上的每一个障碍都被毫不留情地扫除。关税率和整个税收制度实行了根本的改革。一切都服从于一个目的，也就是服从工业资本家眼中最为重要的目的：降低各种

第八章　马克思恩格斯资本主义自由贸易本质批判当代价值的"中国回响"

原料特别是工人阶级的一切生活资料的价格，减少原料费用，压住（即使还不能压低）工资。英国应当成为'世界工厂'；对于英国来说，其他一切国家都应当同爱尔兰一样，成为英国工业品的销售市场，同时又是其原料和粮食的供应地。英国是农业世界的伟大的工业中心，是工业太阳，日益增多的生产谷物和棉花的卫星都围绕着它运转。多么灿烂的前景啊！"[①] 按照英国自由贸易派的美好愿景和顶层设计，之所以要打破保护关税制度的利益藩篱，正是因为在更大范围内推行自由贸易，符合当时工业资本家的现实利益，最终目的在于重新建构和布局工业原料的生产体系，也就是把英国自身定位和打造为辐射他国的"工业太阳"即工业中心，而其他国家诸如爱尔兰，则被迫沦为原料产地和商品倾销市场。

　　这里面蕴含着对工业生产供应链的重组和重构。尽管相较于马克思恩格斯生活的时代，全球供应链的样态、结构和机制均发生了翻天覆地的变化，但是贸易变革背后的供应链重构或再造的本质，并未发生根本性改变。当前，在包括保护主义和单边主义在内的逆经济全球化行径以及新冠疫情和数字信息技术的综合作用下，全球贸易变革的动力和推力将更加强劲，但也催生了供应链"短链"或"断链"的诸多复杂性危机。供应链危机和供应链重构，是一个问题的两个方面。一方面，供应链危机在内核本质上仍是后国际金融危机时代特别是近几年全球经贸领域多重问题在百年未有之大变局下的集中映射和积攒爆发。"冰冻三尺，非一日之寒。"从表面上察之，是延宕起伏、变幻莫测的新冠疫情冲击，造成了上游原材料开工不足、中游产能不足和输出能力下降、下游库存不足甚至处于荣枯线以下的流通梗阻状态，最终导致全球供应低效率甚至短缺空转。

　　但从长周期的深层次上看，供应链的疲软乏力或"断链"风险，则是近些年保护主义和单边主义到处蔓延发威的"自然"反映。可以

[①]《马克思恩格斯文集》第 1 卷，人民出版社 2009 年版，第 372—373 页。

说，正是这些因素驱使和倒逼全球旨在互通有无、调剂余缺、扬长避短的经贸合作受阻，甚至遭到严重的肢解和破坏，直接导致供需不匹配的资源低效率、无效率配置。当然，只不过本次疫情让全球供应链危机，在特定时间窗口内更加暴露和凸显。另一方面，危机存在，"有危也有机"，也同时意味着供应链再平衡和重构重塑的诸多可能性。供应链重构理应遵循"成本最小化、可得最便捷化、效率最优化"的基本原则，但是在百年变局仍在加速演进的时代境遇下，全球你中有我、我中有你、相互成就的供应链协作关系，变得明显弱化。一些国家出于所谓的意识形态偏见和价值观同盟考量，大肆滋扰甚至人为破坏全球供应链的安全性、韧性和可持续性。正是在这个意义上，供应链重构和再造，绝不是某一个国家的"私事"，而是世界各国的普遍"公事"，应该在相互依存、相互包容、合作共赢、守望相助的人民命运共同体理念框架下，进一步加强全球宏观政策沟通与协调，持续创新贸易新业态、新模式，不断恢复和提升全球供应链重构的公平性、安全性、稳定性和普惠性。

三 保护主义的泛起加速了世界经济的深刻调整

从历史脉络来看，保护主义是一种在世界范围内周期性泛起的经济政治现象，每一次泛起所带来的负面效应和消极影响，都是长期性的。恩格斯就曾在《保护关税制度和自由贸易》一文中深刻剖析过德国和法国的保护关税制度所带来的深层危害。在他看来，如果说"德国的保护关税制度正在杀害一只下金蛋的母鹅"[1]，那么"法国也由于保护关税制度的后果而吃了苦头。在这个国家，这种占据支配地位达200年的制度几乎成了民族生活的不可缺少的一部分。可是现在，它却越来越成为绊脚石"[2]。显然，如果说19世纪这种以加征关税为主要壁垒或手段

---

[1] 《马克思恩格斯文集》第4卷，人民出版社2009年版，第345页。
[2] 《马克思恩格斯文集》第4卷，人民出版社2009年版，第345页。

的保护主义,所造成的危害还主要弥散在一国之内或几国之间;那么21世纪再次滋生泛起的保护主义所造成的消极后果,无疑是更大范围、更深层次的。当前,百年未有之大变局仍在加速演进,世界进入新的动荡变革期,以关税壁垒和非关税壁垒为代表的新一轮贸易保护主义的登场泛起、肆虐发威,将进一步助推和加速世界经济的深刻调整,驱使复苏乏力、动能不足、协作不畅的世界经济再一次遭遇体系性、格局性的调整重构。

第一,贸易保护主义严重冲击了全球价值链。贸易保护主义是一种力图通过关税和各种非关税壁垒限制进口,从而保护国内产业免受外国商品竞争的行为与政策。2008年,美国爆发次贷危机,随即引发全球性的经济危机,导致各种形式的贸易保护主义轮番上演。[①] 说到底,贸易保护主义是一种"只顾自己,不管他人"的扩大出口、限制进口的狭隘的对外经济政治行为,通过诸如关税和非关税壁垒等规制行政手段,来试图把他国的商品和服务"堵"在外面,以期使本国商品免受竞争,并通过各类产业补贴或特殊优惠来增加自身的议程设置能力和国际竞争效能。无论是通过加征高额关税甚至惩罚性关税、技术性贸易壁垒还是滥用进出口管制条例、泛化使用知识产权措施等,本质上都是企图把他国与本国可能构成竞争的产业、商品或服务限制在国界线之外,旨在保护窗口期内的丰厚利润空间。

尽管在一定的历史窗口内,对于一个经济体而言,贸易保护主义的确有助于培育和发展民族工业、调节贸易逆差,甚至实现出口大于进口、批量创汇的国家目标;但在更高的站位上考量,大搞内顾倾向的贸易保护主义无异于饮鸩止渴、舍本逐末,任何逆经济全球化的保护主义行径都不能真正保护一国产业的长期强大,反而会错失与世界同频共振、协同进步的良好机遇。而且更为关键的是,贸易保护主义将侵蚀和打破你中有我、我中有你、互联互通的全球价值链。首先,名目繁多的

---

① 熊光清:《贸易保护主义盛行及发展的根源》,《人民论坛》2020年第3期。

保护主义大大抑制了生产要素的自由流通和有效配置，阻碍了基于市场竞争和资源禀赋所形成的国际专业化分工，最终在分散和碎片化的供应链布局中降低了全球的生产效率。

就拿近些年美国滥用的"301调查"为例，尽管这种做法援引美国国内法，对他国进行"长臂管辖"，严重悖逆国际法精神和国际关系准则，但是美国凭借自身的世界唯一超级大国和经济科技霸权优势，却一意孤行、野蛮推行，对全球自由贸易秩序和世界经济发展前景造成了严重危害。无论是在自由贸易范畴上还是在合作意义上，诸如美国之类的贸易保护主义实施国，蓄意大搞所谓的价值观联盟和产供链体系，人为阻断不同经济体之间的市场分工和协作关系，对包括中国在内的其他国家推行断供制裁、脱钩断链、极限施压，擅自推行"不遵循共同规则"的单边行动，俨然成为全球价值链的"搅局者"和"破坏者"。

第二，贸易保护主义已成为制约世界经济增长的标志性风险。在马克思和恩格斯生活的时代，在主要资本主义国家交替出现以保护关税制度为代表的贸易保护主义。当然，此时的贸易保护主义，还只是以最基础的形式即加征高额关税为主，对地区和世界经济增长的消极影响也已经初露端倪。相较于马克思和恩格斯生活的时代，当前加征高额关税和其他非关税壁垒等贸易保护主义，正在世界各地肆虐发威。在这种内顾倾向的导引下，全球经济在本已复苏艰难的情况下，如同雪上加霜，世界银行、国际货币基金组织、世界贸易组织等国际机构不仅纷纷接连下调世界经济增长的总体预期，而且普遍认识到全球经济景气度持续低迷的残酷现实。

无论是全球供给体系受到冲击、市场需求普遍疲软，还是实体经济总体不振、制造业活动萎缩，特别是欧美世界的虚拟经济循环体系梗阻，以及银行金融业的流动性危机愈发严峻，明显侵蚀甚至消解了全球经济实现恢复性增长的动力。过去几年，百年变局叠加交织延宕起伏的

第八章 马克思恩格斯资本主义自由贸易本质批判当代价值的"中国回响"

疫情,在以美国为代表的"制造业回流"和对他国加征惩罚性高额关税的保护主义行径浸染下,全球经济增长失序的境况没有得到根本性改观,甚至在俄乌冲突的大背景下,情况变得更为糟糕。在应然意义上,全球应该是一个互联互通、有序竞争的统一大市场。这也是市场经济机制下,有效配置资源的重要方式,进言之,旨在推动生产要素在全球范围内有序有效流动的自由贸易,毋庸置疑应该成为国际资源配置的优先方式和关键通道。

然而,贸易保护主义旨在通过提高关税、设置贸易壁垒、采用所谓的反倾销反补贴等手段,蓄意提高进口商品价格,阻止国外生产效率高且物美价廉的商品或服务进入本国市场;从表面上看,贸易保护主义保护了国内产业与就业安全,但实际上保护的是低效率生产,会造成商品或服务价格信号失真,使资源配置到没有比较优势的产业,而真正具有比较优势的产业却因得不到足够资源而难以发展起来;它还会对被保护产业的上下游关联产业产生影响,引起系统性的价格信号失真与资源配置扭曲。[①] 可以说,一些大国带动下的单边主义行径,不仅在长周期意义上将对这些大国的创新动力和发展效率产生严重的消极影响,而且正在严重损害以世界贸易组织为核心的全球多边贸易体制,成为影响百年变局下世界稳定和可持续发展的关键动荡源和风险点。

事实上,不管是出于通过贸易保护主义来庇护国内产业行业、劳动就业和市场份额的需求,还是其他更为错综复杂的战略战术目的,基于国际经济学和国际政治关系的基本常识,狭隘短视的贸易保护主义迟早要付出不可承受的严峻代价,而且将对世界经济产生显著的消极影响,成为影响世界经济可持续增长的关键负资产和消极变量。也正是出于对全人类共同价值和共同利益的考虑,"我们应该推动建设开放型世界经济,促进贸易和投资自由化便利化,合力打造新的全球价值链,实现经

---

① 胡乐明、种项戎:《贸易保护主义贻害世界》,《人民日报》2018年10月22日第16版。

济全球化再平衡,使之惠及各国人民"①。毕竟,名目繁多、式样各异但本质大同小异的贸易保护主义,已经愈发成为影响世界经济增长的标志性风险,除非国际社会及时做出步调一致的切实改变。

第三,贸易保护主义阻滞了经济全球化的历史进程。不难理解,贸易保护主义并不是新事物、新现象,而且贸易保护主义与自由贸易之间的博弈和斗争在历史上也始终存在。恩格斯曾剖析过美国自由贸易派与保护关税派之间的激烈利益之争,"于是,从国内贸易转向出口贸易便成为各有关工业部门的生死存亡的问题;但是,另外一些人的既定的权利和既得的利益却同它们发生冲撞,因为这些人迄今仍认为保护关税制度比自由贸易更安全,或者更有利。这样便发生了自由贸易派同保护关税派之间的长期而顽强的斗争"②。如果说19世纪的资本主义国家以相互加征高额关税为代表的贸易保护主义做法,还主要是基于免除外部国家的可能竞争而试图在保护期内来快速培育和发展民族工业体系,那么当前新一轮贸易保护主义行为,则更多的是通过"断供限供"甚至"脱钩断链"的围堵施压手段,来遏制他国的正常发展壮大。

如果说自由贸易助推甚至驱动了经济全球化的进程、提升了经济全球化的广度深度,那么贸易保护主义则阻滞了经济全球化的进程,有损和破坏国际社会长期以来有关经济全球化所达成的规则共识。尽管如同世界经济发展史上保护主义和自由贸易总是交替性出现一样,经济全球化的进程并不会一帆风顺,诸如保护主义和单边主义的逆全球化行径,从来就没有真正绝迹而是如影随形、时而登台上场。从历史经验教训来看,当贸易保护主义盛行,经济全球化就会遇到障碍,世界经济就会畏缩不前甚至陷入经济危机。一些大搞贸易保护主义的国家,看似在短期

---

① 习近平:《习近平在出席金砖国家领导人厦门会晤时的讲话》,人民出版社2017年版,第10页。

② 《马克思恩格斯文集》第4卷,人民出版社2009年版,第342页。

第八章 马克思恩格斯资本主义自由贸易本质批判当代价值的"中国回响"

内躲过了外部的"风吹雨打",赢得了一个"温室中的环境",但迟早会因缺乏压力、动力和效率而失去创新发展的能力,进而落伍于处在开放和包容环境中的他国。

这种主义害人害己的行为,将对整个世界互联互通、互通有无和取长补短、相互成就的经贸体系造成极为消极的负面影响,最终制约人类文明的发展。当前,以美国为代表的一些西方资本主义大国强国,凭借自身的经济政治优势,罔顾经济全球化的时代大势,在全球范围内甚至包括所谓的盟友之间大肆挑起贸易争端或贸易战、金融战,成为制约全球经济加快实现复苏的最主要消极因素。美国之所以这么做,既希望"内病外治""甩锅推责"式地转移转嫁国内矛盾,也体现了在世界范围内通过隐性的"薅羊毛"等手段而攫取垄断利润的狭隘思维,以及因错误的"竞争焦虑"所致的盲目遏制围堵他国正常崛起的冲动。

显然,诸如美国之类的国家已经由经济全球化和自由贸易的主导者、倡导者和受益者,堕落为贸易保护主义的恶劣示范者和消极撺掇者,直接走到了自身曾经倡导的多边贸易体制和自由贸易的对立面。不管如何"假装"站在世界道义的制高点上为自身的保护主义行径争鸣和辩护,大肆宣扬所谓的经济全球化"不平衡论""吃亏论"等多种论调,任何以经济全球化存在缺陷为借口而根本否定经济全球化,甚至把自己国内的矛盾和问题归咎到经济全球化和别的国家,大范围挑起贸易战以维护一己私利、遏制别国发展的行为,都是逆时代潮流而动,害人害己、不得人心。[①] 众所周知,任何事物都不是完美无瑕的,都始终处在完善和优化之中。毕竟,不管贸易保护主义说得多么"正义",它都将严重阻碍贸易和投资在全球范围内的自由流动和优化配置,不仅不利于全球范围内生产效能的普遍提升,而且影响人类文明在开放包容和互

---

① 任理轩:《逆全球化违背时代潮流(人民要论)》,《人民日报》2018年10月17日第7版。

学互鉴中协同发展进步。正是在此意义上，贸易保护主义阻滞经济全球化历史进程的后果，将是复杂且深远的。这值得国际社会的重视和警惕。

第二节 凝聚更加开放包容普惠平衡的经济全球化共识

马克思和恩格斯在《共产党宣言》《德意志意识形态》等重要文献中深刻揭示了经济全球化的原始动力、基本路径和演进趋势。他们指出："不断扩大产品销路的需要，驱使资产阶级奔走于全球各地。它必须到处落户，到处开发，到处建立联系"；"资产阶级，由于开拓了世界市场，使一切国家的生产和消费都成为世界性的了"。[①] 他们还在《德意志意识形态》中写道："过去那种地方的和民族的自给自足和闭关自守状态，被各民族的各方面的互相往来和各方面的互相依赖所代替了。物质的生产是如此，精神的生产也是如此"[②]，"各民族的原始封闭状态由于日益完善的生产方式、交往以及因交往而自然形成的不同民族之间的分工消灭得越是彻底，历史也就越是成为世界历史"[③]。尽管马克思和恩格斯并没有直接点出经济全球化和自由贸易的明确概念，但无疑对互联互通、互通有无、发挥比较优势的经济全球化充满期待和洞见，只不过他们是站在"地域史"向"世界史"转化的原则高度，来揭橥经济全球化和自由贸易深处的全球价值。作为经济全球化的受益者和推动者，我们在培育开放包容、普惠平衡的全球价值上，进行了富有想象力和创新力的中国探索，做出了铿锵鲜明的中国贡献。

[①] 《马克思恩格斯文集》第2卷，人民出版社2009年版，第35页。
[②] 《马克思恩格斯文集》第2卷，人民出版社2009年版，第35页。
[③] 《马克思恩格斯文集》第1卷，人民出版社2009年版，第540—541页。

第八章 马克思恩格斯资本主义自由贸易本质批判当代价值的"中国回响"

一 自由贸易所蕴含的经济全球化共识

恩格斯曾在《〈反杜林论〉旧序。论辩证法》一文中对马克思所持的自由贸易观点评价道:"他获得了成功,以致德国现代的经济学派只是由于借口批判马克思而抄袭马克思(还常常抄袭错),才胜过了庸俗的自由贸易派。"[①] 在这里,恩格斯事实上阐明了伪自由贸易派和真正的自由贸易派之间的本质区别。真正的自由贸易,是基于多边主义的互联互通和互通有无,它里面蕴含着"环球同此凉热"的包含开放、包容、普惠、平衡在内的全球价值。

第一,自由贸易精神中的开放。马克思恩格斯从来不反对基于多边主义的真正的自由贸易,他们批判和反对的只是资本逻辑下非对等非互利共赢的、虚假的自由贸易。开放是自由贸易精神的第一要义,也是一个国家繁荣发展的必由之路。开放,就是取消进出口贸易的不必要的人为限制和壁垒障碍,以及取消对本国进出口商品或服务的各种例外条款、优惠政策和特殊补贴,促使无论是商品、服务还是生产要素都能较为畅通自由地进出口和流动配置。进言之,自由贸易精神中的开放,是与"保护贸易"中的"封闭"相对而言的,它既是一国进出口中的经贸行动,也是该国对外经济政治交往所秉持的价值取向和立场态度。"回顾历史,开放合作是增强国际经贸活力的重要动力。立足当今,开放合作是推动世界经济稳定复苏的现实要求。放眼未来,开放合作是促进人类社会不断进步的时代要求。"[②] 秉持开放品格、践行自由贸易精神,不是哪一个国家应该做的特殊贡献,而是国际社会普遍应有的基本道义和交往态度。当今世界,以美国为代表的一些西方欧美大国,凭借长期积淀的先发经济科技优势,大搞双标主义,自私和狂妄地要求他国单边对其开放市场,而又对别国大搞贸易保护主义,通过加征高额关税

[①] 《马克思恩格斯文集》第9卷,人民出版社2009年版,第441页。
[②] 《习近平谈治国理政》第3卷,外文出版社2020年版,第200页。

或其他诸如技术规制和绿色环境壁垒之类的非关税壁垒,来限制他国商品入境。

这种做法从长期来看,是损人不利己的,阻挡了别人的路,也限制了自身走更远的路。就整个世界而言,各个经济体之间,将无可避免地愈发走向互通有无的开放之路,包括劳动力、资本、技术、管理和数据等在内的生产要素才能在自由流动中优化配置,各国才能在开放融通中相互满足、彼此成就。"纵观人类社会发展史,世界经济开放则兴,封闭则衰。"① 大量的历史事实,已经充分证明了这一点。换言之,"开放带来进步,封闭必然落后"②,已经成为全球经贸发展史上铁一般的确证图景。纵览世界各国发展演进的文明史,凡是那些曾在或如今仍在世界舞台上大放光彩、赢得长期发展主动权的国家,都是顺应时代发展潮流、坚持开放包容而把自身主动嵌入全球经贸网络中的国家,进而在国内改革与对外开放的良好互动中不断增强自身发展软硬实力;相反,那些只重视内部稳定和短期得失,对全球社会发生的变革视而不见,将对外开放视为洪水猛兽的国家,则会失去经济持续发展的源泉,在全球的地位也会每况愈下。

由此可见,顺应经济全球化的时代潮流、秉持以开放为重要特征的自由贸易精神,不应该是一个国家的被动选项,而是促进自身发展进步的主动选择。唯有如此,不仅一国受益,而且全世界都能在你中有我、我中有你的开放融合、互学互鉴中,协同发展、普遍进步。

第二,自由贸易精神中的包容。马克思和恩格斯曾在《德意志意识形态》中说道:"至于贸易——它终究不过是不同个人和不同国家的产品交换——又怎么能够通过供求关系而统治全世界呢?用一位英国经济学家的话来说,这种关系就像古典古代的命运之神一样,邀游于寰球之上,用看不见的手把幸福和灾难分配给人们,把一些王国创造出来,又

---

① 《习近平谈治国理政》第4卷,外文出版社2022年版,第228页。
② 《习近平谈治国理政》第3卷,外文出版社2020年版,第187页。

第八章 马克思恩格斯资本主义自由贸易本质批判当代价值的"中国回响"

把它们毁掉,使一些民族产生,又使它们衰亡;但随着基础即随着私有制的消灭,随着对生产实行共产主义的调节以及这种调节所带来的人们对于自己产品的异己关系的消灭,供求关系的威力也将消失,人们将使交换、生产及他们发生相互关系的方式重新受自己的支配。"[1] 在这里,他们阐明了贸易的"产品交换"本质,特别是在私有制消灭的情况下自由贸易活动所蕴含的包容性。

包容性是自由贸易精神的重要组成部分。包容不是罔顾国家利益原则的贸易交往,而是推动生产要素在全球更大时空范围内自由流动、高效配置。当前,百年变局叠加交织疫情,世界经济恢复的态势尚在生发和形成之中,经济发展的脆弱性更加明显,下行压力有增无减,再加上冷战思维和零和博弈思维大行其道、地缘经济政治格局仍在深刻演变,资源能源危机与全球气候变化仍在持续加剧,全球面临的和平赤字、发展赤字、治理赤字和信任赤字仍在加大。这个时候,比以往任何阶段都更加需要包容性的自由贸易精神,来重拾和激活全球经济增长的动能。进言之,国际社会也只有在尊重差异、多元竞争、你来我往、互通有无的经贸活动中不断做大共同利益的"蛋糕",不同的经济体才能在利益联动融合中,尽快求同存异、弥合分歧。这应该是人类面对世界之变、时代之变和历史之变,充分发挥富有包容性自由贸易精神、推动全球更加包容发展的题中应有之义。

第三,自由贸易精神中的普惠。自由贸易精神,既是一种开放和包容的精神,也是一种普惠的精神。自由贸易指涉的是,各经济体努力在"你来我往"的贸易和投资中彼此成就,均能在此交易过程中得到相应的利益。可以说,这种贸易形态是基于市场竞争和社会分工的自然结果,是对市场规律和资源禀赋的筛选和投射。各参与方都能在互联互通的自由贸易中扬长避短、各取所需,大家均能在贸易和投资的自由化便利化中普遍获益,而不是哪一方垄断式或单边化受益,更不能把一国的

---

[1] 《马克思恩格斯文集》第1卷,人民出版社2009年版,第539页。

经贸利益建立在另一国经贸利益的牺牲之上,也不能把一国经贸的发展构筑在另一国经贸不发展甚至贫瘠乏力之上。

这意味着践行自由贸易精神就要兼顾各方的普遍利益,而不是哪一方的一己之私;更要抛弃你死我活、你输我赢的冷战思维。人类文明已经进入 21 世纪的第三个十年,那种狭隘地追求一国之私利的做法已经陈旧过时,世界各国应该在人类命运共同体视野下携手合作、互惠互利,不断开辟合作共赢的新模式、新境界。放眼百年未有之大变局下的广袤世界,一国发展不是真正的发展,只是孤掌难鸣的"一家独奏"和"自娱自乐";唯有在互通有无、取长补短的自由贸易中实现协同联动发展,才是长远意义上的大发展、真发展。"世界繁荣稳定不可能建立在贫者愈贫、富者愈富的基础之上。每个国家都想过上好日子,现代化不是哪个国家的特权。走在前面的国家应该真心帮助其他国家发展,提供更多全球公共产品。大国要有大国的担当,都应为全球发展事业尽心出力。"[①] 世界各国不仅是利益共同体,更是责任共同体。在百年变局仍在加速演进的动荡变革期,世界各国应该立足于长远和未来,坚决抵制诸如保护主义和单边主义等诸种逆全球化行径,在不断推动贸易和投资的自由化便利化进程中,努力实现更加公平、更高质量和更可持续的均衡发展。这不仅是践行自由贸易精神的普惠要旨,更是着眼于人类未来发展的智慧之举。

第四,自由贸易精神中的平衡。恩格斯在《〈资本论〉序言》中写道:"彻底研究英国的经济状况成为国民的迫切需要的时刻,很快就会到来。这个国家的工业体系的运转——没有生产的从而没有市场的经常而迅速的扩大,这种运转就不可能进行——,已趋于停滞。自由贸易已经无计可施了;甚至曼彻斯特对自己这个昔日的经济福音也发生了怀疑。迅速发展的外国工业,到处直接威胁着英国的生产,不仅在受关税

[①] 习近平:《共迎时代挑战 共建美好未来——在二十国集团领导人第十七次峰会第一阶段会议上的讲话》,《人民日报》2022 年 11 月 16 日第 02 版。

第八章 马克思恩格斯资本主义自由贸易本质批判当代价值的"中国回响"

保护的市场上,而且在中立市场上,甚至在英吉利海峡的此岸都是这样。生产力按几何级数增长,而市场最多也只是按算术级数扩大。"①他在这里要表达的重要意涵是,曾经高调倡导自由贸易的英国自由贸易派已经发生了动摇,和当时的美国、德国、法国、荷兰、瑞士、意大利和西班牙等国相比,英国已经处于明显不利的守势地位,获利程度也已大大降低。所以,这种资本主义的自由贸易,就很难真正公平公正地维持,往往是一方获利而另一方受损的零和博弈行为。可见,自由贸易精神中的平衡问题,在马克思恩格斯生活的时代,已经明显地暴露出来。自由贸易精神中的平衡从来都不是"整齐划一""同步同速",而是要在经贸交往中兼顾不同发展阶段和经济水平国家的实际情况。

进言之,国际社会不应该简单化地拿西方发达国家的经贸标准来"拔高"要求尚处在工业"补课"中的发展中国家,也不应该任由西方发达资本主义国家凭借自身科技霸权优势,大搞基于实力和地位的贸易霸凌。可以说,自由贸易精神中的平衡,就是指,无论国家大小强弱,都能在互联互通的经贸往来中找到适合自身的位置,而不是"一家独大""赢者通吃"的不平衡不均衡局面。当然,追求自由贸易的平衡,从来都不是在经贸往来中大搞无原则无底线的"雨露均沾"或"撒胡椒面",而是基于劳动分工、市场竞争和资源禀赋,各个经济体都能在全球错综复杂的经贸网络中各得其所、各展其能、扬长避短。在这里需要特别指出的是,自由贸易精神中之所以特别强调平衡,就是为了在全球意义上杜绝或力避"贫者愈贫、富者愈富"的两极分化局面,旨在使各国均衡地分享经济全球化和自由贸易的现实红利,持续朝着互惠互利和合作共赢的全球经贸新局面稳步迈进。

二 凝聚更加开放包容的经济全球化共识

马克思恩格斯虽然并没有明确提出"经济全球化"的字眼,却多

---

① 《马克思恩格斯文集》第5卷,人民出版社2009年版,第34页。

次使用"世界市场"的概念，从侧面反映出他们对作为更大时空范围的经济往来基本准则的全球价值的深切关注。例如他们在《德意志意识形态》中说："随着美洲和通往东印度的航线的发现，交往扩大了，工场手工业和整个生产运动有了巨大的发展。从那里输入的新产品，特别是进入流通的大量金银完全改变了阶级之间的相互关系，并且沉重地打击了封建土地所有制和劳动者；冒险者的远征，殖民地的开拓，首先是当时市场已经可能扩大为而且日益扩大为世界市场。"① 当今世界，百年未有之大变局仍在加速深刻演进，诸如保护主义、单边主义、孤立主义、零和思维等逆全球化思潮，仍在四处煽风点火、趁机渔利。为了全人类的共同利益和世界各国的美好未来，有必要进一步培育开放包容的全球价值，以期全球在开放包容的价值共识中不断推进贸易和投资的自由化便利化，在你来我往、普遍受益中构建休戚与共的命运共同体。

第一，培育开放包容全球价值的重要意义。历史是最好的"教科书"，也是最好的"清醒剂"，不妨从"二战"后自由贸易秩序初步建立以来的历史梗概来管窥端倪，"二战"后"全球有13个经济体实现25年多的高速增长，其共同特征就是采取开放政策"②。由此可见，开放包容绝不是一句空话。开放包容就是指贸易和投资方面要坚持公平公正的原则精神，为与各经济体进行互联互通的自由贸易和经济技术各方面交流创造一系列便利条件，而不是蓄意设置壁垒和障碍，大搞单边主义的霸凌行动。

2022年11月，习近平主席应邀在亚太经合组织（APEC）工商领导人峰会上发表题为《坚守初心 共促发展 开启亚太合作新篇章》书面演讲，他重点以亚太经济增长为例，精妙阐释了亚太地区走开放包容之路的发展红利。"二战"后，特别是进入21世纪以后，总体和平稳定而又快速发展的"亚太样板"，就已经生动且确凿地说明，开放包

---

① 《马克思恩格斯文集》第1卷，人民出版社2009年版，第562页。
② 《习近平谈治国理政》第1卷，外文出版社2018年版，第350页。

容是人类繁荣进步和世界和平发展的基础性条件。几十年来，亚太各经济体秉持开放包容的基本要旨，遵循践行自由贸易的总基调，循序渐进地打破了市场分割，做实做大经济合作的纽带，积极与世界各国进行经贸往来，为全球经济发展和世界进步开辟了广袤的新空间。

其中，亚太经合组织秉持开放包容的区域主义，积极支持经济全球化，坚持多样性和非歧视原则，有效构筑了包容普惠、协同联动的地区合作框架。可以毫不讳言，也正是凭借和依托这种开放包容、互通有无、取长补短的大胸怀、大格局，亚太地区才得以抓住并用好经济全球化所带来的技术红利和诸多增长机遇，在区域经济一体化、地区自由贸易、地区经济治理机制等方面走在了国际前列，树立了合作榜样，赢得了世界信誉。"开放带来进步，封闭必然落后。阻滞甚至拆解亚太地区长期形成的产业链供应链，只会使亚太经济合作走入'死胡同'。"① 开放包容绝不是一句场面上的道义辞令，而是能够真正转化为实实在在行动和务实成果的全球价值。

事实上，世界各国早已成为一个"一荣俱荣、一损俱损"的利益共同体。如果大家都从各自的一国之狭隘私利出发，那么各国就会相互倾轧、以邻为壑、大肆推行损人不利己的短视经贸政策，企图"在赌他国输中本国赢"，整个世界避免不了陷入双输多输的对抗分裂格局。相反，如果各国都能站在全人类共同利益和长远利益的战略高度来想问题、做决策、办事情，那么国际社会就会互相包容、彼此开放、相互支持，在互联互通和扬长避短中得到协同发展、增进共同利益。这既是全球互惠互利、合作共赢发展的深刻历史辩证法，也是秉持开放包容全球价值的理性行动。

第二，培育开放包容的全球价值重在坚定支持经济全球化时代大势。"海纳百川，有容乃大。"世界发展的多样性和各经济体发展的差

---

① 习近平：《习近平在亚太经合组织第二十九次领导人非正式会议上的讲话》，人民出版社2022年版，第3页。

异性,都应该被正视和尊重,有"五颜六色"的差异才有"五湖四海"的活力、争先恐后谋发展的动力,因此应该坚持以开放包容的心态来对待全球各国发展的不同阶段性,自觉把各自的发展差异转化为发展的活力和动力,而非世界经济合作协作的直接障碍。若做进一步考量,也正因为多样性和差异性,世界各经济体更应该进一步支持并推动经济全球化,真心希冀世界各国在你来我往的经贸互动中求同存异、取长补短,基于劳动分工、市场规律和资源禀赋优势来谋划自身发展和推动世界各国的共同发展。"历史地看,经济全球化是社会生产力发展的客观要求和科技进步的必然结果,不是哪些人、哪些国家人为造出来的。经济全球化为世界经济增长提供了强劲动力,促进了商品和资本流动、科技和文明进步、各国人民交往。"① 中国在支持并推动全球开放包容发展之路上供给了东方智慧、做出了不可或缺的独特贡献。

我们深刻认识到,开放"是国家繁荣发展的必由之路。必须顺应我国经济深度融入世界经济的趋势,奉行互利共赢的开放战略,坚持内外需协调、进出口平衡、引进来和走出去并重、引资和引技引智并举,发展更高层次的开放型经济,积极参与全球经济治理和公共产品供给,提高我国在全球经济治理中的制度性话语权,构建广泛的利益共同体"②。我们已经深刻地把开放镌刻在中国特色社会主义发展道路之中。众所周知,当前世界之变、时代之变和历史之变,正在以前所未有的程度地演绎和展开。中国是经济全球化的重要受益者,也是推动经济全球化走出"十字路口"的困局、走向下一个阶段的关键力量。"实践证明,过去40年中国经济发展是在开放条件下取得的,未来中国经济实现高质量发展也必须在更加开放条件下进行。这是中国基于发展需要作出的战略抉择,同时也是在以实际行动推动经济全球化造福世界各国人民。"③

---

① 《习近平谈治国理政》第 2 卷,外文出版社 2017 年版,第 477 页。
② 《全面建成小康社会重要文献选编》下,人民出版社、新华出版社 2022 年版,第 849 页。
③ 《习近平谈治国理政》第 3 卷,外文出版社 2020 年版,第 194 页。

在高水平对外开放问题上，中国不仅说得响亮，做得更加扎实。"中国坚持经济全球化正确方向，推动贸易和投资自由化便利化，推进双边、区域和多边合作，促进国际宏观经济政策协调，共同营造有利于发展的国际环境，共同培育全球发展新动能。"① 开放包容的全球价值从来都不是一句空话，而是构筑在推动经济全球化特别是自由贸易的实际行动中。

我们从构建人类命运共同体的战略高度出发，深刻回答了经济全球化的时代大势和未来走向，并务实理性地把"一带一路"倡议打造为包容性经济全球化的新路径，而且该倡议也愈发成为推动经济全球化不断进阶的新引擎，为引导经济全球化朝着更加开放包容、更加稳定可持续的方向发展演进，供给了中国方案。可以说，中国的有益做法，有助于进一步深化人类对经济全球化的规律性认知。当然，在培育开放包容的全球价值进程中，还要正确地对待经济全球化这一时代大势的"双刃剑"效应。"经济全球化是一把双刃剑，既为全球发展提供强劲动能，也带来一些新情况新挑战，需要认真面对。"② 不难理解，也正是因为经济全球化是时代大势，它也带来了一些新情况、新问题甚至新挑战，我们更应该秉持开放包容的全球价值观，来应对世界经济发展道路上的各种不稳定性、不确定性和超预期难预料的变量因素。唯有开放包容，人类才能在利益共同体意义上携手前行、共克难题、行稳致远。

三 凝聚更加普惠平衡的经济全球化共识

马克思曾深刻剖析过世界市场形成和扩展背后的资本驱动力："资本一方面要力求摧毁交往即交换的一切地方限制，征服整个地球作为它的市场，另一方面，它又力求用时间去消灭空间，就是说，把商品从一

---

① 习近平：《高举中国特色社会主义伟大旗帜 为全面建设社会主义现代化国家而团结奋斗——在中国共产党第二十次全国代表大会上的报告》，人民出版社2022年版，第61页。
② 习近平：《深化伙伴关系 增强发展动力——在亚太经合组织工商领导人峰会上的主旨演讲》，《人民日报》2016年11月21日第3版。

个地方转移到另一个地方所花费的时间缩减到最小限度。资本越发展，从而资本借以流通的市场，构成资本流通空间道路的市场越扩大，资本同时也就越是力求在空间上更加扩大市场，力求用时间去更多地消灭空间。"① 在世界市场的形成过程中，无论是时间还是空间，都被资本的最大化逐利机制高度压缩，这既生成了巨大的社会财富，也同时滋生了严重的全球发展不平衡即贫富鸿沟。可以说，资本逻辑下的全球价值，只能是服从和服务于资本主义大国强国的"小圈子""阵营化"价值，唯有在人类命运共同体意义下，才能真正培育出旨在追求普惠平衡的全球价值。

第一，培育普惠平衡的全球价值，关键在于缩小全球贫富差距。培育普惠平衡的全球价值，不是一句站在道义制高点上的空话，更不是回避问题的泛泛而谈。在百年未有之大变局仍在深刻演进的当下，包括单边主义和保护主义在内的逆全球化行径在全球各地发威肆虐。这不仅无助于解决全球贫富差距过大的问题，反而进一步拉大和加深了全球贫富差距的鸿沟。因此，培育平衡普惠的全球价值重在落地落实，关键是缩小全球贫富差距。日益拉大的全球贫富差距，不是哪一国的独特问题，而是普遍存在的全球性议题。正如习近平指出："世界经济陷入低迷，经济全球化遭遇逆风，单边主义、保护主义抬头，公平和效率、增长和分配、技术和就业等矛盾更加突出，贫富差距仍普遍存在。"② 缩小全球贫富差距是一个任重道远的艰巨任务，着力点在于不能任由一些大国强国垄断全球发展的红利，而要推动更加普惠平衡的全球发展。

一国的孤立发展或单边发展，从长远意义上讲并不是可持续的发展，世界各国都能在贸易和投资的自由化便利化中实现共建共享的协同发展，才是长远意义上的真发展、大发展，才能具有支撑长期发展的民意基础和可持续动能。"世界繁荣稳定不可能建立在贫者愈贫、富者愈

---

① 《马克思恩格斯文集》第 8 卷，人民出版社 2009 年版，第 169 页。
② 《习近平谈治国理政》第 4 卷，外文出版社 2022 年版，第 419 页。

富的基础之上。每个国家都想过上好日子,现代化不是哪个国家的特权。走在前面的国家应该真心帮助其他国家发展,提供更多全球公共产品。大国要有大国的担当,都应为全球发展事业尽心出力。"① 无论是中国提出的全球发展倡议、全球安全倡议还是全球文明倡议,都着眼于全球共同发展的长远目标和现实需要,凝聚处在不同发展阶段经济体的利益最大公约数,在促进国际共识中培育全球发展新动能,不让一个国家掉队,努力保障世界各国特别是发展中国家都能在经济全球化进程中找准用好自身的位置。

培育普惠平衡的全球价值、缩小全球贫富差距,关键在于付诸务实有效的行动。尽管中国自身仍是世界上最大的发展中国家,而且国内存在着不平衡不充分的诸多问题,但我们基于构建全人类命运共同体的宏观视野,致力于推动全球共同发展,努力使世界各国都能在经济全球化进程中均衡发展、普遍受益。

目前,由中方倡导发起的"全球发展倡议之友小组"成员已逾60国,创设的全球发展和南南合作基金,正逐步加大对联合国和平与发展基金的投入力度,合作清单也越来越具有落地性,已经同100多个国家和国际组织携手共同推进这一倡议,按照"尽力而为,量力而行"原则积极为联合国2030年可持续发展议程提供新助力新推力。② 再如,中国联合其他新兴经济体和发展中国家,在联合国、国际货币基金组织、世界银行、金砖国家、二十国集团等多边框架下强化宏观政策衔接协调,共同应对全球贫困的沉疴旧疾。

事实上,解决全球贫富差距问题,关键是国际社会要在和平与发展问题上达成高度共识,共同"筑墙"而不是相互"拆墙",相互对话而不是无端地对抗,相互交流而不是彼此隔阂,大家携起手来、群策群

---

① 习近平:《共迎时代挑战 共建美好未来——在二十国集团领导人第十七次峰会第一阶段会议上的讲话》,《人民日报》2022年11月16日第02版。
② 习近平:《共迎时代挑战 共建美好未来——在二十国集团领导人第十七次峰会第一阶段会议上的讲话》,《人民日报》2022年11月16日第02版。

力、共同发力，推动世界经济加快实现复苏性增长。"我们既要把握当下，统筹疫情防控和经济发展，加强宏观经济政策支持，推动世界经济早日走出危机阴影，更要放眼未来，下决心推动世界经济动力转换、方式转变、结构调整，使世界经济走上长期健康稳定发展的轨道。"① 对于世界而言，唯有做大"蛋糕"，才能有"蛋糕"可分；同时也只有分好"蛋糕"，大家才有更大的动力和活力去做更大的"蛋糕"，二者之间是一个良性的正循环。当然，世界各国的共同利益越大，不断提升"你中有我、我中有你"的利益融合水平，也就越能制止各种分裂和对抗的冲动，国际社会才能在利益交锋交融中真正成为利益共同体和责任共同体。正是在这个意义上，培育普惠平衡的全球价值，关键在于落到实处，通过共同的协同发展进步来对冲和缩小全球贫富差距，也即不断"提升全球发展的公平性、有效性、包容性，努力不让任何一个国家掉队"②。反过来讲，全球贫富差距缩小了，国际社会才能对普惠平衡的全球价值更有信心、更加认同。

第二，培育普惠平衡的全球价值，重点在于继续完善全球治理。培育普惠平衡的全球价值，除了努力缩小全球贫富差距，还要继续完善全球治理、增强各经济体在全球经贸活动中的利益汇合点。完善全球治理，着力点在于通过务实理性的全球行动，努力打破由少数大国强国垄断全球经贸秩序的国际经济政治旧格局。譬如，世界贸易组织的前身关税与贸易总协定，它是一种由美国霸权主宰而提供的国际公共产品，从根本上说是为市场经济国家设计的一整套国际经贸制度和原则，反映的是"最强大成员的意志和利益"，而 21 世纪以来，新兴经济体的兴起、贸易摩擦的加剧以及"逆全球化"趋势的深入，使得国际经济秩序开始出现重构。③ 这就为完善全球治理、推进国际关系的民主化，提供了

---

① 《习近平谈治国理政》第 4 卷，外文出版社 2022 年版，第 460 页。
② 《习近平谈治国理政》第 4 卷，外文出版社 2022 年版，第 480 页。
③ 黄河：《贸易保护主义与国际经济秩序》，《深圳大学学报》（人文社会科学版）2019 年第 3 期。

难得的机遇。

完善全球治理，重点在于增强全球发展的包容性、普惠性和平衡性。简言之，就是应在践行自由贸易准则中，合理充分照顾到不同发展阶段和经济科技水平国家的普遍利益，而不是某个霸权国家的一己私利。这就要求各国坚定顺应经济全球化的时代大势，支持以世界贸易组织为核心的多边贸易体制，共同致力于建设全球统一大市场规则、国际金融一体化规则和世界贸易一体化规则，一些大国要坚决杜绝为了围堵打压特定国家而大肆破坏市场经济规则、人为割裂国际分工体系的做法。那种大搞"平行体系""小院高墙"的行径，将严重侵蚀和破坏全球产业链供应链的稳定、韧性和安全。

世界各国应该普遍深刻地认识到，一国的发展不应该更不能建立在另一国的不发展基础之上，全球是一个错综复杂的利益共同体和责任共同体。世界应该通过国际法和国际关系准则，来有力破除"合则用，不合则弃"的经贸双重标准，在各经济体同向同行、同频共振的发展中，持续提升全球治理的协同性、有效性，缩小和弥合全球仍然面临的发展赤字、和平赤字、治理赤字和信任赤字。

近些年，中国矢志不渝地为增进世界各国民生福祉、实现全人类共同发展而摇旗呐喊、贡献中国智慧。我们从不回避和绕开全球发展面临的一系列严峻问题，在国际社会上积极主张不断提升新兴市场国家和发展中国家的参与度及代表性，努力推动世界经济朝着开放、包容、平衡和普惠的方向发展。"团结就是力量，分裂没有出路。我们生活在同一个地球村，面对各种风险挑战，应该同舟共济。以意识形态划线，搞集团政治和阵营对抗，只会割裂世界，阻碍全球发展和人类进步。人类文明已经进入 21 世纪，冷战思维早已过时。我们应该携手努力，开辟合作共赢的新境界。各国应该相互尊重，求同存异，和平共处，推动建设开放型世界经济，不应该以邻为壑，构筑'小院高墙'，搞封闭排他的'小圈子'。我历来主张，二十国集团要坚守团结合作初心，传承同舟共济精神，坚持协商一致原则。正如印尼谚语所说，甘蔗同穴生，香茅成丛长。分裂对抗不符合任何一方利益，团结共生才是正确选择。"①

言胜于行。中国不仅是这么说的，更是这么铿锵地践行和落地的。我们始终强调，世界各国不分大小强弱，都应该在普惠平衡的发展中获得一席之地、各得其所、各扬其长，主张在推动构建新型国际关系中扩大各国利益的聚合点、耦合点，不断提升全球治理的效能。当然，只要全球治理的效能不断提升，各国都能在世界发展的大潮中普遍获利获益，普惠平衡的全球价值必将更加深入人心、及时转化为推动世界经济发展的新动力。

第三节 践行基于人类共同利益的真正的多边主义

马克思恩格斯在对资本主义自由贸易进行本质批判的历程中，尽管没有明确提出"多边主义"的字眼或概念，却借以剖析和批判英国自由贸易派试图把本国打造为先进"工业区"而使其他国家沦为其服务落后"农业国"的单边主义行径，进而追求兼顾各方普遍利益的真正的自由贸易的宏观愿景。党的十八大以来，面对动荡变革、逆全球化思潮肆虐的外部世界，习近平基于维护全人类共同利益的国际视野，统筹考量"两个大局"，科学准确把握世界发展大势和时代演进趋势，明确反对包括保护主义和单边主义在内的各种逆全球化行径，倡导自由贸易精神，推动贸易和投资的自由化便利化，强调秉持和践行符合全人类共同利益的真正的多边主义。"我们必须完善全球治理，践行真正的多边主义。世界只有一个体系，就是以联合国为核心的国际体系。只有一个秩序，就是以国际法为基础的国际秩

---

① 习近平：《共迎时代挑战 共建美好未来——在二十国集团领导人第十七次峰会第一阶段会议上的讲话》，《人民日报》2022年11月16日第02版。

序。只有一套规则，就是以联合国宪章宗旨和原则为基础的国际关系基本准则。"① 可以说，践行符合全人类共同利益的真正的多边主义，正是应对全球化新变局、推动新型经济全球化开新局、推动构建人类命运共同体大格局的中国智慧、中国方案。

一 推动贸易和投资的自由化便利化

马克思和恩格斯在《神圣家族》中说：诸如行业活动并不会随着行业特权、行会特权、同业公会特权的取缔而消解，地产并不随着享有特权的土地占有制的取消而被取消，"贸易并不因贸易特权的取消而被取消，相反，它只有通过自由贸易才获得真正的实现"②。他们在批判资本主义自由贸易中，透视和展望了未来真正的自由贸易的图景。在"二战"后相当长的时间内，以美国为代表的西方强国曾是经济全球化和自由贸易的有力推动者，但近年来事情正在发生急剧甚至戏剧性的变化，"20年前甚至15年前，经济全球化的主要推手是美国等西方国家，今天反而是我们被认为是世界上推动贸易和投资自由化便利化的最大旗手"③。中国坚定维护以世界贸易组织为核心的多边贸易体制，反对包括保护主义、单边主义和孤立主义在内的任何侵蚀经济全球化的错误行径，以自身理性务实的行动作为，来推动世界贸易和投资的自由化便利化，不断地为这个充斥着诸多超预期难预料因素的动荡世界注入正能量、添加稳定性。

第一，坚决反对任何形式的贸易保护主义。众所周知，作为全球公共产品的自由贸易，有助于商品、服务、劳动、信息和投资等超越国界，在全球更大市场内流动和配置，可以有效地降低各参与方的交易成本，是一种双赢多赢的互惠互利行为。但是近年来，保护主义、单边主

---

① 《习近平谈治国理政》第4卷，外文出版社2022年版，第470页。
② 《马克思恩格斯文集》第1卷，人民出版社2009年版，第316页。
③ 《习近平谈治国理政》第2卷，外文出版社2017年版，第212页。

义叠加交织"地缘政治回归论""世界碎片论""经济全球化发达国家吃亏论"等论调,已经成为影响全球经济发展的关键动荡源和风险点。

中国作为世界第二大经济体,是经济全球化的重要受益者,更是新一轮经济全球化驶向更高水平的坚定支持者、有力推动者和切实践行者。"相通则共进,相闭则各退。"这既是中国自身发展历史沉浮的切身体会,也是国际经贸发展的历史规律。尽管世界经济格局正在深刻调整,经济全球化遭遇明显的曲折波折,基于市场规律和资源禀赋的自由贸易体制遭遇明显的冲击和解构,但是中国始终做经济全球化和自由贸易的旗手,为推动生产要素在全球范围内的自由流动鼓与呼,坚定不移地顺应这一浩浩荡荡的时代大势。

长期以来,我们致力于改革与开放同频共振的双元互动发展模式,坚定不移地支持经济全球化,反对高筑壁垒、以邻为壑的零和博弈模式或新冷战思维,以实实在在的行动来助推经济全球化走向更高水平。"国际贸易和投资等经贸往来,植根于各国优势互补、互通有无的需要。各国应该坚持开放的政策取向,旗帜鲜明反对保护主义、单边主义,提升多边和双边开放水平,推动各国经济联动融通,共同建设开放型世界经济。"① 我们站在人类命运共同体的战略高度和利益共同体的长远角度,坚决反对诸如加征高额关税、泛化国家安全概念、滥用进出口管制条例、大搞绿色环保壁垒、人为设置技术障碍等任何形式的保护主义举措,倡导在互联互通、互通有无中取长补短、扬长避短。

毕竟,大搞保护主义只能"保护"国内产业的"一时""一域",同时必然会因缺乏与世界的经济技术交流而错失诸多重大发展机遇,技术创新和生产效率就会因为陷入保护主义创造的"舒适区"而受到严重掣肘。在这方面,世界经贸发展史上有着太多的鲜明实例。因此,"不能一遇到风浪就退回到港湾中去,那是永远不能到达彼岸的。我们要下大气力发展全球互联互通,让世界各国实现联动增长,走向

---

① 《习近平谈治国理政》第3卷,外文出版社2020年版,第201页。

第八章 马克思恩格斯资本主义自由贸易本质批判当代价值的"中国回响"

共同繁荣。我们要坚定不移发展全球自由贸易和投资,在开放中推动贸易和投资自由化便利化,旗帜鲜明反对保护主义。搞保护主义如同把自己关进黑屋子,看似躲过了风吹雨打,但也隔绝了阳光和空气。打贸易战的结果只能是两败俱伤"[1]。正是基于对历史和时代发展大势的深刻思考和战略考量,我们连续成功举办了多届进口博览会,这是中国政府坚定支持经济全球化和自由贸易、主动向世界开放市场的重大行动,为世界各国展示本国经济科技发展成果、开展新型国际经贸往来搭建了新平台,创建了新机制。当然这也展示出中国"言必信,行必果",以实际行动反对贸易保护主义、推动贸易自由化、助力世界经济加快复苏的大国担当。

可以说,中国反对任何形式的贸易保护主义,这既是对清代"闭关锁国"贸易政策让中国与世界隔绝进而落伍的历史教训的深刻反思,也是对百年未有之大变局下,人类历史走向"开放还是封闭""合作还是分裂""对话还是对抗"等时代重大问题的深邃思考、主动担当、积极作为。我们自身不断扩大高水平对外开放,支持以世界贸易组织为核心的多边贸易体制,积极引领并着力推动贸易和投资的自由化便利化,及时有力回击各种逆全球化的错误行径、保护主义的杂音噪声、新冷战思维的错误做法,以期在澄清澄明、防范化解贸易保护主义的诸种负面后果中,找到符合全人类共同利益的开放包容发展之路。正是在这一过程中,我们不仅发展了自己,而且造福于世界,绘就了"各美其美、美美与共"的人类生动画卷。

第二,共建"一带一路"助推贸易投资自由化便利化。"一带一路"倡议源于中国,但成果却属于全世界和全人类。它不仅仅是一条文明之路、创新之路,更是一条繁荣之路、开放之路。"一带一路"是中国积极与沿线国家发展经济贸易关系的合作倡议,高举和平发展与多边主义的大旗,助力于共同打造互联互通、互惠互利的利益共同体、命运

---

[1] 《习近平谈治国理政》第2卷,外文出版社2017年版,第481页。

共同体和责任共同体。目前，中国已经与 150 多个国家、30 多个国际组织签署 200 余份共建"一带一路"合作文件。这一伟大倡议，愈发成为世界范围内推动贸易和投资自由化便利化的国际公共产品。"共建'一带一路'倡议源于中国，但机会和成果属于世界，中国不打地缘博弈小算盘，不搞封闭排他小圈子，不做凌驾于人的强买强卖。"[①]"一带一路"在初心和使命上，从来都不是要打造什么专属的"小圈子"，更不是个别国家带头鼓噪的所谓"亚洲版马歇尔计划"，更不是地缘经济政治博弈的武器和工具。

这一"倡议的根本出发点和落脚点，就是探索远亲近邻共同发展的新办法，开拓造福各国、惠及世界的'幸福路'。中方真诚希望，共建'一带一路'同欧亚经济联盟建设对接合作走深走实，各国团结协作、勠力同心，携手开创亚欧合作新局面"[②]。应该说，放眼整个世界，没有哪个国家比我们更能体会"开放带来进步，封闭导致落后"的深刻历史教训。中国近代的落后和现代当代的奋起直追的鲜明对比，深刻地说明，对于任何一个国家而言，开放如同破茧成蝶，尽管会经历一时阵痛甚至较强的外部竞争，但终将换来新生，真正地融入全球经济科技发展的大网络，而不是落伍于世界，无情地被时代所淘汰。"一带一路"倡议实施以来，中国对沿线国家投资快速增长。[③] 这条路所带来的收益，已经超越沿线国家和地区，成功辐射到全世界，成为推动全球贸易和投资自由化便利化的"一道亮丽的风景线"。

"一带一路"倡议提出 10 年来，中国始终遵循"和平合作、开放包容、互学互鉴、互利共赢"的新时代丝路精神，加强彼此在政策沟通、设施联通、贸易畅通、资金融通、民心相通"五通"领域的深度

---

① 《习近平谈治国理政》第 3 卷，外文出版社 2020 年版，第 196 页。
② 《习近平出席欧亚经济联盟第二届欧亚经济论坛全会开幕式并致辞》，《人民日报》2023 年 5 月 25 日第 01 版。
③ 任雪梅、陈汉林：《中国对"一带一路"沿线国家直接投资贸易效应的实证》，《统计与决策》2020 年第 3 期。

第八章 马克思恩格斯资本主义自由贸易本质批判当代价值的"中国回响"

合作,对于沿线国家的基础设施建设、经济发展、科技进步、民生福祉改善等诸多领域产生了提质增效作用。特别需要指出的是,为了在沿线地区进一步提升合作效能,推动贸易和投资在更高水平落地转化,中国与越来越多的沿线国家本着相互尊重、互利共赢的基本精神,积极签署了自由贸易协定或合作备忘录。这一方面有助于把作为国际交往基本要素的贸易和投资推上制度化、法治化的合作快车道;另一方面,也有助于进一步倒逼和助推我国自贸区战略迭代升级,更好地适应百年变局下全球经贸发展的新形势、新要求。这些自贸协定,从来都不是地缘博弈的武器或工具,而是通过"一带一路"倡议推进贸易和投资自由化便利化的重大务实战略之举。无论是致力于建设公平公正的贸易投资环境、打造互联互通的软硬件基础设施,还是建设开发性金融机制、青年人文交流,都正在为充斥着逆全球化阴霾的世界树立正面样板、做出积极贡献。

所以,通过"一带一路"倡议来助推全球贸易和投资的自由化便利化。一方面,对于中国而言,"通过共建'一带一路',提高了国内各区域开放水平,拓展了对外开放领域,推动了制度型开放,构建了广泛的朋友圈,探索了促进共同发展的新路子,实现了同共建国家互利共赢"①;另一方面,对于世界而言,也为保护主义和单边主义此起彼伏、充斥着诸多不稳定不确定因素的当今世界开辟了新空间,培育了新动能,注入了正能量。

第三,坚定不移地推进高水平对外开放。对外开放是我们的基本国策,任何时候都不会动摇,对外开放的大门只会越开越大,永远都不会关上。毋庸置疑,我们是对外开放的重要受益者,也是倡导高水平对外开放的坚定践行者和推动者。习近平曾在第十四届全国人民代表大会第一次会议上的讲话中指出:"中国的发展惠及世界,中国的发展离不开世界。我们要扎实推进高水平对外开放,既用好全球市场和资源发展自

---

① 《习近平谈治国理政》第 4 卷,外文出版社 2022 年版,第 495 页。

己，又推动世界共同发展。"① 通过对外开放不断获得发展的外部资源特别是技术红利，不是哪一个国家的"专利"，而是世界各国应有的普遍权利。

改革开放40多年来，我们始终积极拥抱世界，主动顺应并运用经济全球化的时代大势，在推动劳动力、资本、技术、管理和数据等生产要素在全球范围内自由流动配置方面，做出了鲜明的中国探索和重大的中国贡献。特别是党的十八大以来，我们积极参与联合国、世界贸易组织、世界银行、国际货币基金组织、亚太经济合作组织、二十国集团、区域全面经济伙伴关系协定等世界性或地区性多边机制，不断提升与世界各国的经贸联系程度和合作水平。对于我们这个世界第二大经济体、世界货物贸易第一大国而言，坚定不移地推动高水平对外开放，绝不是一句的"外交辞令"，而是实打实、硬碰硬的政治宣示和政策行动。

在全面建设社会主义现代化国家的新征程上，我们正在目标清晰、有条不紊地推进以制度型开放为核心的高水平对外开放。推进高水平对外开放重在"依托我国超大规模市场优势，以国内大循环吸引全球资源要素，增强国内国际两个市场两种资源联动效应，提升贸易投资合作质量和水平。稳步扩大规则、规制、管理、标准等制度型开放。推动货物贸易优化升级，创新服务贸易发展机制，发展数字贸易，加快建设贸易强国。合理缩减外资准入负面清单，依法保护外商投资权益，营造市场化、法治化、国际化一流营商环境。推动共建'一带一路'高质量发展。优化区域开放布局，巩固东部沿海地区开放先导地位，提高中西部和东北地区开放水平。加快建设西部陆海新通道。加快建设海南自由贸易港，实施自由贸易试验区提升战略，扩大面向全球的高标准自由贸易区网络。有序推进人民币国际化。深度参与全球产业分工和合作，维护

---

① 《十四届全国人大一次会议在京闭幕——习近平发表重要讲话》，《人民日报》2023年3月14日第01版。

第八章　马克思恩格斯资本主义自由贸易本质批判当代价值的"中国回响"

多元稳定的国际经济格局和经贸关系"①。在新时代新征程，我们赓续对外开放的优良传统，推进高水平对外开放，不是被动为之，更不是所谓的权宜之计，而是我们站在时代大势和全人类共同利益的战略高度所做出的高瞻远瞩之策。

对此，着力点在于，扎实做好高水平对外开放各项工作，以实现高质量发展为首要任务，不断增强社会主义现代化建设的动力和活力，不断推动经济实现质的有效提升和量的合理增长。② 可以说，尽管诸种逆全球化思潮暗流涌动、甚嚣尘上，但是我们深谙"相通则共进，相闭则各退"的历史铁律，在新的历史发展境遇下，我们对外开放的大门只会越开越大。"中国推动更高水平开放的脚步不会停滞！中国推动建设开放型世界经济的脚步不会停滞！中国推动构建人类命运共同体的脚步不会停滞！"③不仅不会停滞，而且从传统的商品、要素的流动型开放，正在加快转向包含规则、规制、标准和管理在内的制度型开放。这才是富有辨识度、含金量的高水平对外开放应有的负责任姿态和大国务实行动。

第四，努力建设更高水平开放型经济新体制。在马克思和恩格斯生活的时代，尽管当时的英国、法国、美国、德国和俄国等资本主义国家在实行自由贸易还是保护关税制度问题上存在很大的分歧，但是它们已经深刻地洞见到人类社会终将随着私有制的瓦解而走向自由贸易的新阶段。正如恩格斯在《保护关税制度和自由贸易》中所言："如果目前有一个国家接受自由贸易，它这样做当然不是为了让社会主义者高兴。它这样做是因为自由贸易已经成了工业资本家的一种必要。但是，如果这个国家拒绝自由贸易而抓住保护关税制度不放，好

---

① 习近平：《高举中国特色社会主义伟大旗帜　为全面建设社会主义现代化国家而团结奋斗——在中国共产党第二十次全国代表大会上的报告》，人民出版社2022年版，第32—33页。
② 王镭：《扎实推进高水平对外开放》，《红旗文稿》2023年第7期。
③ 《习近平谈治国理政》第3卷，外文出版社2020年版，第202页。

让期待社会灾难的社会主义者大失所望,那么这也丝毫无损于社会主义的前途。"① 互联互通、互通有无、取长补短的自由贸易,终将是全球经贸发展的必然趋势和时代大势,这是不以任何人的意志为转移的。

中国是经济全球化和自由贸易的重要受益者,也一直是经济全球化和自由贸易的有力推动者和躬身践行者,一直致力于推动贸易和投资的自由化便利化,努力建设更高水平、更富含金量的开放型经济新体制。"中国将坚持实施更大范围、更宽领域、更深层次对外开放,坚持走中国式现代化道路,建设更高水平开放型经济新体制,继续同世界特别是亚太分享中国发展的机遇。"② 建设更高水平的开放型经济新体制,不仅是一种站位高远的恢宏理念,更是一种落地践行的行动清单,重在依托加快建设贸易强国、营造国际一流营商环境、深度拓展对外经贸关系和引领提升全球经济治理水平等关键举措,同步建立市场配置资源新机制,形成经济运行管理新模式,形成全方位开放新格局,形成国际合作竞争新优势。③ 更进一步言之,中国作为世界上最大的发展中国家和新兴市场国家的重要代表,会更好地发挥市场在资源配置中的决定性作用,更好地发挥政府作用,加快培育国际合作与竞争新优势,更加积极地统筹好发展与安全的关系,推进内需与外需平衡,在扩大高水平对外开放中树立正确义利观,坚决带头抵制你输我赢的零和博弈思维和新冷战思维,在全人类共同利益和共同价值战略框架下推动与世界各国的协作,坚定支持经济全球化和践行自由贸易精神,努力构建互利共赢、多元平衡、安全高效的开放型经济新体制。

无论是自贸区还是自贸港,作为在"境内关外"设立的,以贸易

---

① 《马克思恩格斯文集》第 4 卷,人民出版社 2009 年版,第 349 页。
② 习近平:《习近平在亚太经合组织第二十九次领导人非正式会议上的讲话》,人民出版社 2022 年版,第 12 页。
③ 《中共中央 国务院关于构建开放型经济新体制的若干意见》,《人民日报》2015 年 9 月 18 日第 01 版。

自由化、便利化为主要目的的多功能经济性特殊区,事实上都是中国主动缩减关税壁垒的战略性举措,是构建开放型经济新体制的重要作为。"我们实行更加积极主动的开放战略,构建面向全球的高标准自由贸易区网络,加快推进自由贸易试验区、海南自由贸易港建设,共建'一带一路'成为深受欢迎的国际公共产品和国际合作平台。我国成为一百四十多个国家和地区的主要贸易伙伴,货物贸易总额居世界第一,吸引外资和对外投资居世界前列,形成更大范围、更宽领域、更深层次对外开放格局。"① 通过建设更高水平的开放型经济新体制,不仅为世界提供了中国超大规模市场机遇,也为世界各国提供了制度型开放和国际内涵化合作的新窗口。

所以,在百年未有之大变局下的全球经贸大变革大调整窗口期,中国始终站在人类命运共同体的战略高度上率先垂范、积极作为,努力推动贸易和投资的自由化便利化,为全球统一大市场的培育和形成进而不断提升各国资源禀赋和创新要素在全球市场的高效率配置,有担当、有行动、有举措地做出中国探索和中国贡献。

二 推动基于规则的多边贸易体制

马克思曾在《资本论》中谈到过价格与价值量之间的关系,并进一步谈到"规则"在二者确立关系过程的作用。"价格和价值量之间的量的不一致的可能性,或者价格偏离价值量的可能性,已经包含在价格形式本身中。但这并不是这种形式的缺点,相反地,却使这种形式成为这样一种生产方式的适当形式,在这种生产方式下,规则只能作为没有规则性的盲目起作用的平均数规律来为自己开辟道路。"② 事实上,马克思在这里,借由价格与价值量之间的关系而着重谈了规则的应然性及

---

① 习近平:《高举中国特色社会主义伟大旗帜 为全面建设社会主义现代化国家而团结奋斗——在中国共产党第二十次全国代表大会上的报告》,人民出版社2022年版,第9页。
② 《马克思恩格斯文集》第5卷,人民出版社2009年版,第123页。

重要性。中国是经济全球化和自由贸易的重要受益者，坚定维护自由贸易特别是基于规则的多边贸易体制，推动构建相互尊重、互联互通、互利共赢、公平公正的国际经贸规则体系。

第一，维护以世界贸易组织为核心的多边贸易体制，支持世界贸易组织改革，增强其有效性和权威性。"以世界贸易组织为核心的多边贸易体制，是国际贸易的基石。当前，多边贸易体制面临诸多挑战。中国支持世界贸易组织改革朝着正确方向发展，支持多边贸易体制包容性发展，支持发展中成员合法权益。中国将以积极开放态度参与数字经济、贸易和环境、产业补贴、国有企业等议题谈判，维护多边贸易体制国际规则制定的主渠道地位，维护全球产业链供应链稳定。"① 这是中国发出的有关支持以世界贸易组织为核心的多边贸易体制的鲜明宣示和政策导向。世界贸易组织自成立以来，在推动自由贸易和经济全球化进程、维护全球产业链与供应链的稳定和韧性、协调世界范围内的各种贸易分歧摩擦、推动世界各国携起手来应对全球经贸增长的不稳定性与不确定性等诸多方面，发挥了重大的积极作用。在这一问题上，国际社会有目共睹。

中国自2001年加入世界贸易组织以来，始终遵循各成员国制定的经贸规则，致力于推动贸易和投资的自由化便利化，源源不断地为世界贸易组织的良好运行提供最大支持，积极注入稳定性和正能量。可以说，中国既是世界贸易组织各种协调机制的重要受益国，也是坚定支持世界贸易组织运行、维护其权威性的中流砥柱。但是国际金融危机之后特别是近年来，随着全球经济增长愈发呈现下行趋势，陷入复苏动能匮乏的"进退维谷"境地，一些西方大国开始带头大搞贸易保护主义和单边主义，采取逆全球化的错误行径，践踏以世界贸易组织为核心的多边贸易体制，迫使这一全球经贸领域最重要的多边协调机制陷入前所未有的困境，其权威性、执行性、有效性、协调性不断受

---

① 《习近平谈治国理政》第4卷，外文出版社2022年版，第237页。

到各种挑战。

例如，争端解决机制是世界贸易组织权威运行的核心功能之一，可以说它是这一多边组织安身立命之根本，但近年来由于美国利用作为世界上唯一超级大国的经济科技霸权，鼓动和胁迫其他国家持续阻挠世界贸易组织上诉机构大法官的遴选工作，直接造成该机构因"没有大法官来判案和行使裁决权"而陷入瘫痪。对于这一世界经贸领域最为权威的多边协调机制，美国的态度是显而易见的，"合则用，不合则弃"，在全球各地基于所谓的"价值观"拉圈子、立山头，乱舞关税大棒、滥用"长臂管辖"，恶意推行所谓的自由贸易条款，目的则在于胁迫世界贸易组织放弃公平公正和互通有无的既有规则，而完全沦为自己操纵的"提线木偶"、按照美式规则来协调全球经贸争端。

显然，美国试图单方面破坏以世界贸易组织为核心的多边贸易体制，无视和践踏开放、包容、非歧视等这一多边组织的核心价值观和基本原则，扰乱了全球经贸体系中正常的市场竞合关系。当然，这也并不是说世界贸易组织完美无缺、不需要进行任何改革和优化。总体而言，世界贸易组织在百年变局下的今天，遇到的一些问题仍是自身在发展进程中面临新情况、新阶段所自然涌现出的问题，仍可以在多边主义框架内由各国协商解决，而不是把世界贸易组织"推倒重来""另起炉灶"，毕竟世界贸易组织所代表和承载的多边机制，仍是最好最有效的机制安排，自由贸易和经济全球化仍符合浩浩荡荡前行的时代大势。

我们反对任何绕开世界贸易组织而另搞一套"小院高墙""平行体系"的行为，任何问题都应在世界贸易组织框架内平等协商、友好解决，坚定不移地推进经济全球化和自由贸易，通过经贸协调机制流程再造和机制创新，来不断增强其有效性，提升其权威性，反对任何试图削弱世界贸易组织核心地位作用的单边主义霸权做法。正如习近平指出："我们要继续维护以世界贸易组织为核心的多边贸易体制，积极推动世界贸易组织改革，推进贸易和投资自由化便利化，推动建设开放型世界经济。"①

第二，基于真正的而非虚伪的自由贸易规则反对单边主义和保护主义，保障发展中国家发展权益和空间。推动基于规则的多边贸易体制落地落实，是国际社会的共同责任。这里的"规则"有着鲜明清晰的严肃内涵，是互联互通、互通有无、互惠互利、互利共赢的自由贸易规则，而不是哪个大国强国霸道推行的"一国之法""家法帮规"。这意味着"规则"应该着眼于世界各国的普遍利益而非哪一个国家或国家集团的狭隘私利。当今世界，不稳定性不确定性仍在叠加加剧，国际社会进入新的动荡变革期，以美国为代表的一些西方国家蓄意滥用和亵渎经贸规则，简单粗暴地大搞保护主义和单边主义，是触发这一动荡变革期的重要肇始因素。

可以说，当今世界的多边贸易体制正遇到两个方面的严峻挑战。一方面，是以美国为代表的一些西方国家蓄意曲解自由贸易精神，泛化国家安全概念，滥用进出口管制条例，根据国内经济政治需要任意对他国商品、服务或投资加征高额关税，以及精心设置包括知识产权壁垒、技术壁垒、行政管理壁垒和绿色环境壁垒等多种隐性人为障碍，旨在利用经济技术优势来对全球产业链供应链进行政治操弄，进而维系和固化自身在全球经贸领域长期积淀的霸权。另一方面，尽管国际经济政治旧格局相比过去已经发生了显著变化甚至大有被打破和重构的趋势，而且国际关系民主化特别是追求公平公正和平等的呼声日益高涨，但是目前总体而言，由发达国家主导国际经贸格局的现实仍然存在，尚未得到根本性扭转和改写，新兴市场国家和发展中国家在全球经贸治理中的代表性和话语权仍然与它们在促进全球经济增长中的份额不匹配，也即面临着"有为但无位"的尴尬局面。

---

① 习近平：《共迎时代挑战　共建美好未来——在二十国集团领导人第十七次峰会第一阶段会议上的讲话》，《人民日报》2022年11月16日第02版。

第八章　马克思恩格斯资本主义自由贸易本质批判当代价值的"中国回响"

为此,要维护多边贸易体制,除了防范一些发达国家滥用所谓的自由贸易规则而大搞保护主义和单边主义之外,关键还在于不断提升新兴市场国家和发展中国家经贸治理话语权。具体而言,"国际社会应该着眼长远、落实承诺,为发展中国家发展提供必要支持,保障发展中国家正当发展权益,促进权利平等、机会平等、规则平等,让各国人民共享发展机遇和成果"①。当前,百年变局仍在加速演进,整个世界进入变乱深度交织的动荡调整期,无论是保障全球能源市场韧性稳定、解决世界粮食危机,还是推动世界经济加快改变复苏乏力局面、提升产业链供应链的协调可持续,都特别需要人口占世界绝大多数的新兴市场国家和发展中国家,积极发挥重要作用。同时,也唯有充分保障这些国家的发展利益和正当权益,才能真正激发它们参与全球经贸治理的积极性、主动性和能动性。

对此,中国主张更新 WTO 规则体系,使之更好地服务发展中国家的利益,美国则希望继续主导 WTO 规则体系;中国坚定支持多边贸易体系,主张推动国际贸易自由化,美国的贸易政策则趋于保守化,强调"美国优先"②。中美两国的政策取向,存在很大的立场分歧。中国"愿加大对全球发展合作的资源投入,致力于缩小南北差距,坚定支持和帮助广大发展中国家加快发展"③。中国作为发展中国家的代表,在国际场合反复强调国际社会要基于以世界贸易组织为核心的多边贸易体制,正视和尊重新兴市场国家和发展中国家的群体性崛起,包括发达国家在内的国际社会要真正践行开放、包容、非歧视的世界贸易组织核心价值和基本原则,致力于坚持真正的多边主义,推动劳动力、资本、技术、管理、数据等生产要素在全球范围内有序有效流动,切实在全球统一大

---

① 《习近平谈治国理政》第 4 卷,外文出版社 2022 年版,第 461 页。
② 张晓通、陈实:《百年变局下中美全球贸易治理的竞争与合作》,《国际贸易》2021 年第 10 期。
③ 习近平:《高举中国特色社会主义伟大旗帜　为全面建设社会主义现代化国家而团结奋斗——在中国共产党第二十次全国代表大会上的报告》,人民出版社 2022 年版,第 62 页。

市场中优化资源配置、提升世界协同发展能力。"我们应该坚定维护自由贸易和基于规则的多边贸易体制。中方赞成对世界贸易组织进行必要改革，关键是要维护开放、包容、非歧视等世界贸易组织核心价值和基本原则，保障发展中国家发展利益和政策空间。"① 我们特别强调世界贸易规则的公平性、包容性、开放性。

由此可见，推行基于规则的多边贸易体制，重点在于打破和重塑过去那种长期由发达国家主导和操控的全球经贸格局，坚决反对任何形式的保护主义和单边主义，践行名副其实的而非虚伪的由少数国家把控的多边主义，特别是保障广大发展中国家的正当经贸权益和现实发展利益，在加强宏观经贸政策沟通和协调中推进更加公平公正、有序有效的全球经贸治理。

第三，促进自由贸易，坚决反对贸易霸凌。"中国坚持经济全球化正确方向，推动贸易和投资自由化便利化，推进双边、区域和多边合作，促进国际宏观经济政策协调，共同营造有利于发展的国际环境，共同培育全球发展新动能，反对保护主义，反对'筑墙设垒''脱钩断链'，反对单边制裁、极限施压。"② 推动基于规则的多边贸易体制，中国不仅是这么说的，更是这么做的。我们在国际场合反复倡导贸易和投资畅通联通的自由贸易，支持发挥各自资源禀赋和比较优势的平等经济交往，反对基于经济科技实力地位的贸易霸凌。当前人类正在遭受"二战"结束以来最严重的经济衰退，几大主要经济体同时遭受严峻冲击，全球产业链供应链的稳定性、韧性和安全性也遭到严重影响。无论是贸易还是投资，都在面临着持续下行、量质齐跌的尴尬局面。

越是这个时候，就越凸显出携手共同面对挑战，促进互联互通和互惠互利的重要性。当然，越是这个阶段，各种为了狭隘的一己私利的保

---

① 习近平：《登高望远，牢牢把握世界经济正确方向——在二十国集团领导人峰会第一阶段会议上的发言》，《人民日报》2018年12月1日第02版。
② 习近平：《高举中国特色社会主义伟大旗帜 为全面建设社会主义现代化国家而团结奋斗——在中国共产党第二十次全国代表大会上的报告》，人民出版社2022年版，第61—62页。

护主义、单边主义和孤立主义也就越容易登场，打着维护国家经济安全之名大搞"脱钩断链"的逆全球化之举，自觉站在了自由贸易的对立面。除此之外，以美国为代表的一些发达资本主义国家凭借历史上长期积淀的经济科技优势，恣意对他国进行围堵打压甚至极限施压，大搞贸易霸凌，甚至胁迫盟友打造蓄意绕开世界贸易组织的所谓"贸易统一战线"。

面对这种局面，作为世界第二大经济体、第一大货物贸易国的中国，始终遵循经济全球化的时代大势，坚定不移地支持自由贸易，主张并践行开放、包容、透明、非歧视和以规则为基础的多边贸易体制，反对任何形式、任何国家以任何名义所推行的贸易保护主义。我们认为，贸易霸凌是国际经济政治旧格局的延续，已经为21世纪的人类文明所不容，大搞单边主义和双重标准的贸易霸凌，并不能真正护佑自身的强大，也不能保障自身长期站在竞争的"上游"位置，最终必将被国际社会上的正义声音所淹没和压倒，可谓损人不利己，并不能给各方带来长远的经贸利益。推进自由贸易，反对贸易霸凌，不是哪一国的私事，而是所有经济体深度参与世界经济的"公事"，处理好了，国家社会普遍受益，否则大家就会一损俱损、普遍受害。这已经被大量的经贸事实和国际发展先例所佐证。

中国在推进经济全球化和自由贸易，以及反对无论是"热战"还是"冷战"、无论是科技战还是金融战的贸易霸凌方面，已经做出了大量努力，也取得了丰硕的成果，必将得到越来越多国家的认可和支持。面向世界经济政治格局仍在深刻调整的未来，我们将站在全球利益共同体和责任共同体的战略高度，深度参与世界贸易组织改革谈判，不断提质扩容建设面向世界的高起点、高标准、高质量自由贸易区以及自由贸易港网络，反对任何旨在打压他国的无理无端化脱钩断链、筑墙设垒。我们积极发挥好自身在维护全球产业链供应链价值链稳定性方面的独特作用，倡导并推动世界宏观经贸政策协调，以"一带一路"倡议等理性务实行动,来带动各经济体自觉嵌入全球自由化、便利化的贸易和投资网络,共同培育各国经贸合作新机遇、发展新动能,在各展其能、各得其所、各美其美、美美与共中深入推进构建人类命运共同体。

三 从全人类共同利益出发践行真正的多边主义

当今世界,正处于百年未有之大变局,保护主义、单边主义和民粹主义四处泛起、到处发威,全球经贸发展再次走到了一个前所未有的"十字路口"。越是这个时候,就越需要世界各国拆墙而不是筑墙、拉手而不是松手、交流而不是封闭,也就越需要落地和践行真正的多边主义。"我们必须完善全球治理,践行真正的多边主义。世界只有一个体系,就是以联合国为核心的国际体系。只有一个秩序,就是以国际法为基础的国际秩序。只有一套规则,就是以联合国宪章宗旨和原则为基础的国际关系基本准则。"[1] 我们坚定支持以世界贸易组织为核心的多边贸易体制,反对从"实力地位"出发来处理全球经贸议题,倡导遵循自由贸易精神、摒弃"小圈子"和零和博弈思维,从全人类共同利益出发践行真正的多边主义。

第一,拒斥"有选择的多边主义"。恩格斯曾在《国民经济学批判大纲》中深刻批判过资本主义自由贸易的虚假和伪善。"滥用道德以实现不道德的意图的伪善方式就是自由贸易体系引以自豪的东西。伪君子叫道:难道我们没有打倒垄断的野蛮吗?难道我们没有把文明带往世界上遥远的地方吗?难道我们没有使各民族建立起兄弟般的关系并减少了战争次数吗?不错,这一切你们都做了,然而你们是怎样做的啊!你们消灭了小的垄断,以便使一个巨大的根本的垄断,即所有权,更自由地、更不受限制地起作用;你们把文明带到世界的各个角落,以便赢得新的地域来扩张你们卑鄙的贪欲;你们使各民族建立起兄弟般的关系——但这是盗贼的兄弟情谊;你们减少了战争次数,以便在和平时期

---

[1] 《习近平谈治国理政》第4卷,外文出版社2022年版,第470页。

第八章 马克思恩格斯资本主义自由贸易本质批判当代价值的"中国回响"

赚更多的钱,以便使各个人之间的敌视、可耻的竞争战争达到登峰造极的地步!你们什么时候做事情是从纯粹的人道出发,是从普遍利益和个人利益之间的对立毫无意义这种意识出发的呢?你们什么时候讲过道德,而不图谋私利,不在心底隐藏一些不道德的、利己的动机呢?"①在追逐利润最大化的资本逻辑下,自由贸易沦为"合则用,不合则弃"的权宜性工具和意识形态叙事。这种贸易逻辑的初心并不是基于资源禀赋和社会分工而发挥出比较优势,而是典型的"有选择的多边主义"。

历史发展演进到今天,虚假和伪善的自由贸易并没有绝迹和退场,"有选择的多边主义"依然在世界舞台上活跃和发威。这种多边主义不是真正的多边主义,而是一些霸权国家从实力地位出发、假借所谓的价值观同盟来大搞意识形态对抗,即通过蓄意建构的闭合性、圈子化、排他性的"经贸统一战线"来制造阵营对抗,在以邻为壑、党同伐异中推行双重标准、收割垄断利润。无论如何包装和美化,"有选择的多边主义"从来不是真正的多边主义,对全球治理的开放性、有效性与权威性危害明显。② 当今世界,百年变局叠加交织乱象动荡,世界经济尚未形成复苏性增长的总体态势,甚至呈现出"触底不反弹"的平台期现象,此时迫切需要国际社会携手起来坚定支持经济全球化和践行自由贸易精神,而不是大搞貌合神离的保护主义和单边主义,毕竟任何"有选择的多边主义"都是饮鸩止渴的短期之举,而不是推动全球经济增长的长久之策。

"有选择的多边主义"的后果是十分负面的,并不能实现生产要素的自由流动和优化配置,反而会导致新的集团利益盘根错节、"劣币驱逐良币"的阵营对抗,最终不是多赢而是"全输"。

为此,我们要推动建立以合作共赢为核心的新型国际关系,特别是公平公正和互惠互利的全球经贸关系,"要坚持通过制度和规则来协调

---

① 《马克思恩格斯文集》第1卷,人民出版社2009年版,第62页。
② 王帆:《完善全球治理,践行真正的多边主义》,《红旗文稿》2022年第19期。

· 375 ·

规范各国关系，反对恃强凌弱，不能谁胳膊粗、拳头大谁说了算，也不能以多边主义之名、行单边主义之实。要坚持原则，规则一旦确定，大家都要有效遵循。'有选择的多边主义'不应成为我们的选择"①。全球经贸领域的事情，唯有国际社会一块办、商量着办、有规则地办，才能有效拒斥"有选择的多边主义"，落地践行真正的多边主义。这才对国际社会都有利，是普遍获益的共赢之举。

第二，搭建多元化的多边主义合作平台。尽管以美国为代表的个别国家恣意推行单边主义、保护主义，给全球经贸秩序和全球经济治理带来了严峻挑战，但是多边主义仍是国际社会的主流声音和普遍共识，仍是引领世界未来发展的基本脉络。其中，联合国是多边主义最为鲜艳铿锵的旗帜，我们坚定支持以联合国为中心的国际多边架构，作为全球范围内国际合作的基础平台。近年来，面对国际经济政治格局的深刻调整，特别是"二战"后确立起来的国际秩序受到的严峻冲击，中国胸怀天下、积极担当，始终倡导充分发挥以联合国为核心的国际体系效能。"我们要厉行国际法治，毫不动摇维护以联合国为核心的国际体系、以国际法为基础的国际秩序。多边机构是践行多边主义的平台，也是维护多边主义的基本框架，其权威性和有效性理应得到维护。"② 在经贸发展等全球治理议题上，中国始终认为，世界上只有一个体系，那就是以联合国为核心的国际治理体系；也只有一个秩序，那就是以国际法为基础的国际秩序。

我们作为第一个在联合国宪章上签字的国家、联合国创始会员国、联合国安理会常任理事国中唯一一个发展中国家，高度重视并坚定支持联合国在发挥多边主义协调治理中的核心作用。毋庸置疑，一个和平发展的世界应该是奉行多边主义的，而不是"千篇一律""千人一面"，

---

① 习近平：《让多边主义的火炬照亮人类前行之路——在世界经济论坛"达沃斯议程"对话会上的特别致辞》，人民出版社2021年版，第6—7页。

② 《习近平谈治国理政》第4卷，外文出版社2022年版，第462页。

第八章　马克思恩格斯资本主义自由贸易本质批判当代价值的"中国回响"

应该承载着不同形态的文明,也必须兼容多样化、多元化的现代化发展道路。由此可见,多边主义不是一句意识形态叙事的空话,而是言之有物的国际"实话"。

中国一直是多边主义的坚定维护者和积极践行者,加入了几乎所有普遍性政府间国际组织,参与了600多项国际公约及修正案;中国积极在多边合作机制内发挥负责任大国作用,推动建立一系列多边合作平台,在维护世界和平、促进共同发展、加强人权保护、推动人文交流、开展反恐合作、应对气候变化等领域做出重要贡献,譬如,中国发起成立上海合作组织,创办博鳌亚洲论坛及中非合作论坛、中阿合作论坛、中拉合作论坛等多边合作论坛,推动中日韩、中国—东盟等区域合作,为各层次多边机制互补互促发挥作用;推动创立亚洲基础设施投资银行、金砖国家新开发银行、丝路基金,开发展中国家组建多边金融机构之先河;提出共建"一带一路"倡议,打造当今世界范围最广、规模最大的国际合作平台。[1] 在中国的积极引领和高位示范下,包含"一带一路"倡议、金砖合作机制和亚洲基础设施投资银行在内的多边主义合作平台,正在焕发强大的生命力、外溢出有效有力的综合治理效能,为全球多边主义的转化践行提供了东方样板和中国智慧。

第三,共建开放型世界经济。"中国愿同各国一道,共建开放型世界经济,让开放的春风温暖世界!"[2] 从全人类共同利益出发,践行真正的多边主义,还应共建开放型世界经济。环顾当今世界,不稳定性、不确定性逐步加剧,单边主义、保护主义风起云涌,世界经贸领域的内顾倾向愈发明显,"脱钩断链""平行体系"论调一时甚嚣尘上,成为一些经济科技霸权国家试图遏制打压他国的极限施压手段。面对这种境况,"鸵鸟心态"不是解决问题的办法,唯有直面问题,才能有效解决

---

[1] 刘凌:《丰富新形势下多边主义实践(有的放矢)》,《人民日报》2021年12月29日第09版。

[2] 《习近平谈治国理政》第4卷,外文出版社2022年版,第238页。

问题，世界经济才能不断向前发展。

正是在这种现实境遇下，我们郑重提出并推动共建开放型世界经济。共建开放型世界经济，关键在于践行真正的多边主义。这意味着，在全球经贸问题上，坚持大家的事情大家商量着办；大家一块制定好的规则，各国都要不搞变通和不打折扣地遵守。这里还要特别注意，基于真正的多边主义共建开放型世界经济，重点要防止个别大国强国把自身或利益同盟国家的所谓经贸规则强加于人，更不应该任由个别国家基于所谓的"实力地位""拳头大小"来给整个世界"定规矩""做裁判"。

中国站在全人类共同利益的战略高度和长远角度，主张世界各国携起手来，共建公平公正、透明、非歧视的开放型世界经济。建设开放型世界经济，已经成为近年来习近平主席在国际场合发表重磅报告和主旨演讲的关键词、高频词。"我们决不能被逆风和回头浪所阻，要站在历史正确的一边，坚定不移全面扩大开放，推动建设开放型世界经济，推动构建人类命运共同体。"① 在推动建设开放型世界经济方面，中国始终自觉站在历史正确的一边、站在正义的一边。一是坚定不移地奉行互利共赢的开放战略，以更加自信自强、开放包容的大国姿态拥抱世界、走进世界和嵌入世界，在更大范围、更宽领域、更深层次上对外开放，在更大程度上保障外资企业国民待遇，确保外资企业同等享受助企惠企、政府采购等政策，建设更高水平开放型经济新体制，加快构建以国内大循环为主体、国内国际双循环相互促进的新发展格局，培育更多更有效的全球经贸合作新优势。二是推动国际关系民主化，坚持在国际经济政治交往中倡导并奉行正确的义利观，反对任何形式的阻止经济全球化、人为割裂全球产业链供应链价值链的狭隘做法，推动创造为各国发挥资源禀赋和社会分工比较优势的条件环境，培育惠及全球各国、生产要素自由高效流动配置的世界大市场，维护以世界贸易组织为核心的多

---

① 习近平：《在深圳经济特区建立40周年庆祝大会上的讲话》，人民出版社2020年版，第9页。

边贸易体制，促进世界各经济体在利益同频共振、发展联动耦合中不断走上新阶段。

例如，中国的经济特区正是建设开放型世界经济的典型代表和生动范例。"经济特区是我国最早对外开放的地区，是对外经济交流最活跃的地区，也是最能代表改革开放形象的地区。经济特区要继续发挥好改革开放的重要窗口作用，坚持打开国门搞建设，坚持引进来和走出去并重，同各国扩大双向贸易和投资往来，共建开放型世界经济。要大幅度放宽市场准入，扩大服务业特别是金融业对外开放，创造更有吸引力的投资环境。要加强国际人文交流，促进民心相通、文化相融。"① 可以说，无论是经济特区还是自贸区自贸港，都是中国推动建设互联互通、互惠互利开放型世界经济的率先垂范做法和典型成功经验。共建开放型世界经济，是不以任何人、任何国家意志为转移的客观时代大势。当然，也唯有如此，世界经济才能加快实现复苏反弹和可持续增长，为人类社会的接续发展和繁荣进步奠定"压舱石"、培育新动能、开辟新路径。

第四节　共商共建共享面向未来的新型经济全球化

马克思曾在《政治经济学批判（1857—1858年手稿）》中直截了当地指出经济全球化的历史必然性，"创造世界市场的趋势已经直接包含在资本的概念本身中。任何界限都表现为必须克服的限制"②。他判断，资本将力求"摧毁交往即交换的一切地方限制，征服整个地球作为它的市场"③。在这里，除了洞见了经济全球化将是世界历史发展演进的必然趋势之外，他也一针见血地阐明了经济全球化背后的资本驱动力。可以说，从马克思恩格斯生活的时代到百年未有之大变局下的今天，在过

---

① 习近平：《在庆祝海南建省办经济特区30周年大会上的讲话》，人民出版社2018年版，第6页。
② 《马克思恩格斯文集》第8卷，人民出版社2009年版，第88页。
③ 《马克思恩格斯文集》第8卷，人民出版社2009年版，第169页。

去相当长的历史时期内,经济全球化总体上都是由发达资本主义国家来推动和主导的,背后蕴含着追逐利润最大化的鲜明资本逻辑。不可否认,如今的经济全球化遇到了前所未有的困难、挑战甚至阻力,就连曾经的经济全球化主导者也反常地站到了对立面,开始大搞逆全球化行径。

究其根源,恐怕还在于经济全球化曾经的主要驱动力即资本逻辑,发生了深刻嬗变。随着近年来国际经济政治格局的深刻调整,特别是单边主义和保护主义的肆虐泛起,包括中国在内的新兴市场国家和发展中国家,愈发觉得有必要更新和激活新阶段经济全球化的内生动力。推动经济全球化特别是贸易和投资的自由化便利化,不是哪一个国家的"私事",而是全球各经济体都应该关心支持并推动的"公事",毕竟没有哪个国家能够退回自我封闭、自我循环的孤岛。面对经济全球化过程中的一些新问题、新挑战,"不应该任由单边主义、保护主义破坏国际秩序和国际规则,而要以建设性姿态改革全球经济治理体系,更好趋利避害"①,也就是要直面全球化新阶段、共商共建共享新型经济全球化。这才是国际社会携手直面全球经贸发展新动向、新态势的应有姿态和作为。

一 推动参与主体"新"和代表性更广泛的经济全球化

"世界上所有国家、所有民族都应该享有平等的发展机会和权利。"② 共享经济全球化的发展红利,是包含广大新兴市场国家和发展中国家在内的所有国家的普遍权利,而不是一些资本主义霸权国家的"专利"。建设新型经济全球化,需要胸怀天下的广袤视野和务实理性的国家行动,首先要推动参与主体"新"和参与度、代表性更广泛的

---

① 习近平:《论把握新发展阶段、贯彻新发展理念、构建新发展格局》,中央文献出版社 2021 年版,第 429 页。
② 《习近平谈治国理政》第 4 卷,外文出版社 2022 年版,第 425 页。

经济全球化，而不是像过去那样由几个大国强国操控规则和话语权的霸权式、双标化、有限的经济全球化。

第一，倡导建设更加开放包容的经济全球化。习近平出席2022年世界经济论坛视频会议发表演讲时指出："世界各国要坚持真正的多边主义，坚持拆墙而不筑墙、开放而不隔绝、融合而不脱钩，推动构建开放型世界经济。推动经济全球化朝着更加开放、包容、普惠、平衡、共赢的方向发展，让世界经济活力充分迸发出来。"[①] 这是中国对待经济全球化的基本态度，既坚定不移地支持和推动经济全球化不断向前发展，也主张持续提质升级经济全球化，为经济全球化走向更高境界明确着力点和发力方向。

值得注意的是，生产要素自由畅通流动的经济全球化，固然是不可逆转的时代大势，但这并不意味着经济全球化的发展就会水到渠成、一帆风顺。当前，无论是保护主义、单边主义等逆全球化行径的滋生泛起，还是不同发展水平的国家在对待经济全球化的态度上发生的明显分化，在更深层面上都映射出经济全球化所遇到的开放包容程度问题。当今世界正处于仍在加速演进的百年未有之大变局，各经济体在发展阶段、经济科技水平、产业结构、历史文化基因、法律法规等多方面存在着不容回避的显性差异。这些差异，尽管在不少场景下是推动国际社会互通有无、调剂余缺和取长补短的源动力，然而也是造成不少国家在贸易和投资自由化便利化问题上，因利益出发点不同而出现摩擦、分歧、博弈甚至对抗的重要变量。

正是出于历史、现实和未来相互联动的广袤视野考量，我们倡导国际社会应该站在利益共同体、命运共同体和责任共同体的战略高度，来支持并推动开放包容的经济全球化，而不是由个别国家任性裹挟和主导操控的单边式伪全球化或有选择的全球化。经济全球化应该成为世界经

---

① 习近平：《坚定信心 勇毅前行 共创后疫情时代美好世界——在2022年世界经济论坛视频会议的演讲》，人民出版社2022年版，第5页。

济发展的总动力、大引擎，而不应该成为某些头部国家恣意操纵的虚假叙事和话语工具。推动开放包容的经济全球化，就是要基于市场规律、国际分工、资源禀赋来发挥出世界各国的比较优势，驱动各方都能在全球生产、流通和消费网络中找到适合自身的"恰当"位置。进言之，各国之间应该秉持开放包容的多边主义价值取向，在推动横向经济科技交流中共建共享全球创新红利和发展效能，最终使国际社会都能在经济全球化的大势大潮中获得发展的动力活力。

当然，这一愿景和目标不会轻而易举地实现，而需要国际社会所有成员的双向奔赴、共同努力，关键是要坚定不移支持并践行以世界贸易组织为核心的多边贸易体制。中国在这方面做出了重要探索和突出贡献。"经济全球化和区域一体化是大势所趋。各方将维护世界贸易组织规则的权威性和有效性，巩固开放、包容、透明、非歧视、以规则为基础的多边贸易体制，反对任何形式的贸易保护主义。各方将继续秉持互利共赢原则，完善区域经济合作安排，加强'一带一路'建设合作和发展战略对接，深化经贸、投资、金融、互联互通、农业等领域合作，推进贸易和投资便利化，打造区域融合发展新格局，为地区各国人民谋福祉，为世界经济发展增动力。"[①] 唯有建设开放包容的经济全球化，才能实现经济全球化这一进程参与主体的"新"，并具有更加广泛的代表性。这是重要的价值导向。

第二，推动参与主体"新"的经济全球化。从经济全球化的发展历史来看，在过去相当长的时期内，资本逻辑成为经济全球化的驱动力，经济全球化的推动主体和主导力量主要是资本主义国家。但显然，随着新兴市场国家和发展中国家对全球经济增长的贡献越来越大，已经从原来的"边缘"配角转变为全球经贸活动中不可或缺的重要玩家，经济全球化的主体特别是经济全球化规则的制定者，也应该随之丰富和

---

① 习近平：《弘扬"上海精神"构建命运共同体——在上海合作组织成员国元首理事会第十八次会议上的讲话》，人民出版社2018年版，第10页。

第八章 马克思恩格斯资本主义自由贸易本质批判当代价值的"中国回响"

多元。世界各国对自身发展道路、发展模式的自主选择权都将受到尊重;在新型经济全球化中,中国的作用尤为凸显;中国日益走近世界舞台中央,逐渐成为新型经济全球化的重要参与者、引领者和推动者。①

我们深刻认识到,经济全球化是国际社会共同的事业和发展福祉,从来都不应该是哪一个国家或少数国家的"演奏场""独角戏"。"众人拾柴火焰高",无论是经济科技实力强大的发达国家,还是尚处在工业化进程中的新兴市场国家和发展中国家,都应该秉持命运共同体的愿景理念,以建设者、推动者的主人翁姿态积极支持经济全球化这一世界各经济体的共同事业。之所以说主体"新",正是基于对全球治理体系的全域性、公共性和集体性的充分考量。包括经贸领域在内的国际上的事情,重在坚持代表性广泛的真正的多边主义原则,大家一起建设、商量着办,绝不应该纯粹从"实力地位"出发来大搞霸权主义和单边主义,既不应该沉迷于本国优先,也不宜唯我独尊,要考虑到全球发展进程中发展中国家的历史贡献、现实水平等多维度因素,不断提高发展中国家的参与度、代表性和话语权。

质言之,国际社会应该基于不分大小强弱的基本原则,着力推动各国权利平等、机会平等和规则平等,努力让不同国家、阶层和人群共推经济全球化的新进程、共享经济全球化的新红利。"我们要主动作为、适度管理,让经济全球化的正面效应更多释放出来,实现经济全球化进程再平衡;我们要顺应大势、结合国情,正确选择融入经济全球化的路径和节奏;我们要讲求效率、注重公平,让不同国家、不同阶层、不同人群共享经济全球化的好处。这是我们这个时代的领导者应有的担当,更是各国人民对我们的期待。"② 只有参与主体多元、广泛,经济全球化的动力、潜力才能更大,各国才能在更加充裕公平的获得感中,持续

---

① 严瑜:《新型经济全球化是世界繁荣发展之道》,《人民日报》(海外版)2022年1月1日第06版。
② 《习近平谈治国理政》第2卷,外文出版社2017年版,第478—479页。

支持经济全球化走向新的阶段、新的境界。

第三，推动更具广泛代表性的经济全球化。当前世界上，特别是在发达资本主义国家流行着有关经济全球化的错误论调，把自身遇到的经济发展动力不足、失业率居高不下、产业结构"脱实向虚"、通货膨胀持续存在等问题，简单归咎于经济全球化。事实上，"把困扰世界的问题简单归咎于经济全球化，既不符合事实，也无助于问题解决"①。事实上，困扰世界的很多问题，并不是经济全球化造成或肇始的，也并不是经济全球化的必然结果。就拿深度冲击世界各国的2008年国际金融危机为例，它无论如何都不是经济全球化造成的，而是资本主义国家金融资本过度逐利、金融监管严重缺失、资本利益支配国家决策的结果，充其量随着资本、资金、技术和信息在全球范围内的自由流动，而把金融危机的诸种风险效应传导至全球。但显然，经济全球化不是"因"，归根结底，还是一些资本主义大国强国自身放任资本追逐利润最大化的经济政治政策所致。

这恰恰说明，经济全球化的代表性仍然不足，不够多元广泛，未能兼顾不同发展水平国家的物质利益和现实关切。"历史地看，经济全球化是社会生产力发展的客观要求和科技进步的必然结果，不是哪些人、哪些国家人为造出来的。经济全球化为世界经济增长提供了强劲动力，促进了商品和资本流动、科技和文明进步、各国人民交往。"② 当然，经济全球化也是一把"双刃剑"，当前百年未有之大变局仍在加速演进，经济全球化也的确遇到了一些不容回避的新问题、新情况。回顾经济全球化的发展演进史，可以发现，什么时候经济全球化遇到了一些棘手问题，什么时候经济全球化的受益方就必然出现了不均衡不平衡，特别是发展中国家的代表性和话语权出现了显性空场或相应缺位。由此可

---

① 习近平：《习近平主席在出席世界经济论坛2017年年会和访问联合国日内瓦总部时的演讲》，人民出版社2017年版，第3页。
② 《习近平谈治国理政》第2卷，外文出版社2017年版，第477页。

见,推动更具广泛代表性的经济全球化,不是不分主次地"撒胡椒面",而是要兼顾并逐步提高占世界人口绝大多数的发展中国家在完善全球经济治理中的参与度、代表性。

作为世界上最大的发展中国家、第一大货物贸易国,中国在国际场合上反复呼吁各方应聆听发展中国家的声音,增加发展中国家在全球贸易、投资、金融等关键领域的成员代表性和规则话语权,积极推动新兴经济体在国际货币基金组织、二十国集团、世界银行、联合国等国际多边机构中的参与权、管理权、投票权,提升它们与世界经济增长贡献度相匹配的代表性、发言权和决策力。作为具有重要影响力的负责任大国,我们在二十国集团和世界贸易组织等多边经贸机制机构层面,努力推动世界经贸发展的多元性、包容性和公平性,不断提升发展中国家利益代表的广泛性。我们积极参与国际议题的设置和协调,敦促发达国家切实履行应尽的国际义务和道义责任,在构建人类命运共同体的愿景框架下推动更具广泛代表性的经济全球化,努力把新形势新阶段的经济全球化,打造为推动世界各国普遍受益、协同发展、和谐共处的新机制、新动力。

二 推动内涵"新"和更具未来前景的经济全球化

马克思和恩格斯曾经在《共产党宣言》中深刻剖析过资产阶级以及资本主义生产方式对经济全球化的强力驱动。"资产阶级,由于一切生产工具的迅速改进,由于交通的极其便利,把一切民族甚至最野蛮的民族都卷到文明中来了。它的商品的低廉价格,是它用来摧毁一切万里长城、征服野蛮人最顽强的仇外心理的重炮。它迫使一切民族——如果它们不想灭亡的话——采用资产阶级的生产方式;它迫使它们在自己那里推行所谓的文明,即变成资产者。一句话,它按照自己的面貌为自己创造出一个世界。"[1] 显然,这种经济全球化主要由追逐利润最大化的资本逻辑所牵引和推动,服务的只是特定阶级或利益集团的"有限全球

---

[1] 《马克思恩格斯文集》第 2 卷,人民出版社 2009 年版,第 35—36 页。

化"。可以说，这种经济全球化仍然是发育不完善、结构不合理、动能单一的全球化形态。作为世界上最大的发展中国家、全球货物贸易第一大国，中国站在人类命运共同体的战略高度，致力于追求更加开放、包容、普惠、平衡和共赢的新型经济全球化，也就是推动建设具有崭新内涵和更具发展前景的经济全球化新形态。

第一，深刻认识到经济全球化的"双刃剑"效应。推动内涵"新"和更具前景的经济全球化，首要前提是正确认识经济全球化。毋庸置疑，经济全球化具有促进生产要素自由流动、优化资源配置、增益生产效率和扩散技术创新成果等多方面作用。可以说，当今世界经济社会的发展程度和人类文明进步的丰富成果，在很大程度上都借助于经济全球化的推动。基于多边主义的经济全球化，不是为了保障少数国家获利，而是国际社会都能在发挥资源禀赋和社会分工比较优势中普遍获益。"当然，我们也要承认，经济全球化是一把双刃剑。当世界经济处于下行期的时候，全球经济'蛋糕'不容易做大，甚至变小了，增长和分配、资本和劳动、效率和公平的矛盾就会更加突出，发达国家和发展中国家都会感受到压力和冲击。反全球化的呼声，反映了经济全球化进程的不足，值得我们重视和深思。"[①] 在辩证深刻的哲学意义上，世界上从来就不存在十全十美的事物，优点和缺点、长项和短板总是相对存在的；如果因为事物存在优点和长项就把它看得完美无缺，显然是不全面、不科学的，也不符合事物发展演进的一般规律；反之，因为事物存在缺点就把它定性为一无是处，也是不全面、不合理的。

当前，经过相当长的历史时期，经济全球化确实带来了一些不容忽视、必须直面的新问题，"但我们不能就此把经济全球化一棍子打死，而是要适应和引导好经济全球化，消解经济全球化的负面影响，让它更好惠及每个国家、每个民族"[②]。事实上，逆全球化思潮之所以回潮肆

---

① 《习近平谈治国理政》第2卷，外文出版社2017年版，第477—478页。
② 《习近平谈治国理政》第2卷，外文出版社2017年版，第478页。

虐，也与世界经济增长的大环境、大趋势紧密相关。每当世界经济下行、全球发展普遍遇到困难压力时，即无论是发达国家还是发展中国家都感到承压和冲击时，一些反全球化的声音特别是发达资本主义国家大搞保护主义和单边主义的做法，就会"自觉"浮出水面。这些问题不容遮蔽和无视，世界各方应该客观看到经济全球化的"双刃剑"效应。当然，正确认识"双刃剑"效应，从来都不是把经济全球化全盘否定，而是在直面经济全球化新形势、新问题中攻坚克难、负重前行，共同努力引导经济全球化的成果辐射外溢，为世界各国人民所共享，尽力规避发展鸿沟之类的不平衡问题。也就是说，在正视经济全球化"双刃剑"效应问题上，国际社会应该自觉携起手来、扬长避短、趋利避害，在互联互通和互惠互利的国际分工协作中，努力推动全球经济实现开放包容式发展。

第二，积极引导经济全球化朝着更加开放、包容、普惠、平衡、共赢方向发展。面对经济全球化的新形势、新变局，特别是保护主义和单边主义的肆虐发威，中国的声音是鲜明铿锵的，坚定不移地支持经济全球化。"经济全球化是时代潮流。大江奔腾向海，总会遇到逆流，但任何逆流都阻挡不了大江东去。动力助其前行，阻力促其强大。尽管出现了很多逆流、险滩，但经济全球化方向从未改变、也不会改变。"[①] 这意味着，我们要看到经济全球化的时代大势与可能遇到的波折之间的深刻辩证关系。

当前，国际上有一种指责经济全球化造成世界收入鸿沟和贫富差距过大的声音。这种声音很具有代表性和迷惑性，但一个根本性问题是，无论是收入鸿沟还是贫富差距过大，在事实上都不是经济全球化直接造成的。经济全球化固然可以在世界分工和市场竞争中出现资源集聚、效益集中，能够在一定程度上加剧不同国家之间特别是发达国家与发展中国家之间的收益不平等，然而一国之内的不平等显然与该国的经济政治

---

① 《习近平谈治国理政》第 4 卷，外文出版社 2022 年版，第 485 页。

资源分配模式直接相关,不能全部归结到经济全球化头上。也就是说,经济全球化在总体意义上推动了世界各国生产力的普遍提高,但是生产效能的分配则需要各国国内更加公平公正的宏观中观政策来协调和配套。

同时,世界范围内的不平等不平衡问题,恰恰说明要对经济全球化进行合理的干预和引导。毕竟,经济全球化只是推动生产要素流动和生产力发展的有效渠道,如何使其产生更公平公正的结果,则需要国际社会携起手来想办法、谋实招。关键在于,国际社会携起手来"共同引导经济全球化朝着更加开放、包容、普惠、平衡、共赢方向发展"①。这种国际社会共同面对发展不平衡问题、共商共建共享福祉红利的经济全球化,正是中国致力于推动建设的新型经济全球化。

只要坚持共商共建共享的原则,全球化的负面影响是可以在全球化进程中消纳和化解的,比如,主权国家以平等方式采取合适的步骤参与全球化,更容易实现国家之间的收入差距缩减;另外,全球化对一国内部部分人群的损害,可以通过两种方式来弥补,一是鼓励这部分人群流动到在全球化中受益的部门,二是通过转移支付等社会保障政策对这部分人群进行补偿;全球化对一国国内宏观经济稳定的负面影响,则可以通过谨慎的资本项目管理、良好的宏观调控政策和金融监管制度等来规避;另外,全球化对供应安全的负面影响,则可以通过更加多元化的供应来源、更加充足的储备以及更加稳定的合作关系等来应对。②办法总比困难多。在百年未有之大变局仍在深刻演进的当下,经济全球化的确面临着诸多挑战,再加上世界经济复苏乏力、各种超预期难预料的因素明显增多,经济全球化的形势变得更为复杂严峻,也就更需要世界各国普遍提升站位、付诸行动,积极融入经济全球化新进程、构建开放型世界经济、提高全球资源配置使用效率,引导经济全球化朝着更加开放、

---

① 《习近平谈治国理政》第3卷,外文出版社2020年版,第446页。
② 姚枝仲:《坚定不移推动经济全球化》,《中国外资》2022年第5期。

包容、普惠、平衡、共赢的方向发展。

从中国进出口商品交易会（广交会）到中国（北京）国际服务贸易交易会，从中国国际进口博览会到中国国际消费品博览会，从中国自由贸易区到中国特色自由贸易港（海南），从签署加入区域全面经济伙伴关系协定（RCEP）到积极申请加入全面与进步跨太平洋伙伴关系协定（CPTPP），以及如火如荼、有条不紊地在世界范围内开展的"一带一路"倡议，中国正以理性务实、持续可预期、负责任的大国行动，来推动开放包容的新型经济全球化渐次展开、茁壮成长、行稳致远。

三　推动动能"新"和更可持续的经济全球化

马克思和恩格斯曾在《共产党宣言》中借用"世界历史"理论表达过对经济全球化未来趋势的深刻洞见。"过去那种地方的和民族的自给自足和闭关自守状态，被各民族的各方面的互相往来和各方面的互相依赖所代替了。物质的生产是如此，精神的生产也是如此。各民族的精神产品成了公共的财产。民族的片面性和局限性日益成为不可能，于是由许多种民族的和地方的文学形成了一种世界的文学。"[①]显然，此时的经济全球化还主要是由资产阶级来推动和驱动的，仍然是"发达VS落后"的单向度经济全球化。这反向启发我们要建设多方参与、多元互动和动能更可持续的新型经济全球化。毋庸置疑，当前经济全球化正面临着一些新情况、新问题，"保护主义抬头，国际贸易和投资低迷，多边贸易体制发展面临瓶颈，区域贸易安排丛生，导致规则碎片化。地缘政治因素错综复杂，政治安全冲突和动荡、难民危机、气候变化、恐怖主义等地区热点和全球性挑战，对世界经济的影响不容忽视"[②]。面对这种局面，关键是要主动出击、积极

---

① 《马克思恩格斯文集》第2卷，人民出版社2009年版，第35页。
② 习近平：《中国发展新起点　全球增长新蓝图——在二十国集团工商峰会开幕式上的主旨演讲》，《人民日报》2016年9月4日第03版。

作为，建设旨在实现强劲、可持续、平衡、包容增长之路的新型经济全球化。

第一，建设创新型世界经济，开辟经济全球化增长新源泉。尽管当前经济全球化遭受诘难和质疑的原因是多方面、多维度的，但无疑经济增长动能不足、难以有效支撑经济持续稳定增长进而影响全球经济"蛋糕"越做越大的宏观预期，是其中最为核心、最为关键的动因。世界经济在国际金融危机之后长期处于低位徘徊乏力状态，甚至看不到显性的增速及潜力，而且"全球贸易增速继续低于经济增速。短期性政策刺激效果不佳，深层次结构性改革尚在推进。世界经济正处在动能转换的换挡期，传统增长引擎对经济的拉动作用减弱，人工智能、3D打印等新技术虽然不断涌现，但新的经济增长点尚未形成。世界经济仍然未能开辟出一条新路"①。回顾世界近现代史不难发现，每当全球经济增长处于上行阶段、世界经济"蛋糕"越做越大之时，很多国家特别是资本主义国家就会支持经济全球化和自由贸易；相反，每当世界经济下行、普遍遇到发展动能瓶颈时，单边主义和保护主义就会滋生蔓延甚至肆虐发威。

正是在这个意义上，欲解决支撑经济全球化的动能问题，关键的理路和渠道则是推动世界经济实现持续韧性的增长。然而，不难理解，"创新是从根本上打开增长之锁的钥匙"②。当前，以信息技术和人工智能为核心的新一轮科技革命和产业变革方兴未艾、蓄势待发，虚拟（增强）现实技术、元宇宙、生成式人工智能、云计算、区块链和大数据等层出不穷的技术日新月异、多面迸发，无疑正在给世界各国人民的生产方式和生活方式带来前所未有的深刻变化。这种变化不会一蹴而就，立马转化为现实生产力；也不会一帆风顺，避开任何可能出现的负面效

---

① 习近平：《论把握新发展阶段、贯彻新发展理念、构建新发展格局》，中央文献出版社2021年版，第155页。

② 习近平：《中国发展新起点　全球增长新蓝图——在二十国集团工商峰会开幕式上的主旨演讲》，《人民日报》2016年9月4日第03版。

应。面对这些革命性甚至全局性、体系化的新技术创新,世界各国显然不能无动于衷。

中国近年来不仅把创新锚定为国内经济社会发展的第一动力,而且在国际各种场合反复主张推动构建创新型世界经济。我们把创新增长方式设定为 G20 杭州峰会的重点议题,推动制定《二十国集团创新增长蓝图》,目的就是把创新作为推动世界经济加快复苏、实现新增长动能加快培植形成的策源性方式,持续通过新一轮科技革命和产业变革来提升世界经济中长期增长动力潜力。当前世界经济仍处于新旧增长动能转换的窗口期、阵痛期,上一轮科技革命和产业变革所带来的发展红利逐渐耗竭,新一轮科技革命和产业变革所蕴含的增长动能和技术红利尚在孕育,并未真正迸发出来,离转化为推动经济增长的生产动能还有一定的距离,所以现在正处于"青黄衔接"的关键过渡阶段。因此,只有建设内嵌着新动能、新变量的创新型世界经济,全球经济才能普遍重获强劲增长的新态势、新局势,也才能不断开辟经济全球化增长的新源泉、新机制。

第二,建设开放型世界经济,拓展经济全球化发展新空间。全球化是一把"双刃剑",它为世界带来发展,同时又埋下发展的"苦果",这些"苦果"在危机爆发之际容易成长成熟,使世界政治、经济、社会问题凸显,个别国家试图通过逆全球化走出危机的泥潭,但显然逆全球化是不可持续的,全球化仍然是世界历史的发展方向,在新时期世界需要开放包容的新全球化而不是逆全球化来引领世界历史发展的新进程。[①] 面对经济全球化进程中的一些伴生次生问题,大搞保护主义、单边主义、孤立主义的反全球化或逆全球化行径,显然不是解决问题的正确方式。这是典型的诊错了病因、抓错了方子,无益于任何真正问题的解决,反而很可能断送经济全球化助推人类社会繁荣进步的重要通路。

---

① 郑一明、张超颖:《从马克思主义视角看全球化、反全球化和逆全球化》,《马克思主义与现实》2018 年第 4 期。

世界经济发展的确证历史已经表明,"开放带来进步,封闭导致落后"①,如果一些国家执意要回到以邻为壑、相互倾轧的零和博弈老路,不仅不能摆脱自身的发展危机,反而会祸及地区或世界,收窄和压缩世界经济本已捉襟见肘的共同空间,从历史发展长尺度上导致普遍亏损、无人受益的群输、多输局面。中国始终是建设开放型世界经济的重要推动力量,与国际社会一道努力把贸易和投资的自由化便利化摆上诸如二十国集团、亚太经合组织、金砖组织等多边组织的重要议程,推动国际场合不同层面的贸易和投资机制建设,通过推动制定全球贸易增长战略和全球投资指导原则来巩固以世界贸易组织为核心的多边贸易体制,旨在通过重振和激活贸易和投资这两大全球经济增长的基本引擎来为世界各国在百年变局下重塑发展新动能开辟更广阔市场、更多元多维空间。

所以对于建设开放型世界经济,中国的态度是鲜明的,中国的方案和行动是务实有效的,正在推动世界各国共享中国超大规模的市场优势和机遇,扩大优质产品进口,与国际社会一道高质量共建开放、绿色、廉洁的"一带一路"。中国也正在有序有效地推动世界各国共享制度型开放新机遇,稳步扩大规则、规制、管理、标准等制度型开放,提质扩容自由贸易试验区战略。我们遵循互通有无和互惠互利的自由贸易精神,推动世界各国共享国际合作新机遇,倡导各方促进国际宏观经济政策协调、共同培育全球发展新动能,积极推进加入《全面与进步跨太平洋伙伴关系协定》和《数字经济伙伴关系协定》,"推动构建面向全球的高标准自由贸易区网络,支持广大发展中国家提高自主发展能力"②,以建设开放型世界经济的实际行动推动构建人类命运共同体。正如党的二十大报告所作出的郑重宣示:"中国坚持对外开放的基本国策,坚定奉行互利共赢的开放战略,不断以中国新发展为世界提供新机遇,推动

---

① 《习近平谈治国理政》第 2 卷,外文出版社 2017 年版,第 512 页。
② 《十九大以来重要文献选编》中,中央文献出版社 2021 年版,第 294 页。

第八章 马克思恩格斯资本主义自由贸易本质批判当代价值的"中国回响"

建设开放型世界经济,更好惠及各国人民。"① 这既是中国的宣言,更是奏响中国行动的号角。

第三,建设包容型世界经济,夯实经济全球化共赢新基础。当今世界经济正在经历百年未有之大变局,世界主要大国之间的博弈变得空前复杂,贸易摩擦和分歧不断加剧,以 WTO 为核心的多边贸易体制备受冲击,全球经济发展面临不确定性,中国的贸易开放也面临着新挑战。② 尽管如此,我们并不会"以封闭对抗封闭""以保护主义对冲保护主义""以单边主义反击单边主义",而是站在构建人类命运共同体的战略高度上倡导并推动建设包容性世界经济。"一花独放不是春,百花齐放春满园",只有一国或少数国家的发展,而大多数国家都不发展甚至陷入贫困衰退的泥淖,那不叫真正的发展,更谈不上长远的发展。毕竟,当今世界各国早已是你中有我、我中有你的利益共同体、责任共同体和命运共同体。一国更不应该把自身的发展建立在他国的耗损之上。大量历史已经证明,人类社会要持续进步,世界各国就应该包容和支持他国的发展,把他国的发展看作激励和助推自身发展的外部机遇。

独赢独占、封闭对抗,都不是 21 世纪世界的正确做法。"在经济全球化深入发展的今天,弱肉强食、赢者通吃是一条越走越窄的死胡同,包容普惠、互利共赢才是越走越宽的人间正道。各国应该超越差异和分歧,发挥各自优势,推动包容发展,携手应对全人类共同面临的风险和挑战。"③ 建设包容型世界经济,旨在减少全球发展的不平衡问题,努力让不同发展阶段的国家特别是新兴市场国家和发展中国家都能跟上世界发展节奏、共享经济全球化和世界经济增长的成果。可以说,当前要推动动能"新"和更可持续的经济全球化,关键在于进一步凝聚世界

---

① 习近平:《高举中国特色社会主义伟大旗帜 为全面建设社会主义现代化国家而团结奋斗——在中国共产党第二十次全国代表大会上的报告》,人民出版社 2022 年版,第 61 页。
② 许和连等:《加快推动形成全面开放新格局,致力共建创新包容的世界经济》,《经济研究》2019 年第 6 期。
③ 《习近平谈治国理政》第 3 卷,外文出版社 2020 年版,第 202 页。

各方力量、同向同行、协同发力,毕竟当今各国的发展早已深度交融、环环相扣,长远利益和眼前现实利益都是"一荣俱荣、一损俱损"的耦合关系。世界各国应该进一步强化政策规则的联通联动,尽可能减少消极效应外溢,提升全球产业链供应链互联互通水平,以更高的标准和配置效率来优化升级全球价值链,进而在联动发展中营造全球增长共赢链。

中国始终倡导并践行建设开放型世界经济,夯实经济全球化的新基础,"中国的发展惠及世界,中国的发展离不开世界。我们要扎实推进高水平对外开放,既用好全球市场和资源发展自己,又推动世界共同发展"①。党的十八大以来,我们有效统筹双边、多边、区域开放合作,基于真正的多边主义,加快实施自由贸易区战略,推动与世界各经济体的互联互通。2015年12月,我国推出了《关于加快实施自由贸易区战略的若干意见》,坚持统筹考虑和综合运用国际国内两个市场、两种资源,坚持与推进共建"一带一路"和国家对外战略紧密衔接,努力构筑起立足周边、辐射"一带一路"、面向全球的高标准自由贸易区网络。

党的二十大报告提出:"推进高水平对外开放。依托我国超大规模市场优势,以国内大循环吸引全球资源要素,增强国内国际两个市场两种资源联动效应,提升贸易投资合作质量和水平。稳步扩大规则、规制、管理、标准等制度型开放。"② 这是"制度型开放"首次郑重写入党代会报告。截至2023年5月,我国已先后与巴基斯坦、智利、新西兰、厄瓜多尔等27个国家和地区签署了20份自由贸易协定(FTA)。建设高标准自由贸易协定(FTA)已成为中国积极推动新阶段高水平对外开放的重点领域,也是我国积极参与国际分工协作和全球经济治理的

---

① 《十四届全国人大一次会议在京闭幕——习近平发表重要讲话》,《人民日报》2023年3月14日第01版。

② 习近平:《高举中国特色社会主义伟大旗帜 为全面建设社会主义现代化国家而团结奋斗——在中国共产党第二十次全国代表大会上的报告》,人民出版社2022年版,第32页。

第八章 马克思恩格斯资本主义自由贸易本质批判当代价值的"中国回响"

重要举措。中国"愿同各方一道落实全球发展倡议,坚持经济全球化正确方向,反对保护主义、单边制裁、泛化国家安全概念,反对搞'筑墙设垒''脱钩断链',努力把互利合作'蛋糕'做大,让发展成果更多更公平惠及各国人民"[①]。通过创造各种积极有利的条件和环境,努力让经济全球化更具有包容性和可持续性,不仅一直是中国关心关切的全球重大议题,而且是大国的务实行动。质言之,中国将始终是推进新型经济全球化的重磅玩家和负责任的力行者。

这也是对马克思恩格斯《神圣家族》中"贸易并不因贸易特权的取消而被取消,相反,它只有通过自由贸易才获得真正的实现"[②]之真正的自由贸易愿景的中国化、时代化诠释和践行。

[①] 习近平:《牢记初心使命 坚持团结协作 实现更大发展——在上海合作组织成员国元首理事会第二十三次会议上的讲话》,《人民日报》2023年7月5日第02版。
[②] 《马克思恩格斯文集》第1卷,人民出版社2009年版,第316页。

参考文献

一　经典文献类

《马克思恩格斯文集》第 1 卷，人民出版社 2009 年版。
《马克思恩格斯文集》第 2 卷，人民出版社 2009 年版。
《马克思恩格斯文集》第 4 卷，人民出版社 2009 年版。
《马克思恩格斯文集》第 5 卷，人民出版社 2009 年版。
《马克思恩格斯文集》第 6 卷，人民出版社 2009 年版。
《马克思恩格斯文集》第 7 卷，人民出版社 2009 年版。
《马克思恩格斯文集》第 8 卷，人民出版社 2009 年版。
《马克思恩格斯文集》第 10 卷，人民出版社 2009 年版。
《马克思恩格斯全集》第 3 卷，人民出版社 2002 年版。
《马克思恩格斯全集》第 30 卷，人民出版社 1995 年版。
《马克思恩格斯全集》第 34 卷，人民出版社 2008 年版。
《列宁全集》第 36 卷，人民出版社 2017 年版。
《习近平谈治国理政》第 1 卷，外文出版社 2018 年再版。
《习近平谈治国理政》第 2 卷，外文出版社 2017 年版。
《习近平谈治国理政》第 3 卷，外文出版社 2020 年版。
《习近平谈治国理政》第 4 卷，外文出版社 2022 年版。
《习近平著作选读》第 1 卷，人民出版社 2023 年版。

参考文献

《习近平著作选读》第 2 卷，人民出版社 2023 年版。

习近平：《高举中国特色社会主义伟大旗帜 为全面建设社会主义现代化国家而团结奋斗——在中国共产党第二十次全国代表大会上的报告》，人民出版社 2022 年版。

习近平：《坚定信心 勇毅前行 共创后疫情时代美好世界——在 2022 年世界经济论坛视频会议的演讲》，人民出版社 2022 年版。

习近平：《习近平在亚太经合组织第二十九次领导人非正式会议上的讲话》，人民出版社 2022 年版。

习近平：《论把握新发展阶段、贯彻新发展理念、构建新发展格局》，中央文献出版社 2021 年版。

习近平：《让多边主义的火炬照亮人类前行之路——在世界经济论坛"达沃斯议程"对话会上的特别致辞》，人民出版社 2021 年版。

习近平：《同舟共济克时艰，命运与共创未来——在博鳌亚洲论坛 2021 年年会开幕式上的视频主旨演讲》，人民出版社 2021 年版。

习近平：《习近平在亚太经合组织第二十八次领导人非正式会议上的讲话》，人民出版社 2021 年版。

习近平：《在纪念马克思诞辰 200 周年大会上的讲话》，人民出版社 2018 年版。

《十九大以来重要文献选编》中，中央文献出版社 2021 年版。

习近平：《习近平在亚太经合组织第二十七次领导人非正式会议上的讲话》，人民出版社 2020 年版。

习近平：《在第三届中国国际进口博览会开幕式上的主旨演讲》，人民出版社 2020 年版。

习近平：《习近平主席在出席世界经济论坛 2017 年年会和访问联合国日内瓦总部时的演讲》，人民出版社 2017 年版。

《习近平在中共中央政治局第六次集体学习时强调 不断深化对党的理论创新的规律性认识 在新时代新征程上取得更为丰硕的理论创新成

果》，《人民日报》2023年7月2日第01版。

《习近平出席欧亚经济联盟第二届欧亚经济论坛全会开幕式并致辞》，《人民日报》2023年5月25日第01版。

《习近平在广东考察时强调 坚定不移全面深化改革扩大高水平对外开放 在推进中国式现代化建设中走在前列》，《人民日报》2023年4月14日第01版。

《习近平向中国发展高层论坛2023年年会致贺信》，《人民日报》2023年3月27日第01版。

《习近平在中共中央政治局第二次集体学习时强调 加快构建新发展格局 增强发展的安全性主动权》，《人民日报》2023年2月2日第01版。

习近平：《共迎时代挑战 共建美好未来——在二十国集团领导人第十七次峰会第一阶段会议上的讲话》，《人民日报》2022年11月16日第02版。

习近平：《共创开放繁荣的美好未来——在第五届中国国际进口博览会开幕式上的致辞》，《人民日报》2022年11月5日第01版。

《习近平同美国总统拜登举行视频会晤》，《人民日报》2021年11月17日第01版。

《习近平在上海考察时强调 深入学习贯彻党的十九届四中全会精神 提高社会主义现代化国际大都市治理能力和水平》，《人民日报》2019年11月4日第01版。

《习近平向2019年中国国际服务贸易交易会致贺信》，《人民日报》2019年5月29日第01版。

习近平：《登高望远，牢牢把握世界经济正确方向——在二十国集团领导人峰会第一阶段会议上的发言》，《人民日报》2018年12月1日第02版。

习近平：《中国发展新起点 全球增长新蓝图——在二十国集团工商峰会开幕式上的主旨演讲》，《人民日报》2016年9月4日第03版。

习近平:《推动创新发展 实现联动增长——在二十国集团领导人第九次峰会第一阶段会议上的发言》,《人民日报》2014年11月16日第02版。

二 著作类

《海南自由贸易港建设总体方案》,人民出版社2020年版。

《全面建成小康社会重要文献选编》(下),人民出版社、新华出版社2022年版。

金锋:《中国自由贸易试验区发展研究报告(2022)》,经济管理出版社2022年版。

国务院新闻办公室:《关于中美经贸磋商的中方立场》,人民出版社2019年版。

迟福林:《RCEP:全球最大自由贸易区》,中国工人出版社2022年版。

李世杰:《自由贸易港概论》,山东大学出版社2021年版。

杨圣明等:《马克思国际贸易理论研究》,当代中国出版社2017年版。

杨圣明:《马克思恩格斯列宁斯大林论国际贸易》,中国社会科学出版社2013年版。

杨玉华、丁泽勤:《马克思国际贸易理论及其在当代中国的实践》,经济管理出版社2013年版。

钟业昌:《走向中国特色自由贸易港——十论学习习近平总书记"4·13"重要讲话精神》,海南出版社2019年版。

[英]大卫·哈维:《资本的限度》,张寅译,中信出版社2017年版。

[美]道格拉斯·A. 欧文:《自由贸易思想史》,梅俊杰译,上海财经大学出版社2021年版。

[美]弗朗切斯科·迪纳:《自由贸易的社会建构》,黄胜强、许铭原译,中国社会科学出版社2009年版。

[美]迈克尔·赫德森:《保护主义:美国经济崛起的秘诀(1815—1914)》,贾根良等译,中国人民大学出版社2010年版。

［法］托马斯·皮凯蒂：《21世纪资本论》，巴曙松等译，中信出版社2014年版。

［英］托马斯·孟：《英国得自对外贸易的财富》，袁南宇译，商务印书馆1959年版。

［英］亚当·斯密：《道德情操论》，蒋自强等译，商务印书馆2015年版。

［英］亚当·斯密：《国富论》上卷，郭大力、王亚南译，商务印书馆2014年版。

［英］亚当·斯密：《国富论》下卷，郭大力、王亚南译，商务印书馆2014年版。

三　期刊类

陈伟光、明元鹏：《世界贸易的大国行为逻辑》，《现代国际关系》2020年第2期。

程卫东：《欧盟新一轮贸易保护主义的新动向》，《人民论坛》2021年第34期。

冯麒颖：《马克思国际贸易经济理论与当代实践》，《国际贸易》2021年第1期。

冯旺舟：《民主幻象、制度内爆和政治乌托邦——"政治马克思主义"对资本主义的批判》，《国外理论动态》2018年第2期。

高奇琦、杨宇霄：《区块链技术与全球贸易治理体系变革》，《天津社会科学》2020年第5期。

高运胜等：《贸易失衡引致了"逆全球化"吗——基于增加值贸易视角》，《国际贸易问题》2021年第9期。

葛浩阳：《全球化和逆全球化何以交替并行？：一个马克思主义的分析》，《世界经济研究》2023年第6期。

胡键：《经济全球化的新态势与全球经济治理的变革》，《国际经贸探索》2022年第8期。

胡连生：《从"去工业化"到"再工业化"——兼论当代资本主义日渐衰微的历史趋势》，《理论探讨》2016年第2期。

黄河：《贸易保护主义与国际经济秩序》，《深圳大学学报》（人文社会科学版）2019年第3期。

黄瑾、王敢：《马克思恩格斯自由贸易思想及当代启示》，《经济学家》2020年第3期。

黄一玲：《马克思主义视阈下经济全球化与贸易保护主义兴衰》，《海南大学学报》（人文社会科学版）2020年第3期。

江时学：《"逆全球化"概念辨析——兼论全球化的动力与阻力》，《国际关系研究》2021年第6期。

孔庆江：《提高中国在国际贸易法制中话语权的路径研究》，《政法论坛》2023年第3期。

郎昆等：《国内矛盾与贸易保护主义：基于推特文本的实证研究》，《经济学报》2022年第1期。

黎峰：《逆全球化浪潮：内在逻辑、发展前景与中国方略》，《经济学家》2022年第11期。

李娟、熊晓琳：《马克思论自由贸易与贸易保护及其当代启示》，《上海经济研究》2019年第2期。

廖小明：《美国"逆全球化"行为的资本逻辑及其影响》，《当代世界》2019年第6期。

刘德斌、李东琪：《西方"文明标准"演化与新的大国博弈》，《江海学刊》2022年第3期。

刘国晖、吴易风：《国际贸易理论——马克思经济学与西方经济学的比较》，《政治经济学评论》2015年第4期。

刘强、谢雪：《贸易保护主义的回归：1881—1891年英国公平贸易运动》，《财经问题研究》2021年第8期。

刘顺、孙洁：《马克思对资本主义自由贸易的四重哲学批判——始于亚当·斯密古典自由主义的考察》，《当代经济研究》2021年第1期。

刘晔：《新型经济全球化与国际经济新秩序的构建》，《管理学刊》2019年第2期。

刘志礼：《习近平新型经济全球化理念的时代价值》，《马克思主义研究》2017年第8期。

鲁晓璇、张曙霄：《对马克思主义国际贸易理论和西方国际贸易理论及其关系的思考》，《经济学家》2018年第1期。

罗皓文、葛浩阳：《全球经济治理体系的变革何以可能？：一个政治经济学的分析》，《世界经济研究》2022年第3期。

梅俊杰：《从马克思的论断看自由贸易的历史真相》，《马克思主义研究》2009年第6期。

彭德雷等：《多边贸易体制下中国发展中国家地位问题研究——基于历史、现实与规范的多维考察》，《太平洋学报》2020年第1期。

桑百川、王绍逾：《美国制造业回流政策对竞争力的影响——基于显示性比较优势指数的分析》，《社会科学研究》2022年第5期。

孙景宇：《论新发展格局与新型经济全球化的关联性》，《马克思主义研究》2021年第7期。

王帆：《完善全球治理，践行真正的多边主义》，《红旗文稿》2022年第19期。

王镭：《扎实推进高水平对外开放》，《红旗文稿》2023年第7期。

王文：《世界进入新的动荡变革期》，《前线》2022年第7期。

王义桅：《全球公共产品的中国方案》，《前线》2022年第12期。

熊光清：《贸易保护主义盛行及发展的根源》，《人民论坛》2020年第3期。

熊小果：《西方发达国家贸易政策"自由—保护"螺旋运动的历史面纱——基于马克思恩格斯理论视角的分析》，《商业研究》2021年第1期。

徐金海、李銮淏：《全球数字贸易发展趋势与中国应对策略》，《学习与探索》2022 年第 10 期。

徐绍元、史春林：《马克思恩格斯对资本主义国际贸易政策本质的分析及现实启示》，《湖湘论坛》2021 年第 4 期。

许和连等：《加快推动形成全面开放新格局，致力共建创新包容的世界经济》，《经济研究》2019 年第 6 期。

薛丁辉：《数字资本主义的发展逻辑》，《科学社会主义》2022 年第 5 期。

杨丹辉：《全球产业链重构的趋势与关键影响因素》，《人民论坛·学术前沿》2022 年第 7 期。

杨圣明：《马克思国际贸易理论的基本特征》，《财贸经济》2014 年第 2 期。

杨曦、徐扬：《双边贸易失衡与美国制造业就业变动——"中国贸易冲击"的量化及效应分析》，《经济学（季刊）》2022 年第 2 期。

袁征：《美国单边主义行为冲击国际秩序》，《人民论坛》2019 年第 1 期。

张晓通、陈实：《百年变局下中美全球贸易治理的竞争与合作》，《国际贸易》2021 年第 10 期。

赵茜：《马克思恩格斯的国际贸易政策思想及其当代启示》，《社会主义研究》2021 年第 2 期。

郑一明、张超颖：《从马克思主义视角看全球化、反全球化和逆全球化》，《马克思主义与现实》2018 年第 4 期。

周文、李超：《中国共产党推进新型经济全球化的宏大视野、使命担当和核心理念》，《学术研究》2022 年第 2 期。

四　报纸类

《2022 年美国民主情况》，《人民日报》2023 年 3 月 21 日第 17 版。

《十四届全国人大一次会议在京闭幕》，《人民日报》2023 年 3 月 14 日第 01 版。

《中共中央国务院关于构建开放型经济新体制的若干意见》,《人民日报》2015年9月18日第01版。

安宁:《中国经济高质量发展动力足 已成全球经济增长"引擎"》,《证券日报》2020年11月13日第A1版。

本报评论员:《坚定信心做好经济工作——论贯彻落实中央经济工作会议精神》,《经济日报》2022年12月18日第1版。

本报评论员:《努力推动构建人类命运共同体——论学习贯彻习近平主席十四届全国人大一次会议重要讲话》,《人民日报》2023年3月20日第01版。

本报评论员:《拓展开放合作互利共赢新空间——习近平经济思想领航中国经济系列评论之九》,《经济日报》2022年9月27日第01版。

蔡昉:《经济全球化潮流不可阻挡(人民要论)》,《人民日报》2018年9月12日第07版。

陈一鸣:《中国连续14年成为巴西最大贸易伙伴 双方贸易额连续5年破1000亿美元 中巴经贸合作不断深化》,《人民日报》2023年4月12日第03版。

邓茜等:《美国贸易霸凌破坏多边经贸体系——解构美国"市场经济"真相系列述评之一》,《新华每日电讯》2022年8月15日第05版。

郭言:《美对中企极限施压损人害己》,《经济日报》2023年2月2日第03版。

国务院新闻办公室:《关于中美经贸磋商的中方立场》,《人民日报》2019年6月3日第08版。

韩爱勇:《世界走向多极化的步伐不断加快——当前国际格局演变与我国发展国际环境系列谈(④)》,《解放军报》2022年7月19日第04版。

韩梁等:《胸怀天下谋大同——习近平主席倡导的全球治理观深刻启迪世界》,《人民日报》2022年6月21日第01版。

参考文献

和音：《坚定维护多边贸易体制》，《人民日报》2022年6月17日第03版。

胡乐明、种项戎：《逆规律而行 开历史倒车 贸易保护主义贻害世界》，《人民日报》2018年10月22日第16版。

刘慧：《全球最大自由贸易区正式启航——为地区和全球经济增长注入强大动力》，《人民日报》2022年1月3日第03版。

刘凌：《拓展互利合作新空间 丰富新形势下多边主义实践（有的放矢）》，《人民日报》2021年12月29日第09版。

刘少华：《美国所谓跟Tik Tok的"合作协议"就是一个陷阱（观象台）》，《人民日报》（海外版）2020年9月23日第03版。

任理轩：《逆全球化违背时代潮流（人民要论）》，《人民日报》2018年10月17日第07版。

史丹、杨丹辉：《新发展阶段中国工业的三大新使命》，《光明日报》2022年2月28日第06版。

万喆：《美式经济精致利己主义影响世界经济复苏》，《光明日报》2022年5月3日第06版。

邢雪等：《美国是破坏国际秩序的伏地魔》，《环球时报》2022年4月18日第08版。

严瑜：《新型经济全球化是世界繁荣发展之道》，《人民日报》（海外版）2022年1月1日第06版。

叶琦：《意大利外贸状况报告指出——新兴市场国家将引领全球贸易复苏》，《人民日报》2020年8月4日第17版。

俞懋峰、张毅荣：《美国"脱钩断链"威胁全球供应链安全——起底美国贸易战反智本质述评之二》，《新华每日电讯》2023年5月16日第07版。

袁勇：《为世界贸易公平发展作贡献——访对外经济贸易大学教授、副校长洪俊杰》》，《经济日报》2021年12月11日第04版。

张占斌、孙飞:《中美经贸摩擦:美方逻辑与中国应对》,《光明日报》2018年9月12日第11版。

中华人民共和国国务院新闻办公室:《关于中美经贸摩擦的事实与中方立场》,《人民日报》2018年9月25日第10版。

中华人民共和国国务院新闻办公室:《中国与世界贸易组织》,《人民日报》2018年6月29日第14版。

五 外文类

Alfredo Saad Filho, *The Value of Marx: Political Economy for Contemporary Capitalism*, London: Routledge, 2002.

Anam Ullah Asm, "An Analysis of Marxism in Industrial Relations Theory in Light of Capitalism, Neoliberalism and Globalisation: A Petite Critical Review from Bangladesh's RMG Perspectives", *Middle East Journal of Business*, Vol. 17, No. 2, 2022.

Buissink Katjo, "The Proletariat in Marx and Engels'Critique of Capitalism, 1842 – 1848", *Science & Society*, Vol. 87, No. 1, 2023.

Ghorashi Reza, "Marx on Free Trade", *Science & Society*, Vol. 59, No. 1, 1995.

Hicks M., "Is U. S. Economy Example of Capitalism or Free Market?" *Indianapolis Business Journal*, Vol. 32, No. 42, 2011.

Kurtulu Gemici and Manjusha Nair, "Globalization and Its Countermovement: Marxian Contention or Polanyian Resistance?" *Sociology Compass*, Vol. 10, No. 7, 2016.

Lü Shirong, "Marx's Thoughts on Economic Globalization", *Social Sciences in China*, Vol. 37, No. 2, 2016.

Palen Marc William, "Marx and Manchester: The Evolution of the Socialist Internationalist Free – Trade Tradition, c. 1846 – 1946", *The Internation-*

al History Review, Vol. 43, No. 2, 2020.

Peter Burnham, "Marx, International Political Economy and Globalisation", *Capital & Class*, Vol. 25, No. 75, 2001.

Robert Boyer, "Marx's Legacy, Régulation Theory and Contemporary Capitalism", *Review of Political Economy*, Vol. 30, No. 3, 2018.

Sean Sayers, "Marxism, China and Globalization", *Science & Society*, Vol. 82, No. 2, 2018.

Simon J. Evenett and Johannes Fritz, *The 30rd Global Trade Alert Report Must Do Better: Trade & Industrial Policy and the SDGs*, London: CEPR Press, 2022.